John Brookes

Der eigene Garten richtig geplant und gestaltet

John Brookes

Der eigene Garten richtig geplant und gestaltet

Übersetzung
und deutsche Bearbeitung:
Gisela Zinkernagel

Zweite, durchgesehene Auflage

BLV Verlagsgesellschaft
München Wien Zürich

CIP-Kurztitelaufnahme der Deutschen Bibliothek

Brookes, John:
Der eigene Garten, richtig geplant und gestaltet / John
Brookes. Übers. u. dt. Bearb.: Gisela Zinkernagel. –
2., durchges. Aufl. – München, Wien, Zürich:
BLV Verlagsgesellschaft, 1981.
  Einheitssacht.: The small garden ⟨dt.⟩
  ISBN 3-405-11790-9

NE: Zinkernagel, Gisela [Bearb.]

Titel der englischen Originalausgabe:
The small Garden
© 1977 Marshall Cavendish Limited, London

Deutschsprachige Ausgabe:
© 1979 BLV Verlagsgesellschaft mbH, München 1981

Titelbild: Wolfram Stehling, Hamburg
Satz: acomp, Lichtsatz Appl KG, Wemding
Printed in Italy · ISBN 3-405-11790-9

Bei der Anlage der auf den Seiten 110–175
gezeigten Gärten waren folgende
Gartengestalter und Landschaftsarchitek-
ten maßgeblich beteiligt:

David E. Arbegast und Mai K. Arbegast: S. 162–163
John Brookes: S. 110–111, 138–139, 141–143
Roberto Coelho Cardozo, Inst. Arch. (Brasilien): l. a.: S. 167–169
Wolfgang R. Mueller und Gregor Schmitz: S. 156–157
Ian Mylles: S. 116, 150–151
Åge Nicolaisen, Park Director B. S.: S. 122
Han Njio: S. 154–155
Frank Pettersson: S. 160–161
John Roberts, Dip. Hort.: S. 146
Takashi Sawano: S. 124–125
Malcolm Scott: S. 112–113
Victor A. Shanley: S. 164
Victor A. Shanley, Clifton Nurseries, London: S. 140, 165
Geoffrey Smith, AIPRA, FILA: S. 128–129, 132–135
David Stevens (für »Homes and Gardens«): S. 117–119
Tuinarchitektenburo Mien Ruys, Hans Veldhoen,
Arend Jan van der Horst bv: S. 130–131, 170–172
Valerie Winter, MSIAD: S. 166

Folgende Gärten wurden von ihren
Besitzern selbst entworfen:

E. Beedham: S. 152–153
Eva Dickson: S. 114–115
James Gardner: S. 144–145
Dmitri Kasterine: S. 158–159
John Lapberry: S. 123
Lee von Hasseln: S. 136–137
Keith Winnett: S. 126–127
W. L. Yuille, ARIBA: S. 147–149
(sowie die Gärten von S. 120–121 und 173–175)

Inhaltsverzeichnis

Gelungene kleine Gärten

Eine Pflanzenauswahl für Ihren Garten

Leben im Garten

Anhang

Ihr Gartenplan
was es dabei zu bedenken gibt

Bevor Sie Ihren Garten im Detail zu planen beginnen, sollten Sie sich einen kleinen Überblick über die Entwicklung des Hausgartens im Lauf der Geschichte verschaffen und auch einige charakteristische zeitgenössische Gärten betrachten. Ferner müssen die Faktoren Boden und Klima berücksichtigt werden, wenn Sie einen Garten planen wollen, der ganz auf Ihre persönlichen Bedürfnisse abgestimmt ist.

Entwicklungsgeschichte des Hausgartens

Wo der Raum beschränkt ist, wird die Gestaltung dieses Raumes besonders wichtig. Ein kurzer Blick in historische Gärten hat auch heute noch Bedeutung für den Besitzer eines Hausgartens, obwohl sich die Bedürfnisse geändert haben. Viele Elemente, die heutzutage typisch sind für Hausgärten, haben ihre historischen Vorbilder, und die Zahl alter Gärten, die erhalten sind, zeigt, daß ihre Schönheit und ihre Benutzbarkeit den Bedürfnissen vieler Generationen entsprechen konnten.

In seiner frühesten Form war der Garten ein mit Dornengestrüpp umgebener Bereich, um wilde Tiere fernzuhalten und die Haustiere zu schützen. Die Umzäunung wurde dann ein Erdwall, der gegen Tiere und auch schon Menschen Schutz bot und zugleich die Sonnenhitze abhielt. Als dann die Nomaden seßhaft wurden, begannen sie, innerhalb der Einfriedigungen Gemüse und Blumen anzubauen. Dieses Schaffen eines kleinen privaten Zufluchtsortes ist charakteristisch für die frühen Gärten überall auf der Welt; sie unterscheiden sich nur ein wenig je nach Klima und Lebensgewohnheiten in den verschiedenen Gebieten.

Frühe, streng gegliederte Gärten

Die ältesten Gärten sind aus Ägypten bekannt und stammen ca. aus dem Jahr 3000 v. Chr. Sie waren als Schutz vor der Sonne mit einer Erdmauer umgeben, und das Wohnhaus stand ebenfalls innerhalb dieses quadratischen oder rechteckigen Bereiches. Die formale Gestaltung dieser frühen Gärten war bedingt durch die Notwendigkeit, in diesem heißen, trockenen Klima genügend Wasser herbeizuschaffen. Bewässerungsgräben teilten den Garten in geometrische Felder, und in vornehmeren Anlagen wurden diese Gräben zu geometrischen Becken mit Fischen darin, mit schattenspendenden Bäumen an den Seiten und weinberankten Lauben. Die Ägypter bauten zahlreiche Heilkräuter an, ferner verschiedene Gemüsesorten und vor allem Zwiebeln, die eines ihrer wichtigsten Nahrungsmittel waren.

Der grundsätzlich formale Gartenstil wurde während der nächsten tausend Jahre typisch für die gesamte islamische Welt. Die umzäunten persischen Paradiesgärten waren oft mit Mauern umgeben, an denen Kletterpflanzen und Wein wuchsen. Pfirsiche, Äpfel, Kirschen, Bananen, Datteln, Feigen und Oliven wurden kultiviert. Die Perser hatten auf den kreuzförmigen Beeten zwischen den Bewässerungskanälen sogar Lilien, Chrysanthemen, Narzissen und Rosen angepflanzt. Die Idee des blühenden Paradieses im formalen Rahmen ist auch in persischen Schriften, Miniaturen und Teppichmustern erhalten.

Der indische und später der maurische Garten entwickelten sich aus der persischen »glorieta«. Das Wasser war das wesentliche Bindeglied, das die verschiedenen Pflanzflächen zueinander in Beziehung setzte und zugleich angenehme Kühlung brachte. Der maurische Einfluß erstreckte sich über ganz Nordafrika, hinüber nach Sizilien und Süditalien und in Südspanien bis an die Sierra Nevada. Stil und Form der Gärten blieben fast immer gleich, hohe Mauern oder Gebäude umschlossen sie und spendeten Schatten und Geborgenheit.

Dieses Fresko, im Grab des Nebamun in Theben gefunden, stammt etwa von 1400 v. Chr. Es zeigt einen Privatgarten mit einem Zierteich, der von schattenspendenden Weinstöcken, Obstbäumen und Palmen umgeben ist

Einer der schönsten Wassergärten ist in Indien für den Herrscher und seinen Hofstaat gebaut worden – eine erhabene Umgebung für das Leben im Freien. Diese Miniatur zeigt Babur, den Gründer der Mogul-Dynastie, der die Arbeiten im Bagh-i-Vafa, dem Garten der Treue, beaufsichtigt
Das Bild veranschaulicht die Intimität und Fröhlichkeit höfischen Lebens. Die Bewässerungsgräben teilen den Garten symmetrisch auf, Apfelsinen- und Granatapfelbäume wachsen üppig und lockern die formale Strenge wieder auf

Der maurische Garten in Spanien bestand generell aus mehreren Höfen, den sog. Patios, deren verbindendes Element das Wasser war. In vielen Patios war ein langer Kanal mit zentraler Fontaine. Die Säulen waren mit Ornamenten verziert und die Mauern und Böden gekachelt. Cypressen und Orangenbäume wuchsen in abgesenkten Beeten, oftmals entlang der Mauern, um zusätzlich Schatten zu spenden, während aromatisch duftende Pflanzen in Töpfen an den Beckenrändern standen. Von Spanien, wo sogar die großen Palastgärten in kleine, maueumgebene Räume geteilt waren, kann der Weg des Paradiesgartens nach Südamerika verfolgt werden, von dort aus dann bis in das günstige Klimagebiet Californiens. Dort entstand schließlich die heutige Form des Gartenhofes, in dem das Element Wasser oft als blaues Schwimmbecken vertreten ist.

Griechen und Römer

Die Griechen entdeckten die Schönheiten der persischen Kultur, einschließlich der Paradiesgärten, während ihrer Feldzüge nach Asien ungefähr im 3. Jh. v. Chr. Sie waren am Leben im Freien interessiert und schrieben auch über Gärten und das Gärtnern. Aus dem 1. Jh. v. Chr. wissen wir von bedeutenden Griechen, die für ihren Eigenbedarf Gemüse angebaut hatten. Homer berichtet über den großen, mauerumgebenen Garten des Alcinius, der Bohnen und anderes Gemüse gepflanzt hatte und einen Obstgarten mit Apfel-, Birnen- und Feigenbäumen, Oliven und Weinstöcken besaß.

Die Römer setzten in die Tat um, was sie bei den Griechen gelesen hatten, nur entstand der römische Garten im Innern des Hauses und wurde so ein noch bedeutenderer Bereich häuslichen Lebens. Wir kennen die Grundrisse früher römischer Stadthäuser aus den Ausgrabungen in Pompeji und anderswo und die Gartenpläne aus den Schriften von Phinius d. J. Der zentrale Hof mit umlaufender Säulenreihe (Peristyl) bekam besondere Bedeutung und wurde der Hauptaufenthaltsraum des Hauses. Er überlebt noch in den Vorhöfen mancher Kathedralen und in Kreuzgängen. Die Gärten waren stark nach griechischem Vorbild gestaltet, architektonisch und formal, ausgestattet mit Blumenbeeten, Wegen, Pergolen und Statuen, mit Springbrunnen und Bewässerungsbecken. Beliebt waren Veilchen, Mohn, Iris, Lilie, Stiefmütterchen und besonders die Rose. Kletterpflanzen schlangen sich um die Säulen überdachter Spazierwege und Pergolen.

In ihren Landhäusern befaßten sich die Römer ausgiebig mit dem Gemüseanbau, denn Gemüse war für Arme und Reiche gleichermaßen das Hauptnahrungsmittel. Salat wurde kultiviert und Kohl soll ganz besonders beliebt gewesen sein; Cato berichtet von Rüben, Bohnen, Knoblauch, Spargel, Rettich, und spätere Autoren fügen Möhren, Zwiebel, Erbsen, Kopfsalat, Chicoree, Fenchel und Melonen hinzu. Auf ihren Eroberungszügen durch Europa verbreiteten die Römer nicht nur die verschiedenen Nutzpflanzen in anderen Ländern, sondern auch ihre Kenntnisse von Landwirtschaft und Gartenbau.

Von der Frühzeit bis zum Mittelalter

Nach dem Ende der römischen Herrschaft stagnierte die Entwicklung in der Gartengestaltung mehrere Jahrhunderte lang. Es scheint, als ob detaillierte gärtnerische Kenntnisse verloren gegangen waren und nur solche Pflanzen, die sich selbst erhielten, überlebten. Nur vom Lauch, Kohl, Bohnen und Erbsen ist bekannt, daß sie sich während dieser Zeit hielten.

Nach und nach tauchten umschlossene Gärten wieder auf, und zwar zu Ende der Frühzeit im Bereich von Klöstern und befestigten Anlagen. Die Klöster waren gelegentlich auf römischen Grundmauern errichtet und im Innenhof kultivierten die Mönche Heilpflanzen, Gewürze und Gemüse. Die Beete waren durch gerade Wege unterteilt und gelegentlich tauchen auch Fischteiche auf. Ebenso begannen innerhalb der Burgen die Frauen Heil- und Gewürzkräuter anzupflanzen, dazu kam – wo der Platz es erlaubte – das Hochbeet für Blumen. Ein Plan des Klosters St. Gallen (Schweiz) aus dem 9. Jh. zeigt einen Blumengarten, einen Kräuter- oder Würzgarten, der in 16 rechteckige Hochbeete aufgeteilt ist und einen Gemüsegarten mit 18 Hochbeeten.

Als in Europa dann friedlichere Zeiten herrschten, wurden die Umfassungsmauern nach und nach niedriger und die Gärten größer. In Kräuterbüchern und auch in literarischen Werken (z. B. Roman de la Rose), werden ummauerte und umzäunte Gärten gezeigt, geschmückt mit Springbrunnen, streng geschnittenen Hecken, Rasenbänken und Maulbeerbäumen. Die englische Bezeichnung

In Generalife, der strahlenden Sommerresidenz der Herrscher von Granada (Spanien), spiegelt der »Patio de la Riadh« einen typisch arabischen Garten wieder. Feine gebogene Wasserstrahlen fallen in den zentralen Kanal, der beiderseits blumenbewachsen ist. Auf dem Boden und an den Wänden sind die gleichen Kacheln verwendet

Die maurische Tradition spricht auch aus diesem kalifornischen Wassergarten. Die Fliesen sind durch Klinker ersetzt und die Wasserspiele sind weniger auffallend, aber die Anlage ist formal und symmetrisch und die hohen Umfassungsmauern geben dem Gartenbewohner das Gefühl der Geborgenheit

»Knoten-Garten« kennzeichnet die Art von Blumenbeeten, die sich nun entwickelte. Sie waren klein, gewöhnlich leicht erhöht, in geometrischen Mustern angelegt und mit niedrigen, geschnittenen Buchsbaum- oder Rosmarinhecken eingefaßt. Verzwickte, kleine Flächen waren nur mit Kies oder buntem Sand ausgefüllt, größere Beete mit Blumen wie Lilien, Goldlack, Lavendel, Schlüsselblumen, Ringelblumen und Rosen bepflanzt. Es gab auch Obst- und Gemüsegärten, in denen insbesondere Kirschen, Äpfel, Pfirsiche, wilde Erdbeeren, Wein, Zwiebeln, Erbsen, Knoblauch, Lauch, Kopfsalat, weiße Rüben, Rettich und Spinat angepflanzt wurden.

Renaissance in Italien und Frankreich

Die Renaissance brachte in Italien eine stürmische Gartenentwicklung. Als im frühen 15. Jh. der Handel wieder zu blühen begann, flohen die reichen Kaufleute aus Florenz und bauten ihre Villen auf den umgebenden Weinbergen, wo es kühler war. Die ersten Renaissancegärten entstanden noch in der traditionellen umschlossenen Form, aber nach und nach öffneten sich die Mauern und der Blick in die Natur wurde wichtiger und die hängigen Gärten dehnten sich aus durch Olivenhaine und Weingärten.

Während des 16. Jh. kamen Impulse aus Rom, wo der Architekt Bramante innerhalb des Vatikan einen päpstlichen Garten anlegte. Dies war eigentlich der Vorläufer der Renaissancegärten – eine herrliche Anordnung von Stufen und Terrassen – der Prototyp all dessen, was folgte.

Von da an wurden die Gärten immer großartiger. Mauergefaßte Terrassen verschiedener Höhe waren durch lange Treppenläufe verbunden, das Wasser bekam eine größere Bedeutung als je im islamischen Garten. Es wurde unter Druck gesetzt, rauschte einen Hang hinab, breitete sich in einem kunstvollen Brunnen aus, kurz, es wurde ein Element des Schauspiels. Und obwohl diese Renaissancegärten noch ruhige, angenehme Aufenthaltsorte waren, zeigten sie doch schon die Tendenz Schauplatz zu werden, wo Gelände und Pflanzen wohlüberlegt manipuliert wurden. Die Italiener waren die ersten, die Pflanzen aus gestalterischen Gründen verwendeten, z. B. Hecken als Verbindungsglied zwischen Haus und Garten.

Die Renaissance breitete sich von Italien nordwärts aus, mit ihr zusammen auch das Wissen über Pflanzen und ihre Kultivierung. In Frankreich nahmen die kleinen Gärten der Wasserschlösser allmählich größere Ausdehnung an, doch im Gegensatz zu den italienischen Hanggärten waren sie eben. Sie lagen hauptsächlich in den sumpfigen Gebieten südlich und westlich von Paris. Die Aufteilung war noch geometrisch, weil das ursprüngliche Beetmuster einfach wiederholt wurde, um den Garten zu vergrößern.

Im 17. Jh. brachte A. le Nôtre eine einschneidende Wende für die französische Gartenplanung. Mit der Eröffnung des Schloßgartens von Vaux-le-Vicomte 1661 war ein neuer Stil entstanden, der für 1 Jh. ganz Europa beeinflussen sollte. Seine Gärten waren grundsätzlich geometrisch aber sie waren feiner ausgearbeitet und interessanter mit ihren weiten, prächtigen Ausblicken und ihren großen Wasserbecken und Kanälen. Die Parterre wurden größer und zeigten kniffligere Muster als die frühen Knoten-Gärten. Charakteristisch waren auch die heckengesäumten Alleen, die weit hinaus in die umgebenden Wälder ausstrahlten, bekannt als »Pattes d' oie«. Le Nôtre war Hofgärtner Ludwigs XIV. und der Garten von Versailles ist wohl seine bekannteste Schöpfung. Er ist konzipiert als großer Salon, in dem sich Tausende unterhalten sollten.

Obwohl die meisten Gärten Le Nôtre's reine Schaugärten waren, zeigten sie sich nicht farbig oder blumenreich; vielmehr wurde die Aufmerksamkeit der Spaziergänger durch Kanäle und Wasserspiele, streng gezogene, geschnittene Pflanzen, Standbilder und kunstvolle Parterre erregt. Dieser Gartenstil, ursprünglich für das große Schloß konzipiert, wurde auch für das kleine Herrenhaus übernommen. Wie bei dem ausufernden italienischen Garten, mußte für den familiären Gebrauch ein kleiner, intimer Bereich geschaffen werden.

Zu dieser Zeit waren die Gartenentwürfe international und in ganz Europa fast gleich. Die Deutschen imitierten den italienischen Stil, gingen jedoch schnell zu dem großartigen französischen über, als dieser sich durchzusetzen begann. Der Hauptbeitrag Deutschlands war jedoch ein zahlenmäßiger – im 16. Jh. gab es in Deutschland mehr Gärten als in jedem anderen Land Europas. In Deutschland setzte sich in der Zeit des Barock der formale Garten durch und es sind in jener Zeit einige bedeutende Gärten entstanden, die auch heute z. T. noch erhalten sind. Sie alle waren Ausdruck der Macht eines willensstarken Bauherrn, eines Fürsten oder Königs: Je mehr sich die Gartenkunst in Deutschland entfaltete, desto mehr Eigenarten und Sonderformen entwickelten sich. Selbstverständlich variierten auch die anderen Länder das Strukturschema des Gartens je nach besonderen Bedingungen, Launen oder Ideen, doch selten mit solcher Freizügigkeit wie in Deutschland. Die Symmetrie beiderseits der Mittelachse wurde häufig nicht mehr beachtet, sehr uneinheitlich wurde auch die Stellung des dominierenden Bauwerkes im Grundriß der Anlage gehandhabt, mitunter wurde auch die Hauptachse auf einen Seitentrakt des Gartens gerichtet. Noch recht gut erhaltene Beispiele aus jener Zeit sind die Gärten in Hannover-Herrenhausen, Schloß Mirabell in Salzburg, Schloß Schönbrunn und das Belvedere in Wien, Schloß Brühl und die Würzburger Residenz.

Auch in Holland, auf den sandigen Böden, war der französische formale Stil sehr beliebt, allerdings weniger verfälscht, mit stärkerer Bedeutung von Hecken, kunstvoll geschnittener Bäume und dekorativer Pflanzungen – die buchsgefaßten Beete waren im Frühling dicht bepflanzt mit Tulpen. Durch ihren Handel und Aufstieg als Kolonialmacht wurden die

Das Haus in Pompeji ist nach Innen geöffnet, von dem Säulenumgang (Peristyl) aus blickt man auf einen friedlichen Innenhof. Die Mauern des Gebäudes sind mit Szenen aus der »Außenwelt« bemalt. So wird der fehlende Ausblick ersetzt, und der Bereich ist doch ein attraktiver Freiraum

Der englische Knotengarten an Moseley Old Hall ist nach Plänen aus dem 17. Jh. rekonstruiert worden. Niedrige Buchshecken bilden die traditionellen geometrischen Beete, die mit Kies in drei verschiedenen Farben gefüllt sind. In der Mitte jedes Ornamentes steht ein einzelner Kugelbuchsbaum

Der rekonstruierte Garten von Schloß Villandry in Frankreich zeigt, wie die einfachen geometrischen Formen des mittelalterlichen Klostergartens großartiger und kunstvoller werden. Der Symbolgarten mit seinen verschlungenen Parterre voller kleiner, geschnittener Buchsbaumhecken dient anderen Vergnügen als der »potager« oder Gemüsegarten, der zugleich seiner Farbe und Schönheit und seiner Nützlichkeit wegen angelegt war

Die italienische Renaissance hat einige berühmte Gärten hervorgebracht. Im Garten der Villa d'Este in Tivoli wird Wasser zum großen Schauspiel, wenn es in Kaskaden Terrassen hinabstürzt. Die Terrassen sind mit Balustraden gefaßt, auf denen Statuen aus dem alten Rom stehen, die für mittelalterliche Bauherrn durchaus noch erhältlich waren. Der Garten wirkt wie eine Theaterkulisse

Holländer zu Importeuren vieler Pflanzen, besonders aus dem Mittleren Osten, China, Amerika, Süd-Afrika. Sie führten den Flieder, die Pelargonien und Chrysanthemen ein und verbreiteten Tulpen und viele andere Blumenzwiebeln.

Genauso wie die mittelalterlichen englischen Gärten schwache Abbilder der farbenprächtigen, eleganten Gartenhöfe Europas waren, waren auch die königlichen Gärten stark an die italienische und französische Renaissance angelehnt. Sie waren indes weniger stark formal, da das englische Klima eine Vielfalt von Pflanzen begünstigt. Auch entwickelte sich größeres Interesse für dekorative Pflanzen als für Küchen- und Arzneipflanzen.

Einer der ersten Gärten im formalen Stil war Hampton Court. Geometrische Blumenbeete, ergänzt durch Irrgärten, Labyrinthe, Aussichtstürme oder Pavillone, Sonnenuhren, Spaliere und Lauben belebten die Gärten. Gemüsegärten lagen entfernt vom Hauptgarten, von Mauern umgeben. Nach 1660 bestand der Einfluß le Notre's kurz gesagt darin, daß große Paterre die kleinen Beete ersetzten, weite Kanäle und Seen die lieblichen Brunnen und breite Buchenalleen sich bis zum Horizont erstreckten.

Das 17. Jh. war die Zeit der Pioniere englischer Gartenkunst. Beschreibende Gartenbücher erschienen, das Interesse am Gartenbau erwachte und eine eifrige Suche nach neuen Pflanzen begann. Die ersten Botanischen Gärten öffneten, Orangerien und Gewächshäuser wurden gebaut, um nicht winterharte Pflanzen zu schützen. Männer wie London und Wise gründeten die ersten Baumschulen und verkauften Pflanzen überallhin.

Die Entwicklung
des englischen Landschaftsgartens

Während des 18. Jh. machten sich revolutionäre Ideen in England breit, ausgelöst durch Philosophen, Schriftsteller und Landschaftsmaler. Alle wehrten sie sich gegen die Unnatürlichkeit formaler Gärten; Schriftsteller, wie Addison, Pope und Steel theoretisierten über geschwungene Linien und die Unregelmäßigkeit der Natur und auch Rousseau's Idee des romantischen Gartens floß in die Bewegung mit ein.

Formale Gärten wurden von den Anhängern der landschaftlichen Schule völlig verdrängt, und es entstanden großartige Parklandschaften, in denen die Natur nicht bezwungen, sondern verbessert und idealisiert werden sollte. Während der nächsten 100 Jahre war alles Kleinräumige unbedeutend. In den Händen von William Kent, dem Wegbereiter der Bewegung, dem »Capability« Brown und Humphrey Repton folgten, wurden Hügel und Täler gebaut, gerade Wege und Alleen aufgegeben und aus Kanälen wurden geschwungene Seen. Die Natur triumphierte, allerdings eine sehr kunstvoll ersonnene! Der Eindruck großer Weite wurde vorgetäuscht indem man Bäume so pflanzte, daß die Grundstücksgrenze nicht erkennbar war; es gab keine Mauern oder Hecken, als Abgrenzung wurde der »Ha-ha« erfunden, ein Graben, der die Weidetiere abhielt.

Die neue Bewegung verbreitete sich schnell über Europa. In Deutschland wie in England mußten die frühen formalen Gärten den neuen Landschaftsgärten Platz machen. Die Franzosen jedoch erhielten weitgehend das Ererbte und fügten nur dem formalen Garten einen landschaftlichen hinzu.

In Deutschland wurde die neue Bewegung vor allem zunächst in den idyllischen Landschaftsschilderungen und Schäferdichtungen um 1780 aufgegriffen. Gleichzeitig wurden auch schon bestehende, regelmäßige Gärten nach »natürlichen« Gesichtspunkten umgestaltet. Der Schloßgarten in Schwetzingen, den der später berühmt gewordene Landschaftsgärter F. L. v. Sckell als junger Mann nach einem Besuch in England in den Außenbereichen neu gestaltete, ist ein Beispiel dafür.

Die Idee des landschaftlich gestalteten Gartens faßte so schnell um sich, daß in fast allen Gärten und Parks jener Zeit ein »englisches Stückchen« angelegt wurde. Es entstanden aber auch bedeutende, große, kunstvoll gestaltete Parks, wie z. B. die in Wörlitz und in Weimar, um dessen Ausgestaltung sich auch

Goethe kümmerte, die Parks am Schloß Nymphenburg in München die Schloßparks Bellevue/Berlin und Sanssouci/Potsdam und der Park in Muskau. Ursprünglich waren diese Anlagen alle Gärten für Fürsten. Es kamen aber bald auch Bestrebungen auf, »Volksgärten« zu schaffen, in denen den Stadtbewohnern die Schönheiten und Tugenden der Natur nähergebracht werden sollten. Herausragendes Beispiel hierfür ist der Englische Garten in München geworden.

Einiges aus dem Gedankengut der Landschafts-Gärtner des 19. Jh. hat sich bis heute erhalten, einiges sollte man sich wieder vor Augen führen und in Erinnerung rufen, denn es entspricht unserer heutigen Auffassung durchaus: schon damals wurde gefordert, die einzelnen Gestaltungselemente in der ihnen eigenen Form wirken zu lassen und sie sorgfältig miteinander zu kombinieren. Die Ausdruckskraft des Baumes, seiner Äste, Zweige und Blätter wurde erkannt, und mit dem Bekenntnis zu ausschließlich in der Natur vorkommenden Wuchsformen verschwand jede Kunstform der Gehölze. Die Farbe Grün in ihrem ganzen Reichtum wurde erstmals für

Ein gutes Empfinden für Farben und Strukturen ist erforderlich wenn, wie hier, eine harmonische Pflanzenzusammenstellung gelingen soll. Gebüsch und Wasser bilden eine fast natürliche Anlage

Die idealisierte Schaffung einer natürlichen Landschaft, wie hier in Stourhead (England), läßt der Gartenentwurf zum Kunstwerk werden. Im Gegensatz zu früheren Gärten fehlt alles Strenge, Formale. Obwohl Hügel und Seen von Menschen gemacht sind, entsteht der Eindruck einer lieblichen Weidelandschaft

Nicht vergleichbar mit den großen geometrischen Gärten in Europa sind die japanischen Gärten. Sie hatten schon immer einen menschlicheren Maßstab. Jedes Gestaltungselement wurde mit größter Zurückhaltung ausgewählt und plaziert wie in diesem Garten am Tofukuji Tempel in Kyoto

den Garten entdeckt. Helles, munteres Grün sollte mit dunklem abwechseln und die Vielfalt der Laubfärbungen im Laufe eines Jahres sollte unbedingt beachtet werden. Blütenpflanzen wurden wiederentdeckt – »wenngleich ein Garten ohne Blumen schön sein kann, und ein Platz mit den herrlichsten Blumen erfüllt, noch kein Garten ist!«. Die Gärten wurden nach verschiedenen Gesichtspunkten unterteilt; z. B. nach ihrer Lage in Berggärten, Talgärten und Waldgärten, nach den Tageszeiten in Morgengärten, Mittagsgärten und Abendgärten oder nach dem Unterschied der Jahreszeiten in Frühlingsgärten, Sommergärten, Herbstgärten und Wintergärten.

All diese Gesichtspunkte sind auch für den heute lebenden Gartenbesitzer von Bedeutung, und er ist gut beraten, wenn er sie sich, bevor er selbst anfängt zu planen, durch den Kopf gehen läßt.

Japanischer Garten

Eine Geschichte des Gartens, wie kurz sie auch sein mag, darf den orientalischen Einfluß nicht übergehen. Gärtnern war eine Kunst im

alten China, und sie gelangte im 17. Jh. v. Chr. nach Japan, wo sie einen eigenen Stil entwickelte, der sich grundsätzlich bis heute fortgesetzt hat. Japanische Gärten sind klein und mauerumgeben, da Geborgenheit hoch geschätzt wird. Die Japaner schufen eine »Landschaft«, die eher vom Haus aus zu betrachten, als als Lebensraum zu benutzen war. Das Ziel war, in Harmonie mit der Natur einen Bereich der Ruhe und des Friedens zu gestalten, und dies wurde erreicht durch Wiedererschaffung der Natur in einem anderen Maßstab, nicht durch ihre Nachahmung.

Der Charme japanischer Gärten liegt in ihrem einheitlichen Gesamtentwurf, in den sich individuelle Gestaltungselemente einordnen; ihre Bedeutung steht in strenger Beziehung zum Gesamtwerk. Die wesentlichen Bestandteile eines japanischen Gartens sind Steine und Felsen, Erde, Sand und Wasser, ein jedes unter strenger Beachtung von Maßstab und Ausgewogenheit verwendet. Alle Gewächse und blühenden Obstbäume werden nur sehr zurückhaltend verwendet. Ursprünglich hatte jedes Element eine symbolische Bedeutung, später dominierte der ästhetische Effekt. In

einem Land, in dem der Raum sehr beschränkt ist, haben die Japaner die Schönheit und gestalterische Bedeutung jeder Kleinigkeit ausgenützt. Ihre Erkenntnisse sind auch heutzutage für jeden kleinen Garten von Wichtigkeit.

Das 20. Jahrhundert

In diesem Jahrhundert sind die großen Gärten zu unwirtschaftlich geworden, die Zahl der kleinen hat sich statt dessen stark vergrößert. Gartenstädte sind geplant und gebaut worden, in denen jedes Haus seinen eigenen Garten hat. In der Gestaltung hat sich kein Gartenstil der Vergangenheit durchgesetzt, jedoch sind verschiedene Einflüsse aus anderen Stilrichtungen durchaus spürbar. Der Garten ist wieder Lebensraum, wie im alten Rom, und nicht länger »Theater«. Gleichzeitig führte wirtschaftliche Notwendigkeit dazu, daß wieder Nutzpflanzen angebaut wurden, wie in den mittelalterlichen Gärten. Vielleicht war die größte Veränderung die, daß mehr Freizeit für Viele das Interesse am Garten erweckte und es nicht länger ein Vorrecht der Reichen war, einen Garten zu besitzen.

Wie man den eigenen Stil findet

Ein Garten sollte, sowohl optisch als auch im Gebrauch ein Teil des Hauses sein. Während sich seine äußere Form hauptsächlich aus seiner Funktion ergibt, muß seine Ausdrucksform im Einklang mit seiner Umgebung stehen. Gelegentlich kann ein Stilkontrast angewandt werden, aber im allgemeinen ist das unangebracht. Das erste Problem ist, den eigenen Stil zu finden. Für jene, die in einem alten, historischen Gebäude wohnen, ist dies einfach, aber für die Mehrheit, die in modernen Siedlungen wohnt, wird es schon schwieriger. Falls Ihr Stück Land irgendwelche alten charakteristischen Merkmale hat, wie eine Gruppe großer Bäume, ist es gut, sie zu erhalten und sie zu einer Dominante Ihres Gartens zu machen. Das größte Problem erhebt sich bei Gärten, die wenig mehr sind als ein kümmerlicher Haufen Bauschutt. Machen Sie sich zu Beginn Gedanken über die Baumaterialien Ihres Hauses, dann über seine Inneneinrichtung. Alle Materialien bestimmen in einem gewissen Grad, wie sie verwendet werden; bei Ihrer Gartenplanung vermeiden Sie vor allem eine Mischung von Materialien und Stilelementen. Pflanzen haben auch starke Ausdruckskraft und ihre Zusammenstellung sollte eigentlich den Gesamteindruck des Gartens beeinflussen. Aber zuerst muß natürlich die Materialauswahl erfolgen, wenn Sie beginnen, Ihren Garten zu planen.

Bei kleinen Gärten besteht die Schwierigkeit darin, auf engem Raum den gewünschten Effekt zu erreichen, und die optische Verbindung zwischen Haus und Garten herzustellen.

Materialauswahl

Der Charakter einer bestimmten Region wird teilweise geprägt durch die Materialien die zu bestimmten Zeiten verfügbar waren und dadurch, wie sie zusammengefügt worden sind. Das Dorf ist in diesem Sinne organisch, es steht auf dem Boden aus dem es gewachsen ist.

Orientieren Sie sich an alten Gebäuden Ihrer Umgebung, Kirchen bilden oft ein gutes Beispiel für die örtlichen Baustoffe und dafür, wie sie innen und außen verwendet wurden. Am Ort vorkommende Materialien sind oft die billigsten und können, wenn nicht neu, doch häufig gebraucht gekauft werden. In vielen Gegenden gibt es keinen Stein, dort wäre der traditionelle Baustoff Holz oder, falls Ton vorhanden ist, Klinker. Heute werden jedoch viele Häuser aus Beton gebaut; fremde Stoffe, in ein Gebiet eingeführt, können auch den Maßstab Ihres Entwurfes beeinflussen. Denn die verwendeten Materialien verbinden Haus und Umgebung genauso wie Gestalt und Maßstab.

Verbindung von Draußen und Drinnen

Nun zum Inneren Ihrer Wohnung; sie wird sowohl familiären, als auch ästhetischen Ansprüchen genügen. Wenn Haus und Garten als Einheit betrachtet werden, so müssen sie einander entsprechen; man wird nicht nur durch das Haus in den Garten geführt, sondern der Garten dringt auch durch die Fenster ins Haus ein, und beides sollte harmonieren.

In diesem Zusammenhang ist es einfacher,

Negatives aufzuzeigen: Betonplatten z. B. fehlt die Struktur und Feinheit, die die Pflasterung in einem kleinen Landhausgarten erforderte; Eternitkübel würden kaum in den Garten eines alten Ziegelhauses passen. Im großen und ganzen erfordert ein rustikal eingerichtetes Haus eher eine geschwungene Rasenfläche und Blumenrabatten, während ein anspruchsvolles, modernes Inneres nach strengerer, formaler Verwendung von Pflanzen, Beton und Kieseln verlangt. Alle verschiedenen Haustypen – Landhäuser, Sommer- und Ferienhäuser, Stadthäuser – brauchen ihren typischen Garten, in dem bestimmte Pflanzen und Materialien verwendet werden sollten und den Gärten ihren eigenen, unverwechselbaren Stil geben.

Wenn sich nun der typische Stil eines Gartens herauskristallisiert hat, wird seine Einmaligkeit noch deutlicher durch die spezifischen Funktionen, die er zu erfüllen hat. Er kann ein Pflanzengarten sein, ein Rosengarten, ein Spielgarten, ein Badegarten, ein reiner Gemüsegarten oder ein Obstgarten. Jeder Gartenbesitzer hat seine eigenen Bedürfnisse und Vorstellungen, jeder Garten liegt in einer anderen Umgebung; die Bindung an Vorhandenes, das Lokalklima, die Bodenbeschaffenheit, all das sind wichtige Gestaltungsfaktoren. Von ihnen wird in den folgenden Kapiteln die Rede sein. Zum Schluß noch ein Hinweis auf die Bepflanzung, auch von ihr wird noch die Rede sein, erst sie wird dem Garten seine besondere Ausstrahlung geben.

Ein natürlicher Wiesengarten – durch Aussaat leicht herzustellen – wird nur in einer ländlichen Umgebung gut wirken. Der völlig ungezwungene Eindruck wird dadurch erreicht, daß sich die Wildblumen wieder versamen und das Gras nicht geschnitten wird. In diese Umgebung paßt nur ein schlichtes Landhaus, und Klinker ist das geeignete Material für die leicht geschwungenen Wege

Dem Habitus eines modernen Hauses entspricht eine grundsätzlich strenge Gartenplanung. Kräftige Pflanzen in großen Gruppen und ein derber Bodenbelag gehören dazu. Kiesel und Findlinge können die Nüchternheit des Betons beleben. Die harten Konturen des Gebäudes werden durch Kletterpflanzen unterbrochen und gemildert

Auf einem Dachgarten oder Balkon ist es wichtig, daß die verwendeten Materialien gut zu denen im Haus passen. Leichte rechteckige Platten könnten das sein, deren Farbspiel mit dem der umgebenden Dächer harmoniert. Einfache Kästen, mit Blumen bepflanzt, bringen genug Leben in solch einen kleinen Raum, um den Aufenthalt dort angenehm zu machen

17

Starke Kontraste und leuchtende Farben passen am besten zu Gärten in heißen Klimagebieten. Weiße Mauern und Blumen in grellen Farben passen nicht gut in trübes Wetter, aber unter einem blauen Himmel bei strahlendem Sonnenschein erwachen sie zum Leben

Japanischer Einfluß ist unverkennbar; seine Einzigartigkeit erhält er durch die sorgfältige Auswahl und Gruppierung von Materialien und Pflanzen. Der Maßstab und die Einheitlichkeit des Entwurfes erlauben es, Baustoffe in scheinbar natürlicher, harmonischer Art zu kombinieren (rechts)

Die Verwendung bodenständiger Materialien, wo immer sie verfügbar sind, bringt eine gute Verbindung zwischen Haus und Garten und fügt beide ausgezeichnet in die Landschaft ein. Naturstein ist besonders vielseitig, er kann als roh behauener Block, als Platte oder Schotter verwendet werden

Die Auswahl und die Art der Zusammenstellung von Materialien bestimmen den Stil eines Gartens. Ein flaches, rechteckiges Wasserbecken korrespondiert gut mit einem modernen nüchternen Haus; ein überschwenglich mit Pflanzen bewachsener Teich würde nur in eine ländliche Umgebung passen

Wo ein Garten von oben eingesehen werden kann, ist eine üppige Pflanzung am wirkungsvollsten. Blumen in Kübeln und Pflanzen, die über Mauern herabhängen und an Wänden hochgezogen werden, schaffen eine farbenfrohe, lebendige Atmosphäre

Holz ist das ideale Material, um ein Haus in eine natürliche Umgebung einzupassen, besonders dort, wo Bäume stehen. Wenn das Holz als Konstruktionselement und zur Verblendung verwendet wurde, ist der Gesamteindruck noch günstiger

Der Vorgarten empfängt die Besucher. Seine Gestaltung ist wichtig. Während die Büsche auf der einen Seite Schutz bieten, ist die andere niedrig bepflanzt, damit der Zugang übersichtlich bleibt

Wo der Garten ein Teil des Hauses ist, sollten beide Stilarten einander entsprechen, wie hier, wo der strenge Garten mit dem nüchternen Inneren des Hauses übereinstimmt

Zu einem alten Häuschen gehört ein romantischer kleiner Garten, in dem jeder Platz genutzt ist, wo Blumen und Gemüse und Kräuter durcheinanderwachsen und über Mauern und Wegränder quellen

Entwurf für eigene Bedürfnisse

Ein historischer Abriß zeigt, daß die Form eines Gartens weitgehend von seiner Funktion abhängig war. Die Funktion jedoch war von vielen Dingen beeinflußt, einschließlich Klima und Lebensstil. Seit der Renaissance waren die meisten Gärten Schaugärten zum Bummeln und Flanieren, sie wurden beständig von Gärtnern gepflegt. Andererseits gab es die Bauerngärtchen, in denen Gemüse angebaut wurde und ein Schwein oder Hühner gehalten wurden.

Heute ist die Situation anders: das 20. Jh. hat mehr Freizeit gebracht, die Gärten sind kleiner geworden und für mehr Menschen erschwinglich. Das Interesse am Garten wächst, und deshalb sollte er von Anfang an gut geplant sein – und zwar im Hinblick auf die Bedürfnisse des Besitzers – so daß er dann weitgehend sich selbst überlassen werden und sich weiterentwickeln kann.

Bestimmte Nutzungswünsche beeinflussen weitgehend die Gestaltung des Gartens. Der begrenzte Raum heutiger Gärten sollte kein Hindernis, sondern eher ein Grund sein, gleich zu Anfang gut überlegt zu planen. Die Abbildungen zeigen, wie dieselbe Fläche, 9 m × 7,5 m, so geplant werden kann, daß sie sieben verschiedenen Familienbedürfnissen entspricht. Die Pläne demonstrieren nicht nur, wie man den einzelnen Bedürfnissen entgegenkommen kann, sondern auch, wie individuelle Wünsche zu einer unterschiedlichen Gestaltung des gleichen Geländes führen.

Planen für wechselnde Bedürfnisse

Im Laufe der Jahre können die Anforderungen einer Familie sehr wechseln; vorausgesetzt man bleibt im gleichen Heim, ist es nötig, daß die Gartenplanung flexibel genug ist, dem Rechnung zu tragen. Ein junges Paar wird den Garten hauptsächlich zu Sonnenbaden benutzen und wird sich eine einfache, pflegeleichte Anlage wünschen. Die Ankunft von Kindern wird neue Anforderungen stellen, vom Kinderwagenstellplatz zum weichen Spielplatz, zum Dreiradfahrplatz. Für die wachsende Familie wird vielleicht ein größerer Gemüsegarten oder eine geräumigere Terrasse notwendig werden. Wenn die Kinder das Haus verlassen, sollte der Garten wieder ruhiger werden. Die Eltern verbringen wieder mehr Zeit im Freien, vielleicht beschäftigen sie sich eingehender mit Pflanzen, Rosen o. a. oder brauchen ein kleines Gewächshaus. Was jedoch mit 50 Jahren leicht zu bewältigen ist, kann mit 70 zu einer Last werden. Wenn die Unterhaltung eines Gartens zu aufwendig wird, sollte man die intensive Nutzung einschränken, ohne den Gesamteindruck zu verändern.

Im Lebenszyklus der Familie nimmt die Intensität der Gartennutzung erst zu, später wieder ab; die Anforderungen an ihn mögen variieren: einmal soll der Garten eine ruhige Zuflucht nach einem arbeitsreichen Tag sein, ein andermal ein Ort für körperliche Betätigung nach einem Arbeitstag mit ausschließlich sitzender Beschäftigung.

Unabhängig davon, wie der Garten angelegt ist und welchen persönlichen Ansprüchen er genügen muß, er sollte immer als eine Erweiterung des Hauses angesehen werden. Er kann als ein Freiraum dienen oder auch als mehrere, in denen den verschiedensten Beschäftigungen nachgegangen werden kann, – vom Kartoffeln schälen bis zum Motorrad- oder Autobasteln. Während der warmen Sommermonate kann ein Garten gut und gerne in dauernder Nutzung sein, nicht nur zum Unkrautjäten oder Sonnenbaden, sondern auch für Grillparties und mancherlei Spiele mit Familienangehörigen und Freunden.

Im Garten sollte auch jederzeit ein Wagenabstellplatz zur Verfügung stehen, vielleicht sogar auch ein Platz für einen Wohnwagen oder ein Boot. Der Müllbehälter muß irgendwo untergebracht werden, evtl. muß ein Abstellplatz für Fahrräder vorgesehen werden. Für den Komposthaufen braucht man eine größere Fläche und vielleicht auch für ein Gartenhäuschen. All diese Dinge sollten nicht nur irgendwie untergebracht sein, sondern sie müssen auch in einer funktionsgerechten Beziehung zueinander und zum Haus stehen. Die Eingangsseite, an der viele dieser Einrichtungen sinnvollerweise ihren Platz haben müssen, sollte aber trotzdem ein ansprechendes Aussehen haben. Wenn man so vielen Anforderungen auf kleinstem Raum gerecht werden will, muß man genau überlegen um sinnvoll planen zu können.

Der hofartige Garten, geplant für Leute mit wenig Freizeit, ist ein Ort der Ruhe und des Friedens. Da er völlig abgeschlossen ist und die Sonneneinstrahlung einfängt, ist er ideal zum Sonnenbaden. Zur Belebung sind die Klinkerflächen, die den größten Teil des Hofes einnehmen, leicht terrassiert. Der Platz mit Grill und eingebauter Steinbank ist vom Wohnbereich durch eine immergrüne Pflanzung abgeschirmt. Die Pergola erhöht den Reiz dieser Ecke, die ein stimmungsvoller Raum zum Essen und Sitzen an Sommerabenden ist

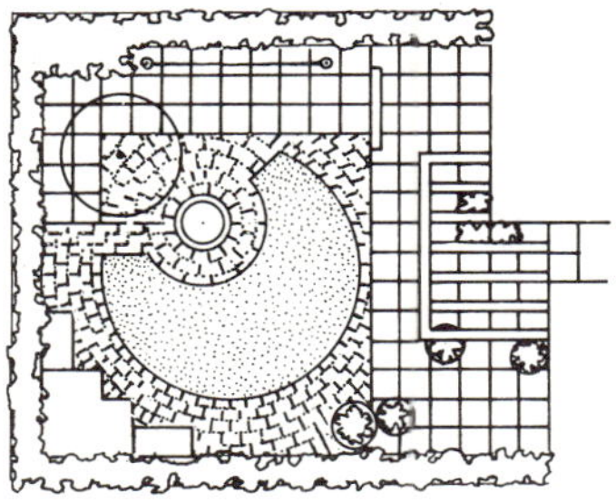

Ein Garten für Kinder sollte so angelegt werden, daß er später leicht umgeändert werden kann, wenn die Bedürfnisse sich gewandelt haben. Die runde Rasenfläche ergibt eine weiche Spielfläche, das Ziegelpflaster eine Umfahrt für Dreirad oder Roller. Das kleine Beet in der Ecke ist für die Kinder. Der erhöhte Sandkastenrand verhindert, daß allzuviel Sand verstreut wird. Die große Terrasse ist geeignet für Mahlzeiten im Freien, die Pergola bietet Schatten für den Kinderwagen oder die Kinderfahrräder

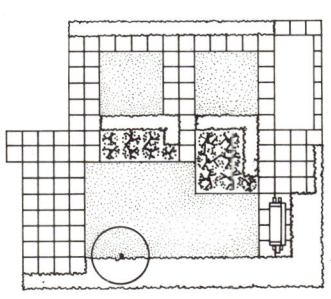

Dieser Garten ist für ein Rentnerehepaar oder für sonst jemanden, der sich gerne im Garten beschäftigt, entworfen. Das Gewächshaus und die Gemüsebeete sind so angeordnet, daß sie nicht dominieren, aber vom Haus aus auf einem festen Weg zu erreichen sind. Obstbäume sind als Spalier entlang der Grenze gezogen. Die gemischte bunte Pflanzung enthält auch Schnittblumen. Der Sitzplatz ist so gelegen, daß man die Blumen- und Rosenbeete genießen kann

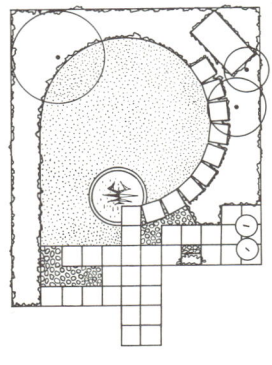

Viele Familien haben Kinder verschiedenen Alters, und
was sie brauchen ist ein Universal-Garten. Eine große
Terrasse ist für die verschiedenen Aktivitäten erforderlich, ebenso ein kleiner Schuppen für Fahrräder, Spielzeug und Werkzeug. Die gemischte Pflanzung besteht
aus winterharten Pflanzen, ein kleiner Wasserpflanzen-
teich im Rasen erhöht den Erlebniswert des Gartens

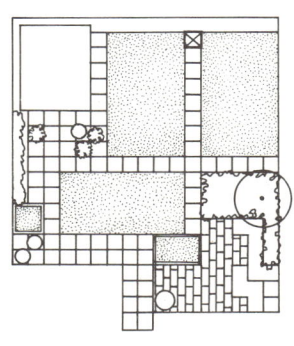

Selbst ein kleiner Garten kann bis zu einem gewissen
Grade eine Familie mit Gemüse selbst versorgen. Drei
Beete von ca. 2,5 × 4 m Größe reichen aus, um eine
sinnvolle Fruchtfolge durchzuführen. Sie sind durch
Plattenwege verbunden, die auch zum Gewächshaus
führen. Am Ende eines Weges steht ein Bienenhaus.
Erdbeeren wachsen in einem alten Faß, Obstbäume
entlang der Grenze. Kompost und Abfall sind in eine
Ecke verbannt und dem Haus zugeordnet liegen die
Terrasse und ein Kräuterbeet

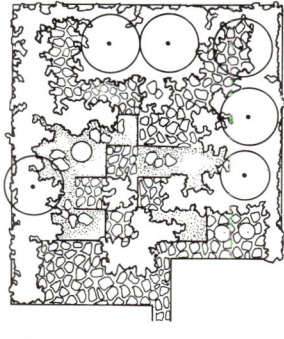

Dieser Garten ist für einen Pflanzenliebhaber entworfen. Er erhält einen japanischen Charakter durch die Findlinge, Kiesflächen zwischen den Platten und die Vogeltränke. Die flächendeckenden Pflanzen sind pflegearm. Auch mit Hilfe der Bäume wird eine japanische Atmosphäre geschaffen, besonders die krumme kleine Kiefer verstärkt diesen Eindruck. Der Zaun ist hinter Pflanzen verdeckt; der ganze Garten strahlt Ruhe und Geschlossenheit aus

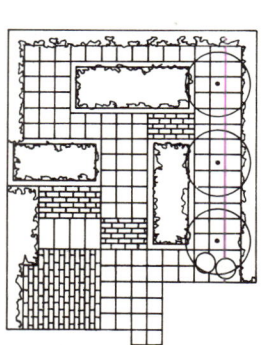

Die Pflanzenbeete sind erhöht, so daß sie für jemanden im Rollstuhl oder der sich nicht bücken kann, leicht zu pflegen sind. Sie sind nicht breiter als 1,5 m und können von allen Seiten erreicht werden. Zwischen den Beeten ist genügend Platz und der Bodenbelag ist eben. Die Buschobstbäume können leicht geerntet und geschnitten werden. Der Holzzaun – mit Kletterpflanzen und Rankrosen bewachsen – bildet den einheitlichen Rahmen für den kleinen Garten

Ein wenig Bodenkunde

Die meisten Pflanzen wachsen in der Erde. Für den Gärtner sind die wichtigsten Merkmale eines Bodens seine Tiefgründigkeit, seine Struktur und seine chemische Zusammensetzung. Es ist wichtig, daß Sie Ihren Boden genau kennen, damit Sie ihn richtig behandeln und verbessern können.

Entwicklung der Böden
Der Oberboden ist für das Pflanzenwachstum am wichtigsten. Seine Beschaffenheit und Zusammensetzung hängen davon ab, aus welchem Ausgangsgestein er sich unter der Einwirkung von Wasser, Hitze und Kälte und Pflanzen im Laufe von Jahrtausenden entwickelt hat. In dem angewitterten Gestein haben sich Pflanzen angesiedelt, die, wenn sie absterben, von Mikroorganismen zersetzt werden. Im Laufe von vielen, vielen Jahren entwickelt sich aus dieser zersetzten organischen Substanz der Mutterboden.

Es gibt jedoch auch Böden, die sich nicht aus dem Unterboden entwickelt haben, sondern die durch Naturkräfte – Wind, Wasser, Gletscher – umgelagert wurden; das von Flüssen angeschwemmte und abgelagerte Erdreich bildet den sog. alluvialen Böden, das von Gletschern umgelagerte den sog. Geschiebelehm.

Die Stärke der Mutterbodenschicht kann sehr unterschiedlich sein; auf einem neu bebauten Grundstück liegt meistens gar kein Mutterboden, und es gibt Gegenden, wo alluviale Ablagerungen in einer Mächtigkeit von 6 m liegen! Die eigentliche Mutterbodenschicht ist im allgemeinen 30 cm stark, auch 15 cm reichen in vielen Fällen schon für ein ausreichendes Pflanzenwachstum.

Die Stärke Ihres Oberbodens können Sie mit einem sog. Erdbohrer ermitteln, einer Art Korkenzieher, mit dem man Proben des Bodens herausbohren kann. Einfacher ist es, ein Loch zu graben, an dessen steilen Seitenwänden man das Bodenprofil (so nennt man den Querschnitt durch die verschiedenen Bodenschichten) ablesen kann. In dem Loch können Sie gleichzeitig auch sehen, wie schnell das Wasser auf Ihrem Oberboden oder Untergrund versickert.

Zur Belebung eines alten Gartens empfehlen manche Autoren, einen Bodenaustausch vorzunehmen, d. h. den alten verdichteten und versauerten Boden durch neuen zu ersetzen. Das ist in den meisten Fällen jedoch schwierig und teuer – billig allerdings, wenn man bedenkt, daß 25 cm Mutterboden etwa tausend Jahre brauchen, um sich zu entwickeln! Sollten Sie Mutterboden kaufen müssen, informieren Sie sich über seine Herkunft, damit Sie gewiß sein können, daß es »lebendiger«, humoser Boden, frei von Krankheiten und Unkräutern, besonders Wurzelunkräutern, ist. Gelegentlich sollte der Boden tief bearbeitet werden und reichliche Gaben organischer Substanz erhalten, damit das Leben der Mikroorganismen aktiviert wird und sich auch auf die obersten Schichten des Unterbodens ausdehnt.

Zwischen dem Oberboden und dem Ausgangsgestein liegen häufig noch mehrere Schichten Kies und Stein. Nur die Zone unmittelbar unter dem Mutterboden nennt man Unterboden. Seine Stärke variiert und hängt ab von der Härte des Ausgangsgesteins und von Erosionseinwirkungen; seine Farbe und Beschaffenheit entsprechen nicht denen des Oberbodens, denn er hat keine, oder nur sehr wenige organische Bestandteile. Als Kulturboden ist er nicht geeignet.

Bodenbeschaffenheit
Das Gefüge des Bodens wird bestimmt von der Größe der einzelnen Bodenteilchen. Alle Böden enthalten Sand und Ton in verschiedenen Mengenverhältnissen und sie werden meistens nach dem Teil benannt, der überwiegt. Die Größe der einzelnen Bodenteilchen ist ein wichtiger Faktor, denn er bestimmt den Luft- und Wassergehalt im Boden. Die Pflanzen benötigen nämlich Luft und Wasser im Boden, um die Nährstoffe aufnehmen zu können.

Tonböden bestehen aus sehr feinen Teilchen die, wenn sie naß werden, quellen, die Luft aus dem Boden drängen und den Pflanzen die Aufnahme der Nährstoffe erschweren. Da sie fast immer feucht und schlecht durchlüftet sind, erwärmen sich diese Böden nur langsam. Wenn sie dann austrocknen, reißen sie zu richtigen Spalten auf, wodurch natürlich die Pflanzenwurzeln beschädigt werden.

Tonböden sind von Natur aus gut mit Pflanzennährstoffen versorgt, diese sind jedoch aus den oben erwähnten Gründen oft nicht pflanzenverfügbar. Regelmäßige Humusgaben können einen schweren Ton im Laufe der Zeit in einen fruchtbaren Gartenboden verwandeln. Stallmist, Kompost oder Torf sind geeignet, um die Bodenstruktur zu verbessern, Kalkgaben können auch dazu beitragen, jedoch sollten Sie bedenken, daß manche Pflanzen keinen Kalk vertragen und es sehr schwierig ist, einmal vorhandenen Kalk wieder aus dem Boden herauszubekommen. Bringen Sie niemals Kalk und Mist zum gleichen Zeitpunkt aus, denn beide reagieren chemisch so miteinander, daß Nährstoffe in einer für die Pflanzen nicht aufnehmbaren Form festgelegt werden.

Sandböden bestehen aus größeren körnigen Partikeln, die nicht zusammenkleben. Folglich dringt Wasser leicht ein, versickert aber auch rasch wieder, wobei es gelöste Nährstoffe mit sich führt. Die Pflanzen leiden in solchen Böden leicht unter Nährstoffmangel und Trockenheit. Sandböden versauern auch schnell, deshalb sollte man häufig kleine Kalkgaben verabreichen.

Ein Vorteil der Sandböden ist, daß sie sich schnell erwärmen, weil sie so gut durchlüftet sind. Sie sind deshalb hervorragend zum An-

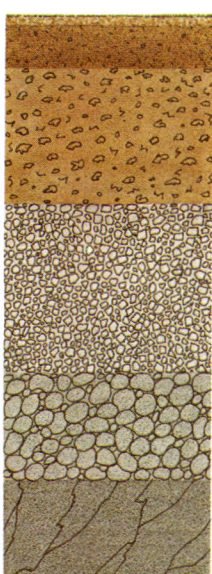

Zwischen Oberboden und Fels liegen Schichten mit verschieden hohem Kies- und Gesteinsanteil

Ein Tonboden reißt, wenn er austrocknet. Hier ist eine Dränage erforderlich

Sandböden haben ein lockeres Gefüge, deshalb fließen Wasser und Nährstoffe schnell fort

Lehmböden bestehen aus Sand, Ton und Humus, es sind gute Gartenböden

Kalksteinböden sind alkalisch. Die Mutterbodenschicht ist nur sehr dünn

Ein Gesteinsboden mit Lehmbeimengungen. Im Unterboden liegen reichlich Kalkstein und Flint

bau von Frühgemüse geeignet. Sie lassen sich leicht bearbeiten, das Untergraben von organischem Dünger (Mist) geht ziemlich schnell, und wenn man dann noch genügend wässert, kann der Erfolg eigentlich nicht ausbleiben.

Die meisten Gartenböden sind mehr oder weniger lehmig, sie bestehen aus einer Mischung von Ton, Sand und Humus. Den wirklichen Lehm gibt es allerdings kaum, die meisten Böden sind entweder tonig oder sandig. Am besten ist ein dunkelbrauner Boden, der aus 50–60% Sand und aus 30% Ton besteht und dessen humose Bestandteile teils pflanzlichen, teils tierischen Ursprungs sind. Ganz allgemein sind dunklere Böden die besseren, da sie mehr organische Substanz enthalten. Sie sind auch wärmer, denn sie absorbieren mehr Sonnenstrahlung.

Chemischer Aufbau

Da die Ausgangsgesteine in ihrer Zusammensetzung verschieden sind, sind es auch die über ihnen liegenden Böden. Die mineralischen Bestandteile eines Bodens sind für das Pflanzenwachstum genauso wichtig, wie die Bodenstruktur und der Anteil organischer Masse. Stickstoff, Phosphor, Kalium, Kalzium, Magnesium, Natrium und Eisen haben unter den anorganischen Substanzen die größte Bedeutung für die Pflanzen. Einige von ihnen, z. B. das Eisen brauchen nur selten ersetzt zu werden, andere müssen häufig nachgedüngt werden.

Kalkgesteinsböden sind sehr alkalisch; sie sind durch Verwitterung von kalkhaltigem Gestein entstanden. Die oberste Bodenschicht ist in der Regel nur sehr dünn und mit weißen Gesteinsbröckchen und mitunter auch kleinen Flintsteinen durchsetzt. Das Wasser versickert rasch. Hohe Gaben organischer Substanz sind nötig, um die Wirkung des Kalkes zu mildern und die Wasserhaltekraft des Bodens zu erhöhen.

Moorige Böden sind fast ausschließlich aus pflanzlicher Substanz entstanden. Sie enthalten mehr als 50% organische Substanz und sind deshalb fast schwarz. Sie sind meistens sehr naß, schlecht durchlüftet und sauer. Regelmäßige Kalkgaben können die Bodenverhältnisse jedoch entscheidend verbessern.

Um festzustellen, wie sauer oder alkalisch ein Boden ist, mißt man den sog. pH-Wert. Ein Boden mit dem pH-Wert 7 wird als neutral bezeichnet, der beste Wert für einen Gartenboden liegt bei pH 6,5. Ein Wert unter 6 bedeutet, daß der Boden nur noch für säureliebende Pflanzen, wie Azaleen oder Rhododendron, geeignet ist. Steigt der pH-Wert über 8 können nur noch wenige Pflanzen wachsen, da durch chemische Reaktionen die meisten Nährstoffe gebunden sind.

Man kann viel über einen Boden erfahren, über seine Beschaffenheit und Fruchtbarkeit, wenn man die wildwachsenden Pflanzen, auch die Unkräuter, beobachtet. Es gibt Pflanzen, die sauren Humus anzeigen, die Kalk anzeigen, die nur auf tiefgründigen Boden wachsen oder nur auf ganz flachen, mageren Böden gedeihen.

Es gibt für den privaten Gebrauch einfache Geräte, um den Säure- oder Kalkgehalt Ihres Gartenbodens zu prüfen. Sie sollten jedoch an mehreren Stellen Ihres Geländes Proben entnehmen, denn die Werte können sehr variieren.

Durch Kalkgaben können Sie der Versauerung eines Sand- oder Moorbodens entgegenwirken. Ein sehr alkalischer Boden kann durch Torf oder bestimmte Dünger (Ammoniumsulfat z. B.) neutralisiert werden.

Bodenbearbeitung

Die beste Methode einen Boden zu verbessern ist, ihn umzugraben. Nehmen Sie dazu im leichten Boden einen guten Spaten, im schweren eine Grabegabel. Durch das Graben gelangt Luft in den Boden und zwar bis zum Unterboden, wodurch Ihre Mutterbodenschicht allmählich stärker wird. Die beste Zeit zum Umgraben ist der Herbst. Besonders wichtig ist das bei schweren Böden, da der Frost im Winter die festen Erdklumpen sprengt und den Boden für die Frühjahrspflanzung lockert.

Nehmen Sie beim Graben den Spaten nicht zu voll, sonst wird die Arbeit zu schwer. Achten Sie darauf, daß Sie möglichst die Wurzelunkräuter (Quecke, Winde, Ampfer, Distel, Brennessel) entfernen und später in die Mülltonne werfen. Beim Graben sollte die Erde so gewendet werden, daß die Schicht, die zuvor über dem Unterboden lag nachher an der Erdoberfläche liegt.

Normalerweise gräbt man einen Spatenstich tief. Nur bei schweren Böden oder für tiefwurzelnde Gemüse kann es ratsam sein, zwei Spatenstiche tief zu gehen. Dabei müssen Ober- und Unterboden getrennt bleiben, man hebt den Mutterboden ab, gräbt der Unterboden um und bringt den Oberboden wieder darüber (Rigolen nennt man diese Art des Umgrabens). Bringt man dabei auf den Unterboden noch eine Lage Mist, wird sich die Mehrarbeit sicher lohnen.

Mist, Kompost, Mineraldünger

Eine ausreichende Versorgung mit organischem Material kann einen unfruchtbaren Boden beleben. Die wichtigste Eigenschaft des Humus ist seine Fähigkeit, Stickstoff zu binden; Bakterien wandeln diesen in Ammoniak um, und als Nitrat ist er dann pflanzenverfügbar. Humus speichert außerdem das Wasser in einer Form, daß es die Pflanzen wieder aufnehmen können.

Alle Bodentypen werden durch verrottende Pflanzenteile verbessert, der klebrige Lehm ebenso wie der zu lockere Sand. In allen Fällen verbessert der Humus das Bodengefüge.

Eine Mischung aus Pferdemist und Stroh ist ein gutes Bodenverbesserungsmittel, denn es enthält besonders viel Stickstoff, Phosphor und Kalium und dazu organische Masse. Die Nährstoffe können nicht sofort von den Pflanzen aufgenommen werden, sondern müssen von den Bodenbakterien erst umgewandelt werden in Nitrat, Phosphat und Kaliumkarbonat. In dieser Form werden sie dann langsam und stetig aufgenommen. Auf bereits bepflanzte Flächen sollten Sie aber keinen frischen Mist aufbringen, denn der freiwerdende Ammoniak kann die Pflanzen verbrennen.

Stechen Sie den Spaten senkrecht in die Erde, es ist weniger anstrengend! Der Graben sollte 30 cm breit und einen Spatenstich (ca. 25 cm) tief sein

Mit einer Harke können Sie den Mist oder Kompost auf der Grabensohle verteilen. Stallmist verbessert die Bodenstruktur und regt das Bakterienwachstum an

Der erste Graben wird mit dem Aushub des zweiten gefüllt, dabei wird die Erde gewendet, so daß Unkräuter untergegraben werden. Der letzte Graben wird mit dem Aushub des ersten gefüllt

27

Kompost, der sich aus Pflanzenabfällen entwickelt hat, ist ein gutes Bodenverbesserungsmittel, zumal er dem Boden all das wieder zuführt, was ihm während der Vegetationszeit entzogen worden ist. Es ist einfach und billig, einen Komposthaufen anzulegen, nur der Standort sollte sorgfältig gelegt werden. Auf keinen Fall darf er feucht und dunkel sein, da dort die Abfälle nicht richtig verrotten. Außer gemähtem Gras, Laub und Stroh können auch Küchenabfälle – Gemüseschalen, Salatblätter u. a. – auf den Komposthaufen kommen. Aber kranke Pflanzenteile und Wurzelunkräuter sollten Sie in die Mülltonne werfen. Eine gute Kompostentwicklung hängt von

Anorganische oder mineralische Dünger sind synthetisch hergestellte Salze und gemahlenes Material aus natürlichen Lagestätten. Sie sind in flüssiger oder fester Form erhältlich, als schnell wirkende oder als Langzeitdünger. Achten Sie beim Ausstreuen auf die Angaben der Hersteller und halten Sie die angegebenen Dosierungen ein. Alle Mineraldünger müssen möglichst gleichmäßig ausgestreut werden. Im Handel sind Einzeldünger, die nur einen Nährstoff enthalten und auch Volldünger, die Stickstoff (N), Phosphor (P), Kali (K), gelegentlich auch noch Spurenelemente (Eisen, Mangan, Kupfer u. a.), enthalten.

Bau einer guten Dränage

Ein gut dränierter Boden ist nicht nur für das Pflanzenwachstum, sondern auch für Mauer- und Wegebau erforderlich. Man muß deshalb die Bodenwasserverhältnisse auf dem gesamten Gelände betrachten, nicht nur dort, wo Pflanzen wachsen sollen. Wenige Pflanzen lieben sehr feuchten Boden, und in einem ständig nassen Grund bleiben die Wurzeln nahe der Erdoberfläche oder verfaulen; nasse Böden sind außerdem kalt, sie sind luftarm, und das bedeutet, daß die Bodenbakterien sich nicht entwickeln können, die in einem gesunden Boden reichlich vorhanden sein sollen. Insbesondere schwere Lehmböden dränieren schlecht; sandige oder steinige Böden dagegen gut.

Der einfachste Weg die Durchlässigkeit des Bodens zu prüfen ist, ein ca. 60 cm tiefes Loch zu graben und es mit Wasser zu füllen. Ist das Loch nach 24 Std. leer, ist die Durchlässigkeit gut, steht das Wasser nach 48 Std. immer noch darin, brauchen Sie eine Dränage. Bevor Sie jedoch Geld für eine künstliche Dränageleitung ausgeben, bedenken Sie, daß ein zu schneller Wasserabzug auch nachteilig ist: Pflanzennährstoffe werden schnell wegtransportiert. Versuchen Sie zuerst auf natürliche Art zu korrigieren.

Für einen Gärtner ist es wichtig, den Grundwasserstand zu kennen. Das ist der Bereich im Unterboden, bis zu dem das Wasser auf undurchlässiger Schicht im Untergrund steht. Der Grundwasserspiegel bildet keine horizontale Linie, sondern folgt, grob gesagt, der Oberfläche. Der Grundwasserspiegel steigt und fällt in feuchten und trockenen Perioden. Liegt er bei ca. 90 cm Tiefe, so ist dies günstig, denn das Wasser ist für die tiefreichenden Wurzeln noch verfügbar. Große Schwankungen des Grundwasserstandes sind sehr nachteilig, denn die Nässe im Winter zerstört die Wurzeln ebenso, wie die Trockenheit im Sommer. Wenn auf Böden mit hohem Grundwasserstand besonders im Winter das Wasser dauernd steht, bedeutet dies, daß das Grundwasser über der Bodenoberfläche steht und eine Dränage keine Besserung der Wasserverhältnisse bringen wird.

Ein einfacher Behälter gewährleistet, daß Ihr Kompost ordentlich auf einem Haufen liegt. Die Drahtkonstruktion und die durchbrochene Ziegelwand ermöglichen beide einen ausreichenden Luftzutritt, so daß die Bakterien, die die organische Substanz abbauen, gute Lebensbedingungen haben. Auch ein Holzbehälter aus schuppenartig übereinandergreifenden Brettern ist geeignet. Falls Sie genügend Platz haben, bauen Sie sich 2 Behälter. In dem einen kann der alte Kompost reifen, der andere ist für den frischen Abfall

ausreichender Durchlüftung und Wässerung des Haufens ab, damit sich die Mikroorganismen gut entwickeln können. Da diese Bodenbakterien für ihre Arbeit einen hohen Stickstoffbedarf haben, kann man den Zersetzungsprozeß des organischen Materials beschleunigen, wenn man auf je 30 cm Abfallmasse eine Lage stickstoffreichen Mineraldünger (z. B. Ammoniumsulfat) oder Stallmist streut. Darüber kommt eine Erdabdeckung und dann wird der Haufen gewässert. Statt des Stickstoffdüngers kann man bei Bedarf auch eine Lage kohlensauren Kalk geben. Hat der Komposthaufen seine endgültige Höhe erreicht, wird er nochmals mit Erde abgedeckt und gewässert. Der Verrottungsprozeß wird beschleunigt, wenn der Kompost alle 6 Wochen umgesetzt wird, wobei die außen liegenden Teile ins Innere des Haufens gelangen sollten. Ein Komposthaufen darf nie austrocknen; zu viel Regen bedeutet jedoch, daß wertvolle Nährstoffe ausgewaschen werden, deshalb sollte man ihn während sehr nasser Perioden mit einer Plastikfolie abdecken.

Kompost wird als »reif« angesprochen, wenn seine einzelnen Bestandteile nicht mehr zu erkennen sind. Er sollte dann schwarz und krümelig sein. Im Sommer dauert der Reifeprozeß etwa 2–3, im Winter 4–6 Monate.

Zweifellos fördern die Mineraldünger das Pflanzenwachstum, aber sie bewirken kaum eine Verbesserung des physikalischen Bodenzustandes. Ein Zuviel dieser Dünger kann sogar eine Bodenverschlechterung hervorrufen, weil sie die Lebensbedingungen mancher Bodenbakterien zerstören. Eine Bodenverbesserung kann man erreichen, wenn man mit Mineraldüngern angereicherten Torf verwendet (z. B. TKS 1 oder TKS 2).

Sie können sich einen sogenannten Torfschnellkompost selber herstellen. Sie mischen dafür einen Ballen Torf mit 5 kg Kalkstickstoff, 7 kg Thomasmehl und 7 kg Patentkali. Unter dauerndem Umschaufeln werden dann etwa 300 l Wasser darübergebraust bis die ganze Masse durchtränkt ist. Dann wird sie zu einem 60 cm hohen Haufen aufgesetzt, mit Erde abgedeckt, nach 4 Wochen umgeschaufelt, und nach weiteren 4 Wochen ist sie gebrauchsfertig.

Die Fruchtbarkeit eines Bodens hängt ab von dem Gleichgewicht zwischen mineralischen und organischen Bestandteilen. Hat ein Gartenbesitzer erst einmal verstanden, wie die einzelnen Faktoren voneinander abhängig reagieren, ist er in der Lage, in seinem Garten jeder Pflanze den richtigen Standort zu schaffen.

Einfache Hilfsmittel gegen schlechte Entwässerung

Alle Maßnahmen zur Verbesserung von Struktur und Fruchtbarkeit des Bodens werden auch Entwässerungsprobleme lösen helfen. Graben wird Lehmböden durchlüften, das Untergraben von grober organischer Substanz (Torf, Kompost, Mist, abgestorbenes Farnkraut) wird die Bodenstruktur verbessern, das Einbringen von anorganischen Materialien (grober Sand, Holzkohle, Gips) wird einen Lehmboden lockern. Als Richtwert mag gelten: 1 Eimer voll organischer Substanz und 2 Eimer voll anorganischer Masse je qm^2 Ihres Bodens ausbringen.

Kalk lockert einen Lehmboden, in dem sich vermehrt Regenwürmer einfinden, die wiederum die Bodendurchlüftung und -entwässerung fördern. Der Düngekalk wird auf die umgebrochene Bodenoberfläche gestreut und nur in die obersten 5–10 cm eingearbeitet. Man rechnet ca. 200 g/m^2 und bringt ihn am besten vor Winterbeginn aus. Der Wasserabzug kann auch beeinträchtigt sein durch Bodenverfestigungen im Untergrund; dies kann durch dauerndes Begehen geschehen oder durch schwere Baumaschinen. In diesem Fall wird doppelt tiefes Umgraben Abhilfe schaffen. Besonders in Neubaugebieten verdichten die schweren Baumaschinen den Boden derartig, daß der Wasserabzug nachhaltig gestört ist. Dies mag nur eine vorübergehende Erscheinung sein, durch Einstechen mit einer Mistgabel kann man zunächst eine Verbesserung bewirken. Oder man benutzt eine Durchlüftungsgabel die etwas Erde herausbohrt, wie ein Apfelausstecher; die entstandenen Löcher müssen dann mit Grobsand gefüllt werden. Wenn Sie einen neuen Bauplatz übernommen haben, dessen Boden stark vernäßt ist, können Sie beim Bau einer Dränage Ihren Bauschutt verwenden – zerbrochene Ziegel oder Betonbrocken können Sie durchaus auf den Boden eines Dränagegrabens legen.

Drei Dränagesysteme

Eine Sickergrube ist die einfachste Dränage z. B. für einen kurzen Weg oder zur Aufnahme des Überlaufs von einem kleinen Teich. Man gräbt dafür ein Loch von 1 × 1 m und ca. 1 m Tiefe; es sollte möglichst so tief sein, daß es bis in den durchlässigeren Unterboden reicht. Dieses Loch wird ca. 60 cm hoch mit grobem Schotter, dann 10 cm mit feinem Kies oder Dränvlies und zum Schluß mit dem zuvor abgetragenen Mutterboden verfüllt. Die Kies- oder Dränvliesschicht ist wichtig, sie sorgt dafür, daß die wasseraufnehmende Schotterpackung nicht durch die feinen Bestandteile des Oberbodens zugeschlämmt wird. Die Sickergrube nimmt das überflüssige Wasser auf und

gibt es allmählich an das umgebende und tiefere Erdreich ab. Sie sollte nie zu dicht am Gebäude liegen, da der Boden ringsherum naß und schwammig wird.

Eine Kiesdränage hat nur kurze Lebensdauer und kann z. B. auf einem Neubaugelände vorübergehende Bodenverfestigungen beseitigen helfen. Man gräbt einen 30–45 cm tiefen Graben, je nachdem wie tief der unbeeinflußte Unterboden ist, auf dessen verfestigter Oberfläche sich meistens das Wasser sammelt. Der Graben wird zur Hälfte mit grobem Kies gefüllt, dann mit einer Lage grobem Sand und zum Schluß mit Mutterboden. Diese Dränagegräben können in eine Sickergrube münden oder in einen Bach, aber auf keinen Fall im Nachbargrundstück! Der Nachteil dieser Dränage ist, daß sie relativ schnell verschlämmt.

Wenn auf einer Fläche dauernd Wasser steht, kann das auf schlechten Wasserabzug hindeuten. Prüfen Sie aber zunächst, ob nicht ein sehr hoher Grundwasserstand vorliegt. Wenn eine Dränage unbedingt nötig ist, müssen Sie ein System unterirdischer Dränrohre verlegen, die in eine Sickergrube am tiefsten Punkt Ihres Gartens münden müssen. Sie können Ton- oder Plastikrohre verwenden und entweder parallel oder – was effektiver ist – im Fischgrätenmuster verlegen. Plastikrohre gibt es auch in großen Längen, sie sind mit Schlitzen oder Löchern versehen, durch die das Wasser abfließen kann; ihr weiterer Vorteil ist, daß sie flexibel sind, und sie man z. B. rund um einen Baum legen kann. Das Hauptdränrohr, das zur Sickergrube führt, wird zuerst verlegt, die im Fischgrätenmuster seitlich einmündenden Stränge sollten in einem Winkel von 45–60 ° in das Hauptrohr einmünden. Das Gefälle sollte etwa 1 : 250 betragen. Ist es

steiler, hat das Wasser nicht genügend Zeit zu versickern. Die Tiefe und der Abstand der Rohre hängen von der Bodenart und der Bearbeitungstiefe ab:

Bodentyp	Abstand (m)	Tiefe (m)
Ton	4–7	0,6–0,75
Lehm	8–12	0,75–0,9
Sand	12–22	0,9–1,0

Wenn der Graben ausgehoben ist, sollte die Grabensohle leicht ausgerundet werden, so daß die Rohre gut liegen. Bei Tonrohren dringt das meiste Wasser an den Stoßfugen ein, einiges geht auch durch die Wände unglasierter Rohre. Die Fugen müssen gegen das Eindringen von Fließsand und Wurzeln geschützt werden, damit die Dränageleitung nicht im Laufe der Zeit verschlämmt und undurchlässig wird. Zum Ummanteln der Stoßfugen können Sie Plastikfolienstreifen besser aber Filterstoff oder Glasvlies nehmen, weniger gut, aber billiger ist es, die Fugen mit Schieferstücken oder Dachziegeln abzudecken.

Einfacher ist die Verwendung von Kunststoffdränrohren. Bei ihnen erfolgt der Wassereintritt durch versetzt angeordnete Schlitze. Die Rohre werden durch Muffen miteinander verbunden. Verlegt wird immer von oben nach unten.

Dann werden die Gräben verfüllt, zunächst ca. 30–50 cm hoch mit grobem Kies, dann ca. 10 cm hoch mit Sand oder, wenn vorhanden, mit einer Lage Rasensoden und zum Schluß mit Mutterboden. Füllen Sie die Gräben etwas höher als das umgebende Erdreich, da sich der lockere Boden im Graben noch setzen wird.

Die Sickergrube kann wie oben beschrieben gebaut werden, nur müßte sie größer sein, wenn auch das zu entwässernde Gebiet größer ist.

Der Hauptdränstrang (der Sammler) hat einen Rohrdurchmesser von 100 mm, die Seitenstränge (die Sauger) von 75 mm. Sie werden unter einem Winkel von 45°–60° angeschlossen. Die Stoßfugen kann man mit

Dachziegeln abdecken, um Verschlämmen zu verhindern. Den Graben mit Grobkies ca. 25 cm hoch verfüllen, dann mit einer Schicht Sand oder Rasenplacken, um das Einschlämmen des feinen Oberbodens in die

Kiesschicht zu vermeiden, dann mit Mutterboden abdecken. Der Sammler muß in eine kiesgefüllte Sickergrube von ca. 1 × 2 × 0,9 m Größe münden und zwar etwa 30 cm unter der Bodenoberfläche

Das großräumige Klima

Das Wetter wird auch eine Rolle bei der Planung Ihres Gartens spielen. Wenn Sie in einem Gebiet wohnen, in dem die Zahl kalter, nasser Tage groß ist, werden Sie Ihren Gemüsegarten in Hausnähe legen – oder wenigstens einen guten Weg dorthin bauen –, um auch im Winter bequem einen Kohlkopf holen zu können. Wohnen Sie in einem heißen Klimagebiet muß der »Patio« so gelegen sein, daß eine kühle Brise hinein wehen kann, in extremer Lage muß er gegen Wind geschützt sein. Bevor Sie Ihren Gartengrundriß ändern oder neue Pflanzen bestellen wollen, betrachten Sie zunächst das Großklima Ihrer Region, dann evtl. vorhandene lokale Besonderheiten und schließlich das Mikroklima Ihres Gartens – das sind die kleinen Abweichungen, die z. B. durch den Schatten oder Windschutz eines

Nachbarhauses oder einer Baumgruppe entstehen. Temperatur, Niederschlag, Tageslänge, Sonneneinstrahlung, Frosthäufigkeit und -stärke sind wichtige Klimagrößen. Bestimmte Werte sind für den Gärtner von besonderer Bedeutung: der letzte Spätfrost z. B. beeinflußt den Termin der Frühjahrspflanzung und Aussaat, im Herbst bestimmen die ersten Frühfröste die Zeit, in der nicht winterharte Pflanzen hereingenommen werden müssen.

Lokale Unterschiede dieser Werte können z. B. durch geographische Höhenlagen sehr groß sein; ein Garten in einem geschützten Tal kann eine um 2–3 Wochen längere Vegetationszeit haben, als ein Garten, der oben auf einem Hügel liegt. In großen Städten kann das Kleinklima auch sehr variieren; da Städte viel Wärme ausstrahlen, kann ein Stadtgebiet fast

frostfrei sein, während die Temperatur im umgebenden Land unter den Gefrierpunkt sinkt. Auch die Niederschläge können in den Städten stellenweise geringer sein, da manche Flächen im »Regenschatten« großer Gebäude liegen. Luftverunreinigung ist ein besonderes Problem in den Städten, viele Pflanzen ersticken unter dem schmierigen Schmutz, der sich auf ihren Blättern ablagert. In einem Garten in Küstennähe ist der Salzgehalt der Luft das Problem; durch den Wind kann das Meerwasser bis zu 8 km landeinwärts getragen werden. Nur wenige Pflanzen sind diesen Bedingungen angepaßt.

Im Bergland muß berücksichtigt werden, daß die sommerliche Vegetationszeit relativ kurz ist. Im Winter können viele Pflanzen unter der Last der Schneedecke leiden.

Auf dieser Karte ist Europa in verschiedene Klimazonen aufgeteilt und zwar nach der niedrigsten Jahresdurchschnittstemperatur. Die durchschnittliche Niederschlagsmenge (in mm/Jahr) ist durch die Linien dargestellt. Dasselbe gilt für die Vereinigten Staaten auf der folgenden Seite

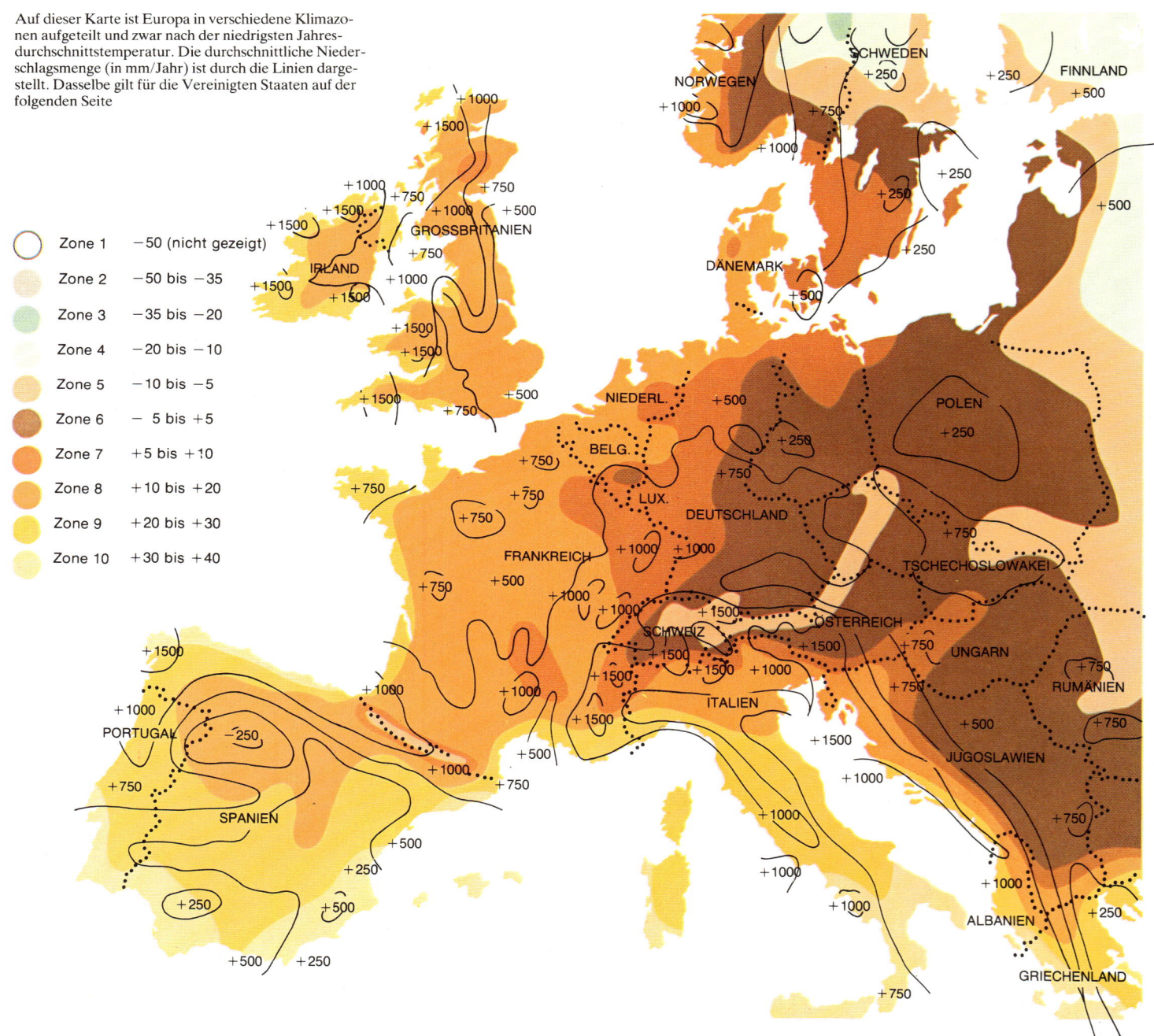

⬤	Zone 1	−50 (nicht gezeigt)
	Zone 2	−50 bis −35
	Zone 3	−35 bis −20
	Zone 4	−20 bis −10
	Zone 5	−10 bis −5
	Zone 6	− 5 bis +5
	Zone 7	+5 bis +10
	Zone 8	+10 bis +20
	Zone 9	+20 bis +30
	Zone 10	+30 bis +40

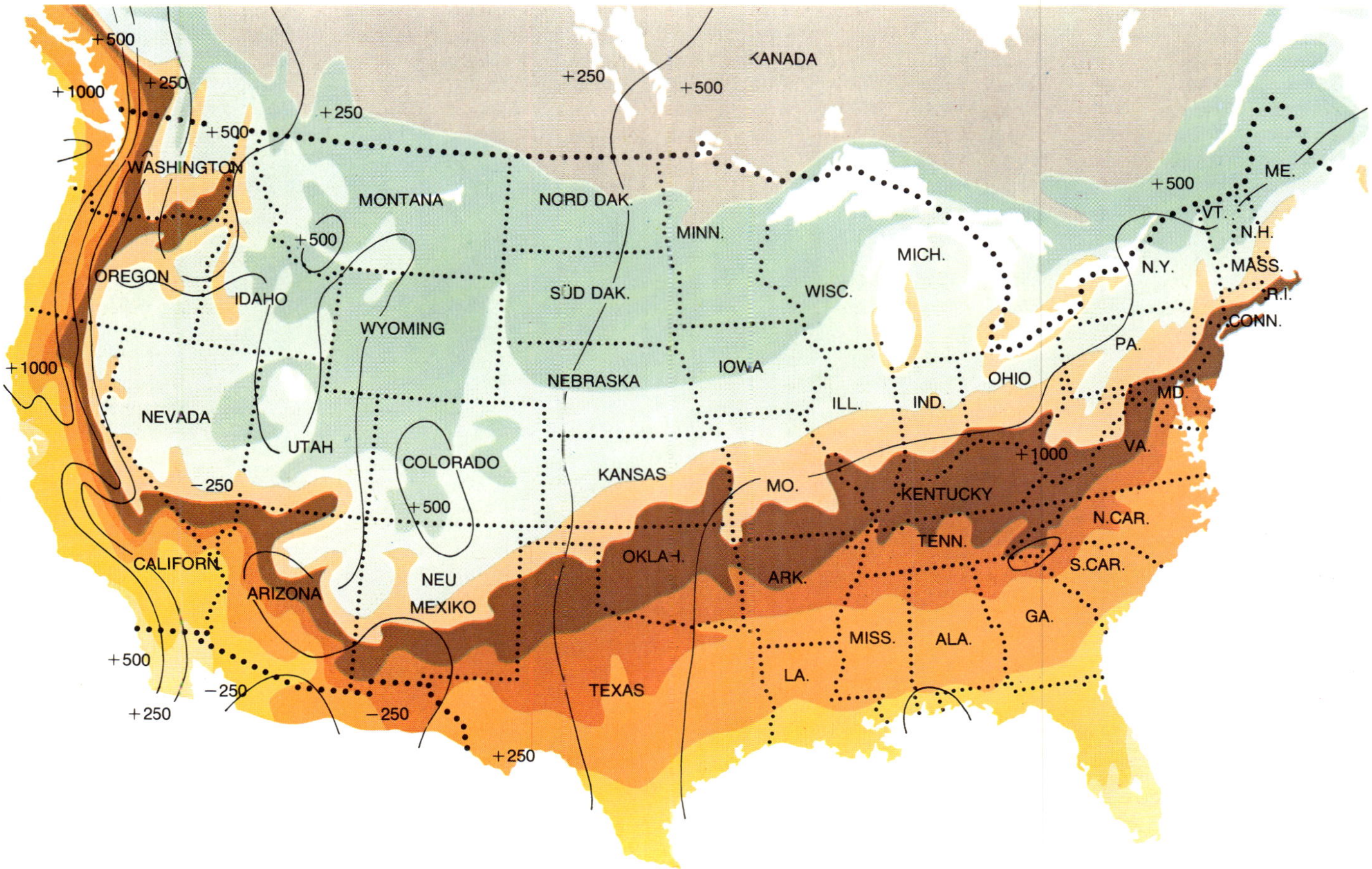

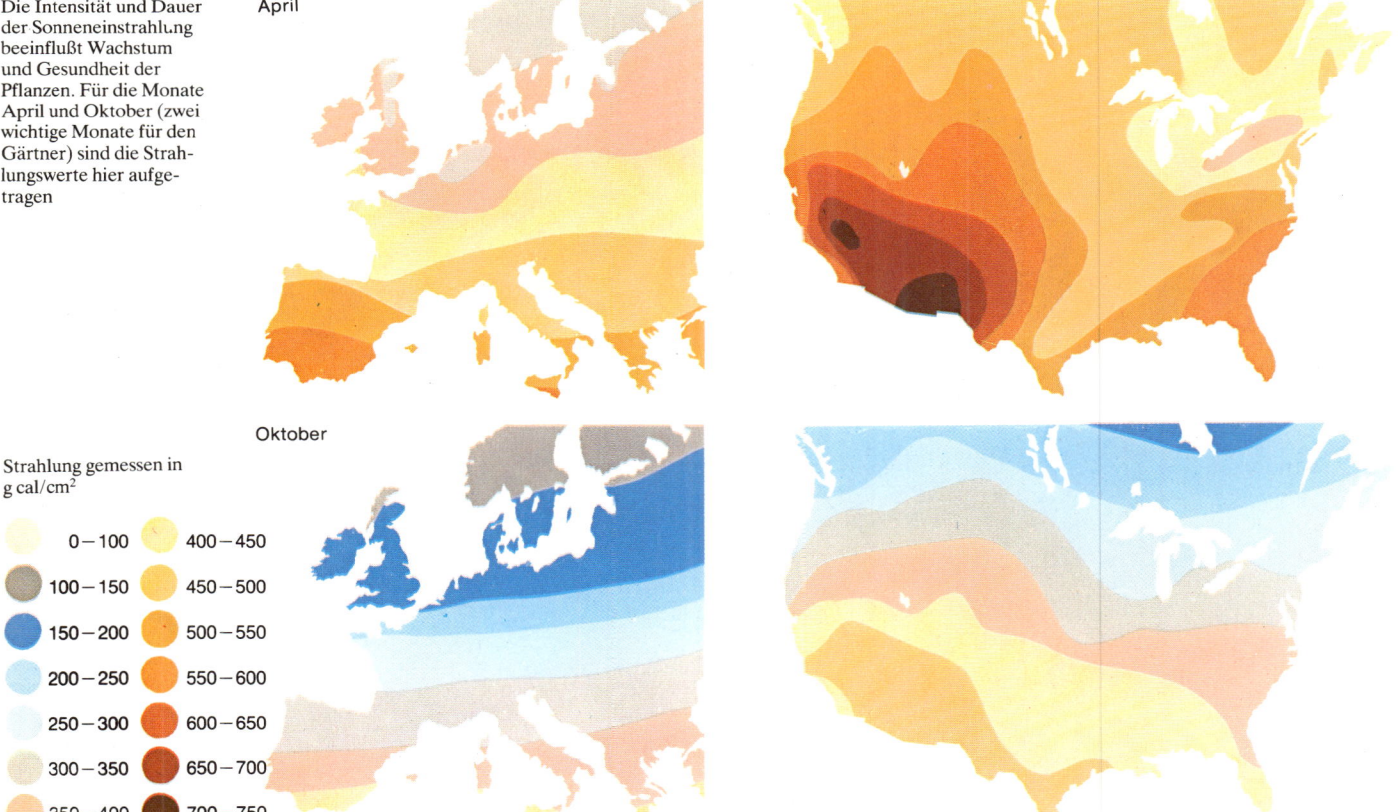

+500
+1000
+250
+500
+250
KANADA
+250
+500
WASHINGTON
MONTANA
NORD DAK.
MINN.
MICH.
+500
ME.
VT.
N.H.
OREGON
IDAHO
SÜD DAK.
WISC.
N.Y.
MASS.
+1000
WYOMING
IOWA
OHIO
PA.
CONN.
NEVADA
NEBRASKA
ILL.
IND.
MD.
UTAH
COLORADO
KANSAS
MO.
KENTUCKY
+1000
VA.
−250
+500
TENN.
N.CAR.
CALIFORN.
OKLA.
ARK.
S.CAR.
ARIZONA
NEU
MEXIKO
GA.
+500
MISS.
ALA.
−250
LA.
+250
TEXAS
−250
+250

Die Intensität und Dauer der Sonneneinstrahlung beeinflußt Wachstum und Gesundheit der Pflanzen. Für die Monate April und Oktober (zwei wichtige Monate für den Gärtner) sind die Strahlungswerte hier aufgetragen

April

Oktober

Strahlung gemessen in g cal/cm²

0 − 100	400 − 450
100 − 150	450 − 500
150 − 200	500 − 550
200 − 250	550 − 600
250 − 300	600 − 650
300 − 350	650 − 700
350 − 400	700 − 750

Ausnutzung des Mikroklimas

Selbst im kleinsten Garten gibt es die verschiedensten kleinklimatischen Faktoren. Sogar die Art, wie Pflanzen einander zugeordnet sind, erzeugt ein Kleinklima, denn die Nähe der einen Pflanze vermag der andern Licht, Wind und Wasser zu nehmen.

Pflanzen brauchen Licht, um zu wachsen. Es gibt mehrere Möglichkeiten die Pflanzen stärker zu belichten; ein Hang z. B. fängt mehr Einstrahlung auf als eine ebene Fläche, und das Wasser eines kleinen Teiches reflektiert das Licht und fördert das Wachstum nahestehender Pflanzen. Zu viel Sonnenlicht und -wärme bedeutet jedoch starken Wasserverlust. Pflanzen und Boden nehmen im Laufe des Tages Wärme von der Sonne auf, nachts geben sie wieder Wärme an die Luft ab. In wolkigen Nächten wird ein Teil der Wärme reflektiert, so daß die Temperatur nicht zu stark abfällt. In klaren Winternächten geht jedoch fast alle Wärme verloren, so daß die Bodentemperatur rasch unter die Lufttemperatur sinkt. Der Boden nimmt dann noch Wärme aus der Luft auf, dadurch kühlt sich die Luft so stark ab, daß es zu Bodenfrost kommt. Der Frost wird unter herabhängenden Zweigen oder stroh- oder laubbedeckten Böden nicht so stark sein, da sie die nächtliche Wärmeabstrahlung verhindern. Eine leichte Durchlüftung, die gewährleistet, daß kalte Luft hinweggeweht wird, ehe ihre Temperatur zu stark sinkt, verhindert die Bildung von sog. Frostlöchern.

Einerseits ist eine Luftbewegung erwünscht, um die Frostentwicklung zu hemmen, andererseits darf sie nicht zu stark sein, da sonst die Wasserverdunstung über die Blätter größer ist, als der Wassernachschub durch die Wurzeln. Auch kann starker Wind natürlich mechanische Schäden an den Pflanzen hervorrufen. Das ist das Problem auf dem Land, während in der Stadt eher der dauernde Luftzug zwischen den Gebäuden oder starke Böen die Pflanzen beschädigen. Besonders Balkon- und Dachgartenpflanzen sind davon betroffen. Windschutz kann aus verschiedensten Materialien gebaut werden, selbst aus Pflanzen, denen starker Wind nicht schadet. Hinter undurchlässigen Bauwerken entstehen häufig Turbulenzen, deshalb ist es besser, einen gewissen Luftdurchgang zu erhalten und etwa durchbrochene Mauern oder Zäune oder eine Gruppe von Pflanzen als Windschutz zu wählen.

Eine grobe Übersicht der Pflanzen, die sich hierfür eignen, kann man erhalten, wenn man sich unter ähnlichen Bedingungen in der Natur umsieht. Man findet dann dort oft Sandbirke, *Betula verrucosa*, Vogelbeere, *Sorbus aucuparia*, Kiefer, *Pinus*, (niedrige Arten sind für Dachgärten geeignet) Heidekraut, *Calluna*, Stechginster, *Ulex europaeus*, Weißdorn, *Crataegus*, Schneeball, *Viburnum*, oder Hartriegel, *Cornus*. Diese Sträucher sind häufig auf der Seite der Hauptwindrichtung ganz schräg gewachsen, man spricht dann von der sog. Windschur.

Das Problem bei jeglicher Windschutzmaßnahme ist es, daß sie an einer Stelle die Windheftigkeit verringern, an anderer jedoch erhöhen kann.

Ein gut geplanter Garten sollte alle Feinheiten des Mikroklimas ausnutzen. Die Pflanzen hinter dem Teich im Baumschatten – tibetanischer Scheinmohn, Zierrhabarber, Funkien und Primeln – lieben alle Schatten und Luftfeuchtigkeit. Die Obstbäumchen sind an der Mauer gezogen, denn sie strahlt auch lange nach Sonnenuntergang die aufgenommene Wärme wieder ab. Das Gemüse steht auf einem Südhang, damit auch ja alle Sonnenstrahlen eingefangen werden

Das Sonnenlicht ist wichtig, denn es stellt im Prozeß der Photosynthese die Energiequelle dar, wie hier am Beispiel der Tomate gezeigt wird. Sonnenenergie bewirkt, daß in den grünen Pflanzenteilen aus dem Kohlendioxid der Luft zusammen mit dem Wasser, das durch die Wurzeln aufsteigt, Zucker bzw. Stärke gebildet wird, die die Pflanze für den Bau- und Energiestoffwechsel benötigt. Der dabei entstehende Sauerstoff wird an die Atmosphäre abgegeben

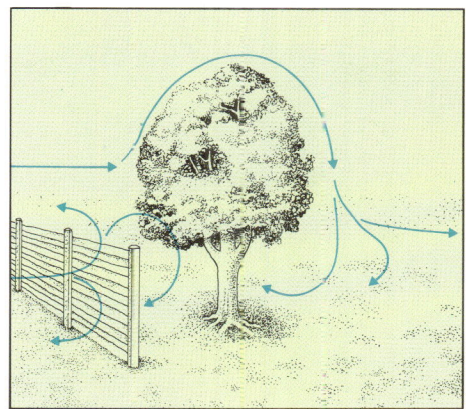

An einem geschlossenen Hindernis prallt ein starker Wind ab und es entstehen ebensoviele Probleme, wie man lösen wollte. Trifft der Wind auf undurchlässige, dichte Baum- oder Strauchpflanzungen und Mauern, so führt das zu Turbulenzbildungen und zwar auf beiden Seiten des Hindernisses

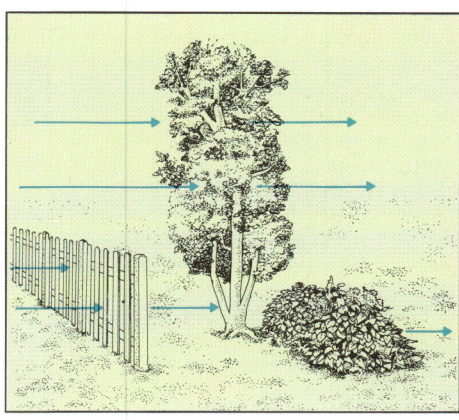

Bei einem halbdurchlässigen Hindernis, einem Lattenzaun oder einer lockeren Pflanzung, ist der Winddurchgang nur teilweise gehemmt; die Windgeschwindigkeit wird reduziert ohne daß Verwirbelungen auftreten, und eine Schutzwirkung besteht für beide Seiten des Hindernisses

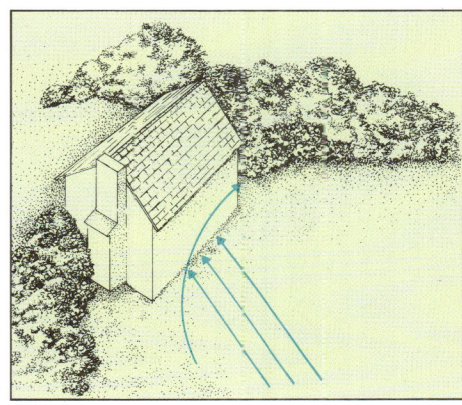

Die Richtung und Stärke in der der Wind an Gebäuden entlang weht, kann zu Pflanzenschädigungen führen. Stößt der Luftzug in einem Winkel auf das Haus, so erhöht sich die Windgeschwindigkeit ständig. Die ankommende Luft staut sich am Gebäude, die folgende Bö drückt nach, – die Luft muß schneller abströmen

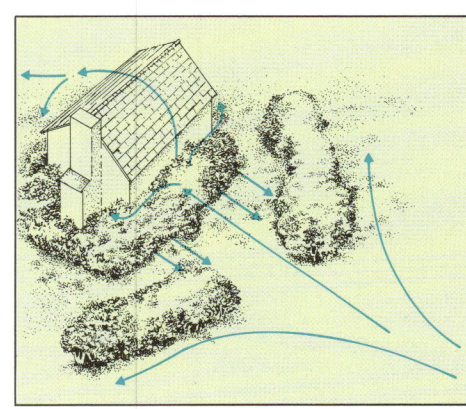

Stößt der Wind im Winkel von 90° auf das Gebäude, wird die Luft nach oben, unten und beiden Seiten des Hauses abgelenkt. Folglich bläst es am Boden vom Haus weg, und es sollte ein Schutz aus windverträglichen Pflanzen dicht am Haus gepflanzt werden, wenn auch empfindlichere Pflanzen gedeihen sollen

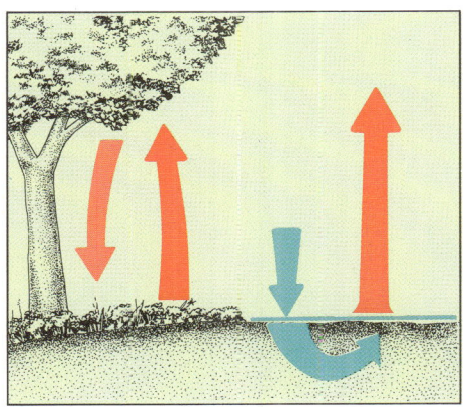

Strahlungsfrost tritt auf, wenn der Boden nachts so viel Wärme abstrahlt, daß seine Temperatur unter die der Luft sinkt. In klaren Winternächten wird die gesamte Wärme wieder abgegeben; eine Wolkendecke oder ausladende Bäume halten die Abstrahlung zurück und verringern die Frostgefahr

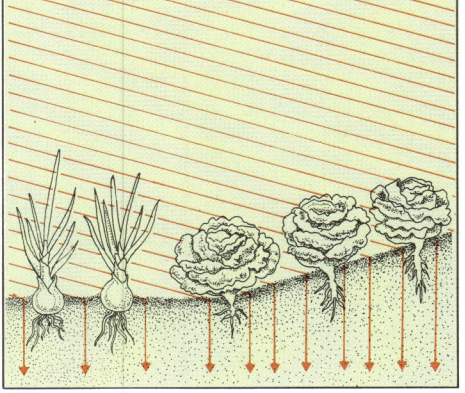

An einem Südhang kann man erheblich mehr Sonnenenergie auffangen, als auf ebener Fläche. Ist ein Hang um nur 15° nach Süden geneigt, so erhält er im Winter – wenn die Sonne in einem Winkel von 15° scheint – fast doppelt so viel Energie wie ein ebenes Stück Land und erwärmt sich wesentlich stärker

→ Wasser (blau)		→ Sauerstoff (schwarz)	
→ Sonnenlicht (gelb)		→ verdunstendes Wasser (hellblau)	
→ Kohlendioxid (grün)		→ Stärke und Zucker (rosa)	

Vorteile des Geländes

Das erste, was man tun sollte, bevor man mit dem Planen beginnt, ist, die Vor- und Nachteile der Gegebenheiten abzuwägen. Sie haben vielleicht einen hübschen Ausblick auf einen Kirchturm, einen Baum im Nachbargarten – es muß nicht gleich ein großartiges Panorama sein, man kann auch Kleinigkeiten als Orientierungshilfe für die Gartenplanung verwenden. Man kann mit Hilfe von 2 Büchern, die man in 30 cm Abstand vor sich hält, einen Ausschnitt eingrenzen, und wenn man auf diese Weise rundum schaut, den besten Ausblick finden, den man dann durch geschickte Pflanzung festhalten kann.

Sie mögen andererseits einen unschönen Ausblick haben; instinktiv würde man vielleicht einen Schutz dagegen auf die Grenze setzen, aber eine Pflanzung im Vordergrund ist viel besser, da sie – nahe dem Auge – einen

viel größeren Bereich abdeckt. Eine gute Planung bietet im Garten selbst so viel, daß alle umgebenden Schandflecke gar nicht mehr wahrgenommen werden!

Das Problem ist oft auch nicht die Aussicht, sondern die Einsicht der anderen in Ihren Garten. Am einfachsten ist es, dagegen eine Pergola zu bauen, unter der man sitzt, oder man spannt Draht rund um das Grundstück, um einen richtigen Außenraum zu bilden. Draht oder Pergola können mit Kletterpflanzen berankt werden. Pflanzen halten auch den von außen eindringenden Lärm etwas ab. Wenn auf Ihrem Gelände ein alter Schuppen oder Anbau steht, warten Sie mit dem Abbruch, bis Sie ganz sicher sind, daß Sie ihn auch wirklich nicht gebrauchen können. Wenn das Dach verstärkt wird, kann man manchmal durch Entfernen der Mauern eine

hübsche Loggia erhalten. Hat das Gebäude einen Kamin, könnte man einen Grill daraus bauen. Oder man erhält nur die tragenden Stützen und berankt sie mit verschiedenen Kletterpflanzen. Dasselbe könnte man mit einem alten Gewächshaus oder Wintergarten machen.

Die günstigste Wirkung von Bäumen
Falls auf Ihrem Grundstück alte Bäume oder Sträucher stehen, überlegen Sie gut, bevor Sie sie herausnehmen. Viele Sträucher lassen sich durch einen kräftigen Rückschnitt verjüngen; manche sind vielleicht etwas ungewöhnlich gewachsen und könnten als Skulpturen den Garten beleben. Zur Neupflanzung kann man mitunter Sämlinge von Bäumen und Sträuchern nehmen, die sich in vorhandener Pflanzung eingefunden haben. Im Herbst oder

Ein großartiges Panorama kann sehr erhebend sein, aber der Platz, von dem aus man es erleben kann, ist häufig zugig. Eine Pflanzung im Vordergrund gibt sowohl Schutz als auch eine Bereicherung, da sie Durchblicke und Ausblicke ermöglicht (Mitte). Eine Mauer mit Fenster hat einen ähnlichen Effekt und rahmt im wahrsten Sinne des Wortes das Bild (rechts) ein

Das Gesamtkonzept und auch die Pflanzenauswahl können den Blick hinausführen aus dem Garten oder ihn dort binden. Der oben gezeigte Garten bezieht das

Nachbargrundstück mit ein; das geschwungene Beet im Vordergrund ist deshalb absichtlich niedrig bepflanzt. Der Blick schweift über den nachbarlichen Rasen bis zu

den angrenzenden Bäumen. Im Gegensatz dazu wird im Garten rechts der Blick durch das Wasserbecken und die interessante Pflanzung festgehalten

Frühjahr können sie verpflanzt werden. Bergahorn und Pappel sollten im kleinen Garten nicht stehen, da sie sich leicht wieder aussäen und schnell lästig werden.

Bevor Sie einen Garten um einen alten Baum herum planen, versichern Sie sich, daß er gesund ist. Ist er schon morsch, seien Sie hart, und entfernen Sie ihn; er kann leicht Haus und Garten beschädigen. Ist er erhaltenswert, so müssen die abgestorbenen Äste herausgesägt und die Schnittstellen mit Baumwachs verstrichen werden. Prüfen Sie, ob irgendwo Fäule auftritt (besonders an Astgabeln, in denen Wasser stehenbleibt), und verspannen Sie lange, ausladende Äste, entfernen Sie faules Holz, das dort, wo die Rinde einmal zerstört wurde, entstanden sein kann (möglicherweise brauchen Sie das Gutachten eines Baumchirurgen dafür).

Schwierigkeiten kann das Entfernen eines großen Baumstubbens bereiten, den man möglichst bis unter die Bodenoberfläche herausnehmen sollte. Man kann es durch Brennen oder Ätzen mit Säure versuchen, wahrscheinlich braucht man jedoch die Hilfe eines Fachmannes, der dem störenden Objekt mit einer Motorsäge beikommen wird.

Man kann den abgestorbenen Baumstamm jedoch auch stehen lassen und ihn als Teil einer Gartenbank, als attraktives Klettergerüst für Pflanzen oder auch für Kinder verwenden (dann aber alle brüchigen Äste entfernen).

Ihr Gelände mag mancherlei unschöne Dinge enthalten, – z.B. einen oder mehrere Schachtdeckel, häßliche Grenzmauern von nachbarlichen Gebäuden o. ä. – eine sorgfältig ausgewählte Pflanzung kann viele Fehler verdecken oder sogar verschönern.

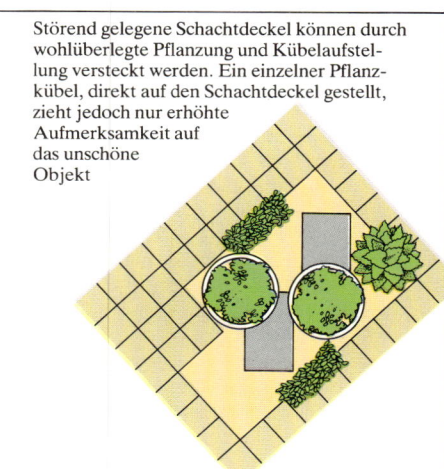

Störend gelegene Schachtdeckel können durch wohlüberlegte Pflanzung und Kübelaufstellung versteckt werden. Ein einzelner Pflanzkübel, direkt auf den Schachtdeckel gestellt, zieht jedoch nur erhöhte Aufmerksamkeit auf das unschöne Objekt

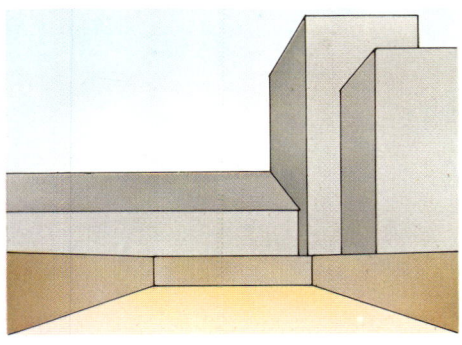

Viele Stadtgärten werden überragt von unschönen Nachbarhäusern. Diese kann man verstecken, zumindest vom Sitzplatz aus gesehen, durch sorgfältig plazierte Bäume (Mitte) oder Errichtung einer Pergola (rechts). Gefühlsmäßig würde man einen Schutz auf der Grenze errichten, aber je dichter er vor den Augen steht, desto größer ist der Bereich, den er verdeckt

Vorhandene Bäume lassen sich oft sehr gut in eine neue Anlage einplanen. In diesem Garten (links) ist ein erhöhter Sitzplatz um den vorhandenen Baum herumgebaut worden

Ein abgestorbener Baum ist manchmal schwer zu entfernen. Gelegentlich ist es möglich, daraus einen Vorteil zu ziehen, wie hier (oben), wo er als Rankgerüst für Efeu dient

Ausmessen von Größe und Gefälle des Geländes

Eine erste Vorstellung über Ihren Wunschgarten ist sicherlich schon vorhanden. Bevor Sie Ihre Gedanken zu Papier bringen, zeichnen Sie sich einen möglichst genauen Lageplan des Grundstückes. Falls Sie den Architekten des Hauses erreichen, können Sie von ihm den Plan bekommen. Wenn Sie jedoch das Gelände selbst aufmessen müssen, gehen Sie am besten folgendermaßen vor:

Auf einem Stück Millimeterpapier tragen Sie zunächst die Maße des Hauses auf. Der günstigste Maßstab ist 1:100 für größere Gärten (1 cm sind 100 cm draußen) oder 1:50 für kleinere Gärten (1 cm sind 50 cm draußen). Dann messen Sie die Grenzen ein, dann alle vorhandenen Dinge, wie Bäume, Schachtdeckel u. a. Liegt der Garten auf hängigem Gelände oder planen Sie Erdmodellierungen, dann empfiehlt es sich, den Höhenunterschied einzumessen. Die einfachste Methode hierfür ist die sog. Staffelmessung; etwas schwieriger ist es, einen Höhenlinienplan zu zeichnen.

Der erste Schritt auf dem Wege zu einem genauen Gartenplan ist, das Haus und andere Gebäude (Garage u. a.) auf dem Lageplan einzumessen. Zeichnen Sie alle Erdgeschoßfenster und Ausgänge ein. Man kann davon ausgehen, daß die Winkel 90° betragen. Dann werden die Grenzen eingetragen. Zeichnen Sie die Entfernungen auf Linien, die im rechten Winkel zum Haus liegen, ein (rechts)

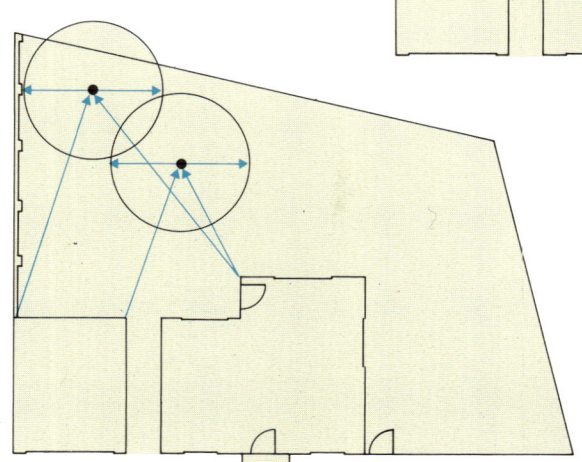

Die Dreiecksmessung ist eine einfache Methode, verschiedene Dinge, die auf Ihrem Grundstück vorhanden sind, einzumessen. Um den Abstand eines Baumes z. B. von Haus oder Grenze festzustellen, mißt man die Entfernungen von zwei verschiedenen Punkten am Haus oder von der Grenze aus (links). Die beiden Werte werden mit dem Zirkel aufgetragen und am Schnittpunkt der beiden Kreise ist der Standort des Baumes. Messen Sie auch den Durchmesser der Krone, denn sie wird das Wachstum der Pflanzen unter dem Baum beeinflussen

Eine Höhenlinie verbindet Punkte gleicher Höhe. Um einen Höhenplan Ihres Geländes zu zeichnen, benötigen Sie ein Hand-Visiergerät. Dieses besteht aus einem Fernrohr, einer Wasserwaage und einer geeichten Meßlatte, die ähnlich wie ein großes Lineal markiert ist. Stecken Sie zuerst auf dem Gelände im Raster (A) Pflöcke aus. Dann stecken Sie die Meßlatte in einiger Entfernung von einem Pflock senkrecht in den Boden. Nun bewegen Sie das Visiergerät so an der Latte auf und ab, bis Sie eine waagerechte Sichtlinie zum Fuß des Pflockes haben. Dann lesen Sie Entfernung und Höhenangabe ab (B). Auf die

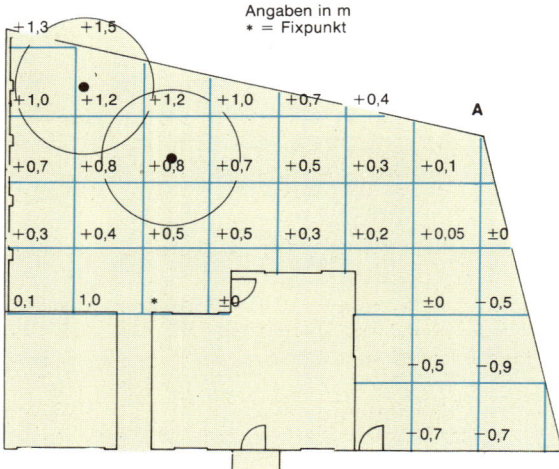

Angaben in m
* = Fixpunkt

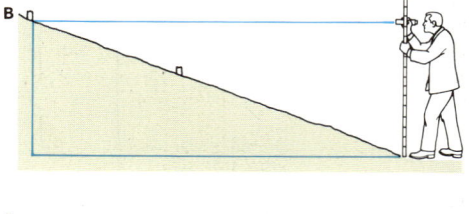

Wasserwaage   Richtlatte
A   Stütze
B

Um einen Höhenunterschied mit Hilfe der Staffelmessung zu ermitteln, verwendet man eine Richtlatte, die waagerecht auf einen Pflock gelegt wird, an dem man dann die Höhendifferenz zwischen A und B ablesen kann. Man wiederholt diesen Vorgang so lange, bis der ganze Hang vermessen ist

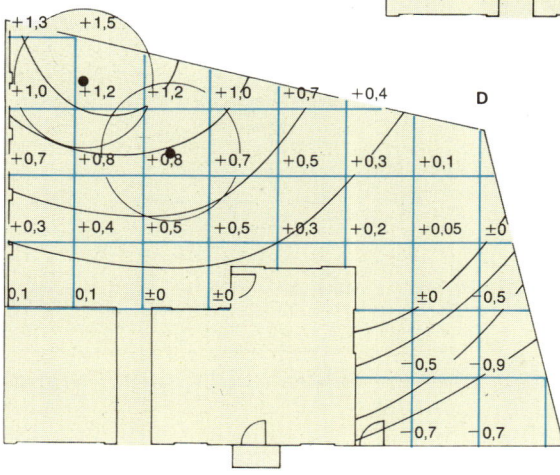

gleiche Weise werden die anderen Pflöcke eingemessen (C). Wenn alle Höhen im Raster eingetragen sind, können die Punkte gleicher Höhe miteinander verbunden werden (D). Solange die Höhendifferenz zwischen zwei Linien gleich ist, bedeutet das: je geringer der Abstand, desto steiler der Hügel. Das Raster mag manchmal nicht genau genug sein, auf Plan D (0,3 m Höhenunterschied/Linie) gibt es Punkte, z. B. zwischen 0 und -0,5, an denen es schwierig ist, zu entscheiden, wo die Höhenlinie verlaufen soll. Zusätzliche Messungen, evtl. als Staffelmessung, können nötig sein, um einen genauen Plan zeichnen zu können

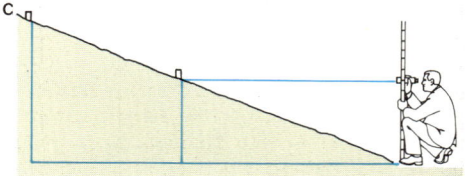

Der Grundplan

Ist einmal das Gelände ausgemessen und sind die verschiedensten Gesichtspunkte und Bestandteile erfaßt – schöne und häßliche Ausblicke, Bäume, Gefälle u. a. – dann ist es Zeit, mit der grundsätzlichen Planung zu beginnen. Überlegen Sie zuerst, was Ihr Garten enthalten soll und wieviel Platz Sie den einzelnen Abteilungen zugestehen wollen. Dann legen Sie ihre ungefähre Lage auf dem Plan fest. Die Größe der Terrasse muß eingetragen werden, die Größe des Gemüse- und Kräutergartens, die des Rasens und der Blumenbeete. Wenn Sie auch einen Vorgarten haben, – was kommt dorthin? Wo soll die Mülltonne stehen? Haben Sie besondere Wünsche wie Spielplatz, Sandkasten, Wasserbecken, Steingarten oder Rosenbeet?

Während Sie alle diese verschiedenen Dinge einzeichnen, sollten Sie außer Bequemlichkeit und Aussehen noch einige andere Gesichtspunkte bedenken: Abgeschlossenheit, sowohl optisch als auch akustisch ist sehr wichtig, Windschutz für Menschen und Pflanzen wäre wünschenswert, unterschiedliches Niveau des Geländes läßt unterschiedliche Pflanz- und Aufenthaltsräume entstehen, die Sonneneinstrahlung ist wichtig für die Lage der Terrasse, eines Gewächshauses, der Gemüse- oder Blumenbeete. In einem Schattengarten haben andere Gesichtspunkte den Vorrang.

Da Ihr Plan sich nun von einer zaghaften Skizze zu einer detaillierteren Form entwickelt hat, sollten Sie die Art des Gefüges betrachten, das sich aus Ihren Entscheidungen über die einzelnen Standorte ergeben hat. Sie sollten versuchen, allen Ihren Bedürfnissen gerecht zu werden, und trotzdem einen befriedigenden Gesamteindruck zu erreichen.

Das Gesamtgefüge

Ein formaler Plan, der völlig symmetrisch ist, paßt wohl auch nur zu einem Haus, das ebenfalls symmetrisch ist. Aber eine freie Gestaltung, die fast symmetrisch ist, kann zu einem modernen Haus recht gut passen. Eine freie, unsymmetrische Gestaltung erlaubt eine großzügige Nebeneinanderstellung verschiedener Einheiten, aber ihre Ausgewogenheit ist entscheidend, wenn man einen befriedigenden Gesamteindruck erreichen will. Ob ein Garten in seine Umgebung paßt, hängt sowohl davon ab, daß die Proportionen stimmen, als auch davon, daß die Materialien zusammenpassen. Ein Raster über den Plan gelegt, kann Ihnen helfen, das Gleichgewicht der Bereiche zu finden (s. S. 40–41). Von besonderer Bedeutung wird oft das Haus sein; seine Mauern, Unterteilungen, Fenster o. a. können das Raster bestimmen, das Sie unter Ihren Plan legen.

Nicht immer steht der Garten in Beziehung zu einem Haus, auf dessen Pfeiler oder andere vertikale Unterteilungen Sie bei Ihrer Planung Bezug nehmen könnten. In manchen Situationen kann man das Raster auch um 45° zum Haus drehen, das sieht u. U. gut aus, vorausgesetzt man korrigiert es an den Grenzen. Regelmäßige Muster, die in einem kleinen Garten verwendet werden könnten, findet man überall, als Stoffmuster z. B. oder an einer Bil-

Der günstigste Platz für die Terrasse ist gewöhnlich direkt am Haus. Diese Terrasse bildet die optische Verbindung zwischen Drinnen und Draußen und führt den Blick hinaus in den Garten

derwand. Aber auch die fließende Linie eines Bachlaufes können Sie übernehmen, wenn sie in Ihren Entwurf paßt.

Die Lage der Terrasse

Die Terrasse wird Ihr Hauptaufenthaltsort im Garten sein. Ihre Größe hängt ab von der Größe und Form Ihres Gartens, von der Größe Ihrer Familie und von Ihren persönlichen Ansprüchen. Als Sitzplatz sollte sie wenigstens 2 m breit sein; besonders im Sommer wird sie dauernd in Gebrauch sein als Eß- und Sitzplatz, zum Sonnenbaden, Hausarbeiten machen, als Kinderspielbereich u. v. m. In fast allen Fällen wird man sich hierfür einen sonnigen, gegen Einblick geschützten Gartenbereich wünschen. Eine Terrasse, die von der Küche aus zugänglich ist, ist sehr praktisch – Gemüse putzen, essen, schmutzige Stiefel ausziehen, all dies läßt sich mühelos machen. Manche Häuser, deren Garten an der Nordseite liegt, müssen die Terrasse in einiger Entfernung vom Hause haben (am besten durch einen Weg angebunden), damit der Sitzplatz

genügend besonnt wird. Bei der Anlage einer Terrasse sollten Sie auch überlegen, ob Sie dort einen Grill haben möchten.

Die Größe des Gemüsegartens

Als nächster Schritt bei der Gartenplanung wäre zu überlegen, wie groß die Gemüse- und Kräuterecke sein soll, falls Sie eine haben wollen. Es wird gelegentlich gesagt, daß die Ersparnis durch die eigene Anzucht von Gemüse minimal sei. Paradoxerweise kann man auf dem Lande mehr sparen, denn die Städte werden reichlicher und billiger versorgt als die ländlichen Gebiete. Natürlich wird das Gemüseanbauen um so wirtschaftlicher, je mehr Sie anpflanzen. Eine Vorstellung davon, wieviel Land Sie für Ihre Gemüsebeete brauchen, gibt folgende Zahl: eine Fläche von 85 m² reicht aus, um eine vierköpfige Familie im Sommer mit Salat, Stangenbohnen, Möhren und Kohlrabi und im Winter mit Porree, Kohl und Rosenkohl zu versorgen. Selbst wenn Sie nicht genug Platz haben, Ihren Gemüseanbau wirtschaftlich zu betreiben, so ist doch gelegentlich der frische Geschmack von selbstgezogenem Gemüse Belohnung genug.

Die Art der Gemüse, die Sie anbauen wollen, bestimmt die Entfernung der Beete zum Haus. Kartoffeln, die meisten Wurzelgemüse, Rhabarber und Chicoree benötigen viel Platz und können weiter weg vom Haus stehen. Spinat und Broccoli, von denen es auch schon ausdauernde Formen gibt, sind es wert, angebaut zu werden. Sie, und auch der Salat, gehören in Hausnähe. Für die sehr beschäftigte Familie ist der Salat wohl die geeigneteste Gemüseart; viele Sorten stehen zur Verfügung. Dazu ein paar Freilandtomaten und Radieschen, und Sie können viel Freude am eigenen Gemüse haben. Beerenobst kann am Gartenzaun entlang oder vor einer Mauer, die die aufgefangene Wärme wieder abstrahlt, gepflanzt werden. Viele Gemüsepflanzen sind sehr dekorativ, und sie können als Zierpflanzen verwendet werden; Rotkohl sieht sehr hübsch aus, Stangenbohnen sind eine schöne Grenzbepflanzung, Artischocken (in geschützten Gegenden) ein aparter Sichtschutz vor einem Komposthaufen, Kürbis ist dekorativ über einer kleinen Mauer.

Die meisten Gemüsearten brauchen einen tiefgründigen, humosen Boden und ausreichend Platz. Es empfiehlt sich, einen gewissen Fruchtwechsel zu beachten. Ein kleiner Gemüsegarten braucht nicht abgeschirmt zu werden, denn ordentliche Reihen verschiedener Gemüsepflanzen sehen recht hübsch aus; außer vielleicht im Winter, aber dagegen hilft eine kleine Buchseinfassung.

Das Kräuterpflanzen wird wieder populärer, nachdem nicht nur ihr guter Geschmack, sondern auch ihre gute Wirkung auf die Gesundheit wiederentdeckt wurden. Auch sie sind eigentlich – wie das Gemüse – dekorative Pflanzen und man kann z. B. Rosmarin, Salbei, Weinraute oder Melisse durchaus mit in die Blumenrabatte pflanzen, wenn man keinen besonderen Platz zur Verfügung hat. Auf jeden Fall sollten sie nahe der Küche stehen. Der Boden sollte durchlässig und nicht zu nährstoffreich sein.

Es gibt keine festen Regeln über Beetbreiten. Die hier gezeigte gemischte Pflanzung bringt auf kleinem Raum immer neue, einander ablösende Blütenaspekte und es bedarf keines großen Pflegeaufwandes, um sie zu unterhalten

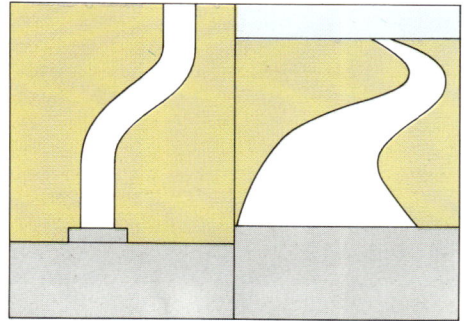

Jede Kurve, die Sie auf dem Papier entwerfen, verkürzt sich in Wirklichkeit, da der Blick zunächst von oben darauf fällt, dann aber seitlich vorbeisieht. Um sich darüber klar zu werden, schauen Sie ganz dicht über dem Papier Ihren Weg entlang; dann werden Sie in etwa wissen, wie er in Wirklichkeit aussehen wird. Dreidimensional gesehen wirkt eine Biegung stärker als auf der Zeichnung

Platzbedarf für Ihr Gemüse			
Gemüseart	Abstand zwischen den Reihen	Abstand zw. den Pflanzen	Voraussichtl. Ernte von 9 m langer Reihe
	(cm)	(cm)	(kg)
Kartoffel	60	40	20–30
Broccoli	25	60	27
Spinat	30	10	7–15
Möhren	30	5–10	10
Salat	30	30	30 Köpfe
Buschbohnen	60	25	9
Zwiebeln	30	15	10
Radis	15	2–5	5

Gemüsepflanzen können genauso hübsch aussehen wie Blumen; besonders wirkungsvoll ist es, wenn man beide kombiniert (links). Blattfarbe und -form der Buschbohnen stehen in reizvollem Kontrast zu den Blättern des Broccoli. Die Sommerastern beleben die Pflanzung

Kleine Kräuterbeete können eine Attraktion des Gartens sein. Diese Beete, durch Holzbohlen unterteilt, sind terrassenförmig an einem Hang gebaut. Sie sind leicht zu erreichen und zu pflegen

Rasen, Bodendecker und Pflanzung

Viele kleine Gärten haben etwa in der Mitte eine Rasenfläche und rundherum Blumenbeete. Aber auf engem Raum ist Rasen oft nicht angebracht, weder optisch noch praktisch. Nur ein vernünftiges Stück Rasen in einfacher Form sieht gut aus und ist leicht zu pflegen. Es ist pflegetechnisch ungünstig, die Rasenfläche bis an die Pflanzfläche heranreichen zu lassen, besser ist es, einen Pflaster- oder Plattenstreifen von 20–40 cm Breite als Trennung und sog. Mähkante einzubauen. Wenn Sie einen Rasenhang planen, darf dieser nicht steiler als 1:1 (oder 45°) für Handmäher oder 1:1,5 (oder 33°) für Elektro- und Motormäher sein. Bedenken Sie ferner, daß Sie Platz zum Wenden des Mähers brauchen. Also: bei der Planung der Rasenfläche schon an ihre Pflege denken.

Bodendeckende Pflanzen können wir mitunter auf kleinen Flächen oder an Nordseiten von Gebäuden, wo Rasengräser nicht mehr gut gedeihen würden, als Rasenersatz verwenden und mit ihrer Hilfe auch solche Gartenbereiche dauerhaft begrünen und sie angenehm in die übrige Gartenfläche mit einbeziehen. Es gibt eine Fülle von Pflanzen, die auf verschiedenartigen Böden, im tiefsten Schatten oder in brennender Sonne die geeignete Bodendecke ergeben.

Bodendecker brauchen aber nicht nur als Rasenersatz angesehen zu werden, sondern können auch ganz bewußt als ausdrucksvolles Oberflächengestaltungsmittel eingesetzt werden. Man braucht sie nicht nur zwischen oder auf Beeten zu verwenden, sondern man kann mit ihrer Hilfe auch auffallende Muster schaffen, evtl. zusammen mit Pflaster oder Platten. In diesem Stadium Ihrer Planung brauchen Sie sich noch nicht um einzelne Pflanzen zu kümmern; da aber Bäume und Sträucher gerüstbildend sind und Ausblicke verdecken oder auch schaffen, sollte man sich wenigstens annähernd über Höhe und Undurchsichtigkeit der verschiedenen Pflanzen im klaren sein.

Die Tiefe von Beeten und Rabatten hängt natürlich von dem Platz ab, der zur Verfügung steht, jedoch sollten Sie zwei Dinge bedenken: wenn Beete breiter als 2 m sind, wird es schwierig sie zu hacken und zu jäten ohne daß man etwas zertritt; andererseits braucht man für eine wirkungsvolle Pflanzung eine bestimmte Breite. Wenn Sie z. B. eine Blumenrabatte anlegen wollen in der immer etwas blüht, benötigen Sie genügend Platz um die nacheinander blühenden Pflanzengruppen anordnen zu können. Besonders wenn Sie nur Stauden verwenden benötigen Sie mehr Raum, als wenn Sie die farbenprächtigen Sommerblumen mitverwenden. Die winterharten Stauden haben nämlich keine sehr lange Blütezeit und man muß mehr Arten pflanzen, um ständig einen wirkungsvollen Blütenflor zu haben. Die einjährigen Sommerblumen dagegen blühen praktisch ununterbrochen und man braucht nicht so viele Pflanzen, um ein farbenfrohes Beet zu gestalten.

Die unschönen Dinge

Wenn Sie sich Gedanken machen darüber, wohin mit dem Gartenwerkzeug, dem Treib-

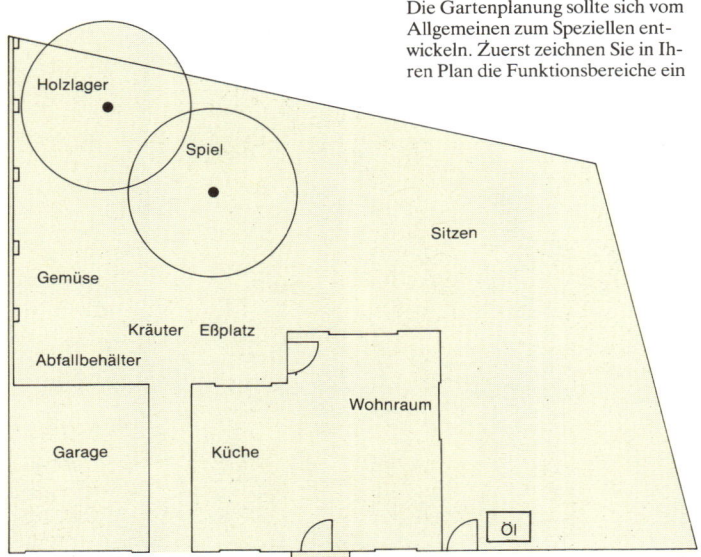

Die Gartenplanung sollte sich vom Allgemeinen zum Speziellen entwickeln. Zuerst zeichnen Sie in Ihren Plan die Funktionsbereiche ein

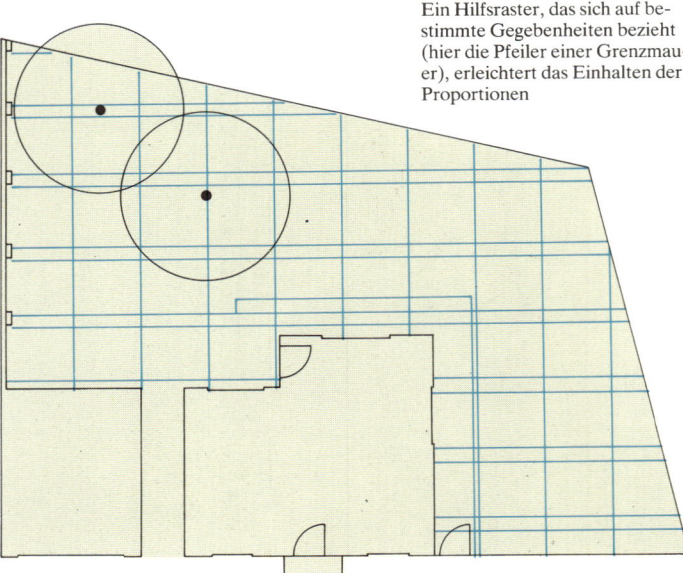

Ein Hilfsraster, das sich auf bestimmte Gegebenheiten bezieht (hier die Pfeiler einer Grenzmauer), erleichtert das Einhalten der Proportionen

haus, dem Kaminholz, dem Kompost und der Mülltonne, so sollte das dazu führen, daß eine gewisse Zusammenlegung dieser Dinge erreicht wird, nicht daß sie mehr oder weniger verstreut auf dem Grundstück angeordnet werden.

Mancher Gartenbesitzer wünscht sich ein Frühbeet, wenn er ein Treibhaus nicht unterbringen kann. Es dient zur frühzeitigen Anzucht von Jungpflanzen, deren Entwicklung sich ohne diese Maßnahme sehr verspäten würde, z. B. Salat, Radies oder Kohlrabi und Gurken. Die richtige Handhabung eines solchen Mistbeetes setzt schon viel gärtnerische Erfahrung voraus; die Kenntnis von Erde, Licht- und Luftbedürfnis, von Wärmeanspruch und Pflanzenkrankheiten der einzelner Kulturpflanzen ist schon nötig. Dasselbe gilt, wenn man ein Treibhaus bauen will. Es braucht natürlich Sonne und eine befestigte Fläche rundherum, da es ein Bereich größerer Aktivitäten werden wird. Der Ein- oder Anbau eines Geräteschuppens wäre sinnvoll. An der falschen Stelle gelegen, können auch kleine Gewächshäuser den ganzen Garten beherrschen; denn trotz neuerer Versuche, ihr Aussehen zu verbessern, sind es keine schönen Baukörper. Wenn Sie es nicht an das Wohnhaus anlehnen oder anbauen können, sollten Sie es freistehend in Ost-West-Richtung an einer Seite des Hauptausblicks bauen.

Brennholz und Mülltonne müssen vom Haus aus leicht zu erreichen sein, vorzugsweise auf überdachtem Weg. Der Kompostplatz sollte abgeschirmt werden. Falls alle Gemüseabfälle dorthin gebracht werden, darf er nicht zu weit weg liegen – aber doch weit genug, denn verfaulende Gemüsereste riechen nicht gut.

Ein Abstellplatz für große Fahrzeuge wie ein Boot, ein Wohnwagen oder ein Auto sollte im jetzigen Planungsstadium u. U. vorgesehen werden.

Der Vorgarten
Er ist das Gesicht zur Welt! Er soll einladend wirken, Vertrauen einflößen und bei jedem

Eine gute Umzäunung oder Abschirmung eines Komposthaufens sollte sich in die Umgebung einfügen ohne unangenehm aufzufallen; vielmehr kann sie zu einer positiven Bereicherung des Gartenbildes werden

Wetter einen guten Zugang zum Haus bieten. Gute Beleuchtung und eine deutlich sichtbare Hausnummer sind wichtig. Der Vorgarten gehört zur Hälfte dem Haus- und Gartenbesitzer während die andere Hälfte dem Bereich der Öffentlichkeit zugeordnet werden muß. Der Vorgarten muß evtl. auch einige der Nutzeinrichtungen beherbergen: die Mülltonne, einen Parkplatz (oder zwei) – beachten Sie, daß man aus dem Auto aussteigen können muß, ohne in einem Blumenbeet zu landen! Vergessen Sie nicht Wasseranschluß und Entwässerung vorzusehen. Wenn Sie keinen Wendeplatz haben, sehen Sie eine gute optische Führung als Hilfe für das Rückwärtsfahren vor.

Ein Vorgarten kann leicht lieblos wirken,

wenn er nicht gut geplant ist. Mitunter ist die Fläche in viele verschiedene kleine Bereiche aufgeteilt: Rasen, Blumenbeete, Plattenbelag, Büsche – alles durcheinander. In früheren Zeiten waren die Vorgärten eine Aufstellung der verschiedensten Mauer-, Zaun- und Hekkenmotive, hinter denen sich das gleiche Spiel in der Bepflanzung wiederholte, heute ist es noch häufig genauso. Aber zunehmend verschwinden langweilige Reihenpflanzungen entlang der Straße und weichen einer einheitlichen lockeren Anlage von Baumgruppen, Stauden und ausreichend großen Rasenflächen. Nach Möglichkeit sollten Sie versuchen, Ihren Vorgarten in eine gemeinsame Planung mit Ihren Nachbarn einzubeziehen; dennoch

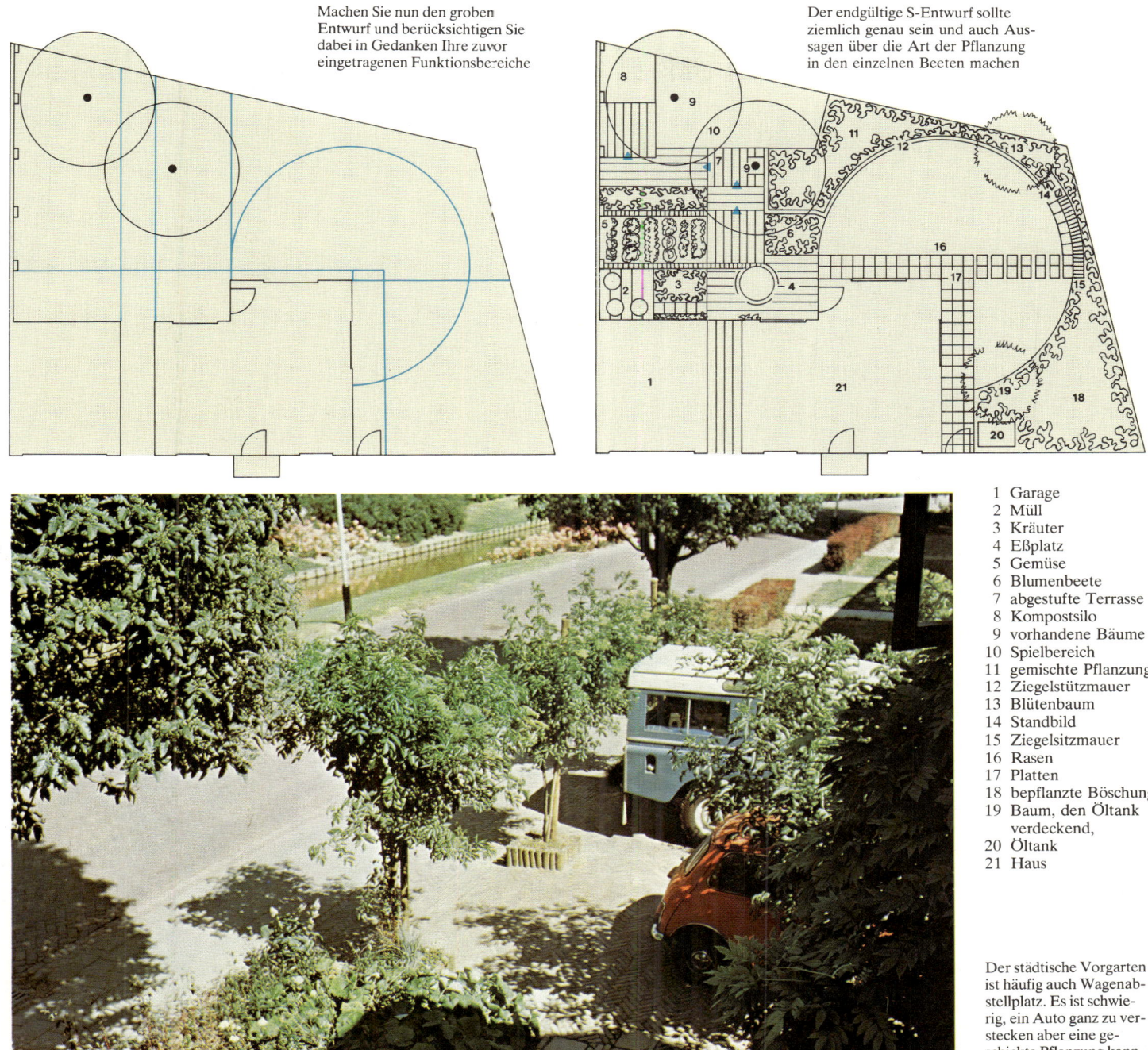

Machen Sie nun den groben Entwurf und berücksichtigen Sie dabei in Gedanken Ihre zuvor eingetragenen Funktionsbereiche

Der endgültige S-Entwurf sollte ziemlich genau sein und auch Aussagen über die Art der Pflanzung in den einzelnen Beeten machen

1 Garage
2 Müll
3 Kräuter
4 Eßplatz
5 Gemüse
6 Blumenbeete
7 abgestufte Terrasse
8 Kompostsilo
9 vorhandene Bäume
10 Spielbereich
11 gemischte Pflanzung
12 Ziegelstützmauer
13 Blütenbaum
14 Standbild
15 Ziegelsitzmauer
16 Rasen
17 Platten
18 bepflanzte Böschung
19 Baum, den Öltank verdeckend,
20 Öltank
21 Haus

Der städtische Vorgarten ist häufig auch Wagenabstellplatz. Es ist schwierig, ein Auto ganz zu verstecken aber eine geschickte Pflanzung kann es z. T. verdecken

kann jeder Vorgarten seinen individuellen Charakter erhalten.

Falls ein Parkplatz erforderlich ist, muß evtl. ein Großteil der Fläche gepflastert werden, die man mit Kübeln für Frühjahrs- Sommer- und Winterbepflanzung beleben kann; loser Kies, mit einigen Pflanzen durchsetzt, kann auch sehr nett aussehen.

Eine gewisse Abgeschlossenheit, auch gegenüber dem Lärm und Schmutz des vorüberfahrenden Verkehrs, ist besonders an verkehrsreichen Straßen schwer zu erreichen. Eine immergrüne Hecke bietet sicherlich Sichtschutz, ist aber sonst nicht sehr reizvoll. Ein großer ausdrucksvoller Baum ist eine ganz gute Lösung, es müßte ein lockerer, lichtdurch-

lässiger Baum sein, eine Robinie oder Birke vielleicht.

Ein schmaler Streifen seitlich des Hauses ist schwierig zu gestalten. Ein heller Anstrich der Hauswand lichtet einen engen Durchgang auf. Das Gefühl, in einer Schlucht zu sein, kann man dadurch mildern, daß man eine Pergola baut, die das Haus mit der Grenze, der Garage o. a. verbindet.

Praktische Gesichtspunkte

Der schönste Plan nützt nichts, wenn er nicht realisierbar ist. Es ist sinnlos, Materialien vorzusehen, die es im Handel nicht gibt. Die meisten hier beschriebenen Dinge sind im Garten-Center oder im Baustoffhandel erhältlich.

Weitere praktische Beschränkungen mögen auftauchen: Manche Platten oder Pflaster sind für bestimmte Bedürfnisse nicht geeignet; z. B. passen Rechteckplatten vielleicht gut in Ihr Raster, man kann mit ihnen aber kaum einen guten Bogen legen. Vor dem Ausbau eines kleinen Baches oder Teiches vergewissern Sie sich, daß das Wasser auch das ganze Jahr hindurch läuft.

Wenn Sie sicher sind, daß Ihr Konzept praktisch ist und alles enthält, was Sie sich wünschen, dann stecken Sie es aus; nehmen Sie Stöcke, Band oder Schnur und zeichnen Sie Ihren Entwurf in den Garten. Dann leben Sie eine Zeitlang mit ihm, ehe Sie ihn ausführen.

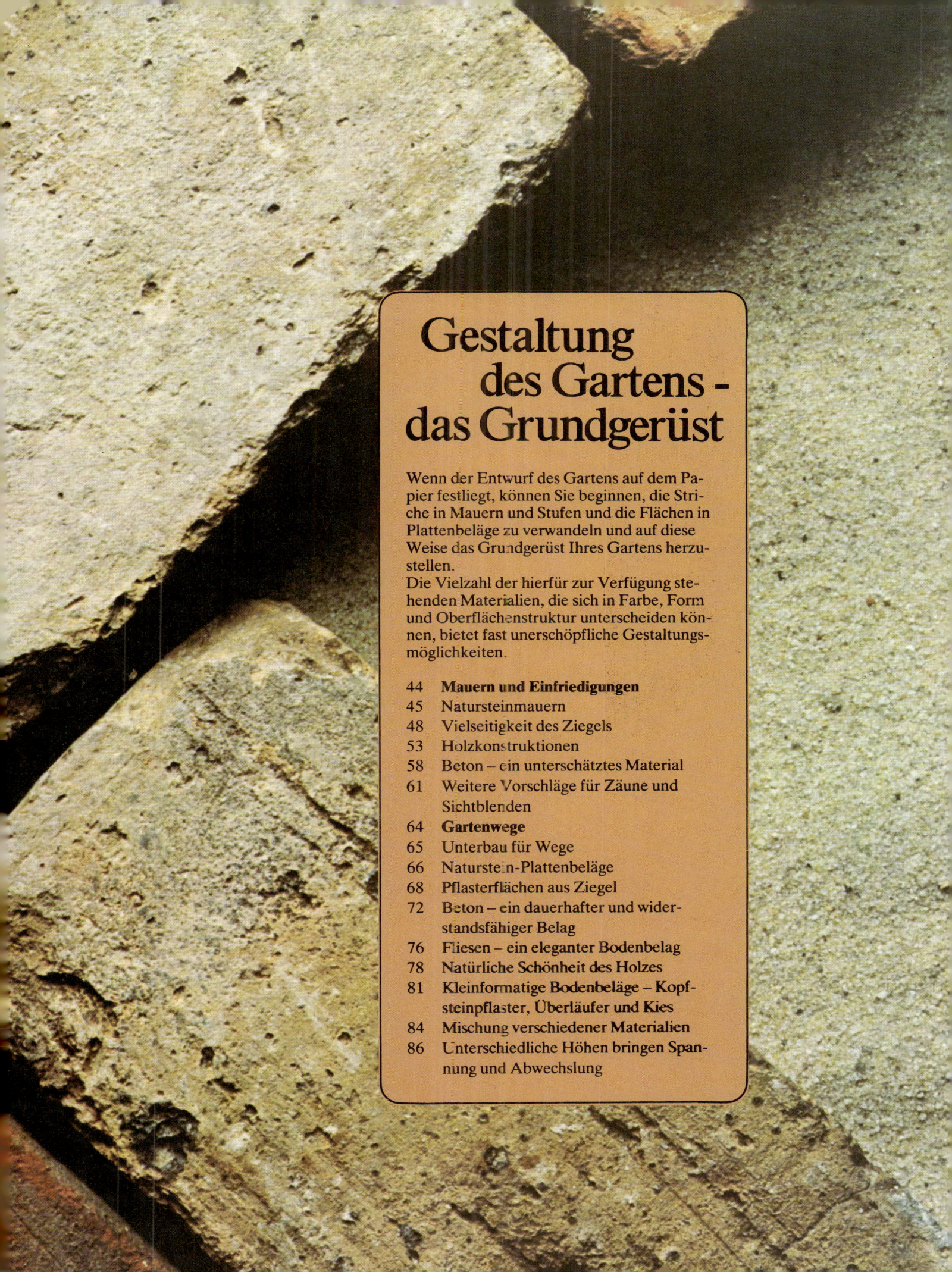

Gestaltung des Gartens – das Grundgerüst

Wenn der Entwurf des Gartens auf dem Papier festliegt, können Sie beginnen, die Striche in Mauern und Stufen und die Flächen in Plattenbeläge zu verwandeln und auf diese Weise das Grundgerüst Ihres Gartens herzustellen.

Die Vielzahl der hierfür zur Verfügung stehenden Materialien, die sich in Farbe, Form und Oberflächenstruktur unterscheiden können, bietet fast unerschöpfliche Gestaltungsmöglichkeiten.

Mauern und Einfriedigungen

Ursprünglich wurde ein Gelände zum Schutz gegen Feinde, wilde Tiere oder die ungebändigte Natur eingezäunt. Die zwingende Notwendigkeit, sich zu schützen, besteht inzwischen schon längst nicht mehr. Wir suchen höchstens noch Schutz vor Wind und Wetter, vor Lärm und Einblicken anderer, wir wollen Kinder und Tiere an sicherem Ort wissen. Innerhalb des Gartens bauen wir Sichtschutzwände, um einen Gartenteil vom anderen zu trennen, z. B. den Gemüsegarten vom Blumengarten oder den Wäschetrockenplatz oder die Mülltonnen vom Wohngarten. Außerdem haben wir immer noch das instinktive Bedürfnis, einen Zaun um unser Gelände zu ziehen und sei es nur, um die Grenze zwischen der großen Welt und unserem kleinen Eigentum deutlich zu machen. Für diesen Zweck brauchen wir allerdings keine hohe Mauer und keinen dichten Zaun, eine niedrige Einfassung oder auch nur eine Reihe Steine können genügen. Bauen Sie Ihre Einfriedigung so, daß sie in Größe und Aussehen zum Garten paßt.

Als erstes muß man sich über den Zweck im klaren sein, den der Zaun erfüllen soll. Man sollte sich vorstellen, wie er in Beziehung zum eigenen Haus und Garten wirkt, dann aber auch wie er im Zusammenhang mit den Nachbareinfriedigungen aussieht. Sie mögen Ihren Zaun vielleicht begrünen oder aber ganz nüchtern und kahl lassen wollen, je nachdem, wie er zu Ihrem Haus paßt. Wenn Ihre Vorstellungen jedoch in krassem Gegensatz zu dem Gesamtbild Ihres Wohnviertels steht, sollten Sie davon ablassen. Eine Trockenmauer, die in ländlicher Umgebung ausgezeichnet paßt, wirkt in einer Vorstadt lächerlich, ebenso kann eine große Betonmauer um einen Bauerngarten die gesamte Situation verderben. Ein anderer verbreiteter Fehler ist es, ein billiges Ersatzmaterial statt des richtigen zu verwenden, – die Betonimitation eines Natursteines hat nie die gleiche Wirkung wie der Naturstein, besonders unangenehm wirkt es, wenn beide nebeneinander verwendet werden. Es ist deshalb am besten, wenigstens für die Außenmauer ein Material zu wählen, welches in Ihrer Gegend verbreitet ist, und möglichst auch zu Haus und Bodenbelag im Garten paßt. Dann werden Sie und Ihre Nachbarn Freude an Ihrem Zaun haben.

Abgesehen von diesen ästhetischen Gesichtspunkten ziehen Sie auch die praktischen in Erwägung: Materialkosten, Haltbarkeit und erforderliche Instandhaltungsarbeiten. Jedes Projekt, das besondere Fachkenntnisse erfordert, wird natürlich teurer, da Sie Facharbeiterlöhne bezahlen müssen. Sie können Ihren Zaun aber auch selbst und ganz billig bauen, wenn Sie »Altmaterialien« – Telegrafenmasten, Bahnschwellen, Feldsteine u. a. – verwenden. Ob Sie derartige Baustoffe zu vernünftigem Preis beschaffen können, hängt natürlich davon ab, wo Sie wohnen. Holz wird immer relativ leicht zu besorgen sein; Sie können es am ehesten selbst verarbeiten, aber es erfordert ziemlich regelmäßige Bearbeitung, damit es nicht zu schnell verfault, und von Zeit zu Zeit muß es auch erneuert werden. Naturstein oder Ziegel dagegen sind in der Anschaffung teurer und erfordern größere Geschicklichkeit bei der Verarbeitung; dafür sind sie aber sehr viel haltbarer.

Allerdings ist es auch sehr viel schwerer und schwieriger, feste Mauern wieder zu entfernen, wenn die Verhältnisse oder Bedürfnisse sich geändert haben sollten. Wägen Sie alle verschiedenen Gesichtspunkte ab, ehe Sie mit dem Bau Ihrer Einfriedigung beginnen, sie ist ein wichtiger Bestandteil Ihres Gartens.

Natursteinmauern

Mehr als mit anderen Steinen ist es mit Naturstein nötig, in der ortsüblichen Art zu bauen. Es gibt so viele verschiedene Natursteinarten, jede mit eigener Struktur und besonderem Aussehen, daß jede wieder mit einem besonderen Baustil in Einklang steht und es unklug ist, sie in einen neuen unpassenden Rahmen zu zwingen. Deshalb werden Natursteine in städtischer Umgebung nicht häufig verwendet, außer dort, wo es zur Tradition gehört. Auf dem Land jedoch ist es ein sehr attraktives Material, das schön altert und einen schmeichelnden Hintergrund für Pflanzen bildet.

Eine Natursteinmauer kann man aus hartem oder weichem Gestein bauen. Zu den harten Gesteinen gehören z. B. Granit, Schiefer, Flint und zu den weichen Sandstein und Kalkstein. Wenn Sie mehrere Steine zur Aus-

Querschnitt durch eine Bruchstein-Trockenmauer. Beachten Sie die Binder, die durch die gesamte Breite der Mauer reichen und sie zusammenhalten und die kleinen Stücke, mit denen größere Fugen ausgefüllt werden

wahl haben, bedenken Sie, daß weiche Steine leichter zu bearbeiten sind. Kunststeine können ebenfalls zum Mauerbau verwendet werden und haben den großen Vorteil, billiger und oft haltbarer und in bestimmten Größen hergestellt zu sein. Die Kosten für Natursteine hängen überwiegend von örtlichen Umständen ab. Eine Mauer kann das teuerste Objekt Ihres Gartens sein, es kann aber auch sein, daß Sie die Steine umsonst aus dem Bruch holen können.

Die meisten Steine sind roh zugehauen erhältlich, als rechteckige Blöcke oder als Bruchstein. Aus dem Steinbruch kommende Steine werden weiterbearbeitet, z. B. gespitzt, geflächt oder gestockt. Die roh zugehauenen Steine werden in mehr oder weniger zufälliger Art zusammengebaut, während die regelmäßigeren Blöcke mehr wie Ziegelmauern aufgeschichtet werden. Man kann mit oder ohne Mörtel (Trockenmauer) bauen, die Steine sollten immer in ihrer natürlichen waagerechten Lage verwendet werden. Sie müssen auf jeden Fall lagerhaft verarbeitet werden, d. h. die Steinlänge muß größer sein als die Steinhöhe. Die Lagerflächen sollten möglichst parallel verlaufen. Auf keinen Fall sollten Sie eine Mauer über 90 cm Höhe ohne fachkundige Hilfe bauen.

Das Arbeiten mit Stein

Steinarbeiten erfordern viel schwere körperliche Arbeit. Steine aussortieren nach Größe und Stärke und das schwere Heben und Tragen machen die Mithilfe eines starken Mannes wünschenswert! Der Bau einer Trockenmauer erfordert Wissen und Können und ist eigent-

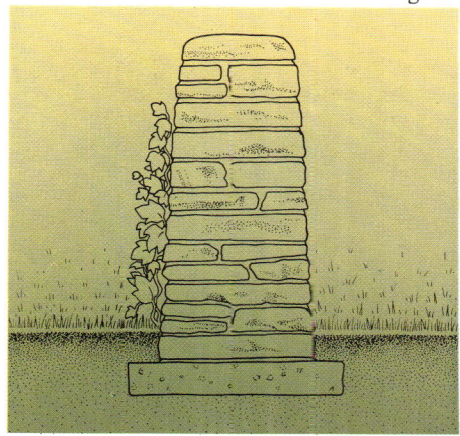

Querschnitt durch ein gemauertes unregelmäßiges Schichtmauerwerk. Der Abdeckstein schützt den Mörtel und das Betonfundament vor Feuchtigkeit und davor auseinanderzufrieren

lich Arbeit für einen Fachmann. Es ist unklug, damit zu beginnen, es sei denn, Sie können viel Zeit auf ihren Bau verwenden.

Obwohl die Konstruktion kinderleicht aussieht – wie ein einfaches Aufeinanderstapeln und Ausbalancieren von Steinen –, ist das Bauen einer Trockenmauer eine Kunst, die nur durch Erfahrung erlernt werden kann. Es gibt nichts Besseres als einem Fachmann bei der Arbeit zuzusehen oder ihm zu helfen. Wenn Sie beginnen, wird Ihnen die Arbeit sehr schwer fallen, aber die Fortschritte werden kommen, je länger Sie durchhalten.

Zu Beginn heben Sie einen Graben aus, der ungefähr so tief ist, wie 3 Steine dick sind und zweimal so breit ist, wie die Mauerkrone.

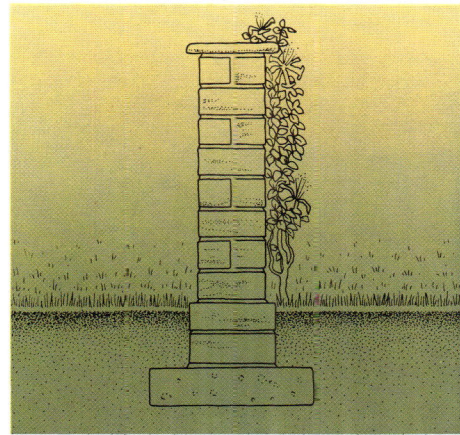

Querschnitt durch eine Mauer aus gesägten und leicht behauenen Quadern. Diese Steine sind recht teuer und werden deshalb häufig aus Kunststein nachgemacht

Dann schütten Sie eine Lage feinen Kies hinein, der zugleich die Sauberkeitsschicht für die erste Steinlage und auch Dränschicht ist.

Wenn die Steine mit Mörtel gemauert werden, muß – gleichgültig ob sie unregelmäßig oder lagerhaft verwendet werden – ein Betonfundament von wenigstens 30 cm Stärke und der doppelten Mauerbreite erstellt werden (Betonmischen s. S. 58). Die Oberkante des Fundamentes sollte ca. 45 cm unter der Betonoberfläche liegen. Zyklopenmauerwerk mit Mörtel ist wesentlich stabiler als Trockenmauern, aber beide müssen mit gleicher Sorgfalt gebaut werden. Ein Stein, der in einer Trockenmauer nicht ganz fest sitzt, wird im anderen Fall von Mörtel festgehalten. Deshalb ist eine gemörtelte Wand langlebiger als eine trocken aufeinandergeschichtete. Ihr optischer Eindruck kann jedoch sehr ähnlich sein, wenn man den Mörtel sorgfältig aus den Fugen herauskratzt, solange er noch relativ frisch ist.

Verwenden Sie immer genug Mörtel und legen Sie nur jeweils einen Stein auf. In das horizontale Mörtelbett kommt ein Stein, dann wird Mörtelmasse nachgefüllt, solange, bis alle Hohlräume ausgefüllt sind. Dann wird der Stein an beiden Seiten überdeckt, damit eine

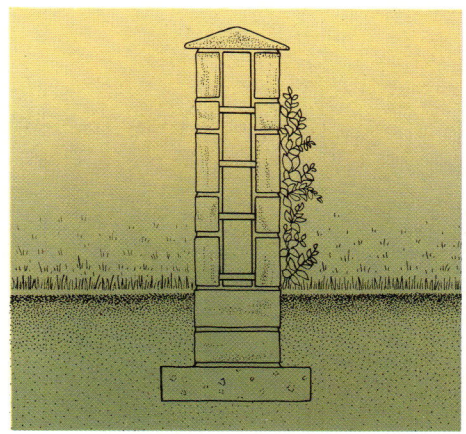

Querschnitt durch eine Betonblocksteinmauer, die mit gesägten und zugehauenen Natursteinen verblendet ist. Die Bewehrung besteht aus Armiereisen, das in den Fugen im Mörtel liegt

Verbindung zu den nächsten, danebenliegenden Steinen entsteht.

In einer lagerhaften Bruchsteinmauer sollte man vermeiden, zu lange durchgehende Fugen zu legen; lieber einmal zwei schmale Steine über einen dicken legen. Ihre Stabilität erhält eine lagerhafte Mauer durch die häufig gleichgeformten Steine, die wie ein verbindendes Band wirken. Regelmäßige Quadersteine können beinahe wie Ziegel, in wechselnden Richtungen, übereinandergestapelt werden. Bei dieser Art des Mauerbaus werden oft auch Kunststeine verwendet, die u. U. auf einer Seite eine »bossierte« Oberfläche haben. Natürlich sind diese Steine billiger als Natursteine.

Es gibt auch die Möglichkeit, Verblendsteine oder Streifenabfälle vom Plattenzuschnitt vor einen Betonkern zu setzen und ihn auf diese Weise mit Naturstein zu verkleiden. Diese Steine haben nur eine geringe Einbindetiefe und sind leider oft sehr dünnschichtig, so daß die Maueroberfläche recht kleinteilig und, besonders wenn sie hoch ist, statisch nicht sehr überzeugend wirkt. Teurer ist es, eine Ziegelverblendung vorzumauern. Häufig werden auch Sand- oder Kalksteine verwendet. Jedenfalls ist diese Methode billiger, als wenn die ganze Mauer aus Naturstein gebaut würde. Wichtig dabei ist, daß die Steine sehr genau zusammengefügt werden, so daß keine Zwischenräume bleiben und nicht der Eindruck des »Vorgesetzten« entsteht.

Für alle gemauerten Wände ist es wichtig, daß sie eine wasserdichte Mauerkrone haben, damit der Mörtel nicht durchnäßt und bei Frost dann auseinanderfriert. Die Abdecksteine müssen ein Seitengefälle haben, das bei einseitigen Mauern gegen den Hang weist. Vermeiden Sie Längsfugen in der Abdeckung und achten Sie darauf, daß die Stoßfugen senkrecht zur Mauerachse verlaufen. Am besten wirkt es, wenn der Abschluß aus großen Abdeckplatten besteht.

Obwohl die Anfangskosten hoch sind und die Arbeit mit Naturstein nicht leicht ist, ist der Vorteil der Natursteinbauwerke, daß sie über Jahre hinaus keiner Pflege mehr bedürfen und immer reizvoller werden, besonders wenn sie bewachsen sind. Mörtelmauerwerk braucht gelegentlich etwas Pflege, ausbröckelnder Mörtel muß entfernt und wieder ersetzt werden (s. S. 50, Mauermörtel). Wenn Natursteinmauern einmal umfallen sollten, können sie wieder aufgebaut werden.

Die Fugen einer geschichteten Trockenmauer werden sich nach und nach mit Erde, Steinen und Moos füllen und einen Lebensraum für Pflanzen bilden. Die horizontalen Risse in den Steinen sind von selbst entstanden

Rundliche und flache Steine zusammen müssen sehr sorgfältig aufgeschichtet werden, um eine haltbare Trockenmauer zu erhalten. Gesägte Platten auf der Mauerkrone bilden die Unterlage für die Blumenkästen

Dieses Bild zeigt die Vielfalt der Verwendungsmöglichkeiten von Naturstein. Die Mauer hat einen Kern aus Erde und Kies. Die Platten sind fischgrätartig in Reihen übereinander angeordnet

Jeder Stein dieser Trockenmauer, die auf einem Betonfundament steht, ist extra zugesägt worden. Kleine Steinsplitter füllen die sehr schmalen Fugen zwischen den Steinen

Alle Fugen dieser mit Mörtel aufgesetzten Mauer sind ausgekratzt worden, um den Eindruck einer Trockenmauer zu erwecken. Der die Stabilität bringende Mörtel bleibt unsichtbar

Natursteinimitationen können überzeugend wirken, wenn sie nicht zusammen oder in unmittelbarer Nachbarschaft mit Naturstein verwendet werden. Die Abdeckplatte ist ebenfalls aus Kunststein

Abwechslung in der Oberflächenstruktur, der Größe und der Farbe, geben auch einem Kunststein ein überzeugendes Aussehen. Diese Mauer hat ein interessantes Muster, das sich in bestimmten Abständen wiederholt

Flint oder Findlinge werden mancherorts als Verkleidung eines Kies-Mörtelkernes verwendet. In dieser Mauer wurden geschlagene und ganze Flintsteine wegen des interessanten Farbspiels zusammen verarbeitet

Witterungseinflüsse, Flechten und die Clematis geben dieser stark vermörtelten Mauer ein reizvolles Aussehen. Die Clematis wird von einem dünnen Draht gehalten, der das Zuschneiden der Pflanze erleichtert

Unregelmäßiges Schichtmauerwerk

Um bei einer Mauer aus roh behauenen Steinen die größte Stabilität zu erreichen, verwendet man über dem Fundament zunächst die großen schweren Steine und mit zunehmender Mauerhöhe die schmaleren und kleineren. Es ist zweckmäßig, sich eine stramme Leine parallel zum Fundament zu ziehen, damit die Steinlagen waagerecht liegen, und sie nach und nach höher zu spannen, obwohl natürlich bei Bruchsteinen keine Oberfläche ganz gerade ist. Aber die typische Unregelmäßigkeit dieser Mauern macht ihren Reiz aus.

Vergessen Sie nicht, in regelmäßigen Abständen Steine mit größerer Einbindetiefe einzumauern, diese sollen so breit sein wie die ganze Mauer, die schmaleren Steine zusammenhalten und der Mauer Stabilität geben. Ein solcher »verbindender« Stein pro m² Maueransichtsfläche genügt. Diese breiten Steine verwendet man dann auch als oberste Abschlußlage auf der Mauerkrone. Sie verhindern, daß Wasser in das Mauerwerk ge-

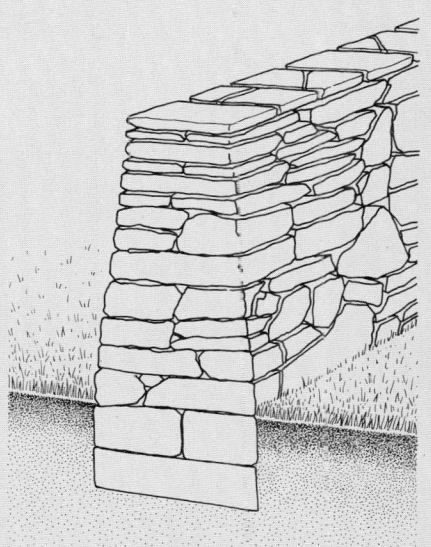

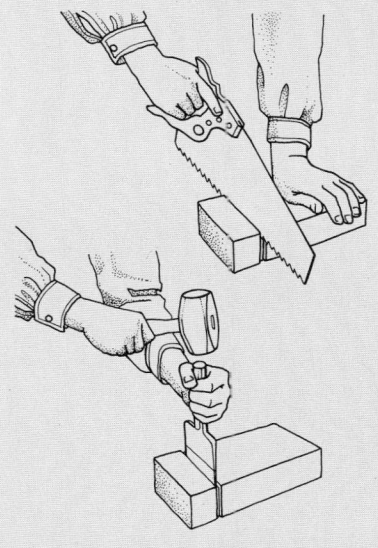

In einem Bruchsteinmauerwerk, sei es mit oder ohne Mörtel aufgeschichtet, sollten Sie die Steine so einbauen, daß ihre schönste Seite nach außen kommt; variieren Sie Größe und Gestalt beim Einbauen. Wenn Sie genügend Steine haben, können Sie eine besonders breite, haltbare Mauer aus zwei Steinlagen bauen, die sich leicht zur Mitte hin neigen. Die Lücke zwischen ihnen wird mit Steinsplittern ausgefüllt. Die obere Abdeckung sollte so dicht sein, daß kein Wasser eindringen kann

Um eine gleichmäßige Neigung der Mauer bauen zu können, stellt man sich aus 3 Brettern eine Holz- oder Schnurlehre her. Mit einer Wasserwaage prüft man, ob die äußere Latte senkrecht steht

Es ist schwierig, Hartgestein auf die richtige Größe zuzuschlagen, bei mittlerem und weichem ist es einfacher. Um einen Stein zu teilen, ritzen Sie zuerst mit einem Meißel oder einer Säge eine Rille hinein. Dann legen Sie den Stein auf eine feste Unterlage, setzen den Meißel in die Rille und spalten den Stein mit einigen kräftigen Hammerschlägen auf den Meißel

langt. Bei Trockenmauern schützen sie vor dem Auseinanderbröckeln, sei es durch Menschen oder Tiere ausgelöst. Mitunter ist es schwierig, genügend große Steine dafür zu finden.

Um die Standfestigkeit zu erhöhen, soll mit Anlauf gebaut werden, d.h. die Maueransichtsfläche ist geneigt, und zwar geht sie etwa bei je 50 cm Höhe um ca. 25 cm zurück, so daß die Mauerbasis breiter ist als die Krone. Natürlich kann die Neigung auch stärker oder schwächer sein, je nachdem wie hoch die Mauer ist.

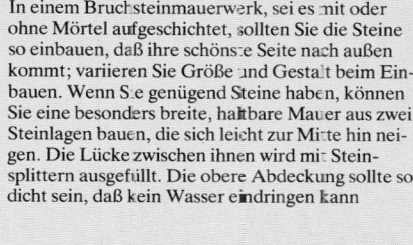

Die Fugen dieser Mauer aus gesägtem Naturstein sind sehr akurat und sauber ausgekratzt. Beachten Sie die Abdeckung; sie ist mit wasserdichtem Mörtel gemauert und für eine formale Mauer gut geeignet

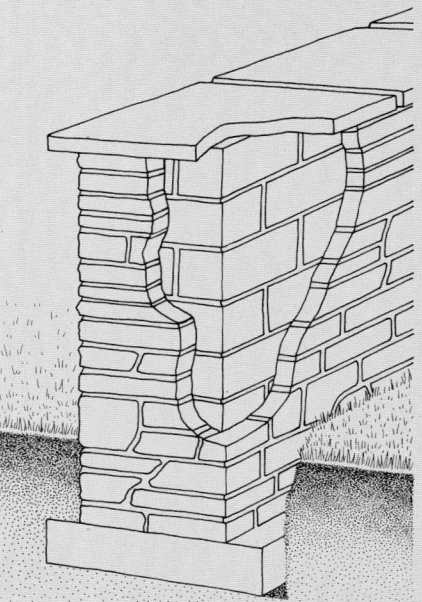

Der innere, aus Betonsteinen gemauerte Teil dieser Mauer gibt die Festigkeit, gesägte Natursteine dienen als Verblendung. Als Stützmauer verwendet, braucht natürlich nur eine Seite der Mauer verblendet zu werden

Vielseitigkeit des Ziegels

Ziegelmauerwerk ist für den Garten sehr geeignet, denn es ist vielseitig einzusetzen und paßt gut zu anderen Materialien. Es ist etwas Besonderes, eine Ziegelmauer zu bauen, die zum Stil Ihres Gartens paßt. Während die meisten Natursteine einen eigenen Charakter haben, der sich durchsetzt, ist die Erscheinungsform des Ziegels flexibler; er kann in freigestalteten und formalen, in ländlichen und in städtischen Gärten verwendet werden. Pflanzenbewachsene, verwitterte Ziegel schaffen die stimmungsvolle Atmosphäre eines alten, natürlichen Gartens; schiefergrau oder weiß gestrichene neue Ziegel wirken nüchtern und sachlich und können durchaus einem modernen Gebäude zugeordnet werden. Wenn auch das Haus aus Ziegeln gebaut ist, wird dieser Stein zum verbindenden Element und die Einheitlichkeit ist eine Wohltat. Als Hintergrund für Pflanzen ist der Ziegel ideal, nicht nur optisch, sondern auch praktisch, denn er speichert die aufgefangene Wärme und gibt sie langsam wieder ab, was besonders günstig für Frühlingsblüher und für reifende Früchte ist.

Ziegel sind in der Regel leichter zu beschaffen als Natursteine. Auch das Farbspiel ist größer, denn abhängig von der Art des verwendeten Tons und der Brenntemperatur kann der Stein rot, gelb, bläulich, grau oder gemischtfarben sein. Verschiedene Oberflächen, Formen und Größen sind ebenfalls erhältlich. Das Aussehen einer Ziegelwand kann auch noch durch Einfärben der Mörtelfugen verändert werden oder durch Kombinieren mit anderen Materialien (Schiefer oder Kiesel) oder dann, wenn man auf eine niedrige Ziegelmauer einen Holzzaun setzt.

Wenn Sie keine billige Quelle für Ziegel haben, ist eine Ziegelmauer genauso teuer wie eine aus Naturstein, aber doppelt so teuer wie eine Betonsteinmauer. Die Kosten steigen mit der Höhe der Mauer, weil sie über 90 cm Höhe verstärkt oder in doppelter Steinbreite gebaut werden muß (d. h. 22,5 cm breit). Stabilität ist das wichtigste, und es ist besser, ein wenig zu viel als zu wenig zu verstärken. Aber in jedem Fall ist es ratsam, den Rat eines Fachmannes einzuholen, wenn Sie Mauern über 90 cm Höhe bauen wollen. Man kann eine niedrige Mauer durchaus ohne Verstärkung bauen, sie ist dann nur 11,25 cm breit (eine ¹/₂-Stein-Wand), sie kann aber neben anderen Ziegelmauern (Haus, Mauer, Garage etc.) leicht dürftig wirken.

Verstärken einer Ziegelmauer

Eine freistehende ¹/₂-Stein-Wand braucht eine Verstärkung, wenn sie über 90 cm hoch wird, über 90 cm bis 1,30 m muß die Mauer ³/₄ oder 1 Stein breit sein, und sie braucht besondere Verstärkung, wenn sie über 1,80 m hoch ist. Es gibt zwei Möglichkeiten hierfür, und Mauern, die lang und hoch sind und besonderen Drücken (z. B. Wind) ausgesetzt sind, brauchen eine Kombination von beiden Arten. Die eine, verbreitetste ist die, im Abstand von etwa 3,50 m und an den Enden und Tordurchgängen Pfeiler aufzumauern. Die Pfeiler sollten doppelt so dick sein wie die Mauer und in den Mauerverband bis auf das Fundament

hinab eingebunden sein. Die andere Methode besteht darin, Baustahlstäbe mit einzumauern. Man kann sie gleich in das Betonfundament mit einbetonieren und sie beim Hochmauern durch gelochte Ziegel durchführen. Es ist auch gebräuchlich, zwei Mauerscheiben im Abstand von 15 cm nebeneinander zu bau-

Eine ¹/₂-Stein-Wand muß etwa alle 3,5 m durch einen Pfeiler gestützt werden. Diese sollen bis hinab auf das Fundament reichen (das auch so breit wie die Pfeiler sein muß), und in die Mauer eingebunden werden

Die Steine für die Pfeiler werden in wechselnder Richtung gesetzt. Legen Sie sich einige Lagen Ihrer Mauer aus, damit Ihnen das Muster klar wird, dann schlagen Sie die halben und Viertelsteine zu, ehe Sie den Mörtel ansetzen

en und den Zwischenraum dann mit wäßrigem Mörtel auszugießen. In dieser Mörtelmasse stehen etwa alle 15–20 cm Baustahlstäbe. Man kann sie in die feuchte Mörtelmasse hineinstecken oder, was besser ist, wie im vorher beschriebenen Fall, in das Betonfundament einbetonieren, dann die Mauerscheiben aufmauern und den entstandenen Zwischenraum mit Mörtel ausgießen, damit alle Bestandteile der Mauer gut zusammengebunden werden.

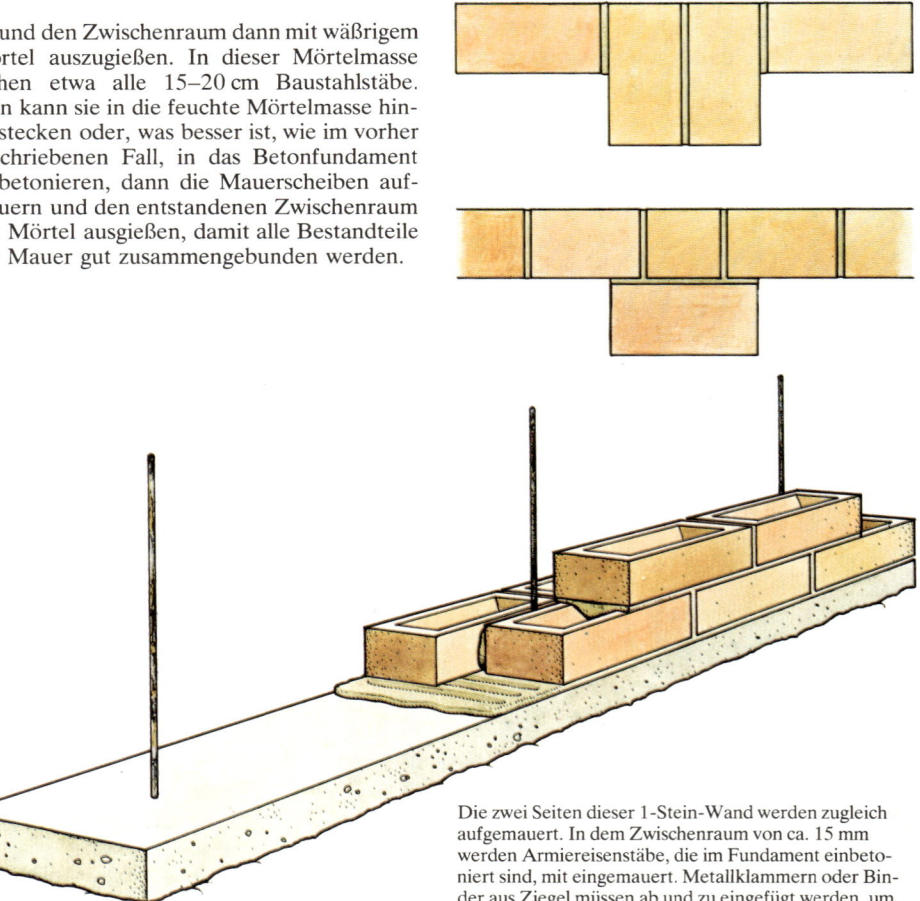

Die zwei Seiten dieser 1-Stein-Wand werden zugleich aufgemauert. In dem Zwischenraum von ca. 15 mm werden Armiereisenstäbe, die im Fundament einbetoniert sind, mit eingemauert. Metallklammern oder Binder aus Ziegel müssen ab und zu eingefügt werden, um die beiden Hälften zusammenzuhalten

Läuferverband

Dies ist die einfachste Art, bei der alle Ziegel längs zur Ansichtsseite gelegt werden. Sie wird immer bei dünnen Mauern angewandt und ist für lange Mauern stabil genug, wenn auch etwas monoton.

Englischer Verband

Die Lagen von Läufern und Bindern wechseln sich ab. Das ist optisch sehr reizvoll und erhöht die Stabilität

Flämischer Verband

Läufer und Binder wechseln in jeder Lage, sie sind versetzt, so daß sich ein schräger Fugenverlauf ergibt. Der flämische Verband ist nicht so stabil wie der englische, aber dekorativer

Ziegelverbände

Mauern können in einer Vielzahl verschiedener Verbände gebaut werden. Verband nennt man die regelmäßige Anordnung von Steinen, die entweder dekorativen oder statischen Zwecken dient: indem die vertikalen Stoßfugen gestaffelt werden, wird der nach unten gerichtete Druck der Mauer auf ihre ganze Länge verteilt. Alle $^1/_2$-Stein-Wände müssen im Läuferverband gebaut werden. Bei 1-Stein-Wänden ist die Variationsmöglichkeit der Schichtlagerung größer. Der Wechsel von Läufern und Bindern (die über die ganze Breite der Mauer reichen und zugleich die Stabilität erhöhen) belebt die Maueroberflächen. Um sich die Wirkung Ihrer Mauer vorstellen zu können, probieren Sie einige Verbände aus, ehe Sie zu mauern beginnen. Frei

Wenn man für Mauern, Bodenbelag und Sitzbank nur ein einziges Material wählt, erhält man einen herrlich einheitlich gestalteten Raum; die Farbe des Ziegels und die verschiedenen Verbände beleben ihn wiederum, zusammen mit den Pflanzen, für die die Ziegel ein schöner Hintergrund sind

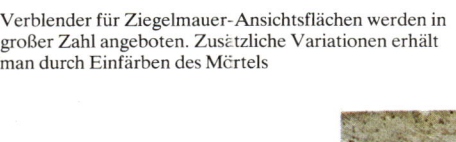

Verblender für Ziegelmauer-Ansichtsflächen werden in großer Zahl angeboten. Zusätzliche Variationen erhält man durch Einfärben des Mörtels

stehende Mauern, die ohne Verstärkung gebaut werden, können besondere Muster erhalten, z. B. das Korbgeflecht-Muster. Solche Ausführungen brauchen horizontale Verstärkungen in Form von Eisenstäben oder Matten, die 2,5 cm schmaler als die Mauer sein sollen. Sie werden in 60 cm Abstand in die waagerechte Mörtelfuge gelegt.

Das Korbgeflechtmuster ergibt durchlaufende, horizontale Fugen. Die Mauer wird durch waagerecht in den Mörtel eingelegtes Drahtgeflecht verstärkt. Betonpfeiler oder Ziegelpfeiler, die in den Verband eingebunden sein müssen, sowie die unterirdischen Lagen, im Läuferverband gemauert, geben zusätzlichen Halt

Eine doppelte Lage Schiefer oder Dachziegel unter den als Rollschicht gelegten Abschlußsteinen, ergibt einen guten Schutz gegen das Eindringen von Wasser

Um mehr Abwechslung in eine normale Mauer zu bringen, kann man auch den Zwischenraum zwischen den beiden Mauerscheiben mit Erde füllen und bepflanzen. Man erhält so einen lebenden Mauerabschluß. Über der Bodenoberfläche müssen dann aber einige Fugen ohne Mörtel bleiben, damit das Wasser aus dem Inneren abfließen kann. Interessant ist auch eine durchbrochene Mauer, die man z. B. so bauen kann, daß man den Läuferverband streckt und zwischen jedem waagerechten Stein eine Lücke läßt.

Der Mauerabschluß
Man kann Ziegel zwar mit Säge oder Hammer halbieren, man kann aber auch Halbsteine, Viertelsteine oder Riemchen beim Baustoffhändler kaufen. Sie können nötig sein, um einen Verband zu beenden oder eine Ecke zu bauen. Spezielle Abdecksteine aus Ziegel oder Beton, Schieferplatten oder Dachziegel können als oberer Mauerabschluß verwendet werden. Vermeiden Sie, einen schwer wirkenden Betonstein auf eine niedrige Ziegelmauer zu legen.

In kalten Gegenden ist es wichtig, die Ziegelmauer von unten gegen das Eindringen von Feuchtigkeit zu schützen, um Frostschäden zu vermeiden: etwa 15 cm über der Terrainoberfläche legt man eine Schicht Dachpappe in eine Fuge, die vom einen bis zum anderen Ende der Mauer durchläuft. An den Enden soll sie nicht mit Mörtel verschmiert werden, damit das Wasser nicht doch hineinziehen kann. Ein Schutz gegen eindringendes Wasser kann auch unter den oberen Abdeckplatten im Mörtel eingebaut werden. Zwei Lagen Schiefer sehen jedoch schöner aus und erfüllen den gleichen Zweck. Wo die Witterungsverhältnisse nicht sehr extrem sind, braucht eine Gartenmauer nicht unbedingt gegen eindringende Feuchtigkeit geschützt zu werden, allerdings verhindert diese Maßnahme das »Ausblühen« der Mauer.

Mörtel zum Mauerbau
Die drei Bestandteile des Mörtels – Sand, Kalk oder/und Zement und Wasser – haben verschiedene Funktionen. Der Sand, der sauber und ohne organische Beimengungen sein soll, verhindert das Schrumpfen und Reißen des getrockneten Mörtels; der Kalk macht das Gemisch geschmeidig, damit es sich gut verarbeiten läßt; und der Zement gibt ihm die erforderliche Festigkeit. Ein Mörtel mit einem hohen Zementanteil wird daher sehr fest, ist aber schwerer zu bearbeiten als mit hohem Kalkanteil. Ein industriell hergestelltes Bindemittel kann statt Kalk verwendet werden, um die Elastizität und u. U. auch Frostbeständigkeit zu erhöhen. Das verwendete Wasser muß unbedingt sauber sein, darf kein überflüssiges Alkali und keine organischen Substanzen enthalten.

Die verschiedenen Materialien brauchen natürlich auch verschiedene Mörtelarten. Naturstein braucht einen stark bindenden Mörtel (1 Teil Zement, $^1/_2$ Teil Kalk, 3 Teile Sand). Betonsteine brauchen in der Regel einen weniger festen Mörtel mit höherem Kalkanteil. Eine günstige Mischung für Ziegelmauern ist 1 Teil Zement, 1–1$^1/_2$ Teile Kalk und 5–6 Teile Sand.

Abgesehen von seiner Eigenschaft als Bindemittel, verringert der Mörtel auch die Wasserdurchgängigkeit von Mauern, gleicht Unregelmäßigkeiten im Stein aus und kann zu einem dekorativen Moment werden, wenn er sorgfältig verarbeitet wurde.

Mischen des Mörtels
Solange bis Sie Ihre Arbeit gut beherrschen, mischen Sie den Mörtel nur in kleinen Mengen an, denn nach etwa 1 Std. wird er hart und unbrauchbar. Bedenken Sie, wenn Sie die Mischung ansetzen, daß Sie mit etwa 15% Verlust rechnen müssen.

Am besten mischen Sie die Bestandteile auf einem Brett; rühren Sie die trockenen Zutaten sorgfältig durcheinander, bevor Sie in die Mitte des Haufens ein Loch machen und das Wasser nach und nach hineingießen (s. S. 59).

Der fertige Mörtel soll so fest sein, daß er von der Schaufel heruntergleitet, nicht herunterfließt.

Verlegen der Klinker
Etwa 4 Std. vor Arbeitsbeginn sollen Tonziegel angefeuchtet werden. Geben Sie mit einem Schlauch so viel Wasser darüber, daß die Steine feucht, nicht völlig durchnäßt sind. Dann legen Sie eine Probereihe Ihrer Steine auf das Betonfundament, um zu

Breiten Sie den Mörtel mit der Maurerkelle bis an die Seiten aus und drücken Sie ihn gleichzeitig in die Hohlräume

50

Obwohl sie nicht so stark abschirmen, sind durchbrochene Mauern in einem kleinen Garten angebracht, da sie leicht wirken. Hier sind die Fugen aufgehellt, um die Mauer noch interessanter zu machen. Die Läuferschicht bildet einen guten Abschluß

sehen, wie sie am besten daraufpassen; lassen Sie dabei 25 mm Abstand zwischen den Steinen. Die erste Lage sollte unter der Bodenoberfläche liegen.

Säubern der Mauer
Halten Sie die fertige Mauer einige Tage lang feucht (ab und zu besprühen). 2–3 Wochen später, wenn sie ausgetrocknet ist, können die weißen Ausblühungen mit einer harten Bürste und etwas verdünnter Salzsäure (Schutzhandschuhe tragen!) abgebürstet werden. Danach spritzen Sie die Mauer mit klarem Wasser ab.

Arbeiten Sie alle Fugen nach, solange der Mörtel noch feucht ist. Eine konkave Fugenausbildung erreicht man, wenn man mit einem Stück Schlauch oder Rohr auf dem noch weichen Mörtel entlangstreicht

Die gebräuchliche »wetterfeste« Fugenform wird mit der Kelle gemacht, sie bildet einen guten wasserdichten Abschluß

Streichen Sie auf eine Seite des Steines Mörtel, bringen Sie ihn durch Klopfen mit dem Griff der Kelle in die richtige Lage. Den überflüssigen Mörtel kratzen Sie ab und verwenden ihn für den nächsten Stein. Prüfen Sie laufend, ob die Mauer horizontal und vertikal in Waage ist

Wenn die erste Lage Ziegelsteine liegt, beginnen Sie die Mauer von den Ecken aus zu bauen und fügen Sie die Ecksteine stufenförmig ineinander, damit die Verbindungen gut werden. Wenn Sie einen Schutz gegen aufsteigende Feuchtigkeit einbauen, soll er etwa 15 cm über Bodenoberkante zwischen zwei Mörtelschichten liegen. Wenn die Ecken gebaut sind, spannen Sie sich eine straffe Schnur von der einen zur anderen (an Nägeln in den Fugen befestigen), und setzen Sie die Schnur mit jeder gemauerten Lage mit hoch So erreichen Sie, daß Ihre Fugen waagerecht bleiben

Ziegel passen gut zu den meisten anderen Materialien. Eine Abdeckung aus großen Betonplatten gibt eine scharfe Begrenzung der Ziegelmauer, während die Pflanzen den weichen Rahmen bilden

Geschwungene Ziegelmauern können sehr reizvoll sein, besonders, wo sie der natürlichen Bodenbewegung folgen

Eine Mauer aus weißen Steinen paßt sehr gut in eine moderne Umgebung und bringt Helligkeit in einen dunklen Garten

Holzkonstruktionen

Holz ist wahrscheinlich das vielseitigste, am leichtesten zu beschaffende und billigste Material, das Sie bei Ihren Gartenarbeiten verwenden können. Während man für den Bau einer hohen Ziegel- oder Betonwand die Hilfe eines Fachmannes braucht, kann man einen hohen Holzzaun selber bauen (beachten Sie jedoch die örtlichen Bauvorschriften, ehe Sie einen höheren Zaun auf die Grenze setzen). Ein einfacher Bretterzaun auf der Grenze kann den Garten genauso gut gegen Vorübergehende schützen, wie eine solide, teure und unter großem Zeitaufwand gebaute Mauer. Die Vielseitigkeit eines Holzzaunes reicht vom rein dekorativen Element, wie in japanischen Gärten, bis zum rein nützlichen, wie auf einem Bauernhof.

Holz, besonders Weichholz, braucht mehr Wartung, als die widerstandsfähigen Materialien, die zum Mauerbau verwendet werden. Die beste, aber auch teuerste Möglichkeit ist es, bereits druckimprägniertes Holz zu kaufen oder Hartholz zu besorgen, wie z. B. Eiche, Rotbuche, Weißbuche oder Bongossi. Einige Holzarten müssen auch gegen Insektenfraß geschützt werden; erkundigen Sie sich am besten beim Händler. Weichholz sollte mehrmals imprägniert werden oder, besser mehrere Tage lang in einer Imprägnierlösung (Xylamon o. ä.) liegen. Achten Sie möglichst darauf, daß das Holzschutzmittel nicht pflanzengiftig ist, sonst haben Sie keine Freude an Ihren Kletterpflanzen. Man kann das Holz auch durch einen Farbanstrich schützen. Dieser soll jedoch möglichst bald nach der Fertigstellung des Bauwerkes erfolgen. Häufigeres Überstreichen macht sich bezahlt, denn es verlängert die Lebensdauer des Holzes.

Vorbereitung der Baustelle
Bevor Sie mit der Aufstellung des Zaunes beginnen, markieren Sie sich seinen geplanten Verlauf mit einer Schnur, die Sie etwas erhöht über dem Erdboden spannen. Wo ein Zaun gegen Einsicht von außen schützen soll, prüfen Sie, ob er es auch tatsächlich tut, indem Sie in der gewünschten Höhe eine Leine spannen und mit Laken o. ä. behängen. Dann markieren Sie die Zaunpfosten – alle 2–3 m; der Abstand ist abhängig von Höhe und Gewicht des Zaunes und dem zu erwartenden Winddruck. Es mag sich herausstellen, daß irgendwo ein großer Stein im Boden liegt, wo Sie einen Pfosten geplant haben – prüfen Sie, ob Sie in den Boden kommen, bevor Sie Ihr Holz zuschneiden. Manchmal bleibt am Ende des Zaunes ein kurzes Stück übrig, man kann dann entweder auf ganzer Länge den Pfostenabstand ändern und die Differenz ausgleichen oder einfach ein kürzeres Stück des Zaunes einsetzen; letzteres ist leicht, wenn Sie Ihren Zaun selbst bauen, kann aber schwierig werden, wenn Sie vorgefertigte Teile verwenden. Es wäre dann einfacher, den Zaun insgesamt zu verlängern oder zu verkürzen.

Ein häufig auftretendes Problem ist ein unebener oder schräg verlaufender Untergrund. Bei Lattenzäunen ist die Lösung einfach, man schneidet die Latten auf die richtige Länge und der Zaun folgt den Konturen des Bodens – eine Art, wie man sie auf dem Lande häufiger sieht als in der Stadt. Wenn man feste Zaunelemente verwendet, ist es einfacher, sie stufenförmig einzubauen, d. h. die Oberkante bleibt waagerecht und über dem Boden wird entweder ein Stück eingefügt oder herausgeschnitten. Auf einem sehr unebenen Gelände ist ein Palisadenzaun die beste Form. Man kann die Höhenschwankungen auch als dekoratives Element ansehen. Die Hauptsache aber ist, daß die Pfosten immer senkrecht stehen – benutzen Sie ein Lot oder eine Wasserwaage!

Errichten des Zaunes
Die Pfosten von Zäunen, die höher als 80 cm sind, müssen ein Betonfundament haben. Obwohl das eine mühevolle Arbeit ist, sollten Sie sie nicht scheuen. Die Fundamente sind zwischen 45 cm (für niedrige Zäune) und 75 cm (für einen 180 cm hohen Zaun) tief. Graben Sie ein Loch 30 × 30 cm groß und ca. 10 cm tiefer als das Fundament werden soll und füllen Sie diesen zusätzlichen Raum mit Kies (als Dränage), denn der Beton schützt das Holz nur gegen Fäulnis, wenn der Untergrund gut dräniert ist. Die Oberseite des Pfostens sollte abgeschrägt werden oder mit einer Abdeckung aus Holz oder Metall versehen werden, damit das Wasser abläuft und nicht ins Holz eindringt.

Die Methode, nach der die Pfosten eingemessen und aufgerichtet werden, ist für alle Zaunarten die gleiche. Die Pfosten werden mit Riegeln horizontal verbunden und können nun für sich stehen oder mit Latten, Profilbrettern oder geschlossenen Zaunfeldern verkleidet werden. Anzahl und Abstand der Riegel richtet sich nach Höhe und Aufgabe des Zaunes. Es sind in der Regel Rechteckhölzer. Verwenden Sie immer verzinkte Nägel, um Roststellen auf dem Holz zu vermeiden. Es sollten möglichst nicht alle Riegel an einem Pfosten zusammenstoßen; ordnen Sie sie deshalb gestaffelt an.

Verschiedene Zaunarten
Der normale Zaun ist aus vorgefertigten Pfosten und Riegeln gebaut und nach überkommener Art als Senkrechtlattenzaun mit mehr oder weniger großem Abstand der Latten oder als Scherenzaun verkleidet. Aber es gibt noch eine Unzahl anderer Möglichkeiten, konventionelle Formen mit neuen Materialien zu kombinieren oder die alten Methoden auf neue Stoffe zu übertragen, z. B. auf Eisenbahnschwellen oder Rundhölzer.

Die haltbarsten Zäune sind die dichtgelatteten, sie bieten die größte Abgeschlossenheit. Es ist gleichgültig ob die Latten oder Bretter glatt aneinanderstoßen, sich überlappen oder ob die Riegel beidseitig angebracht sind; die Latten können vertikal oder horizontal oder sogar in wechselnden Richtungen angenagelt werden; oder es läuft nur ein waagerechtes Brett an der Oberkante eines senkrecht gelatteten Zaunes entlang. Der Phantasie sind keine Grenzen gesetzt; achten Sie aber darauf, daß Ihr Zaun sich auch ein wenig an den Stil in Ihrer Umgebung anpaßt, denn er ist auch von außen zu sehen. Andere Zaunmaterialien gibt es natürlich in den verschiedenen Gegenden –

schauen Sie sich in Ihrem Wohngebiet um. Was es jedoch überall gibt, ist geeignetes Sperrholz, das sich recht gut für Zäune eignet, die einen Farbanstrich erhalten sollen. Durchbrochene Zäune erzeugen weniger Abgeschlossenheit, sind dafür aber dekorativer, einladender und für einen kleinen Garten evtl. passender als ein dichter, undurchdringlicher Zaun. Auch sehen sie meistens auf beiden Seiten fast gleich aus; eine Tatsache, die die Betrachter auf beiden Seiten der Grenze freuen kann. Ferner erlauben durchbrochene Zäune eine bessere Luftzirkulation und sie sind gute Gerüste für Pflanzen. Flechtzäune sind ebenfalls ein schöner Hintergrund für Pflanzen, man kann sie als fertige Tafeln kaufen oder auch selbst flechten. Die Grundarbeit ist bei allen Flechtzäunen die gleiche, aber das fertige Produkt kann sehr unterschiedlich aussehen, je nach Breite der Spaltbretter, der Zwischenräume und der Art des Flechtens.

Um einen einfachen Zaun herzustellen, nageln Sie die Brettstreifen am Pfosten fest und flechten Sie die senkrechten Streifen von oben nach unten ein. In einigen Gebieten gibt es besondere Flechtarten, oft für das billigste Material, z. B. Ried oder Bambusschilf oder Ruten. Zur Stabilisierung werden die Flechtwerke häufig in Kantholz-Rahmen genagelt oder gebunden. Diese Materialien passen sich gut in die Umgebung ein. Aber bedenken Sie, daß sie nicht sehr haltbar sind.

Stakett-Zäune werden häufig zur Grundstückseinfriedigung an Straßen verwendet, etwa um schöne Rasenflächen gegen fremde Hunde zu schützen. Man findet sie häufig weiß oder grün gestrichen. Die Lattenbreite und -form kann natürlich variieren. Ein solcher Zaun ist jedoch nur vertretbar, wenn der größere Teil des Gartens vor dem Haus, zur Straße hin liegt; einen schmalen Vorgarten sollte man nicht so einfassen.

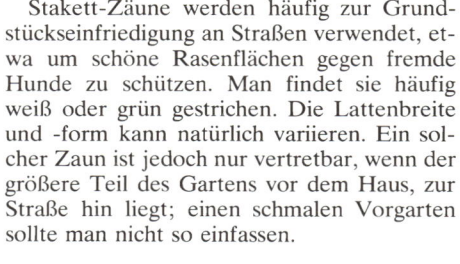

Stakett-Zaun

Palisaden-Zaun

offener Riegel-Zaun

Flechtzaun

Eine niedrige Einfassung aus Palisaden kann auch als »Stützmauer« um ein Pflanzbeet dienen. Die Rundhölzer sind abgeschrägt, damit das Wasser abfließt, auf der erdzugewandten Seite sind sie gegen Fäulnis mit einem Holzschutzmittel gestrichen

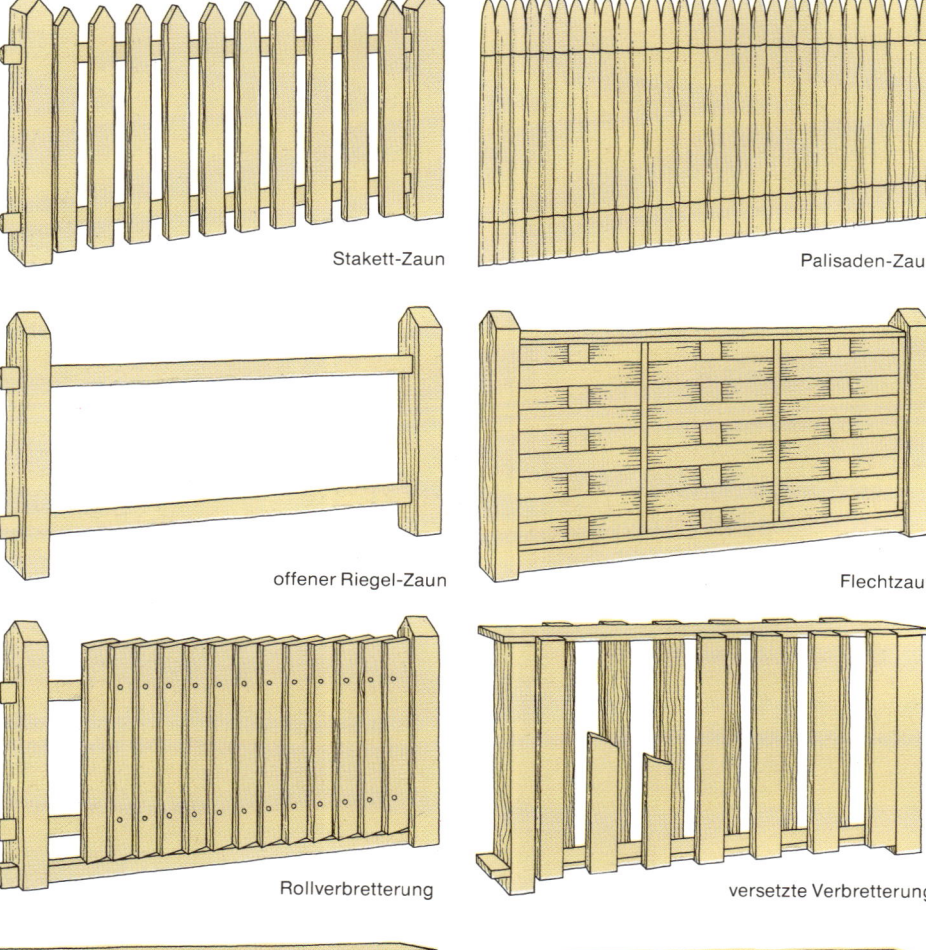

Rollverbretterung

versetzte Verbretterung

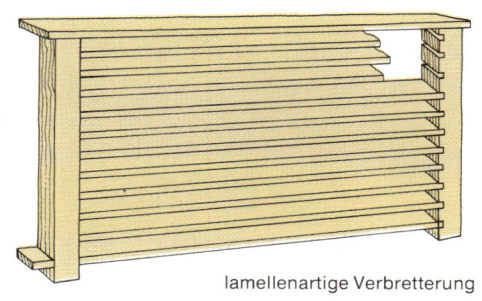

stumpf gestoßene Verbretterung

lamellenartige Verbretterung

Ein hoher Zaun braucht nicht schwer zu wirken, wenn ein helles Material, wie diese Schilfmatten, verwendet wird. Die selbst hergestellten Zaunfelder sind leicht gestaffelt, um einem kleinen Hang zu folgen

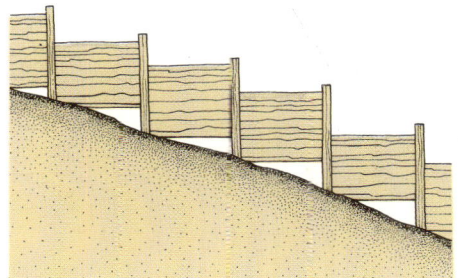

Das Abtreppen der Zaunfelder ist die beste Methode, einen dichtgelatteten Zaun am Hang zu errichten. Die dreieckigen Zwischenräume können mit Erde oder mit entsprechend zugesägten Holzstücken geschlossen werden

Palisadenzäune oder offene Riegelzäune können eher dem Hangverlauf folgen. Beachten Sie aber, daß die Latten – wie verschieden in der Länge sie auch sein mögen – alle senkrecht stehen müssen

Dieser Bambuszaun ist nur ein dekoratives Element in einem Japanischen Garten, das Abwechslung in Form und Farbe bringt. Die Bambusstäbe sind zusammengebunden und durch stärkere Pfosten im Untergrund verankert

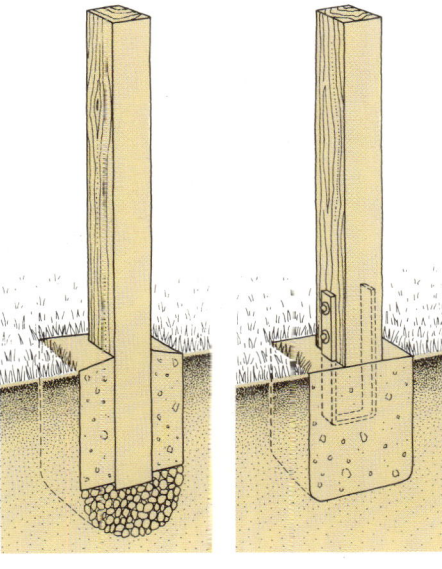

Zaunpfosten oder ähnliche Holzkonstruktionen können entweder direkt in einem Betonfundament mit Dränage befestigt werden oder an einem rostfreien Bandeisenbügel, der im Fundament verankert ist, festgeschraubt werden

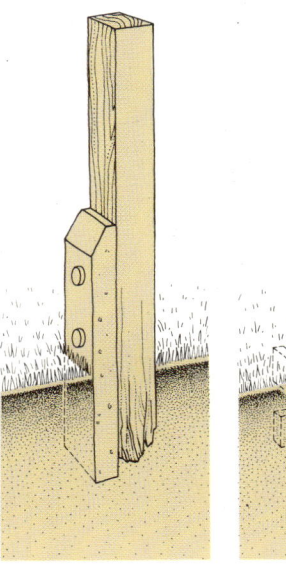

Um einen angefaulten Holzpfeiler nicht vollständig entfernen zu müssen, kann man den morschen Teil entfernen und den Pfeiler mit einer seitlich angeschraubten Betonstütze versehen. In trockenen Gebieten kann man Pfosten auch durch kreuzweise angenagelte Querleisten halten

Pflanzen wachsen auf beiden Seiten eines Zaunes mit versetzter Verbretterung. Luft und Licht können hindurch. Ein solcher, solide gearbeiteter Zaun wird lange halten

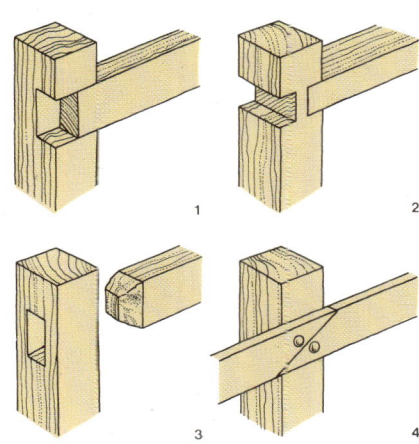

Verschiedene Möglichkeiten, Pfosten und Riegel zu verbinden. Welche Möglichkeit Sie wählen, hängt von der Art Ihrer Zaunverblendung ab. Achten Sie darauf, daß alle Holzteile vor dem Zusammennageln oder -schrauben mit Holzschutzmittel behandelt sind

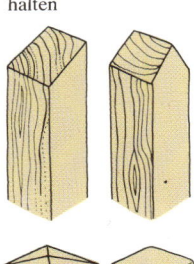

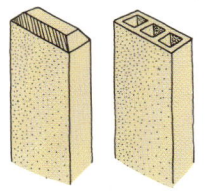

Die Oberflächen der Pfosten können einseitig oder beidseitig abgeschrägt sein. Eine andere Methode, das Eindringen von Wasser zu verhindern, ist die, eine Holz- oder Metallkappe über die Pfosten zu stülpen

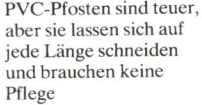

PVC-Pfosten sind teuer, aber sie lassen sich auf jede Länge schneiden und brauchen keine Pflege

55

Einen Holzzaun kann
man sehr billig selbst
herstellen, wenn man
sich das Holz auch selbst
zusammensuchen kann.
Hier ist eine ganz einfa-
che Technik zu sehen:
rohes Holz wurde mit
Strick an senkrechte
Stöcke angebunden

Ein weitgespreizter
Flechtzaun, an dem
Pflanzen wachsen, wirkt
sehr leicht. Man kann die
Stärke der Pfosten auch
ändern, dann wirkt der
Zaun entweder noch
dichter oder durchsich-
tiger

Die Oberflächenstruktur
des Holzes bringt auch
Leben in einen undurch-
sichtigen schweren Zaun.
Hier sind die Bretter un-
gehobelt und ungesäumt
und Äste und Maserung
beleben die Fläche

Um einen Balkon oder um einen Dachgarten herum braucht man häufig eine Abschirmung gegen Dächer und Antennen, die zugleich etwas durchlässig sein sollte. Diese Konstruktion aus weißgestrichenen Brettern, die verdeckt befestigt sind und auch nach außen vorspringen, ist interessant und attraktiv

Bau einer Holzpergola

Eine Pergola ist eine hübsche und nützliche Bereicherung des Gartens, ob sie nun als Rankgerüst oder als Schattenspender über einem Sitzplatz genutzt wird. Sie kann ein Blickfang der ganzen Gartenanlage sein oder diskret in einer Ecke stehen. Es gibt eine Vielzahl möglicher Holzkonstruktionen. Sie können wählen zwischen einer Gitterüberdeckung, dicht gelegten Balken oder einfach einer großen Öffnung, durch die man Himmel und Bäume sehen kann. Wenn Sie die Pergola mit Pflanzen beranken wollen, sollte die Konstruktion schlicht sein, damit die Pflanzen später gut zur Geltung kommen. Das leere Holzgerüst sieht zunächst sicher langweilig aus, aber haben Sie Geduld, die Pflanzen werden sich schnell ausbreiten. Die Pergola kann in Anlehnung an das Haus gebaut werden oder freistehend als quadratischer, runder oder rechteckiger Baukörper. Die Pfosten oder Pfeiler können aus Holz, Metall, Ziegel, Naturstein oder Beton sein. Für alle Holzteile wäre ein Hartholz am geeignetsten. Wenn Sie einen rustikalen Eindruck erwecken wollen, verwenden Sie ungeschälte Rundhölzer.

Die Anfangsarbeiten sind ähnlich wie beim Zaunbau: Fundamente herstellen und Holz imprägnieren. Lehnt sich das Gerüst an eine Hausmauer an, ist es angebracht, die Auflagehölzer geneigt anzubringen, falls später die Pergola einmal überdacht werden soll. Die Rahmenkonstruktion soll so stabil sein, daß sie wenigstens einen Menschen trägt.

Diese einfache Pergola, die sich ans Haus und an eine durchbrochene Mauer anlehnt, kann aus ziemlich schwachen Brettern gebaut werden; freistehende Konstruktionen müssen stabiler gebaut werden

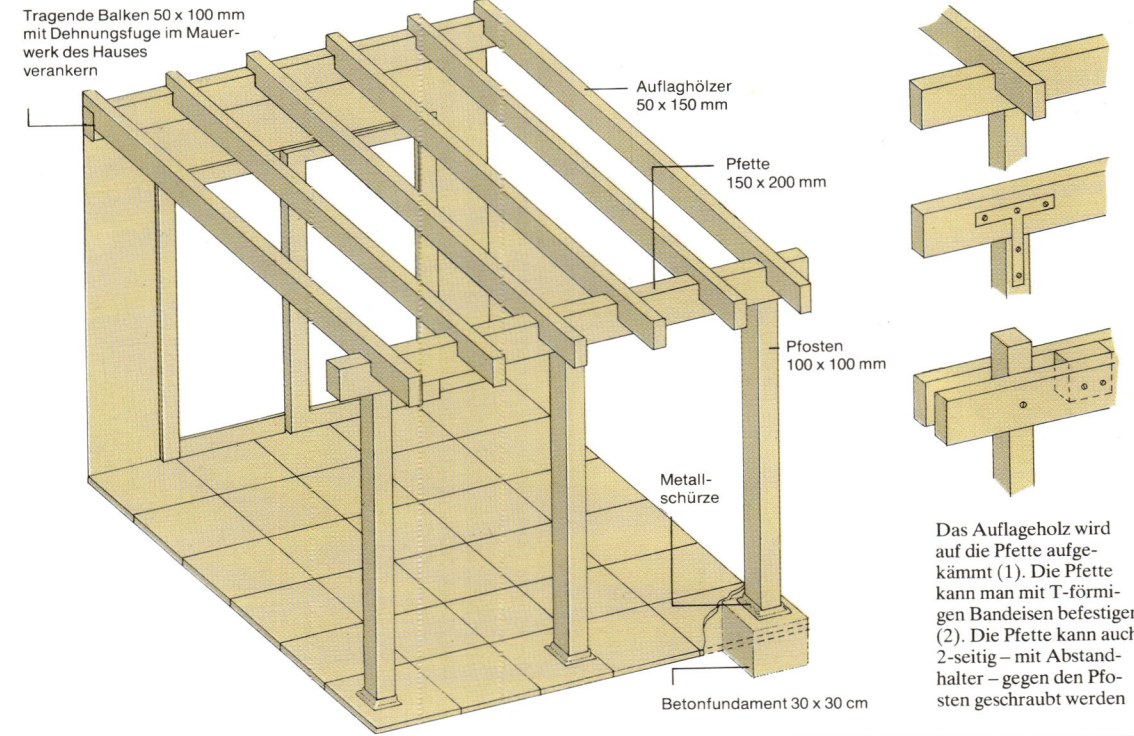

Tragende Balken 50 x 100 mm mit Dehnungsfuge im Mauerwerk des Hauses verankern

Auflaghölzer 50 x 150 mm

Pfette 150 x 200 mm

Pfosten 100 x 100 mm

Metallschürze

Betonfundament 30 x 30 cm

Das Auflageholz wird auf die Pfette aufgekämmt (1). Die Pfette kann man mit T-förmigen Bandeisen befestigen (2). Die Pfette kann auch 2-seitig – mit Abstandhalter – gegen den Pfosten geschraubt werden

Beton – ein unterschätztes Material

Mit Phantasie und Feingefühl eingesetzt, kann Beton ein vielseitiges und befriedigendes Material sein. Betonmauern können im kleinen Garten an einem modernen Haus gerade das Richtige sein, denn sie korrespondieren mit den nüchternen Linien moderner Architektur. Beton bekommt auch Patina und bildet einen guten Hintergrund für Pflanzen, denn seine Oberfläche ist ebenmäßig und anspruchslos. In kleinem Umfang ist Beton ein dankbarer Werkstoff und hat dazu den praktischen Vorteil, sehr haltbar zu sein. Man kann ihn als Fertigteil, massiv oder durchbrochen (sog. Gittersteine) verwenden oder an Ort und Stelle herstellen. Beide Arten sind relativ preiswert. Eine einmal errichtete Betonmauer braucht wenig Pflege. Betonsteinhersteller bemühen sich heutzutage, das kühle, nüchterne Aussehen des Steines durch ein helleres, freundlicheres zu ersetzen, wodurch er für den privaten Gebrauch attraktiver wird. Die Zahl der möglichen Farben und Oberflächenstrukturen, die erhältlich sind, wächst ständig. Die zarten Farben (beige, creme, grau) altern besonders schön, während ein weißer Beton im Laufe der Zeit schmutzig wirkt. Betonimitationen eines Natursteines sind ein ärmlicher Ersatz und sollten keine Verwendung finden. Man muß sich auch über das Problem des Maßstabes im klaren sein – die Wirkung von Farbe und Muster kann an einem öffentlichen Gebäude, wo man Beton heutzutage am häufigsten verarbeitet sieht, phantastisch, im Privatgarten aber erdrückend sein. Das beste Ergebnis wird erzielt, wenn der Entwurf schlicht und das Material sorgfältig ausgewählt sind.

Ortbeton

Hohe Ortbetonmauern werden wohl in einem kleinen Garten nicht hergestellt werden, aber es mag einmal vorkommen, daß man eine besonders kräftige Mauer, etwa eine Stützmauer braucht, um einen steilen Hang abzufangen. Häufig werden leicht gebogene Mauern gebaut; die Schalung hierfür muß sehr gut und sollte von einem Fachmann hergestellt sein. Ebenso muß bei einer Stützmauer, besonders wenn sie höher als 60 cm ist, eine statische Berechnung gemacht werden, die für einen Laien zu schwierig ist. Niedrige Betonmauern, Einfassungen oder Pflanzenkübel kann man jedoch leicht selbst herstellen. Für niedrige Mauern reicht eine Dicke von 15 bis 20 cm, es sei denn, Sie möchten eine Sitzmauer oder irgendeinen dicken Block betonieren. Wollen Sie eine Sitzbank bauen, müssen Sie die Bolzen für die Holzauflage in den Beton stecken, solange er noch feucht ist. Korrigieren Sie ihre Höhe noch einmal, damit die Bohlen oder Bretter später nicht schief liegen oder wakkeln.

Eine Mauer aus Betonsteinen

Am häufigsten werden niedrige Mauern aus Betonformsteinen gebaut, die in verschiedenen Farben und mit einer Vielzahl von Zuschlagstoffen und Vorsätzen im Handel sind. Manche sehen fast aus wie Naturstein. Man kann sie auch verputzen oder mit Betonfarbe anstreichen.

Gittersteine, mit geometrischen oder organischen Mustern sind sehr reizvoll, wenn man eine Sichtschutzwand bauen will. Die Ursprünge dieser dekorativen Abschirmung sind

Ortbetonarbeiten

Die drei Komponenten des Betons sind Zement, Wasser und eine Mischung aus Sand und Kies. Das grobkörnige Material bringt die Festigkeit, die größer ist als bei Mörtel; Wasser und Zement bringen die Bindung. Niedriger Wassergehalt erhöht die Härte des Betons, denn durch die Verdunstung des Wassers entstehen Poren, die die Festigkeit mindern können. Das Mischungsverhältnis richtet sich danach, was Sie bauen wollen. Wenn Sie Fertigbeton verwenden, wird man Ihnen zu einer geeigneten Mischung raten. Wenn Sie sie selber herstellen wollen, empfiehlt es sich, 1 Teil Zement, $2^1/_2$ Teile Sand und 4 Teile Kies zu nehmen; das ist ausreichend für Fundamente und kleinere Mauern. Für Betonwege oder Einfassungen reichen 1 Teil Zement, 2 Teile Sand und 3 Teile feiner Kies. Als Unterbau für Pflastersteine, Platten oder Stufen genügen 1 Teil Zement und 3 Teile Kies.

Gemauerte Mauern von über 30 cm Höhe brauchen ein an Ort und Stelle hergestelltes Fundament. Es muß bis unter die Frosttiefe im Boden reichen, ca. 60 cm tief. Wenn die Gegend besonders frostgefährdet ist, kann man dem Beton ein spezielles Frostschutzmittel zugeben. Die Fundamentbreite beträgt gewöhnlich 30 cm (etwa die doppelte Mauerdicke), und in der Länge ragt es an beiden Seiten etwas über die fertige Mauer hinaus. Wenn das Gelände hängig ist, kann das Fundament stufenförmig gebaut werden –

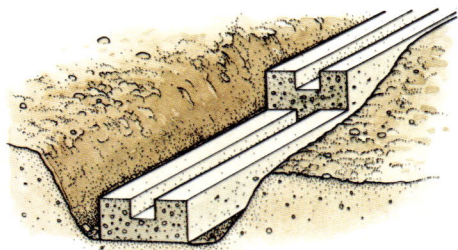

Fundamente für Mauern am Hang sollten stufenförmig gebaut werden. Für Blockstein- oder Ziegelmauern muß jede Abtreppung entweder der einfachen Steindicke oder einem Vielfachen davon entsprechen. Dabei ist darauf zu achten, daß die Unterkante des Fundamentes an jeder Stelle frostfrei liegt (75 cm tief). Das ist besonders wichtig bei hohen Mauern. Bei niedrigen Ortbetonmauern braucht u. U. kein extra Fundament gebaut zu werden, man kann es mit der Mauer zusammen gießen

jede Stufe liegt waagerecht und entspricht der Höhe des verwendeten Steines oder einem Vielfachen dieser Höhe. Denken Sie daran, Durchlässe für eine Dränage zu lassen und Eisen für die Bewehrung einzubauen, falls eine solche erforderlich ist. Lassen Sie die Eisenstabenden wenigstens 25 cm über die Oberkante des Fundamentes hinausragen.

Eine Betonblockstein-Mauer hat ein etwas langweiliges Aussehen, in diesem Fall ist es durch das Querstellen einiger Steine belebt worden

Die Schalung

Eine Schalung ist notwendig, um den an Ort und Stelle hergestellten Betonmauern oder Wegeflächen ihre Form zu geben. Das wichtigste ist, daß sie stabil genug ist, um den Druck des nassen Betons auszuhalten. Gerade, dicke, astfreie Bretter sollten verwendet werden; Sperrholz ist geeignet, es ergibt eine sehr glatte Oberfläche. Holz mit starker Maserung wird mitunter verwendet, wenn man eine interessante Oberfläche erhalten will, Wellblech oder Welleternit kann man aus demselben Grunde benutzen.

Bevor der Beton gegossen wird, müssen die Schalungsbretter vorgenäßt werden, damit alle Fugen zuquellen, dann werden die Innenseiten mit einem dünnen Schalungsöl eingestrichen. Die Schalung muß sehr sorgfältig hergestellt werden, denn von ihr hängt der Erfolg Ihrer Betonierungsarbeiten ab.

Einbringen des Betons

Fertiger Frischbeton soll schnell verarbeitet werden, innerhalb einer Stunde nach dem Ansetzen. Wenn Sie die Arbeit verlassen müssen, decken Sie sie mit feuchten Säcken o. ä. ab, aber nicht länger als eine halbe Stunde lang. Die Mischung wird in Lagen von 15–20 cm zwischen die Schalung gegossen. Jede Schicht wird richtig an ihren Platz geschoben und mit der Schaufel geglättet; dabei stochert man leicht hin und her, damit möglichst alle Luft aus der Masse entweicht. Die oberste Schicht wird mit einer Maurerkelle glatt gestrichen.

Es ist wichtig, daß der Beton dann langsam trocknet. Lassen Sie die Schalung etwa 4 Tage, bei kaltem Wetter länger, stehen und halten Sie die Mauerkrone feucht. Müssen Sie die Schalung vorher entfernen, so legen Sie feuchte Säcke über die Mauer. Sie können dann die Ansichtsflächen noch verschieden bearbeiten und gestalten. Wenn man eine besonders glatte Oberfläche erhalten will, kann man mit einer flachen Schaufel im frisch geschütteten Beton die groben Bestandteile von der Schalung weg in die Mitte der Mauer drücken. Man kann auch grobe Zuschlagstoffe aus der Oberfläche herausarbeiten, insbesondere wenn man rutschsichere Wegeflächen erhalten will. Steinsalz über den feuchten Beton gestreut, hinterläßt kleine Löcher. Eine Menge verschiedener Muster können aus der feuchten Oberfläche herausgebürstet, herausgekratzt oder gespritzt werden. Die fertige Mauer kann mit einem Spezialmittel versiegelt werden oder man kann sie mit Zementfarben, die aber schon dem trockenen Zement beigegeben werden müssen, einfärben.

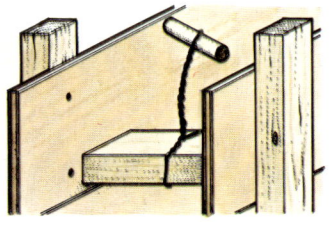

Betonschalung sollte sehr sorgfältig erstellt werden. Die Seitenschalung wird durch senkrecht gestellte Leisten 50 × 100 mm und waagerecht am Fuß der Schalung angenagelte Leisten derselben Stärke gehalten. Die gesamte Schalung wird dann, wie auf der Zeichnung zu sehen, im Boden verkeilt. Ein Stück Holz (mit »Griff«) wird als Abstandhalter zwischen die Schalungswände geklemmt. Es wird nach dem Einfüllen des Betons entfernt, während der Spanndraht, der die Wände zusammenhält, im Beton verbleibt, und erst nach dem Entfernen der Schalung bündig abgekniffen wird

Mischen Sie alle Bestandteile des Betons auf einem Brett oder einer Folie trocken durcheinander, machen Sie dann eine Vertiefung in die Mitte und geben Sie nach und nach das Wasser hinzu. Mischen Sie vom Rand zur Mitte solange bis alles gleichmäßig feucht ist. Die Mischung soll so fest sein, daß die Eindruckstellen der Schaufel sichtbar bleiben, aber sie soll nicht krümelig sein

Die rauhe Oberfläche dieser Ortbetonmauer spricht für sich; angenehm wirkt die gerundete Oberkante der Mauer

in den heißen Ländern des Mittleren Ostens und Südeuropas zu suchen, wo sie aus Ton oder Stein gebaut waren und sowohl Schutz als auch Luftdurchgang gewährten. Beton wirkt natürlich schwerer, aber wenn man eine schlichte Form wählt und sie gut bepflanzt, kann man den Nachteil wieder ausgleichen. Eine Kombination aus massiven und durchbrochenen Steinen oder eine wabenförmige Anordnung undurchbrochener Steine kann auch die Wucht einer massiven Wand mildern. Bedenken Sie jedoch, daß eine Abschirmung keine Isolierung bedeutet und eher im Garten als auf der Grenze angebracht ist. Die Länge der Mauer sollte dem Vielfachen einer Steinlänge entsprechen, so daß die erste Lage genau auf das Fundament paßt. Betonblöcke können nur schlecht getrennt werden und halbe Steine sind selten im Handel oder müssen extra gekauft werden. Wenn Sie eingefärbte oder oberflächenbehandelte Steine verwenden, sollten Sie die gesamte Menge, die Sie benötigen, auf einmal kaufen, da Farbe und Muster bei der nächsten Lieferung anders sein können. Betonsteine werden im Verband gemauert wie Ziegel, auf ein Betonfundament, mit Stahlbewehrung und wenn nötig, mit wasserabweisender Abdeckung versehen. Man kann sie auch mit durchgehenden senkrechten Fugen einbauen, wenn man in diese Fugen eine durchgehende Stahlbewehrung einbringt.

Hohlblocksteine werden ebenfalls senkrecht bewehrt, auch hier müssen die Baustahlstangen bis in das Fundament reichen. Die Hohlräume in den Steinen müssen sorgfältig mit Mörtel gefüllt werden. Mauern aus durchbrochenen Steinen müssen waagerecht bewehrt werden (Eisenstäbe oder Drahtgeflecht) und brauchen etwa alle 2 m einen Pfeiler. Die Pfeiler sind entweder aus Ziegel gemauert oder aus Beton gegossen oder aus besonderen Betonsteinen, die eine Nut haben, in die die entsprechenden Formsteine hineinpassen. Im übrigen ist das Mauern von Betonsteinen genauso durchzuführen wie bei den Ziegelsteinen (s. S. 51).

Als Einzäunung an modernen Bauernhöfen kann man manchmal Betonbalken sehen, die wie Lamellen waagerecht übereinander angeordnet sind und seitlich an eingekerbten Pfeilern gehalten werden. Diese Art wirkt vielleicht in einem kleinen Garten zu wuchtig, aber aufrecht gestellte Betonelemente – schmale lange Platten, Pfähle oder Säulen – sehen erstaunlich leicht und elegant aus. Eine

ziemlich ungewöhnliche Mauer läßt sich auch aus Betonabfallbrocken bauen; u. U. muß man die Brocken noch entsprechend zuschlagen, dann kann man sie wie eine Natursteintrockenmauer übereinanderschichten und die Mauer dann auch ebenso bepflanzen. Die Betonbrocken sollten alle etwa die gleiche Größe haben und die Mauer sehr sorgfältig aufgeschichtet werden.

Schmucksteine, ursprünglich aus dem Mittleren Osten stammend, gibt es auch aus Beton. Die Steine werden von Betonumfassungsprofilen gehalten oder zwischen Profilpfeilern gemauert. Die Fugen werden mit Flachstahl bewehrt

Die klaren Linien dieser Ortbetonmauer harmonisieren mit dem modernen Gebäude (links unten). Die große Mauerfläche ist durch die unebene Oberflächenstruktur, hervorgerufen durch eine Schalung aus Rundhölzern, belebt. Pflanzen heben sich gut von dem ruhigen Hintergrund ab

Weitere Vorschläge für Zäune und Sichtblenden

Wenn Sie Ihre Garteneinfriedigung planen, brauchen Sie sich nicht nach den üblichen Zäunen und Mauern zu richten. Es gibt viele Materialien, die normalerweise nicht bei der Gartengestaltung verwendet werden, die aber doch ein harmonischer Bestandteil Ihres speziellen Gartens sein können. Eine im Inneren des Gartens gelegene Blende eignet sich besonders gut zum Experimentieren mit modernen Materialien, z. B. Glas oder Kunststoff oder auch für die traditionelle Sichtblende, das Spalier. Kleine Gärten eignen sich eher für solche Versuche, denn eine ungewöhnliche Lösung wirkt hier attraktiv, im großen Maßstab dagegen leicht monoton.

Metallzäune

Die meisten gebräuchlichen Metallzaunarten sind für kleine Gärten nicht recht geeignet, sie wirken zu schwer und sprengen den Maßstab des kleinen Raumes. Immerhin gibt es die Möglichkeit, die bei Metallzäunen als tragendes Element notwendigen Profileisenrahmen mit feinen Gitterstäben, Baustahlgewebe oder quadratischem Wellengitter zu füllen; auf diese Weise erhält man etwas kleinere Strukturen, die sich besser einfügen. Allerdings sind solche Zäune mehr für formale, städtische Gärten geeignet. Etwas verspielter, aber auch mit Vorsicht zu verwenden, sind schmiedeeiserne Zäune, die eine rustikale Umgebung brauchen, um nicht als Fremdkörper in der Anlage zu wirken. Alle Metallteile müssen mit Mennige vorgestrichen werden (Schutzhandschuhe tragen!), und brauchen einen zweimaligen Anstrich mit einer Außenfarbe Ihrer Wahl, damit sie vor dem Rosten geschützt sind.

Glaswände

Wo auch im Sommer starke Winde herrschen, z. B. an der See, können Glaswände als Windschutz dienen; man kann hindurchsehen und hat ein warmes Plätzchen. Wo Kinder spielen, empfiehlt es sich Verbundglas oder Drahtglas von 8–10 mm Stärke zu verwenden. Verbundglas ist recht teuer und das Einbauen ist eigentlich die Arbeit eines Fachmannes. Die Holz- oder Metallrahmen müssen ganz genau passen und sehr stabil sein. Wenn das Glas nur an drei Seiten gefaßt ist, muß die vierte sorgfältig abgeschliffen werden. Aus Gründen der Stabilität sollte man die Glastafeln nicht zu groß wählen.

Sichtblenden im Garten

Es mag Situationen geben, in denen man sich eine optische Unterteilung wünscht, die den Blick hält und auch dekorativ ist, so z. B., wenn man den Komposthaufen vom Ziergarten trennen will. Sichtblenden schaffen auch einen kühlen schattigen Sitzplatz, besonders geschätzt in warmen Gegenden; sind sie zusätzlich noch bepflanzt, wird der Aufenthalt dort noch angenehmer.

Erstaunliche Effekte lassen sich mit »unnatürlichen« Materialien erzielen, z. B. mit gerahmten Welleternitplatten, die man auch anstreichen kann oder mit farbigen Hartplastiktafeln. Bambusstäbe oder Metall- oder Plastikrohre, die man senkrecht in die Erde

Eine Glaswand erlaubt einen Ausblick und schützt vor Wind. Setzen Sie die Unterkante Ihres »Bilderrahmens« entweder über oder unter Augenhöhe, damit sie den Blick nicht zu sehr stört

Altes Gußeisen und auch Schmiedeeisen erfordern eine angemessene Umgebung. Dieser Balkon eines Hauses aus dem 19. Jh. wirkt sehr leicht und die umgebenden Pflanzen sind mit in den privaten Außenbereich einbezogen

steckt, wirken sehr interessant. Bepflanzt man diese Stäbe, wird der Eindruck noch reizvoller. Man kann auch Nylonschnüre oder kunststoffummantelten Draht stramm in einen Rahmen spannen und diese Elemente dann als Rankgerüst aufstellen.

Wenn Sie eine solche Blende konstruieren wollen, überlegen Sie zuerst, ob sie bewachsen sein soll, welche Kletterpflanzen Sie sich wünschen und wie schnell diese wachsen werden. Manche Blenden vertragen nur einen leichten Pflanzenschleier, andere werden besser von einer kräftigen Glyzinie oder einem Weinstock umrankt. Diese überschwängliche Pflanzenfülle muß vielleicht ab und zu gebändigt werden; denken Sie deshalb schon bei der Planung an den evtl. erforderlichen Rückschnitt. Wenn Sie eine Hecke haben wollen, brauchen Sie nur zu Anfang einen leichten Rahmen, der die Pflanzen hält, bis sie groß genug sind.

Die meisten Blenden, besonders die zarten und pflanzenbewachsenen, brauchen gelegentliche Pflege. Holz muß wieder gestrichen oder imprägniert werden, das Metall wird rosten und Drahtgeflechte lockern sich. Bei manchen Konstruktionen bietet es sich deshalb an, das pflanzenhaltende Drahtgeflecht in einigem Abstand vor der Blende anzubringen, so daß man es bei den Instandhaltungsarbeiten abrücken oder abkippen kann, allerdings wird diese Konstruktion dann nicht sehr stabil sein, und man muß davon ausgehen, daß ältere Pflanzen sich selbst tragen.

Holzspaliere

Holzkonstruktionen sind wohl die häufigste Form von Rankgerüsten. Die traditionellen Spaliere sind rautenförmig oder rechteckig, wirken sehr zierlich und waren früher meist mit Rosen oder Clematis berankt. Spaliere sind leicht zu bauen, und Sie können sorglos Ihren eigenen Wünschen folgen, ob Sie nun einen vorhandenen Zaun erhöhen wollen, eine Sichtblende aufstellen, ein kleines Gartenhäuschen bauen oder einen Eingang verschönern wollen. Auch für Dachgärten ist es die geeignete Bauform. Eine Vielzahl von Blumen und Gemüsen kann auf sehr kleiner Grundfläche blühen und gedeihen, wenn sie an einem Spalier hochgezogen wird. Auch im Winter, wenn die Pflanzen abgestorben sind, kann das Gitterwerk selbst eine Dekoration für Ihren Garten sein.

Es gibt auch vorgefertigte Rankgerüste, aber sie sind recht teuer und wenig haltbar, denn die verwendeten Latten sind oft sehr dünn und schwach. Windende Pflanzen tragen besonders zu ihrer raschen Zerstörung bei.

Es lohnt sich deshalb, das Gerüst selbst zu bauen, maßgeschneidert und der jeweiligen Situation angepaßt. Sie können dann auch den Abstand der Latten variieren, für starkwachsende Kletterer einen größeren Abstand oder für schwachwachsende kleinere Zwischenräume wählen, damit die Pflanzen sich besser halten können und nicht dauernd festgebunden werden müssen.

Eine optische Trennung ist oft erwünscht um Schutz gegen Einsicht zu gewähren. Hier trennt das berankte Lattengerüst den Eingangsbereich vom Wohngarten

Holzgerüste für Kletterpflanzen sollten sich dem »Gewicht« der Pflanzen anpassen. Hier trägt ein kräftiges Lattengerüst eine große, alte Clematis. Für zartere Pflanzen braucht man kleinere Strukturen

Besonders in kleinen Gärten darf Eisen nicht zu schwer und ausladend wirken. Dieser zarte Metallzaun wirkt nicht erdrückend und ist ein ausgezeichneter Vordergrund für die interessante Kulisse aus verschiedenfarbigem Laub. Metallteile müssen öfter gestrichen werden, damit sie schön aussehen und gegen Rost geschützt sind

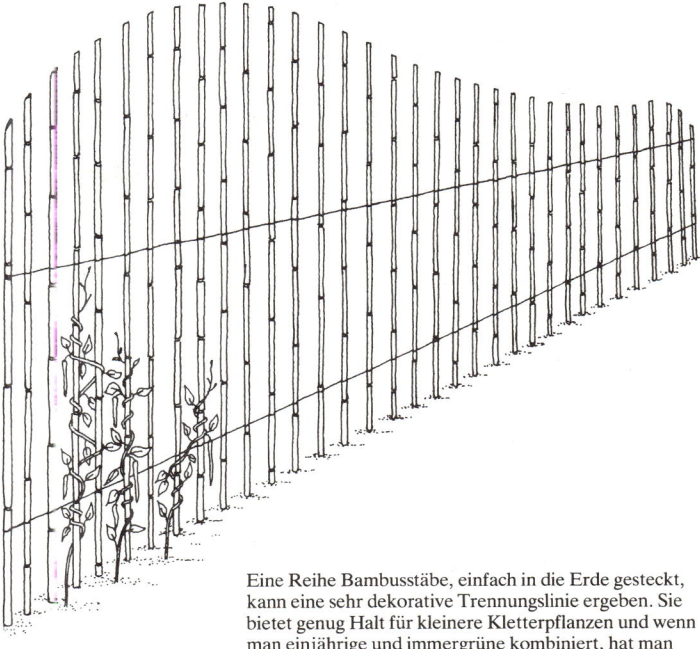

Eine Reihe Bambusstäbe, einfach in die Erde gesteckt, kann eine sehr dekorative Trennungslinie ergeben. Sie bietet genug Halt für kleinere Kletterpflanzen und wenn man einjährige und immergrüne kombiniert, hat man im Sommer und Winter einen befriedigenden Anblick

Unter einem Spalier ist eine Pflanzenkiste angebracht. Spaliere werden genauso gebaut wie Holzzäune und die konservierende Holzbehandlung muß auch die gleiche sein. Die Holzteile sollten erst verleimt und dann mit Flachkopfnägeln genagelt werden. Nehmen Sie ein Stück Holz als Schablone, damit die Abstände immer gleich sind

Zeitweise bilden auch die Pflanzen selbst eine Trennwand zwischen zwei Gartenbereichen. Eine Reihe Wicken trennt das Gemüseland vom Ziergarten. Dasselbe könnte man auch mit Stangenbohnen machen, wenn man noch mehr Nutzen aus der »Trennwand« ziehen will

Die traditionellen diagonalen Spaliere sehen vor einer Ziegelwand sehr hübsch aus, wenn sie weiß gestrichen sind. Sie sollten in geringem Abstand vor die Wand montiert werden, damit sich die Pflanzen – hier ein immergrüner Efeu – besser entwickeln können

Gartenwege

Wege und Flächen mit fester Oberfläche, auf der man gehen kann, bilden das Grundgerüst eines Gartens, sowohl praktisch als auch ästhetisch. Es gibt so viele Möglichkeiten, Bodenbeläge zu verwenden, daß man mehr tun sollte, als nur gerade Verbindungen von einem Gartenende zum anderen zu schaffen. Ein Weg darf keine zu große Bedeutung bekommen, er bleibt immer nur ein Teil der Gesamtanlage, die auch aus Pflanzen, Rasen und evtl. Wasser besteht. Wenn man Wege zu Plätzen erweitert, zu einem Sitzplatz etwa oder einem Spielplatz oder einer Fläche auf der ein schöner Baum steht, wird ein Weg leichter und besser in den Gesamtplan integriert.

Das richtige Material

Es gibt sehr viele Materialien für Wegebeläge und die Entscheidung für eines von ihnen fällt sicher schwer; sie sollte getragen sein von ästhetischen, praktischen und wirtschaftlichen Überlegungen. Auch sollte man den Zeitaufwand für das Verlegen bedenken und sich fragen, ob man genug Erfahrung hat, eine derartige Arbeit selbst durchzuführen.

Bei all diesen Überlegungen treten sicherlich Schwierigkeiten auf. So ist z. B. das preiswerte Material Beton sehr haltbar und leicht zu verlegen, aber nicht gerade sehr schön. Bruchsteine sind billiger als gesägtes Material, aber unregelmäßige (polygonale) Steine sauber zu verlegen ist nicht gerade einfach. Keramikfliesen, Schiefer und Marmor können in der richtigen Umgebung hervorragend aussehen, sie sind aber recht teuer und werden manchmal durch Frosteinwirkung oder schwere Belastung brüchig. Bodenbeläge aus mehreren Materialien, z. B. eine Kombination von Holz und Ziegel oder Naturstein und Kies können sehr dekorativ sein, jedoch verlangen derartige Arbeiten nicht nur eine sorgfältige Planung, sondern auch künstlerisches Geschick.

Wenn möglich, verbinden Sie Haus und Garten zu einer Einheit, indem Sie draußen nur Materialien verwenden, die auch am oder im Haus vorkommen. Wenn das nicht möglich ist – Ziegel mag zu teuer sein oder große Platten ungeeignet für geschwungene Wege –, dann verwenden Sie es wenigstens als Einfassung für Rasenflächen oder Pflanzbeete oder in Verbindung mit einem anderen Material. In den folgenden Kapiteln wird im einzelnen über die verschiedenen Möglichkeiten gesprochen werden.

Je kleiner eine befestigte Fläche ist, desto leichter wird sie sich in die Umgebung einpassen. Die Größe der Einzelsteine eines Wegebelages bestimmt häufig die Gangart, in der man den Weg benutzt. Durch eine lockere Kiesschüttung geht man etwas mühsam, eine Fläche aus hochkantgepflasterten Kiesel ist ebenfalls schwierig zu begehen. Über einen Weg aus glatten Betonplatten wird man viel zügiger ausschreiten. Auch solche Gesichtspunkte sollten Sie bei der Wahl Ihrer Materialien berücksichtigen.

Unterbau für Wege

Gleichgültig, um welchen Wegebelag es sich handelt, er sollte nach Regenfällen so schnell wie möglich wieder trocken sein. Alle Wege und Platzflächen müssen mit Gefälle vom Haus weg gebaut werden. Das anfallende Oberflächenwasser wird dann in Rasen- oder Pflanzflächen, in einen Einlauf mit Anschluß an die Kanalisation oder eine Sickergrube abgeführt. Als Neigung genügen 1–2%, je nachdem, wie rauh die Belagsoberfläche ist.

Hat Ihr Haus eine waagerechte Isolierschicht gegen aufsteigende Feuchtigkeit, müs-

Am einfachsten ist es, Platten u. a. in ein Sandbett zu legen, obwohl die Gefahr von Sackungen und Setzungen besteht. Der Erdboden unter dem Sand muß vorher mit einer Walze gut verdichtet werden

sen Sie darauf achten, daß die Oberkante des anstoßenden Belages wenigstens 15 cm unter dieser Schicht liegt. Wenn man von der Wohnung aus direkt in den Garten gehen kann, sollte man möglichst am Übergang vom Haus ins Freie eine Stufe vorsehen – eine Vorsichtsmaßnahme, die verhindert, daß Wasser ins Haus fließen kann. Zwischen Hauswand und Stufe soll eine Fuge von ca. 2 cm Breite vorgesehen werden, damit evtl. anfallendes Regenwasser darin versickern kann.

Alle Oberflächenbeläge müssen auf einen haltbaren Unterbau gelegt werden. Besonders wichtig ist das bei vielbegangenen Wegen. Manchmal genügt ein Sandbett. Besonders bei kleinteiligem Belag sollte man überlegen, ob man ihn nicht in Mörtel verlegt, damit er fester liegt. Vorsicht, daß Sie sich nicht die Steinoberfläche zu sehr mit Mörtel verschmieren! Bei größeren Platten kann man zur Erhöhung der Stabilität stellenweise Mörtel unterbauen. Wenn man einen sehr haltbaren Unterbau herstellen will, ist eine Kies- oder Schotterlage von 7–10 cm Stärke einzubauen, die sehr gut verdichtet sein muß. Darauf werden dann in einem ausreichend starken Sandbett die Platten oder Pflastersteine verlegt.

Bevor die einzelnen Materialien für Bodenbeläge besprochen werden, sollen allgemein anwendbare Methoden zur Herstellung eines Unterbaus gezeigt werden.

Für stärkere Beanspruchung wird ein stabiler Unterbau erforderlich. Wenn der Unterboden eben und fest ist, wird eine sogenannte Packlage aus Schlacke, Schotter oder gebrochenem Kies aufgebracht und verdichtet

Mit Hilfe einer geraden Leiste wird dann eine Mischung Magerbeton (1 Teil Zement, 3 Teile Sand) o. ä. trocken aufgebracht. Sie wird die Verbindung zwischen Packlage und Mörtel herstellen

Dann wird der Mörtel in der Breite der ersten Steinreihe die durch eine gespannte Schnur markiert ist, ausgebreitet. Achten Sie hierbei schon auf das nötige Gefälle

Mit kleinen Holzstücken, die man in die Fugen klemmt, erreicht man, daß die Fugenbreite immer gleich bleibt. Klopfen Sie die Platten in ihre richtige Lage und prüfen Sie mit der Wasserwaage ob das Gefälle stimmt

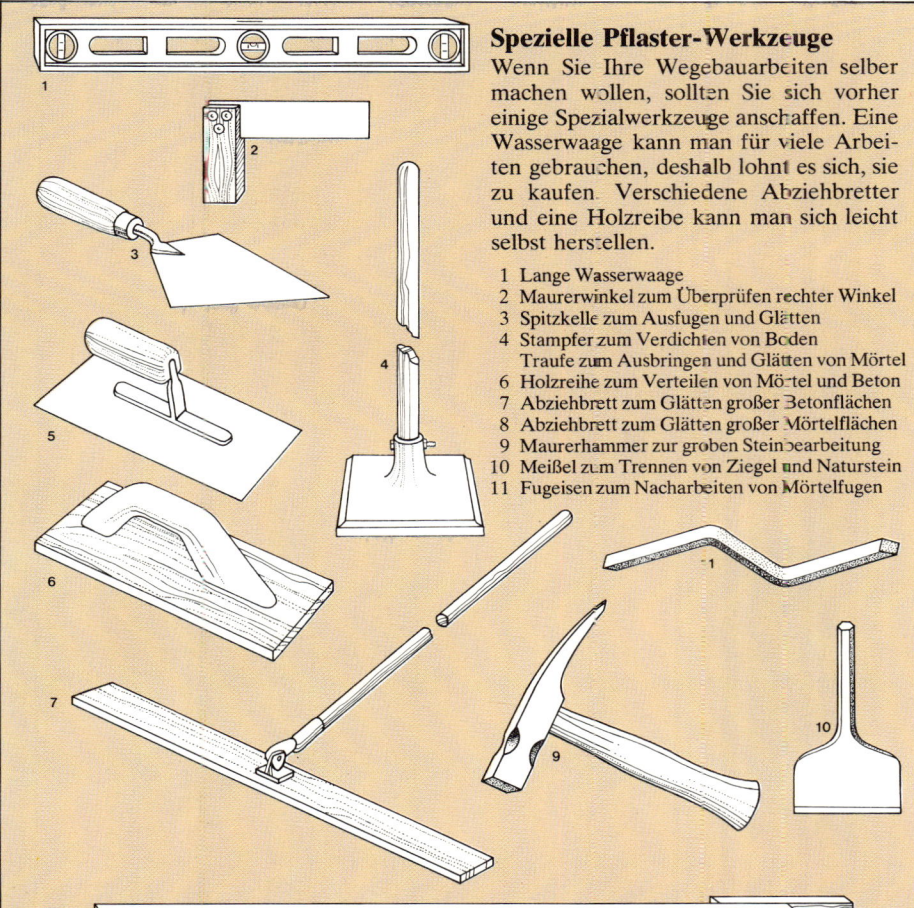

Spezielle Pflaster-Werkzeuge

Wenn Sie Ihre Wegebauarbeiten selber machen wollen, sollten Sie sich vorher einige Spezialwerkzeuge anschaffen. Eine Wasserwaage kann man für viele Arbeiten gebrauchen, deshalb lohnt es sich, sie zu kaufen. Verschiedene Abziehbretter und eine Holzreibe kann man sich leicht selbst herstellen.

1 Lange Wasserwaage
2 Maurerwinkel zum Überprüfen rechter Winkel
3 Spitzkelle zum Ausfugen und Glätten
4 Stampfer zum Verdichten von Boden
   Traufe zum Ausbringen und Glätten von Mörtel
6 Holzreibe zum Verteilen von Mörtel und Beton
7 Abziehbrett zum Glätten großer Betonflächen
8 Abziehbrett zum Glätten großer Mörtelflächen
9 Maurerhammer zur groben Steinbearbeitung
10 Meißel zum Trennen von Ziegel und Naturstein
11 Fugeisen zum Nacharbeiten von Mörtelfugen

Naturstein-Plattenbeläge

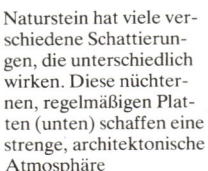

Es gibt eine besondere Technik, alte Natursteinplatten zu legen (links). Kleine quadratische Platten werden zuerst gelegt. Sie sind der Mittelpunkt für die größeren Platten, die außen herum angeordnet werden

Naturstein hat viele verschiedene Schattierungen, die unterschiedlich wirken. Diese nüchternen, regelmäßigen Platten (unten) schaffen eine strenge, architektonische Atmosphäre

Polygonale Naturstein-Bruchplatten können in freier Form gelegt werden. Sie passen in einen zwanglosen Natur-Garten

Schwere, unregelmäßig geformte Steine sind – fast wie Skulpturen – in einem asymmetrischen, aber sehr ausgewogenen, japanischen Garten verwendet

Natursteinplatten gibt es in fast jeder Farbe von gelblich bis grau und sie sind der ideale Belag für Gärten im ländlichen oder historischen städtischen Bereich. Neue Platten sind sehr teuer, besonders, wenn sie noch in bestimmten Größen zugeschnitten sind, um sie wie alte Steine verlegen zu können. Aber es ist häufig möglich, gebrauchtes Material zu bekommen, z. B. altes Straßen- oder Gehwegpflaster, wie es bis vor nicht allzu langer Zeit in manchen Gegenden verwendet wurde. Alte Platten sind nicht nur billiger, sondern sie haben auch schon Patina. Sie haben nicht immer die gleiche Stärke wie neue Platten, aber sie sind in der Regel quadratisch oder rechteckig. Einige mögen tatsächlich sehr wuchtig und schwer sein, man sollte sie dann nur im richtigen Maßstab und nicht für Dachgärten verwenden.

Da das Schneiden oder Teilen alter Platten sehr schwierig ist, sollte man sie verwenden wie sie sind. Falls Sie nicht genügend alte Steine für Ihre Fläche haben, können Sie sie gut mit Ziegeln, Kieseln oder Granitpflaster kombinieren.

Im normalen Garten können die Natursteinplatten einfach in Sand gelegt werden, da ihr Eigengewicht groß genug ist; allerdings muß ein fester, gut dränierender Untergrund vorhanden sein, da sich die Platten sonst ungleichmäßig setzen. Bei wasserundurchlässigen Böden empfiehlt es sich, einen Unterbau aus 3–5 cm Kies und 5–10 cm Sand einzubauen. Ziehen Sie das Sandbett in der richtigen Höhe mit einer langen Latte gerade ab und legen Sie die Steine darauf; dickere müssen natürlich so weit eingegraben werden, daß sie nicht über die übrigen hinausragen. Die Steine werden mit beiden Händen so hin- und herbewegt, daß sie fest liegen; man kann sie auch festklopfen, indem man ein Holzstück auf die Platten legt und mit einem Hammer vorsichtig daraufschlägt. In die Fugen wird dann Sand, Kies oder Mutterboden gefegt.

Schiefer und Marmor

Beides sind ausgesprochen teure Materialien, ausgenommen dort, wo entsprechende Steinbrüche sind. Richtig verwendet sind sie sehr ansprechend, sie sind dauerhaft und leicht sauber zu halten. Sie werden auch als dünne Platten gehandelt, was sie für Dachgärten geeignet macht oder für einen Wintergarten, der sich an einen Wohnraum mit dem gleichen Belag anschließt. Schiefer ist wegen seiner Oberflächenstruktur besser zur Kombination

Schiefer ist ein sehr erlesener Bodenbelag. Seine Besonderheit ist die weich strukturierte Oberfläche (oben); sein mattes Grau kann auf großen Flächen düster wirken. Aber er läßt sich gut mit anderen Materialien mischen und bildet einen angenehmen Hintergrund für die leuchtenderen Farben der Pflanzen (links)

Das Zuschlagen und Verlegen von Platten im polygonalen Verband ist eine Präzisionsarbeit. Wenn sie gelungen ist, kann der Anblick einer solchen Fläche sehr eindrucksvoll sein

mit Pflanzen geeignet als Marmor, der am besten im Sonnenschein wirkt, aber leicht unangenehm auffällt, wenn er nicht mit einer gewissen Zurückhaltung eingebaut wurde.

Polygonaler Plattenverband
Meistens werden große Platten rechteckig sein, und das paßt auch am besten zu den geraden Begrenzungslinien von Terrassen und Wegen. Aber die meisten Natursteine sind wesentlich billiger, wenn man sie als polygonale Platten kauft, d. h. als vieleckige. Die Kanten der Platten können gesägt oder gestoßen sein, die gesägten Steine sind natürlich die teureren. Wichtig ist nur, daß Sie keine zu kleinen Stücke wählen – in einer Richtung sollte die Platte wenigstens 30 cm lang sein – und daß die Steine sorgfältig verlegt werden – die Fugenbreite darf nicht mehr als 1,5 cm betragen, an einem Punkt sollten nicht mehr als 3 Fugen zusammentreffen, spitze Winkel sind zu vermeiden, desgleichen das Auszwicken breiterer Fugen mit Plattenresten, da diese nicht fest liegenbleiben. Verlegen Sie die größeren Steine am Rand und die kleinen in der Mitte der Fläche.

Pflasterflächen aus Ziegel

Ziegel ist wohl das vielseitigste Pflastermaterial für den Garten. Er ist in vielen Farben, zarten und kräftigen, die nicht verblassen, erhältlich, er hat die richtige Größe für einen kleinen Garten und paßt zu den meisten anderen Baumaterialien. Da er kleinformatig ist, folgt er leicht allmählichen Änderungen von Richtung und Gefälle. Um einen kleinen Absatz am Hang zu überwinden, kann man die Steine einfach schräg geneigt legen. Auch die Kombination mit anderen Materialien wirkt oft sehr ansprechend, z. B. als seitliche Begrenzung von Ortbeton-Wegen.

Die unzureichende Frostfestigkeit normaler Mauerziegel, die dazu führt, daß die Steine allmählich auseinanderbröckeln, veranlaßte die Ziegeleien, auch härter gebrannte Steine herzustellen. Die verfügbaren Straßenbauklinker sind ungelochte Vollziegel, frei von Blähungen, Hohlräumen und Rissen. Sie sind in verschiedenen Farben und Abmessungen zu haben, am meisten verbreitet sind das Normalformat 240 × 115 × 71 mm und das Dünnformat 240 × 115 × 52 mm. Übrigens gibt es auch Betonsteine im Ziegelformat, diese sind jedoch wenigstens 8 cm hoch und deswegen zu schwer für Dachgärten; sie sind eher für Einfahrten und Wagenabstellflächen geeignet.

Verlegen der Klinker

Der Stein-Verband auf einer Pflasterfläche braucht natürlich nicht so fest zu sein wie bei einer Mauer. Deshalb kann man auf Wegeflächen viel interessantere Muster legen. Manche von ihnen, so z. B. das Fischgrätenmuster oder der Diagonalverband, haben eine Richtung, die man ausnutzen kann, um bestimmte Dinge im Garten hervorzuheben.

Grundsätzlich kann man die Klinker flach, auf die breite Seite, oder hochkant, auf die schmale Seite, legen. Flach verlegte Steine liegen nicht so fest wie hochkant verlegte. Allerdings benötigt man bei der flachen Verlegungsart nur halb so viele Steine pro m².

Manche Muster wirken nur auf großer Flä-

Wenn Ziegel leicht geneigt verlegt werden, wie auf diesem Weg im Fischgrätenmuster, kann man auf der rauhen Oberfläche auch bei feuchtem Wetter gut gehen

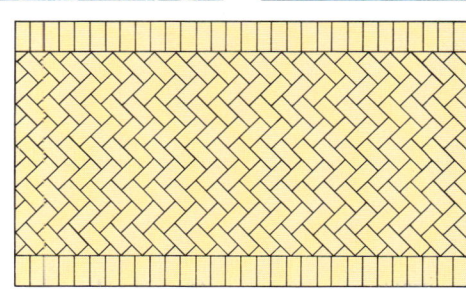

Die verschiedenen Farbtönungen von alten Ziegeln passen sehr gut zu Bodendeckern, wie hier zu Efeu. Pflanzen, die über die Kanten wachsen dürfen, mildern harte Linien

hochkant verlegt, parallel

flach verlegt, halbe und ganze Steine

flach verlegt, Diagonalverband mit Einfassung

hochkant verlegt, Richtung wechselnd

flach verlegt, halbe und ganze Steine

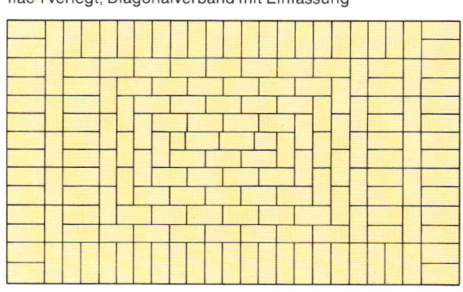

flach verlegt

Dieser Ziegelbelag im Diagonalverband erweckt den Eindruck der Einheitlichkeit. In Mörtel verlegt, bildet Ziegel eine haltbare ebene Fläche

Je nachdem, in welcher Richtung Ziegel verlegt sind, bewirken sie eine starke Blickführung; hier wird das Auge durch den Ziegelweg am Haus entlang geführt

Ziegel lassen sich wirkungsvoll mit anderen Bodenbelägen kombinieren. Hier ist eine Fläche hochkant verlegter Steine durch eine Reihe flach verarbeiteter von der angrenzenden Kiesfläche getrennt

flach verlegt, rechtwinkliger Diagonalverband

hochkant verlegt

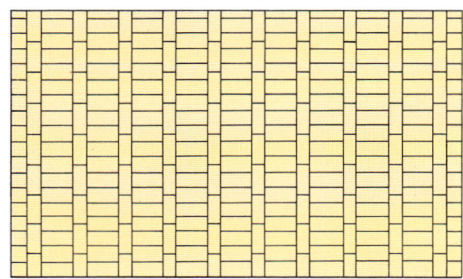

flach verlegt

flach verlegt

Einfassung hochkant verlegt, innen Diagonalverband

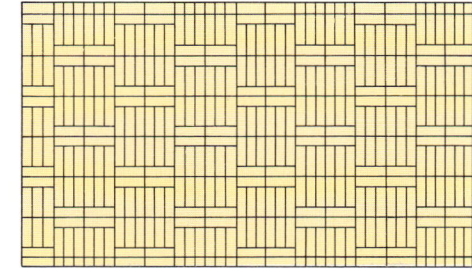

hochkant verlegt

che, während andere auch schon auf einem engen Weg gut zur Geltung kommen. Heben Sie zunächst die gesamte Pflasterfläche ca. 15–20 cm tief aus, je nachdem, was Sie für einen Unterbau wünschen. Sinnvoll ist es, zuunterst eine etwa 7 cm dicke Schicht Schotter oder Schlacke einzubringen, diese gut zu verdichten (abrütteln) und darauf ca. 5 cm Sand zu bringen, in den die Ziegelsteine gelegt werden. Brauchen Sie einen stärkeren Unterbau, legen Sie die Steine statt in Sand in Mörtel; das ist auch zu empfehlen, wenn Sie Ziegel im Diagonalverband legen wollen. Diese Verlegeart ist technisch nicht sehr stabil – es entstehen viele Zwickel – deshalb ist ein fester Unterbau vorteilhaft. Wo die Ziegel nur in Sand liegen, ist eine Randeinfassung erforderlich. Sie können eine Reihe Ziegel hochkant stellen oder auch die äußere Reihe Ihres Musters in Mörtel legen oder den Weg seitlich mit einem etwas tiefer gesetzten Betonkantenstein oder mit Holzbohlen einfassen. Letztere müssen aber aus imprägniertem Hartholz sein, damit sie nicht zu schnell verrotten.

Das Mähen ist einfacher, wenn die Pflanzflächen von der Rasenfläche durch eine »Mähkante« getrennt sind. Eine Klinkerreihe hochkant oder auch flach verlegt – auf jeden Fall bündig mit der Rasenoberfläche – erfüllt diesen Zweck

Eine imprägnierte Holzlatte bildet die Einfassung für das Ziegelpflaster. Sie ist unterirdisch mit kleinen Pfosten gehalten. Wenn die Wege nicht befahren werden, kann Ziegel nur in Sand verlegt werden

Das oben gezeigte Muster ist abwechslungsreich und trotzdem nicht schwer zu legen. Es ist besonders für schmale Wege und kleine Pflasterflächen geeignet

Eine Reihe aufrecht stehender Ziegel ist eine gute Einfassung. Wenn die Wege befahren werden, sollte unter dem Sandbett eine 8–10 cm starke Betonschicht liegen

Das Verfugen

Gutes Pflaster kann, genauso wie gutes Mauerwerk, durch schlechtes Verfugen verdorben werden. Man kann die Steine knirsch legen, d. h. ohne jede Fuge oder aber mit ca. 1 cm Fuge, die mit Sand oder Mörtel ausgefüllt wird. In sandgefüllten Fugen findet sich schnell Unkraut und Moos ein. Am besten wirkt es, wenn vermörtelte Fugen wieder so weit ausgewaschen werden, daß die Steine erhaben herausstehen.

Das Verfugen kann entweder mit etwas festerer Mörtelmasse, die mit der Kelle in die Fugen gestrichen wird, geschehen, oder mit flüssigem Mörtel, der in die Zwischenräume hineingegossen wird. Bei beiden Methoden können die Ziegel leicht mit der Mischung verschmiert werden – und diese ist sehr schwer wieder zu entfernen. Der sauberste Weg ist der, eine trocken angesetzte Mischung aus Sand und Zement in die Fugen zu kehren, dann vorsichtig Wasser über die Flächen zu gießen, das dann langsam versickert und dazu führt, daß die Mischung abbindet.

Eine trockene Mörtelmischung wird mit der Bürste in die Fugen des fertigen Pflasters hineingefegt

Eine andere Möglichkeit ist, den feuchten Mörtel mit der Kelle in die Fugen zu streichen

Mit einem schmalen Scheit wird der trockene Mörtel angedrückt, dann mit feinem Strahl naßgesprüht

Zum Schluß werden die Fugen noch mit einem Rundholz nachgearbeitet und ausgeformt

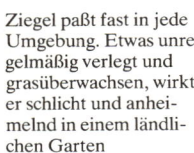
Ziegel paßt fast in jede Umgebung. Etwas unregelmäßig verlegt und grasüberwachsen, wirkt er schlicht und anheimelnd in einem ländlichen Garten

Zu diesem strengen, rechtwinkligen Wasserbecken paßt die genau verlegte saubere Klinkerfläche. Die wohlüberlegte Pflanzung steigert die Linienführung, ohne sie zu verwischen

Beton – ein dauerhafter und widerstandsfähiger Belag

Wenn Sie größere Flächen zu befestigen haben, können Sie die Verwendung von Ortbeton, das ist Beton, der an Ort und Stelle gegossen wird, in Betracht ziehen. Er ist haltbar, braucht keine Pflege und läßt sich allen Formen und Höhen anpassen. Da sich Beton unter Temperaturschwankungen ausdehnt und zusammenzieht, sollte eine zusammenhängende Fläche nicht größer als 3 m² sein, andernfalls muß sie unterteilt oder bewehrt werden.

In einem kleinen Garten wird der Ortbeton am besten in rechteckiger Form hergestellt; sie fügen ein Rechteck an das andere und lassen immer eine schmale Fuge dazwischen, die mit Sand gefüllt wird. Wenn die eine Fläche abbinden kann bevor die nächste gegossen wird, brauchen Sie keinen Zwischenraum auszusparen. Allerdings werden an den Nahtstellen später Risse oder Fugen entstehen. Die Betonoberfläche kann man verschieden gestalten: Eine gerippte Fläche erhält man, wenn man mit einem harten Besen über den fast festen Beton fegt, die Kiesbestandteile kann man kurz vor dem Abbinden aus dem Beton herausbürsten oder man kann ihn ganz glatt streichen. Wenn Sie jemanden haben, der Ihnen bei diesen Arbeiten hilft, fertigen Sie zunächst eine Musterfläche an, die als Richtlinie für die gesamte Materialbearbeitung gilt. Ortbeton kann auch in Verbindung mit Ziegel oder Granitpflastersteinen oder auch mit Fertigbetonplatten einer anderen Farbe verarbeitet werden.

Den Beton selbst herzustellen, ist relativ billig, aber es ist eine harte, schmutzige Arbeit und erfordert mehr als ein Paar Hände. Zuerst muß die benötigte Betonmenge ermittelt werden (Tabelle rechts).

Geringe Mengen kann man als trockene Fertigmischung in Säcken kaufen, man braucht dann nur noch Wasser hinzuzufügen; wird dies zu teuer, können Sie die Bestandteile einzeln kaufen und selbst mischen, entweder mit der Schaufel oder mit einem (gemieteten) Betonmischer. Wenn Sie mehr als 3 m³ Beton brauchen, empfiehlt es sich, Fertigbeton zu kaufen. Fertigbeton oder in diesem Fall Frischbeton gibt es auch mit verschiedenen Zuschlagstoffen, als Kies-, Splitt-, Ziegelsplitt- oder Bimsbeton. Der Frischbeton wird in großen Betonmischwagen angeliefert und durch einen Schlauch dorthin gepumpt, wo Sie ihn benötigen. Es ist daher erforderlich, daß Sie alle Vorbereitungsarbeiten beendet haben, wenn der Wagen ankommt. Wenn vom Wagen aus nicht direkt in die Schalung gegossen werden kann, müssen Sie den Beton in Schubkarren weiterbefördern; dann brauchen Sie aber unbedingt Hilfe, denn die Mischung muß innerhalb von 2 Std. eingebaut sein, und 1 m³ ergibt ca. 40 Schubkarren voll.

Der Untergrund soll für Ortbeton fest sein. Für eine Einfahrt oder bei losem Untergrund sollte eine abgewalzte Kiesschicht von 10–40 cm Stärke eingebaut werden. Die Betonschicht ist mit 10 cm Stärke für eine befahrene und mit 5 cm für eine Gehweg-Fläche ausreichend bemessen.

Waschbetonplatten, in Verbindung mit Ziegel verlegt, bilden eine angenehm strukturierte Oberfläche

Betonsteine müssen nicht streng wirken; die verschiedenen Formen dieses Belages, der ganz von Pflanzen durchwachsen ist, tragen zur erholsamen Atmosphäre dieses Gartens bei

Betonverbundsteine (links) gibt es in vielen verschiedenen Formen und Farben. Sie lassen sich schnell und einfach verlegen und bilden ein widerstandsfähiges Gefüge

Benutzen Sie diese Tabelle (rechts) zur Ermittlung Ihres Betonbedarfes. Lesen Sie links die Größe Ihrer Fläche ab, gehen Sie waagerecht bis zu der roten Linie der gewünschten Betonstärke hinüber und von dem Schnittpunkt aus senkrecht nach unten, wo Sie die erforderliche Menge ablesen können

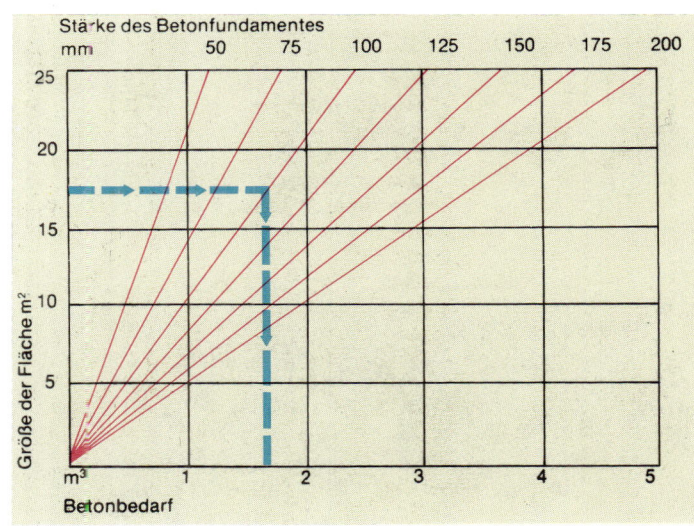

Die Herstellung von Ortbeton

Wenn Sie die Schalung für einen Ortbetonunterbau herstellen, muß sie etwa 10 cm breiter sein, als die endgültige Wegebreite sein soll. Die Schalung wird aus Holzlatten oder Brettern von 24 mm Stärke gebaut und etwa jeden Meter verpflockt. Überprüfen Sie mit der Wasserwaage, ob Sie das richtige Gefälle einhalten; zur Oberflächenentwässerung brauchen Sie eine Neigung von 1/2 bis 1%

Gießen Sie den Beton zwischen die Schalung und zwar möglichst gleich in seine endgültige Lage, so daß Sie ihn nicht mehr viel hin- und herzuschieben brauchen. Glätten Sie ihn mit einem Rechen oder einer Schaufel. Er soll etwa 2 cm über der Oberkante der Schalungsbretter stehen, da er beim Abbinden schrumpft

Verdichten und ebnen Sie den Beton dann mit einem schweren Balken. Heben Sie das Holz an, lassen Sie es dann fallen und schieben Sie es gleichzeitig um die halbe Balkenstärke nach vorn; dieser Vorgang wird bis zum Ende wiederholt. Dann entfernen Sie den überflüssigen Beton, indem Sie den Balken sägend-schiebend über die Oberfläche ziehen

Wenn das Wasser auf der Oberfläche verschwunden ist, glätten Sie den Beton mit einem Reibebrett, mit dem Sie in großen bogenförmigen Bewegungen über die Fläche streichen. Hierdurch gelangen die feinen Betonteile an die Oberfläche

Wenn Sie eine griffige, rauhe Oberfläche bekommen wollen, gehen Sie mit einem Besen über den Beton, wenn er beinahe abgebunden hat. Je härter die Borsten sind, desto rauher wird die Oberfläche.

Man kann die Zuschlagstoffe aus dem Beton auswaschen, so daß er eine kiesige Oberfläche erhält. Wenn der Beton abzubinden beginnt, feuchten Sie ihn mit dem Schlauch an und bürsten Sie die oberste Schicht vorsichtig ab. Frischer Beton soll mit feuchten Säcken oder Plastikfolie abgedeckt werden. Nach etwa 4 Tagen im Sommer und bis zu 10 Tagen im Winter hat der Beton so weit abgebunden, daß er kleinere Lasten tragen kann; bis man ihn schwer belasten kann, sollte man nochmals 4 bis 10 Tage warten

Betonplatten

Die vorgefertigte Betonplatte ist überall erhältlich und wird auch meistens verwendet, obwohl sie teurer ist als Ortbeton. Auf einer begrenzten Fläche geschmackvoll verlegt, ist sie ein ansprechender, haltbarer Belag. Ihre Farben blassen gelegentlich aus, was besonders auf Flächen auffällt, die z. T. überdacht und z. T. offen sind; unter einer geschlossenen Pergola kann man manchmal den Eindruck haben, auf einem kräftig gefärbten Teppich zu stehen. Schauen Sie sich die Platten Ihrer Wahl vor dem Kauf in nassem und trockenem Zustand an.

Es gibt quadratische, rechteckige, runde und sogar polygonale Platten, ebenso wie solche mit verschiedenen Oberflächenstrukturen. Man kann eine Unzahl von Mustern legen, bedenken Sie aber, daß die Plattenfläche ein Bestandteil des Gesamtplanes ist, deshalb sollte sie nicht dominieren.

Abhängig von der Last, die der Weg oder die Terrasse tragen muß, können die Platten entweder auf Sand oder in Mörtel (s. S. 65) verlegt werden. In Sand verlegte Platten kann man ein wenig dadurch verstärken, daß man 4–5 gleichmäßig verteilte Mörtelhäufchen unter jede Platte legt. Das Gefälle des fertigen Belages muß von Gebäuden abweisen, damit das Oberflächenwasser abfließt. Stößt der Plattenbelag an eine Rasenfläche, legen Sie ihn 1 cm tiefer, damit später ungehindert gemäht werden kann.

Betonverbundsteine, ursprünglich für den Straßen- und Wegebau konzipiert, finden auch im Privatgarten mehr und mehr Verwendung. Als Terrassen- oder Einfahrtbelag sind sie gut geeignet und können ohne Fugen knirsch verlegt werden. Sie sind sehr stabil und werden nicht zur Seite weggedrückt, wenn schwere Wagen auf ihnen fahren, wie die meisten anderen kleinformatigen Steine. Sie sind in den verschiedensten Formen und Farben erhältlich.

Einfassungen für Pflasterflächen

Eine besondere Einfassung wird nicht nötig sein, wenn die angrenzende Erde auf gleicher Höhe mit der Wegefläche liegt. Eine Art kleiner Stützmauer kann angebracht sein, wenn ein Höhenunterschied zwischen Weg und Beet besteht.

Wenn irgend möglich, machen Sie die Wegeeinfassungen aus dem gleichen Material wie die Wegeflächen. Häufig werden Pflasterflächen einfach mit Betonkantensteinen eingefaßt, ob diese zu dem Pflaster passen oder nicht. Ihr Vorteil ist, daß sie in größeren Längen hergestellt werden (ca. 1 m). Sie passen auch ganz gut zu allen Wegeflächen, die z. T. oder ganz aus Betonplatten hergestellt sind. Man kann den harten Eindruck dieser Kantensteine etwas mildern, wenn man sie etwa 2 cm unter der Oberkante des fertigen Weges versetzt, so daß sie von der Seite aus überwachsen können. In jedem, besonders aber in diesem Fall ist eine gute Vermörtelung der Steine erforderlich. Bei sehr dünnen Pflastersteinen kann es nötig sein, den Kantenstein höher zu setzen als die Wegefläche.

Betonplatten, als Trittsteine über ein flaches Becken gelegt; die blendend weißen Platten liegen auf einem Betonsockel, sie stehen in wirkungsvollem Kontrast zum dunklen Wasser

Ein interessantes Muster kann durch die Verwendung verschiedenfarbiger Platten erzielt werden

Es werden auch Beton-
platten angeboten, die
einem Naturstein sehr
ähnlich sehen. Diese
Platten kann man fast
mit Naturstein verwech-
seln. Leider gibt es auch
schlechtere Muster

Einzelne weiße Beton-
platten, sorgfältig ange-
ordnet, erzeugen ein ein-
drucksvolles Bild in ei-
nem japanischen Garten
(links)

Um die Strenge eines
Betonweges aufzulok-
kern, sollte man den
Pflanzen gestatten, ihn
ein wenig zu überwach-
sen (oben). Eine klare,
strenge Form erhält man,
wenn man das Beet
durch eine Kante oder
kleine Mauer heraushebt
(rechts)

Fliesen – ein eleganter Bodenbelag

Fliesen sind ein kühles, ziemlich strenges Material, besonders geeignet, Innen- und Außenräume zu verbinden. Ein mit Fliesen belegter Boden wäre z. B. hübsch für einen Innenhof, der nur durch eine Glaswand vom Wohnzimmer getrennt ist. Die relativ dünnen und leichten Fliesen sind auch gut für Balkone und Dachgärten geeignet.

Ganz allgemein sprechen wir von Fliesen oder keramischen Belägen, die aus Ton geformt und sehr hoch gebrannt sind. Glasierte Fliesen sind weicher und zur Verarbeitung im Freien bei uns nicht gut geeignet, da sie unter Frosteinwirkung auseinanderbröckeln. Sie können nur in wärmeren Regionen Verwendung finden.

Der große Vorteil der keramischen Platten ist, daß sie hart und im wesentlichen wartungsfrei sind. Sie sind ideal für einen Grillplatz oder einen Eßplatz im Freien, denn Fettflecken und anderer Schmutz lassen sich leicht wieder abwischen. Auch versehentlich herausgefallene Glut fügt den Steinen keinen Schaden zu. Sie wirken eigentlich immer elegant, und die erdbraunen und rötlichen Farbtöne passen sich den natürlichen Farben im Garten sehr gut an. Sie sind allerdings recht teuer, und auch nicht ganz leicht zu verlegen. Ein weiterer Nachteil ist, daß sie bei anhaltend nassem Wetter leicht schlüpfrig werden.

Es ist fast unmöglich, Fliesen sauber zu teilen, darum sollten alle Muster nur aus ganzen Steinen gelegt werden. Es gibt eine Vielzahl von Größen und Formen (quadratisch, rechteckig, sechseckig, rautenförmig) und die Dikke variiert mit zunehmender Größe von ca. 12 mm bis 30 mm. Die normalen maschinengefertigten Platten sind 12–15 mm dick und werden höheren Drücken ausgesetzt als die 20–30 mm dicken, die handgemacht sind und eine rauhere Oberfläche haben. Letztere variieren auch leicht in Form und Größe, was bedeutet, daß sie mit breiteren Fugen verlegt werden müssen, um die Unregelmäßigkeiten ausgleichen zu können. Die handgemachten Fliesen wirken jedoch gemütlicher und wärmer als die glatten, maschinengefertigten.

Wenn der Belag widerstandsfähig und dauerhaft sein soll, wird er am besten auf einem Betonfundament in Zementmörtel verlegt (Mörtelmischung: 1 Teil Zement, 3 Teile Sand). Das empfiehlt sich außerdem, weil die relativ dünnen Platten auf Mörtel besser liegen. Dickere, handgemachte Steine müssen vor dem Verarbeiten wassergetränkt sein, damit sie dem Mörtel kein Wasser entziehen. Der frisch verlegte Belag sollte 24 Std. trocknen, ehe Sie ihn betreten. Wenn die Fliesen dicht an dicht verlegt sind, kann man in die sehr schmalen Fugen mit Hilfe einer Spritze den Mörtel einbringen, breitere Fugen streicht man mit einer schmalen Maurerkelle aus. Achten Sie immer darauf, daß danebengetropfter oder -geschmierter Mörtel sofort mit einem feuchten Lappen entfernt wird. Trokken läßt er sich nur sehr schwer (mit Drahtwolle oder verdünnter Salzsäure, Vorsicht!) beseitigen; von selbst – auch im Laufe der Zeit – verschwinden die weißen Flecken nicht, die Zementteilchen können zu tief in die Poren des Steines eindringen.

Keramikfliesen sind ein verbreiteter Bodenbelag in den Häusern und Höfen des Mittelmeerraumes. Sie sind besonders geeignet für Balkone, Dachgärten und Höfe. Wenn die Farben oder Muster zu auffallend sind, können sie den Gesamteindruck des Garten stören. Dieses Schwarz-weiß-Muster bringt Leben und Licht in den Hof

Diese kleinen, sechseckigen Fliesen haben eine ähnliche Farbe wie alte Ziegel und sie sind ein ansprechender Hintergrund für Blätter und Blüten

Das Verlegen quadratischer Fliesen

Schneiden Sie sich Latten so lang wie die Fliesen einschließlich der Fugen. Diese dienen als Richtlatten, der Abstand der Fliesen wird auf ihnen markiert. Falls nötig, wird am Ende eine Querlatte festgenagelt. Prüfen Sie die richtige Höhe mit einer Wasserwaage; das Gefälle kann mit Holzkeilen korrigiert werden

Machen Sie sich ein Ziehbrett, etwas breiter als der Meßrahmen ist. Aus diesem Brett sägen Sie seitlich zwei Kerben, die etwas weniger tief als die Kacheln dick sind (und zwar 9 mm). Dieses Brett, das zwischen die Meßlatten paßt, benutzen Sie, um den eingebrachten Mörtel glattzuziehen

Wenn die Fliesen bis in eine Hausecke gelegt werden, können Sie die an der Mauer liegenden Latten entfernen und den entstandenen Raum noch mit Mörtel füllen. Bestreuen Sie den Mörtel mit trockenem Zement, bevor Sie die Platten legen

Legen Sie die ersten Fliesen zwischen Wand und äußere Latte. Dann werden Sie mit einem geraden Stück Holz gefällegerecht in die Mörtelmasse hineingedrückt

Die Fliesen können sich auf dem weichen Mörtel beim Hinunterdrücken leicht verschieben; drücken Sie sie mit der Kelle wieder in ihre richtige Lage. Dann ziehen Sie die Meßlatte nach und legen die nächsten 4 Platten. Bestäuben Sie den bereits liegenden Mörtel mit Zement, bevor der nächste aufgebracht wird

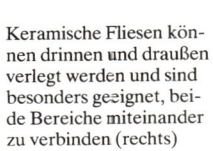

24 Std. nachdem die gesamte Fläche fertig ist, fugen Sie die Fliesen mit einer spitzen Kelle aus und arbeiten mit einem runden Stock nach

Keramische Fliesen können drinnen und draußen verlegt werden und sind besonders geeignet, beide Bereiche miteinander zu verbinden (rechts)

Natürliche Schönheit des Holzes

Holz ist das natürlichste Pflastermaterial. Es wirkt besonders angenehm in ländlicher Umgebung oder dort, wo das Haus ganz oder teilweise aus Holz gebaut ist. Seine Verwendungsmöglichkeit ist leider beschränkt auf Gegenden mit geringen Niederschlägen oder einem extremen Klima, das sich im Sommer durch Hitze und Trockenheit, im Winter aber durch reichlich Schnee auszeichnet. In Gebieten mit mildem, feuchtem Klima wird Holz schnell schlüpfrig und zumindest für Hauptwege ungeeignet. Regelmäßiges Aufrauhen mit einer Drahtbürste kann begrenzt Abhilfe schaffen. Es ist wichtig, abgelagertes, geradschäftiges Holz auszuwählen; ungehobeltes Holz hat eine lebendige Oberfläche, aber es muß splitterfrei sein. Der nächste Schritt ist die Imprägnierung. Holz wird nie eine unbegrenzte Lebensdauer haben, aber man kann sie um einige Jahre verlängern, wenn man etwas gegen Fäulnis und Insektenfraß unternimmt. Eine Möglichkeit, das Aufsteigen der Feuchtigkeit aus dem Untergrund zu verhindern, ist die, eine durchlöcherte Folie (Dräna-

gelöcher alle 30 × 30 cm) unter ein Sandbett zu legen; über oder in diesen Sand wird das Holz gelegt. Als Vorsichtsmaßnahme gegen den Holzwurm gilt, daß im Außenbereich im Erdboden verlegtes Holz nicht gegen Hausmauern stoßen darf.

Einige Holzarten sind extrem hart, so Rotholz, Zedern- oder Zypressenholz. Das gebräuchliche Kiefernholz muß druckimprägniert werden, bloßes Streichen oder Tränken mit einem Holzschutzmittel genügt nicht, wenn das Holz im Erdboden verarbeitet werden soll.

Verlegen von Holzbelägen

Holz ist eigentlich sehr leicht zu verlegen. Eine hübsche Idee ist es, von großen Baumstämmen etwa 7–8 cm lange Stücke abzusägen. Diese Stümpfe haben Durchmesser von 30–100 cm. Wenn sie getrocknet sind, werden sie mit einem Holzschutzmittel behandelt. Dann wird die Pflasterfläche so tief wie die Holzstücke lang sind ausgekoffert und der Grund gelockert. Anschließend wird das Holz

Wenn man einen Bodenbelag wählt, der dem am Haus verwendeten Material entspricht, kann nichts schief gehen. Die Pergola, die Pflanzkübel und der Bodenbelag sind alle aus Holz – eine sehr harmonische Gestaltung

Alte Eisenbahnschwellen sind ein sehr haltbares Material und ein kräftiges Gestaltungsmittel. Ihr derbes Aussehen paßt gut zu dem natürlichen Waldcharakter dieser Ecke eines ländlichen Gartens

Schwere Bohlen oder alte Eisenbahnschwellen sind hier dicht aneinandergelegt. Sie können entweder direkt auf dem Unterboden oder in einem Sandbett liegen

Von einem Baumstamm abgesägte Holzscheiben können wie einzelne Trittsteine in Rasen oder Bodendecker gelegt werden oder wie hier dicht an dicht als Wegebelag

Der einfache Rost, über eine Vertiefung gebaut, hat seine Oberkante auf gleicher Höhe wie das umgebende Gelände. Der Abstand der Latten kann so groß sein, daß Pflanzen hindurchwachsen können

einfach hineingestellt. Die Zwischenräume können mit Sand, Kies, Schotter oder Mutterboden gefüllt und dann auch bepflanzt werden. Ein sehr rustikaler Belag ergibt sich, wenn man unbearbeitete Stämme kreuzweise längs spaltet und sie dann quer zur Laufrichtung wie Eisenbahnschwellen auf den Weg legt.

Interessante Effekte entstehen, wenn man Rundholz oder Schwellen mit anderen Bodenbelägen kombiniert; insbesondere Schwellen eignen sich sehr gut dazu, da sie relativ gerade Kanten haben und sich auch leicht auf Größen zuschneiden lassen, die zu anderen Materialien passen. Sie sind außerdem recht haltbar. Als optische Unterteilung großer Flächen, besonders von Betonsteinen, sind sie sehr wirkungsvoll. Schwellen mit gut erhaltenen Kanten und Ecken kann man dicht an dicht legen oder in einigem Abstand voreinander, damit Gras und andere Pflanzen dazwischen wachsen können. Sie können auf einem Sandbett verlegt werden oder direkt auf dem ausgeschachteten Erdboden.

Rechteckige Holzpflaster kann man genauso wie Klinker verlegen, entweder in Sand oder in eine Zementmörtelmischung (1 Teil Zement, 3 Teile Sand). Wenn sie nur in Sand liegen, müssen sie sehr dicht aneinandergefügt oder zusätzlich noch vernagelt werden, damit sie nicht hochgehen, wackeln oder sich verwerfen.

Eine andere Art von Holzbelag erhält man, wenn man einen richtigen Holzboden konstruiert. Man koffert z. B. die entsprechenden Flächen 16 cm tief aus. Dann legt man Kantholz 10 × 10 cm im Abstand von 75–100 cm darauf und nagelt auf diese Träger gehobelte Bretter 6 × 10 cm quer darüber. Diese Bretter können entweder dicht an dicht liegen (jedoch so, daß das Regenwasser gerade noch abfließen kann) oder auch mit größerem Abstand. Die Abdeckung kann auch aus vorher zusammengenagelten Gitterrosten bestehen. Wichtig ist in jedem Fall, daß der Untergrund gut dräniert und kein Wasser stehen bleibt.

Bau einer erhöhten Holzterrasse

Ein Sitzplatz über Erdniveau herausgehoben, kann gelegentlich als Erweiterung eines Innenraumes sehr angenehm sein, weil man ohne weiteres nach draußen gelangen kann. Bei einer derartig erhöhten Plattform ist das Holz an allen Seiten von Luft umgeben, trocknet nach Regenfällen schnell wieder ab und fault nicht so leicht.

Es gibt keinen Grund, warum nicht jeder ein solches »Deck« bauen könnte. Nur wenn es sich höher als 1 m über den Erdboden erheben soll, wird es eine Tischlerarbeit, die höchstens noch ein sehr erfahrener Amateur verrichten sollte. Das erste, was man tun muß, ist, sich nach den Bauvorschriften zu erkundigen. Evtl. benötigt man für ein solches Bauwerk eine Baugenehmigung.

Die Holzstärke für Pfosten, Träger und Querbalken hängt vom Pfostenabstand ab. Zur Abdeckung verwenden Sie am besten gehobelte, an den Kanten abgeschrägte Bretter, 24 mm stark und 50, 75 oder 100 mm breit. Um die Pfosten auf die richtige Höhe zu bekommen, benutzen Sie eine lange, gerade Latte und eine Wasserwaage. Die Tabelle (rechts) zeigt die Holzabmessungen für Träger und Querhölzer in Abhängigkeit vom Pfostenabstand.

	Harthölzer		Weichhölzer	
	max. Abstand	max. Spannweite	max. Abstand	max. Spannweite
Querbalken				
mm	m	m	m	m
100 × 75	1,8	1,6	1,8	1,3
125 × 75	1,8	2,0	1,8	1,7
	2,4	1,7	2,4	1,3
100 × 75	1,8	2,4	2,0	1,8
	2,4	2,1	2,4	1,6
Träger				
mm	mm	m	mm	m
100 × 50	450 × 530	1,9	450 × 530	1,6
125 × 50	450 × 530	2,5	450 × 530	2,2

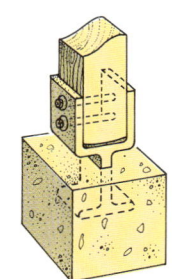

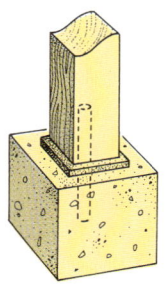

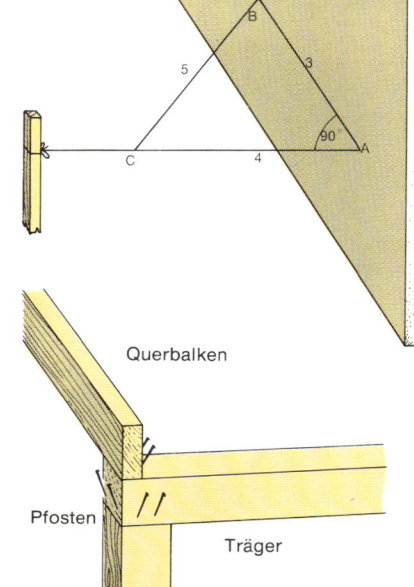

Holzträger aus imprägniertem Hartholz können direkt in das Betonfundament gesetzt werden

Spezielle Metallkonstruktionen schützen nicht so widerstandsfähiges Holz vor Fäulnis

Weichholz kann man auch auf einem Metallstab befestigen und im Beton verankern. Die Unterseite des Holzes wird gegen Feuchtigkeit isoliert

Um die erhöhte Holzterrasse rechtwinklig bauen zu können, benutzen Sie folgende Methode: Messen Sie aus der Ecke Ihrer Terrasse A zu einem Punkt B an der Wand, der 3 Maßeinheiten entfernt sein soll (30 cm oder 3 m). Befestigen Sie an A und B Schnüre und führen Sie sie zusammen zu Punkt C. A–C soll dabei 4 Maßeinheiten und B–C 5 Maßeinheiten lang sein; dann ist der Winkel bei A 90°

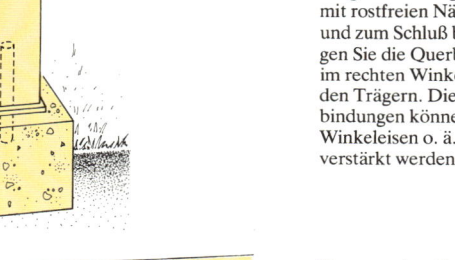

Querbalken

Pfosten

Träger

Nachdem die Pfosten auf die richtige Höhe gebracht sind (überprüfen Sie das mit der Wasserwaage), nageln Sie die Träger auf – möglichst mit rostfreien Nägeln – und zum Schluß befestigen Sie die Querbalken im rechten Winkel auf den Trägern. Die Verbindungen können mit Winkeleisen o. ä. noch verstärkt werden

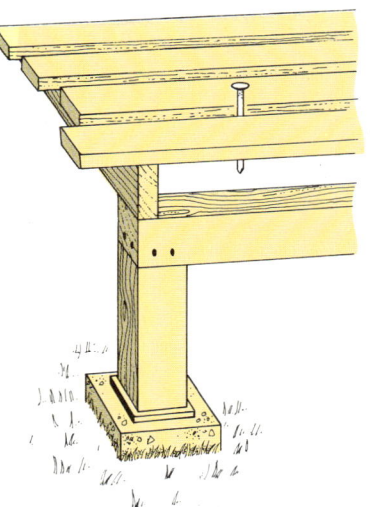

Dann werden die Abdeckbretter aufgenagelt; achten Sie genau darauf, daß sie parallel zum Träger und im rechten Winkel zum Gebäude verlaufen. Die Abstände der Latten sollen immer gleich sein; ca. 3–5 mm, benutzen Sie einen Nagel o. ä. als Abstandhalter. Lassen Sie zunächst alle Bretter etwas zu lang überstehen und schneiden Sie sie erst ab, wenn die ganze Lage fertig ist

Kleinformatige Bodenbeläge – Kopfsteinpflaster, Überläufer und Kies

Das Gemeinsame all dieser Beläge ist, daß sie in gewisser Hinsicht schwierig zu begehen sind. Aber sie haben ihren eigenen Reiz und in Kombination mit großflächigeren Materialien kann man diesen Nachteil überwinden. Sie sind außerdem sehr anpassungsfähig an verzwickte Flächen.

Granitpflaster

Granitpflaster ist in verschiedenen Größenklassen erhältlich, als Großpflaster (16 × 16 × 20 cm), als Mittelpflaster (10 × 12 × 15 cm), als Kleinpflaster (8 × 8 × 8 cm) und als Mosaikpflaster (5 × 5 × 5 cm). Alle Größenangaben sind nur Zirka-Angaben und beziehen sich der Reihenfolge nach auf Breite, Höhe und Länge. Oft kann man gebrauchtes Material bekommen, z. B. altes Kopfsteinpflaster oder Kleinpflaster von Gehwegen. Trotz ihrer relativ dunklen Farbe haben die Steine doch ein hübsches Farbspiel von Hellgrau über Braungrau bis Blaugrau, mit gelegentlichen weißen Quarzgängen. Als Pflasterung für einen Hauptweg können sie wegen ihrer unebenen Oberfläche problematisch werden. Aber sie sind als Begrenzung für eine geschwungene Rasenfläche oder als Einfassung für einen Baum bestens geeignet. Auch für Garageneinfahrten u. ä. sind sie von Vorteil, da sie griffig sind und man auf dem dunklen Stein Ölflecke nicht sieht.

Granitpflaster kann wie Ziegel in Sand verlegt werden. Bei Verwendung von Kleinpflaster und Mosaikpflaster ist entweder eine seitliche Einfassung der Flächen mit einem großformatigen Pflasterstein erforderlich oder das Verlegen aller oder nur der Randsteine in Mörtel. Man kann Granitpflaster in Bögen pflastern, wie man es häufig auf Gehwegen sieht, oder rechteckig; auf Rampen empfiehlt es sich auch, die Steine in einem Winkel zu legen.

Überläufer und Kies

Überläufer nennt man Kiesel, die größer als die größte Körnung von Grobkies sind, d. h. größer als 60/70 mm (sie laufen über die Maschen des Siebes und fallen nicht mehr hindurch). Man kann sie bei einem Kieswerk kaufen oder auch schon in der Plastiktüte im Gartencenter. In manchen Gegenden können Sie sich die Steine auch aus den Oberläufen von Bächen und Flüssen holen.

Kleine Überläufer oder auch Grobkies 60/70 kann man zum Pflastern von Wegeflächen verwenden, wenn man die Steine etwa bis über die Hälfte in Mörtel legt. In Verbindung mit und im Kontrast zu größeren Flächen von Asphalt, Beton- oder Natursteinplatten entwickeln sie ihren besonderen Reiz. Lose geschütteter Kies entfaltet eine charakteristische Wirkung an Wasserflächen, in einem Garten im japanischen Stil oder in Verbindung mit bestimmten Pflanzen, z. B. mit Bambus.

Wenn Sie Kiesel auf einen festen Unterbau legen, achten Sie darauf, daß die Steine dicht an dicht liegen, damit möglichst wenig Mörtel zwischen ihnen zu sehen ist.

Sie können sie auch in Lehm legen; dafür brauchen Sie einen Unterbau aus 5 cm Schot-

Granitpflaster ist – wie Ziegel – ein sehr vielseitig verwendbares Pflastermaterial. Es kann als Rahmen für andere Muster dienen (ganz oben) oder auch nur für sich verwendet werden, in einem Bereich, der nicht sehr viel begangen wird (links). Unter alten Bäumen ist es ein besonders passender Bodenbelag, weil er genügend Wasser durchläßt. Einen Kreis zu pflastern ist etwas schwierig, aber das Ergebnis befriedigt (oben)

ter und 2,5 cm Sand. Sieben Sie dann trockenen Lehm oder Ton durch ein feines Sieb, bringen Sie das Material dort auf, wo die Kiesel hinkommen sollen und feuchten Sie den Lehm mit einem schwachen Wasserstrahl an. Dann werden die Kiesel hineingedrückt, ein wenig höher als sie später liegen sollen, und zum Schluß mit einem Brett angedrückt, damit sie fest und eben eingebettet sind. Dann wird die ganze Oberfläche gut gewässert. So kommt fast die gesamte Luft aus dem Lehm, und wenn er trocken ist, wird er beinahe wasserundurchlässig sein.

Wenn größere Haltbarkeit gefordert wird, verlegen Sie die Kiesel in eine Mörtelmischung (1 Teil Zement, 3 Teile Sand) auf einen Betonunterbau. Wenn Sie den Unterbeton frisch gemacht haben, lassen Sie ihn 24 Std. trocknen, bevor Sie die Mörtelmischung aufbringen. Die Steine müssen innerhalb von 2 Std. in den Mörtel eingebettet sein. Wenn die zu pflasternde Fläche groß ist, empfiehlt es sich, die Kiesel in kleineren Abteilungen zu verarbeiten, dabei könnte man den einzelnen Flächen auch unterschiedliche Muster geben.

Bewahren Sie die Steine in einem Eimer mit Wasser auf, damit Sie sie stets feucht verarbeiten können. Sie sollen bis über die Mitte, bis ihr Umfang wieder geringer wird, im Mörtel stecken. 2 oder 3 Stunden nach Beendigung des Einbettens gießen Sie etwas dünnen Mörtel über die ganze Fläche. Bürsten und spritzen Sie dann etwas später allen überflüssigen Mörtel ab, bevor er endgültig abbindet.

Kies

Farbe und Oberflächenstruktur machen den Kies (in den Körnungen Fein-, Mittel- und Grobkies im Handel) zu einem sehr sympathischen Material. Obwohl er einerseits eine feste Oberfläche bilden kann, ist er eigentlich ein Mittelding zwischen hartem Belag und bodendeckender Pflanzung. Einer seiner Vorteile ist nämlich, daß durch seine sauber wirkende Oberfläche Pflanzen wachsen können.

Seine vielseitigen Anwendungsmöglichkeiten machen ihn besonders für den kleinen Garten geeignet. In städtischer Umgebung kann er fremd wirken aber auch sehr effektvoll, z. B. in Verbindung mit großblättrigen Pflanzen oder Efeu-Arten. Gleichzeitig erinnert ein Kiesweg an einen alten Landhaus- oder Bauerngarten, und der Duft von Buchsbaum und Rosen scheint die Luft zu füllen.

Die Kiesfarben sind sehr unterschiedlich, je nachdem, aus welchem Fluß oder Gestein der Kies stammt, und man kann fast immer einen Farbton finden, der zum Haus paßt. Außerdem rundkörnigen Kies gibt es noch sog. Schotter, der aus zerkleinertem Gestein besteht und daher scharfkantig ist. Für besondere Situationen, in denen man einen dunklen Garten aufhellen oder einen »südlichen Effekt« erzielen will, kann man z. B. weißen Marmorsplitt verwenden. Oder man kann verschiedenfarbigen Splitt (der farbintensiver ist als Kies) zu Mustern zusammenfügen.

Obwohl Kies billig ist und leicht einzubauen, hat er einige Nachteile. Die meisten von ihnen kann man beseitigen, aber man muß

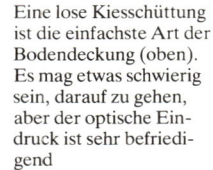

Eine lose Kiesschüttung ist die einfachste Art der Bodendeckung (oben). Es mag etwas schwierig sein, darauf zu gehen, aber der optische Eindruck ist sehr befriedigend

Eine Fläche aus Überläufern hat eine interessante Oberfläche und ein reiches Licht- und Schattenspiel

Flache Kiesel an einer Wasserfläche sind der ideale Belag (rechts). Sie laden zum beschaulichen Verweilen und Betrachten ein

Überläufer müssen bis über die Hälfte im Mörtel stecken. Sie können Muster bilden, indem Sie in Abschnitten pflastern und in jedem Abschnitt die Steine anders legen

Vergewissern Sie sich, daß Ihr Kieselbelag waagerecht ist, und überprüfen Sie es mit Hilfe des auf beiden Seiten des zukünftigen Belages verlaufenden Begrenzungsholzes und der Wasserwaage

über dem verdichteten Untergrund oder einer Lage Folie, Dachpappe oder auch Beton aufgebracht wurde. Die Trennschichten zum Unterboden haben den Sinn, daß Wurzelunkräuter von unten nicht in die Kiesfläche eindringen können und im Falle des Betons noch einen weiteren, nämlich die Stabilität zu erhöhen. Die Schichten müssen natürlich gefällegerecht liegen, d. h. Wasser darf sich auf ihnen nicht stauen. Wo später Pflanzen im Kies stehen sollen, müssen Sie u. U. Aussparungen in der Folie, Dachpappe oder dem Beton vorsehen, damit die Pflanzen auch richtig Wurzel fassen können. Während der Herstellungsarbeit an der Fläche füllen Sie den Kies überall ein; erst vor dem Pflanzen heben Sie die Kiesfüllung aus, füllen das Pflanzloch mit Mutterboden und setzen die Pflanze hinein. Umgeben Sie sie dann wieder sorgfältig mit Kies. *Iris*, die Schwertlilie, *Alyssum*, das Steinkraut, *Helianthemum*, das Sonnenröschen, *Dianthus*, die Nelke u. a. eignen sich zur Pflanzung im Kies. Im Laufe der Zeit, wenn der Kies schmutzig wird, werden sich verschiedenste Sämlinge einfinden. Die Flächen können dann mit einem Herbizid, einmal im Jahr angewendet, saubergehalten werden.

Kleine Kiesel oder Splitt sind ein angenehmes Material und ein schmeichelnder Hintergrund für Pflanzen

sich ihrer bewußt sein. Das erste ist, daß er dauernder Unterhaltung bedarf, d. h. er muß geharkt werden, um die Spuren von Regen und vom Befahren wieder zu beseitigen. Weiter ist er schwer zu begehen, solange er nicht richtig verdichtet ist, und er ist nicht geeignet für Gärten, in denen Kinder aufwachsen – Kinderwagen und Roller sind schwer zu bewegen, das Hinfallen auf Kies oder gar Splitt ist sehr schmerzhaft, und das Umherwerfen der Steinchen wahrscheinlich unvermeidlich. Der Kies bleibt in den Profilsohlen der Schuhe hängen, wird überallhin getragen und besonders unangenehm ist er auf dem Rasen, wenn er dort in die Messer des Rasenmähers gerät. Deshalb ist es ratsam, Kiesflächen, die an Rasen grenzen, mit einem Plattenstreifen einzufassen.

Es ist wichtig, eine ausreichend dicke Kiesschicht einzubringen, da sonst nasse Stellen entstehen, in die sich die Steinchen hineindrücken. Für Fein- und Mittelkies ist eine Stärke von 4–6 cm angebracht, und zwar auf einer Sandschicht von ca. 3 cm, die wiederum

Kies läßt sich sehr gut mit anderen Platten kombinieren, um auf großen Flächen Abwechslung zu schaffen. Sein Vorteil ist, daß er sich jeder Form anpaßt und auch bis an Pflanzen herangelegt werden kann

Mischung verschiedener Materialien

Betonplatten, Klinker und Kiesel ergeben in Farbe und
Struktur eine abwechslungsreiche Oberfläche

Die Kiesfläche, auf der Pflanzen wachsen können, harmoniert mit den Ziegeln von der gleichen Farbe

Natursteine und Ziegel von ähnlicher Farbe sind im
Laufe der Zeit zu einer Einheit geworden

Ziegelpflaster ist durch ein »Band« aus Holz und hochkant verlegtem Schiefer gegliedert

Unterschiedlich große Platten dienen als Trittsteine in
einer großen Fläche aus losem Kies

Betonplatten und Granit-Mittelpflaster kontrastieren
auf reizvolle Art miteinander

Große Kieselsteine sind kreisförmig um einen Baum gelegt; eine doppelte Reihe Ziegel faßt sie ein

Dieser Belag besteht aus einer Natursteinimitation, die
gegliedert und belebt wird durch Ziegelreihen

Rundes Holzpflaster, eine Betonkante und Ziegelbelag
sind eine ungewöhnliche aber reizvolle Kombination

Eine Insel aus Überläufern, zwischen denen Gräser und ein Baum stehen, ist eine hübsche Unterbrechung

Zwischen Eisenbahnschwellen sind Kiesel gepflastert; wie ganz natürlich sind Pflanzen dazwischen gesetzt

Unterschiedliche Höhen bringen Spannung und Abwechslung

Obwohl ein Höhenunterschied im kleinen Garten zunächst als ein zusätzliches Problem erscheinen mag, kann er bei sinnvoller Gestaltung durchaus zu einer Bereicherung werden.

Ein Wechsel der Ebenen zieht den Blick auf sich: diagonal verlaufende Treppen, steil abfallende Terrassen, herausragende Pflanzbeete – all das kann einen Garten beleben. Besonders in einem sehr kleinen oder ungünstig geschnittenen Grundstück, wo die Grenze unangenehm auffällt, kann man auf diese Weise Blickfänge schaffen. In einem dreieckigen Grundstück kann z. B. eine Terrassierung des Geländes quer zur Hauptblickrichtung verhindern, daß der Blick aus dem Garten hinausschweift. Ein Gelände, das vom Haus weg ansteigt, verkürzt den Blick und läßt alles von der Wohnung aus sichtbar werden. Ein vom Haus weg fallendes Gelände dagegen schafft das Gefühl eines Raumes ohne Ende.

Überlegen Sie zuerst, ob Sie sich mit Ihrer Planung den natürlichen Gegebenheiten anpassen wollen oder ob Sie eine strenge, architektonische Gestaltung vorziehen. Höhenunterschiede können durch Mauern oder Stufen überwunden werden oder nur durch Hügel oder Böschungen, die sanft auslaufen. Es gibt viele Variationsmöglichkeiten dieser beiden Methoden, die in Stil und Ausdruckskraft sehr unterschiedlich sein können.

Bodenmodellierungen

Das Gelände ohne Mauern oder Terrassen künstlich so zu formen, daß es der Natur gleichschaut, ist eine Imitation der Bemühungen der Landschaftsgärtner des 18. Jh., die ideale Landschaft zu schaffen. Jene großen Erdbauprojekte, bei denen Seen und Täler ausgehoben wurden und Bäume so gepflanzt wurden, daß sie auch nach hundert Jahren noch die gewünschte Wirkung hatten, sie hatten nur das eine Ziel, die Natur noch zu verbessern. Trotz des unterschiedlichen Maßstabes haben auch die Bodenmodellierungen im kleinen Garten das gleiche Ziel, nämlich einen häßlichen Blickpunkt zu verbergen und die Schönheit von Bodenbewegungen hervorzuheben. Auch in japanischen Gärten gibt es eine Tendenz, die die Natur in einer idealisierten, abstrakten Form nachbildet und zwar z. B. mit Hügeln, die durch Findlinge noch betont werden oder mit geharktem Sand bedeckt sind. Diese Gestaltungsart, die der Ausformung des Bodens, der Oberflächenstruktur von Steinen und der Gestalt von Bäumen große Bedeutung beimißt, ist sehr geeignet für kleine Gärten.

Ein Hang im Garten sollte nicht steiler als 30° sein. Ist er steiler, wird das Rasenmähen schwierig, und es entsteht die Gefahr der Bodenerosion durch Oberflächen- oder Druckwasser aus dem Untergrund. Ist der rückseitige Abhang durch eine Pflanzung befestigt oder eine verborgene Stützmauer gehalten, kann er steiler sein. Für eine Böschung braucht man auch eine stärkere Mutterbodenabdeckung; für Rasenflächen ca. 5–8 cm, für Pflanzflächen 25–30 cm, Bäume sollten in eine Pflanzgrube von 1 × 1 m gesetzt werden.

Unter kleinen Hügeln kann man auch Bauschutt u. ä. unterbringen, der andernfalls stö-

Verschiedene Gartenteile können durch Höhenunterschiede getrennt und betont werden. Der erhöhte Teil hier soll nach und nach verwildern; er leitet über zum anschließenden Wald. Die fächerförmige Treppe fügt sich gut in den Hang ein und ist durch die Pflanzung in die Gesamtanlage eingebunden. Die Stützwand ist aus abgelagerten Balken gebaut

Eine lange schmale Treppe bringt, selbst wenn sie aus nüchternem Beton ist, eine stimmungsvolle Note in einen Garten. Die üppige Pflanzung auf der einen Seite kontrastiert mit der glatten Rasenfläche auf der anderen

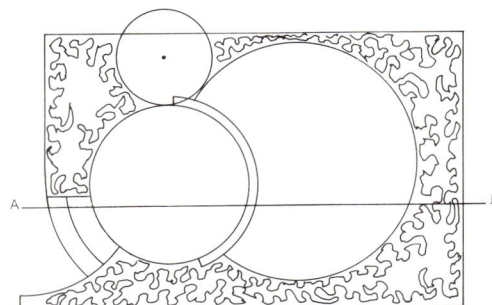

Ein Höhenunterschied kann bei geschickter Verwendung von Mauerwerk und Pflanzen ausdrucksvoll gestaltet werden. Flache Stufen mit breiten Auftrittsflächen und gelegentlich ein Podest laden zum Schlendern und Verweilen ein

Ein starker Kontrast der verwendeten Materialien unterstreicht die Geländemodellierung. Eine geradlinige Holz-Stützmauer trennt die Rasenfläche vom kiesgefüllten »Burggraben«

rend umherläge oder weggeschafft werden müßte. Bedenken Sie, daß dieser Schutt aber besser dränt als das Erdreich, und sehen Sie deshalb am Fuß des Hügels eine Dränageleitung oder Sickergrube vor. Auch bei der Pflanzenauswahl müssen Sie an die besonderen Bodenverhältnisse dieses Standortes denken.

Achten Sie bei der Planung auf die bestehenden Konturen Ihres Gartens. Es ist nicht gut, allzu große Bodenmodellierungen vorzunehmen, es genügt, wenn Sie Vorhandenes hervorheben oder anpassen, wie auf der Zeichnung (rechts) dargestellt.

Stützmauern

Stützmauern halten höher gelegenen Boden in seiner Lage und fangen den Erddruck auf. Wenn Sie eine Stützmauer bauen wollen, ist es ratsam, die Hilfe eines Fachmannes in Anspruch zu nehmen, denn die Berechnung der zur Aufnahme des Erddrucks erforderlichen Wandstärke ist für einen Laien zu schwierig. Eine für den Privatgärtner praktikable Methode ist der Einbau von L-förmigen Winkelformsteinen aus Beton, die es in verschiedenen Höhen und mit verschiedener Oberfläche bei Betonfirmen oder in Gartencentern gibt.

Ein leichter Geländevorsprung, durch Stufen markiert, kann ein flaches Gelände sehr beleben. Der Querschnitt A–B zeigt, wie das Erdreich auf der einen Seite entnommen und auf der anderen wieder aufgetragen wird. Die runde Linienführung wirkt sehr elegant

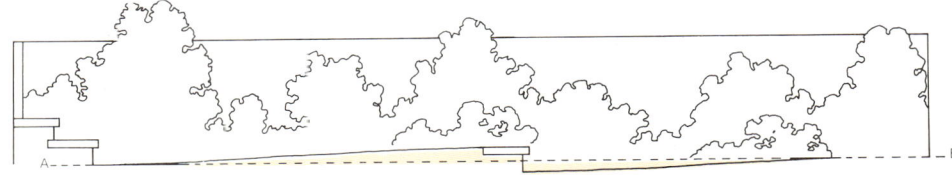

------- Erdoberfläche

Das ursprüngliche Profil ist verändert worden, um einen kleinen Hang zu bekommen. Bei C ist u. U. der Bau einer Sickergrube nötig

Stützmauern können lang und niedrig sein und ein erhöhtes Pflanzbeet einfassen oder in Form von Terrassen einen steilen Hang abfangen. Die vor dem Mauerbau erforderlichen Erdarbeiten werden oft unterschätzt – denken Sie auch daran, vorher die Dränage zu bauen. Sie ist nämlich besonders wichtig, damit das Wasser hinter der Mauer nicht stehen bleibt, den Boden vernäßt, das Mauerwerk schädigt und bei Frost auseinander drückt. Selbst wenn Sie in einem trockenen Gebiet wohnen, sollten Sie eine Dränage vorsehen, um den Schäden durch einen unvorhersehbaren Wassereinbruch vorzubeugen.

Dränagerohre aus Ton oder Kunststoff werden unmittelbar hinter die Mauer in das Erdreich gelegt. Das anfallende Wasser wird durch sie bis in eine Sickergrube am Ende der Mauer geleitet. Gelegentlich kann es auch nötig sein, die Mauer nach vorne zu entwässern. Man sieht dafür im Mauerwerk Öffnungen vor, und zwar horizontal etwa alle 2 m und vertikal alle 45 cm; die unterste Reihe liegt ca. 30 cm über der Erdoberfläche. In die Öffnungen werden kleine Rohre mit leichter Neigung nach vorne eingepaßt. Da aus diesen Röhrchen dauernd Wasser tropft, bilden sich auf der Maueransichtsfläche im Laufe der Zeit dunkle Streifen – ein Nachteil dieser Entwässerungsmethode.

Zusätzlich zur Dränage kann man die Mauer auch durch einen rückseitigen wasserfesten Anstrich gegen das Eindringen von Feuchtigkeit schützen.

Zum Bau von Stützmauern kann man natürlich die gleichen Materialien verwenden wie zum Bau einer freistehenden Mauer – Beton, Natursteine, Ziegel und Holz. Ziegelmauern können sich – da sie aus kleinen Einheiten gebaut sind – an besonders schwachen

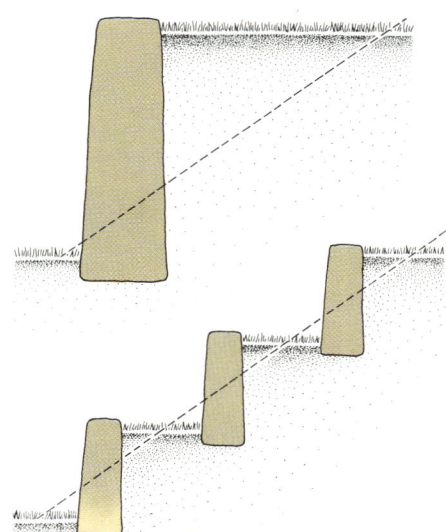

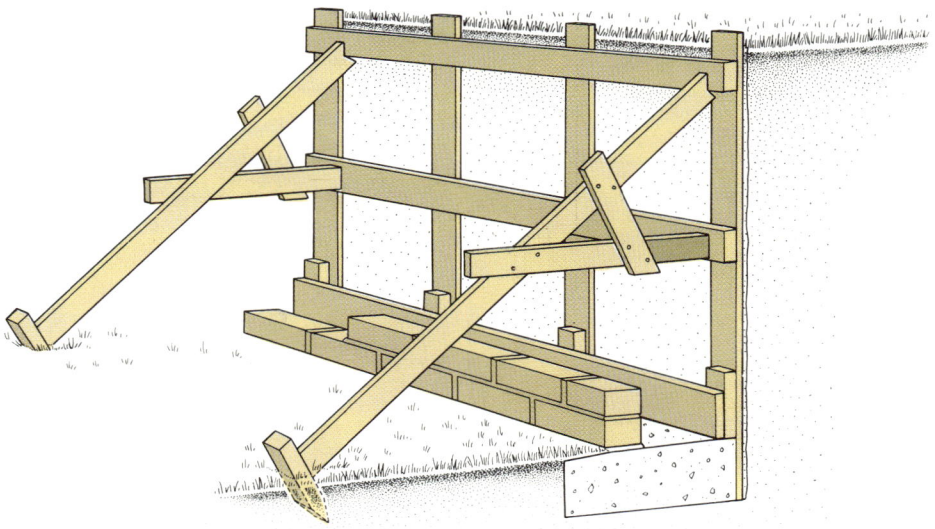

Gefälliger als eine hohe Stützmauer, die man nur bauen sollte, wenn es wirklich nötig ist, wirken mehrere niedrige, die hintereinander gestaffelt werden. Eine derart terrassierte Anlage bietet mehr Möglichkeiten zur Bepflanzung auf den verschiedenen Ebenen, und die einzelnen Mauern sind leichter zu bauen (keine sehr großen Erdarbeiten) und sind auch haltbarer, denn sie brauchen keinen so großen Erddruck aufzunehmen

An einem Hang muß die anstehende Erde während der Fundierungs- und Bauarbeiten abgestützt werden. Die senkrechten Bretter werden direkt gegen das Erdreich gestellt und durch ein System von waagerechten und schrägen Latten abgestützt. Manchmal genügt das Abstützen mit einzelnen Brettern nicht mehr. Dann müssen Sie mehrere Bretter zusammennageln oder alte Schalungsplatten verwenden. Lassen Sie genügend Platz

zwischen dem abgestützten Erdreich und der Hinterkante der zukünftigen Mauer. Wenn das Fundament und die ersten Mauerschichten fertig sind, können Sie das Dränrohr verlegen und es mit Kies umgeben. Bei sehr undurchlässigem Boden ist eine Dränage und eine Entwässerung nach vorne nötig. Wenn die Abstützung für das Erdreich entfernt ist, wird der Raum hinter der Mauer möglichst mit durchlässigem Material gefüllt

Trocken aufgeschichtete Stützmauern werden ein wenig schräg zum Hang gebaut, sie scheinen sich anzulehnen. Pflanzen, die in den Fugen oder auf bzw. am Fuß der Mauer wachsen, verhindern die Bodenerosion durch Oberflächenwasser

Aus Bahnschwellen, Telegraphenmasten oder imprägnierten Bohlen lassen sich eindrucksvolle Stützmauern bauen. Eine solche Mauer setzt einen kräftigen Akzent in einem kleinen Garten

Durch eine kleine umfassende Mauer kann ein Baum oder Strauch an bedeutender Stelle noch hervorgehoben werden. Diese niedrige Ziegelmauer mildert die Härte des Plattenbelages

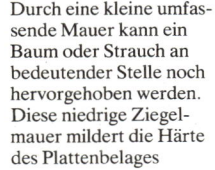

Es ist besonders bei Terrassen, die dicht am Haus liegen günstig, wenn beide Bauwerke aus dem gleichen Material bestehen. Die kriechenden Pflanzen in diesem Garten können zurückgeschnitten werden oder sich so entwickeln, daß sie die gesamte Terrassenanlage überwuchern

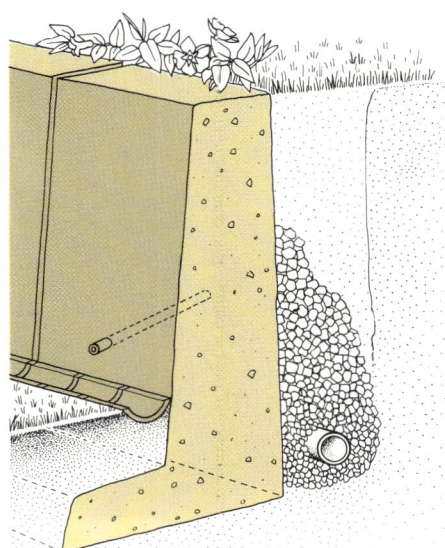

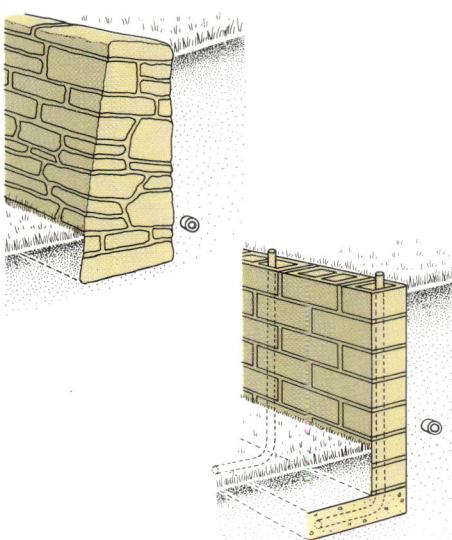

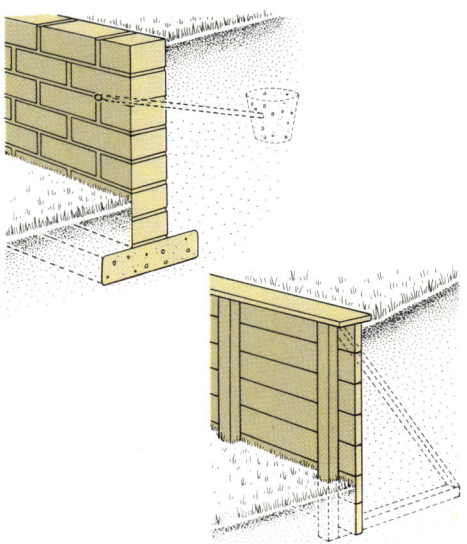

Die Dränrohre sollten ein Gefälle von etwa 1:40 haben und allseits gut mit Kies umgeben sein. Beim Einbau von Entwässerungsröhrchen, muß die Kiesschüttung bis über die obersten Röhrchen reichen. Überflüssiges Wasser kann auch noch in einer Rinne am Fuß der Mauer gesammelt und abgeführt werden. Eine Bepflanzung der Mauerkrone entzieht auch Wasser und verhindert außerdem die Bodenerosion

Trocken aufgeschichtete Stützmauern haben in der Senkrechten eine Neigung zum Hang hin, die meistens 10–20% beträgt (d. h. bei einer 1 m hohen Mauer beträgt die Abweichung, am Mauerkopf gemessen, 10–20 cm). Bei einer Stützmauer aus Betonsteinen wird das Fundament auf der Talseite zu einem »Fuß« vergrößert. Er dient zusätzlicher Festigkeit. Eine Eisenarmierung läuft vom Fundament aus durch die Steine (oben)

Eine Ziegelstützmauer wird durch Eisenstäbe gehalten, die in der Mauer vermörtelt sind und von dort außen ins Erdreich ragen, wo sie, mit einem Betonklotz umgeben, als Anker dienen. Für eine Holzmauer sollten Sie nur sehr gut imprägniertes oder Hartholz verwenden. Alle Holzstützen müssen im Hang mit Kanthölzern 10 × 10 cm verankert werden und zwar wenigstens in der Art wie oben abgebildet

Stellen im Lauf der Zeit vorwölben. Sie sollten besser als ziegelverkleidete Betonmauer gebaut werden.

Betonmauern sind die haltbarsten Stützmauern, und sie verursachen die geringsten Kosten und Mühen. Für nicht sehr hohe Mauern kann man auch vorgefertigte Betonpfosten oder runde Betonrohre, senkrecht gestellt, als Stützen verwenden; Zwischenräume oder obere Öffnungen können bepflanzt werden. Sehen Sie sich einmal bei einem Baustoffhändler nach ungewöhnlichen Materialien um!

Eisenbahnschwellen oder imprägnierte Holzpfähle können eine erstaunlich widerstandsfähige niedrige Stützmauer bilden, die auch leicht zu errichten ist, oder sie können als Verblendung vor einer Betonmauer stehen. Kleinere Holzpfähle werden auch häufig als Einfassung für erhöhte Pflanzbeete verwendet, sie stehen dann wie Palisaden dicht an dicht.

Bau von Stufen

Die Art der Stufen hängt davon ab, wie häufig sie benutzt werden. Sie können im Haupteingangsbereich des Hauses liegen oder abseits und nur zu einem gelegentlichen Spaziergang in einen entfernten Gartenteil einladen. Eine Reihe von Stufen mit breiten Auftrittsflächen kann eine bequeme Sitzgelegenheit sein oder ein Schauplatz für Kübelpflanzen. Die beabsichtigte Nutzung sollte die Stufenhöhe bestimmen. Flache Stufen laden zum Schlendern ein, höhere regen zu schneller, zielgerichteter Bewegung an. Treppen im Haus können steiler sein, Außentreppen müssen flach sein, mit breiten Auftritten, um der größeren Weite im Freien gerecht zu werden. Steile, schmale Stufen müssen unbedingt vermieden werden, sie sind ermüdend und bei nassem Wetter gefährlich zu begehen.

Es ist wichtig, die Stufen im Material dem vorhandenen in Haus und Garten anzupassen. Der Treppenverlauf soll der geplanten Geländebewegung folgen. Die etwas harten Linien der Stufen können durch eine seitliche Stützmauer oder ein Pflanzbeet gefaßt werden oder so bepflanzt werden, daß sie gar nicht mehr zu sehen sind. Im ersten Fall wird die Treppe zum klaren, dominierenden Gestaltungselement Ihres Gartens, im zweiten fügt sie sich in die Gesamtanlage ein. Wenn Sie den Treppenlauf auf andere Weise betonen möchten, stellen Sie auf jede Stufenecke eine getopfte Pflanze. Treppenläufe sollen in ihrer Neigung genau der Neigung des Hanges entsprechen, eher ein wenig hineingebettet sein als sich hervorwölben. Betrachten Sie die Treppenanlage immer im Zusammenhang – schlecht eingefügte Stufen können auch zum Blickfang Ihres Gartens werden.

Auf einem langen, gleichmäßig fallenden Hang kann eine Rampe oder eine Rampe mit gelegentlichen Absätzen besser geeignet sein als Stufen, besonders da, wo mit Rollstühlen oder Dreirädern gefahren wird. Sie sollte nicht steiler als 1 : 10 sein, da man bei größerer Neigung nicht mehr angenehm gehen kann. Wenn es der Raum und die Geländeneigung erlauben, wäre eine Steigung von nur

Eine zarte Randbepflanzung kann die scharfen Konturen einer Betontreppe mildern

Die Vielseitigkeit des Holzes und sein sorgloser Einsatz geben eine interessante Lösung

Gestaffelte Klinkerflächer. bilden die Eingangsstufen zu einem Ziegelhaus

Aus polygonalen Schieferplatten entstanden Stufen zum Aufstellen von Pflanzen

Niedrige Pflanzen beleben die Treppe und markieren die Stufen

Holztreppen

Die seitlichen Tragebalken werden mit Bolzen an dem obersten Brett befestigt und durch ein von unten gegengeschraubtes Kantholz verstärkt (1). Metallhalterungen werden auf das Betonfundament geschraubt und halten die Treppe unten (2). Die Stufenauftritte können breiter sein als die Tragebalken (3) oder können innerhalb der Balken liegen; dann kann man sie mit Querleisten (4), Nut (5) oder Einschnitten (6) befestigen

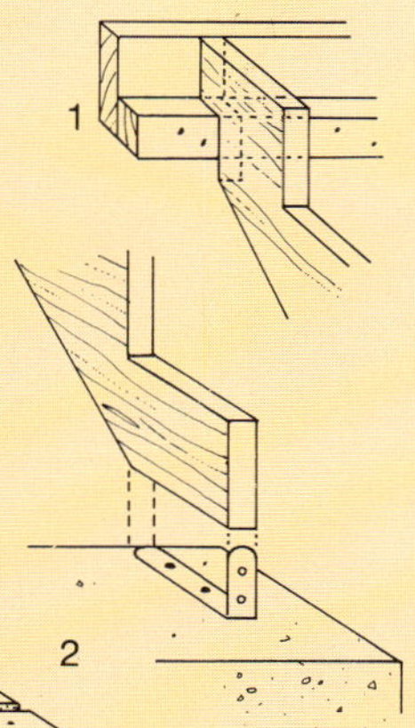

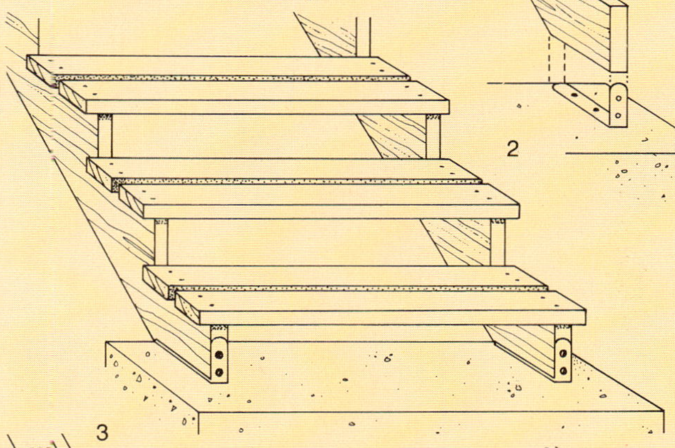

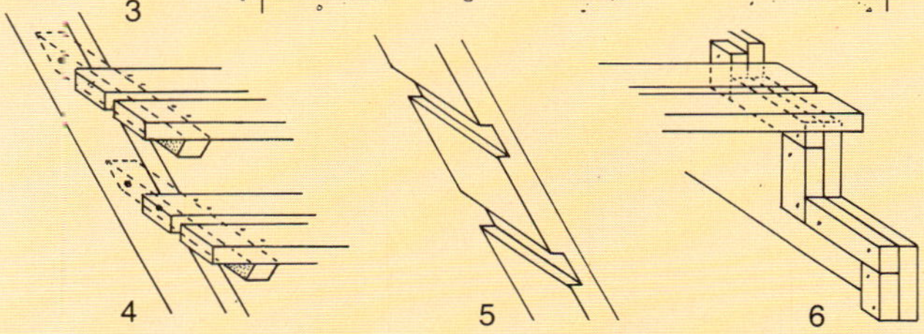

Ortbetontreppen

Eine kurze Treppe kann in einem Arbeitsgang gegossen werden. Die Schalung muß stabil sein, sie braucht Verstrebungen seitlich und vorne. Richten Sie zuerst die seitlichen Schalungen her, dann die für die Stufenhöhen und zwar bei der obersten Stufe beginnend. Die Betonstärke sollte bei einem zusammenhängenden Treppenlauf an der dünnsten Stelle wenigstens 10 cm betragen. Eine Abschrägung der Stufenvorderkanten ist vorteilhaft (1), weil sie einmal nicht absplittern und zum anderen, Kinder sich nicht so leicht verletzen können. Eine Verstärkung des Betons (Bewehrung) wird erreicht, indem man auf jeder Stufe und in das Fundament Baustahlstäbe legt (2). Sie müssen wenigstens 2 cm mit Beton überdeckt sein, sonst rosten sie durch. Wenn Sie die Betonoberfläche zum Schluß noch aufrauhen, verringern Sie die Rutschgefahr auf Ihrer Treppe

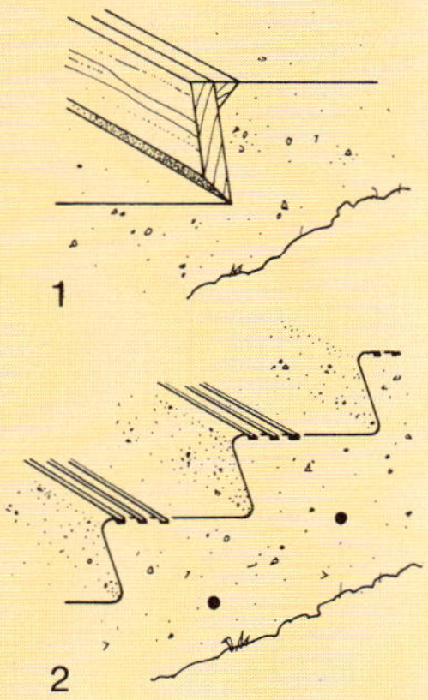

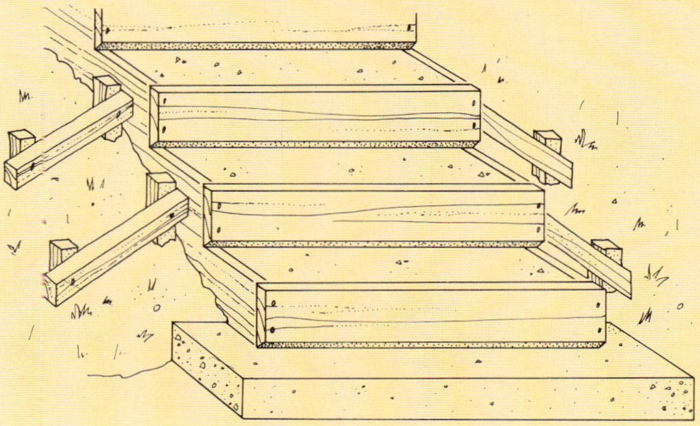

Eine Treppe auf ebenem Gelände

Legen Sie ein Betonfundament, das so groß ist wie die Grundfläche Ihrer Treppe; vor der ersten Stufe steht es etwas über. Wenn es trocken ist, wird die erste Ziegelschicht in Mörtel (1 Teil Zement, 3 Teile Sand) daraufgelegt

Legen Sie dann die Auftrittsplatten in das Mörtelbett und verbinden Sie sie auch seitlich mit Mörtel. Sie können 2–3 cm gegenüber der Ziegellage vorstehen. Ein solcher Überstand macht die Treppe gefälliger

Dann werden die nächsten Auftrittsplatten aufgemörtelt usw. bis Ihre Treppe fertig ist. Achten Sie immer darauf, daß die Stufen ein leichtes Gefälle nach vorne haben, damit das Wasser schneller abfließt

Dann wird die ganze Fläche bis zur Höhe der Ziegel mit einer Kiestragschicht 0–32 aufgefüllt und verdichtet. Dann kommt eine Mörtelschicht über die Ziegel und wieder Kies bis etwa an die Hinterkante der ersten Auftrittsplatte

Auf den hinteren Teil der Platten wird der Mörtel für die nächste Ziegelschicht aufgetragen. Die Ziegel werden darauf gesetzt und der »Treppenkörper« wieder mit Kies aufgefüllt und verdichtet. Überprüfen Sie immer wieder das Gefälle

Dies ist eine Treppe, die nach der beschriebenen Methode gebaut worden ist. Eine kleine seitliche Wange oder eine geschickte Pflanzung – oder auch beides – binden den Treppenlauf in seine Umgebung ein

1 : 15 noch besser. Rampen müssen mit einem Material befestigt werden, das nicht rutschig oder glitschig wird, z. B. mit Ortbeton, der aufgerauht wurde oder mit Granitpflaster, das nicht der Hangneigung folgend, sondern waagerecht verlegt wurde. Abgestufte Rampen können sehr elegant wirken, wenn die Abstufungen dicht aufeinanderfolgen und dazwischen lange Rampenabschnitte liegen, aber diese Form ist eher für große Gärten geeignet.

Wenn Sie eine Treppe planen, müssen Sie zuerst das Verhältnis von Stufenhöhe und Auftrittstiefe festlegen. Die größte Stufenhöhe sollte im Garten 18 cm betragen, die kleinste 12 cm. Je flacher der Hang ist, desto flacher müssen auch die Stufen sein. Die Auftrittstiefe steht in einem bestimmten Verhältnis zur Stufenhöhe, die Tabelle zeigt einige Beispiele.

Auftrittstiefe	Stufenhöhe
27 cm	18 cm
29 cm	17 cm
31 cm	16 cm
35 cm	14 cm
40 cm	12 cm

Ganz allgemein kann man Legstufen, wie sie links auf den Bildern dargestellt sind, Stellstufen und Blockstufen unterscheiden. Die Stellstufen werden so gebaut, daß die Stufenhöhe durch einen aufrecht gestellten Stein oder Balken fixiert wird und die Auftrittsfläche mit einem beliebigen Material aufgefüllt wird. Blockstufen werden als ganzes Element aus Beton oder Naturstein hergestellt und auf einen entsprechenden Unterbau verlegt. Sie sind sehr schwer und liegen gut.

Treppen sollten wenigstens 1 m breit sein, wenn eine Person, und 1,50 m breit, wenn zwei Personen nebeneinander darauf gehen können sollen. Wenn ein Treppenlauf mehr als 10 Stufen hat, sollte er etwa auf der halben Höhe durch ein Podest unterbrochen werden. Erstens wirkt die Treppe dann nicht so steil, zweitens ist sie leichter zu steigen.

Um die Anzahl der erforderlichen Stufen zu berechnen, messen Sie zunächst die Hanglänge und seine vertikale Höhe und fertigen Sie sich eine Querschnittszeichnung an. Sie können die Stufenzahl berechnen, indem Sie die vertikale Hanghöhe durch die Stufenhöhe teilen. Damit die Stufen richtig im Gelände liegen ist es zweckmäßig, den Hang leicht konkav auszuformen, d. h. von der Hangmitte Erdreich an den Hangfuß zu ziehen.

Kleine, besondere Details können einer Treppe ein ansprechendes Aussehen geben und sie gleichzeitig sicherer machen. So wirft z. B. ein Überstand der Auftrittsplatte von ca. 3 cm einen schmalen Schatten an der Vorderkante jeder Stufe, was interessant wirkt und den Blick auf sich zieht. Alle Stufenauftritte müssen mit leichtem Gefälle nach vorne (ca. $\frac{1}{2}$ bis 1%) gebaut werden, damit das Oberflächenwasser abfließen kann.

Es wäre gut, wenn Stufen eine aufgerauhte Oberfläche hätten. Holztreppen werden besonders schnell glitschig. Abflußrinnen beidseits des Treppenlaufes können bei zu viel Feuchtigkeit Abhilfe schaffen.

Stufen im Hang

An einem lockeren Hang müssen Sie die gesamte Fläche der Treppe ausschachten, bei festem Boden genügt es, wenn Sie die Form jeder einzelnen Stufe ausgraben. Treppen sollten möglichst frostfrei gegründet sein, da sie sonst hochfrieren und auseinanderbrechen. Unter der vordersten Stufe muß immer ein Betonfundament liegen; die übrigen Stufen liegen auf einer je nach Witterungsbedingungen verschieden starken Kiestragschicht o. ä. Die erste Ziegellage wird aufgemauert und mit der etwas überstehenden Auftrittsplatte abgedeckt. Auf diese wird die zweite Ziegelschicht aufgemauert, darauf die Auftrittsplatte usf. (rechts). Eine Treppe kann auch aus anderen Materialien zusammengebaut werden, wie im Beispiel oben aus Ziegel und Naturstein.

Der Garten als Erweiterung des Hauses

Fast jeder von uns hat wohl das Bedürfnis nach einem Lebensraum, der die Vorteile des Hauses und des Gartens in sich vereint. Veranden, Pergolen oder Balkone sind Übergangsformen, in denen die Pflanzen dichter ans Haus geholt werden und die Freiräume geschützter und bequemer werden.

Dachgärten

Für jene, die in einer Stadtwohnung leben müssen, ist der kleinste Dachgarten ein Refugium, besonders wenn er so gut gepflanzt ist, daß Einblicke aus den anderen Häusern abgeschirmt sind. In einigen Dachgärten mag es sogar Rasenflächen, Wasserbecken und Springbrunnen, erhöhte Beete oder Stützmauern geben; für solche Gärten werden jedoch große Erdmengen benötigt (20 bis 45 cm Auftragshöhe). Wenn Sie keine solch große Fläche und kein so stabiles Dach haben, das das Gewicht von Erde, Mauerwerk und Bewuchs tragen kann, sollten Sie Ihre Pflanzen in leichteren Behältern unterbringen. Je leichter sie sind, desto mehr können Sie aufstellen – ein Gesichtspunkt, der für Eternit-, Fiberglas- oder Kunststoffkübel spricht. Lassen Sie von einem Fachmann feststellen, wieviel Ihr Dach tragen kann und planen Sie dementsprechend. Unter Umständen brauchen Sie die Einwilligung des Hauseigentümers oder Vermieters oder der Nachbarn, bevor Sie mit den Arbeiten beginnen können.

Sie sollten sich auch vergewissern, daß die Dachfläche wasserdicht ist und die Entwässerung funktioniert. Auf die übliche Dichtung aus Dachpappe oder Folie kommt dann eine Dränschicht (mind. 10 cm Kies), die das Oberflächenwasser aufnimmt, darüber eine Filterschicht, die verhindert, daß der Oberboden die Dränschicht verschlämmt (Glasfaserplatten oder Hygromull), und zum Schluß der Oberboden oder die Vegetationsschicht. Platten, Fliesen oder Holzauflagen können mit oder ohne Sandbett auf die Filterschicht gelegt werden. Eine Kombination verschiedener Belagarten und der Einbau kleiner Höhenunterschiede bringen Abwechslung in Dachgärten, die häufig etwas eben und monoton wirken.

Dachgärten sind Sonne und Wind besonders stark ausgesetzt, beide können die Pflanzen erheblich schädigen. Ein schützendes Lattengerüst oder eine Pergola sind häufig angebracht, um das Kleinklima zu verbessern, – achten Sie darauf, daß sie gut verankert sind. Evtl. brauchen Sie für solche Konstruktionen auch eine Baugenehmigung.

Da die meisten Dachgärten starker Sonneneinstrahlung und Windeinwirkung ausgesetzt sind, ist eine ausreichende Wasserversorgung der Pflanzen wichtig. Besonders Pflanzen-Container trocknen sehr viel schneller aus als größere Hochbeete; wenn möglich, sollte man letzteren den Vorzug geben. Sie sollten auf jeden Fall den Einbau einer Beregnungsanlage in Erwägung zie-

hen. Vielleicht können Sie in Verbindung mit der Installation noch einen plätschernden Brunnen oder ein Wasserbecken mit Springstrahl einbauen. Bewegung und Geräusch des Wassers sind im Sommer belebend und angenehm. Als Erdsubstrat für Beete und Kübel haben sich sog. »Industrieerden« bewährt, die unkrautfrei und gedüngt sind und kein großes Gewicht haben (z. B. Torfkultursubstrat, TKS). Aber auch sie müssen nachgedüngt werden, um ausgewaschene und verbrauchte Nährstoffe wieder zu ersetzen.

Eine Mischung von immergrünen und blühenden Bodendeckern, von Stauden und Sommerblumen ist ideal für einen Dachgarten, die höheren Pflanzen sollte man an Hauswänden oder Spalieren befestigen. Beim Pflanzen und der Bodenbearbeitung sind scharfe und spitze Geräte zu meiden, man könnte mit ihnen leicht die Filterschicht zerstören.

Windschutzwände geben einem Dachgarten auch Geborgenheit und Intimität. Hier bilden brüstungshohe Platten aus gewelltem Kunststoff eine von Pflanzen bewachsene Schutzwand.

Damit sich auch auf Dachgärten Bäume entwickeln können, müssen sie in große Behälter gepflanzt werden; immergrüne Pflanzen wirken im Winter besonders ansprechend.

Unerfreuliche Ausblicke gibt es von fast allen Dachgärten in der Stadt. Hier sind sie durch einen Flechtzaun verdeckt. Der Raum selbst, in dem eine Vielzahl von Kübel- und Wasserpflanzen steht, ist ein gutes Beispiel dafür, wie üppig sich die Vegetation auch ohne Verbindung mit dem Erdboden entwickeln kann (links).

Blühende Topfpflanzen bringen auch in den kleinsten Dachgarten Leben, und jede Senkrechte kann mit Kletterpflanzen berankt werden.

Wo die Dachkonstruktion stark genug ist, Erdreich und Dränage zu tragen, kann man sich auch im 5. Stock einen Rasen vor dem Wohnzimmer anlegen!

Wenn man die Dachflächen nicht oft betreten kann (links), sollte man sie wenn möglich bepflanzen. Die immergrünen Sträucher, Rosen und niedrigen Stauden brauchen wenig Pflege und beleben die Dachflächen.

Balkongärten

Auf einem geschützten Balkon, selbst wenn er so klein ist, daß man dort nicht sitzen kann, kann man durch eine geschickte Bepflanzung das ganze Jahr hindurch einen abwechslungsreichen Ausblick schaffen. Größere Balkone bieten mehr Möglichkeiten: man kann Hochbeete anlegen, Kletterpflanzen an den Mauern hoch und über Brüstungen hinabwachsen lassen. Der Balkon kann Erweiterung des Wohnraumes sein; die gleiche Möblierung innen und draußen oder der gleiche Fußbodenbelag in beiden Bereichen schaffen die optische Verbindung. Die Bepflanzung sollte sich dann auf ein paar gut gruppierte Kübel beschränken. Leider sind die meisten Balkone heutzutage sehr uniform und so ungünstig über- und nebeneinander gebaut, daß sie sich gegenseitig beschatten. Aber ein Pflanzenschleier an einem Rankgerüst oder eine bunte Blumenreihe im Balkonkasten schaffen schon ein wenig Individualität.

Das größte Problem auf einem Balkon ist der Wind. Einen Schutz dagegen sollte man errichten, vielleicht eine Wand aus Verbundglas. Sie ist zwar teuer, aber sie läßt Licht durch, sowohl auf den eigenen Balkon als auch auf den des Nachbarn. Lamellenartige Holzwände, Schilfmatten oder Gitter aus angestrichenem oder verzinktem Baustahlgewebe sehen auch sehr hübsch aus, besonders, wenn sie berankt sind. Fragen Sie jedoch immer erst den Nachbarn und den Hauswirt, bevor Sie dauerhafte Konstruktionen errichten.

Einen vorspringenden Balkon kann man nicht sehr stark belasten, deshalb hängen Sie in einem solchen Fall Pflanzkästen und Töpfe an die Hauswand, und nützen Sie die Vertikale so gut wie möglich. Das ist auch besonders dort nötig, wo nur ein schmaler Teil des Balkons volle Sonne bekommt. Unter Umständen bieten sich auch waagerechte Träger der darüberliegenden Balkone oder Hausvorsprünge an, um daran Pflanztöpfe oder -kästen aufzuhängen. Wie bei Dachgärten ist es auch hier angebracht, leichte Pflanzbehälter und ein leichtes Erdsubstrat zu verwenden.

Praktisch wäre es, wenn Sie auf dem Balkon einen Wasseranschluß hätten, das Gießen mit dem Schlauch ist doch einfacher, als wenn Sie jede Kanne Wasser aus der Küche oder dem Bad holen müssen (denken Sie beim Gießen daran, daß der Nachbar unter Ihnen sicher nicht mitgegossen werden möchte). Eine praktische Methode mehrere Behälter auf einmal zu bewässern ist, einen durchlöcherten Schlauch auf die Töpfe zu legen. Es gibt auch Pflanzenbehälter mit Wasserspeicher, aber sie sind schwerer als die üblichen Kübel.

Vielleicht wollen Sie den häßlichen Zementboden Ihres Balkons verschönern, – Sie könnten ihn anstreichen, mit wasserfesten Kunststoffteppichen belegen, leichte Fliesen oder auch Holzroste verwenden. In jedem Fall sollten Sie darauf achten, daß das Gefälle so groß ist, daß Regen- oder Gießwasser schnell abfließen.

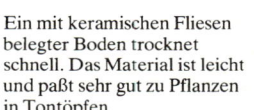

Selbst wenn ein Balkon schmal und schattig ist, können Kletterpflanzen die strengen Linien des Geländers überspielen und die Aussicht auf die Stadt verdecken.

Ein mit keramischen Fliesen belegter Boden trocknet schnell. Das Material ist leicht und paßt sehr gut zu Pflanzen in Tontöpfen.

Eine solche Blütenfülle, aus
Balkonkästen quellend, belebt
die Fassade und die Innenräume eines Wohnhauses. Eine
Markise kann notfalls Schatten
spenden.

Eine Bambusmatte verlängert
die Schutzmauer und bietet
größere Abgeschlossenheit. Sie
ist auch als Hintergrund für
Pflanzen sympathischer als eine
Betonmauer.

Eine große überdachte Veranda spendet Schatten für die Bewohner, die Pflanzen am Rand
gedeihen in voller Sonne besonders üppig und bilden einen
grünen Vorhang. Die Korbmöbel passen sich zwanglos der
Umgebung an.

Ein Balkon, der zur Straße hin-
ausgebaut wurde (rechts) ist zu
einem dicht bewachsenen Garten geworden mit großen Bäumen, Büschen und Topf-
pflanzen.

99

Verglaste Räume

Vom eleganten Wintergarten bis zum kleinen, an eine Hauswand gelehnten Gewächshaus gibt es viele Variationsmöglichkeiten, je nachdem, in welchem Klimagebiet man wohnt und welche Nutzung man sich vorstellt. Wo neu angebaut wird, in Erweiterung des Wohnraumes oder als besonderes Zimmer, wird man sich meistens mehr Licht wünschen und eine neue Dimension des Wohnens erschließen wollen.

Manche Räume sind in erster Linie für Menschen gebaut und die Pflanzen sind reine Dekoration, manche sind wie richtige Gewächshäuser, was sie als Wohnräume unbrauchbar macht. Die hohe Luftfeuchtigkeit und Wärme einer Glasveranda, die für tropische Pflanzen gebaut ist, ist für einen längeren Aufenthalt ungeeignet. Eine Veranda, in der die Temperatur eines Kalthauses herrscht, und wo diejenigen Pflanzen überwintert werden, die bei uns zwar im Sommer im Freien stehen können, im Winter aber erfrieren würden, ist dagegen eher als Wohnraum zu gebrauchen.

Ein richtiger Wintergarten kann ein vielgenutzter Raum sein, ein Abstellraum, ein Spielbereich, ein Eßraum, geschützt vor Wind und Wetter. Besonders für ältere Menschen kann er eine Bereicherung sein; sie können dort geschützt sitzen und ein wenig Gartenarbeit verrichten.

Anbau einer Glasveranda

Wenn Sie einen Anbau oder eine Erweiterung planen, sollten Sie nicht nur von »innen nach außen« denken und sich einen sonnigen, lichtdurchfluteten Raum schaffen, sondern die Wirkung des neuen Bauteiles auch von außen gesehen bedenken. Eine L-förmige Ecke am Gebäude eignet sich vielleicht für einen angelehnten Vorbau; achten Sie jedoch bei solchen und anderen Anbauten darauf, daß ihre Form, Materialien und Proportionen zum Haus passen; die Form der Fenster ist besonders wichtig, da sie eine dominierende Wirkung haben. Natürlich kann man vorgefertigte Elemente verwenden, aber ihr Aussehen ist oft sehr nüchtern (wenn es Metallrahmen sind) oder dürftig (wenn es Holzrahmen sind), so daß sie in vielen Situationen unpassend sein können. Auch ist ihre Haltbarkeit oft nicht sehr groß, und meistens macht der Einbau größere Schwierigkeiten, als man vorher angenommen hatte.

Wenn Sie Ihre Glasveranda selbst planen, können Sie Lage und besonders Aussehen Ihren Bedürfnissen anpassen. Sie können entscheiden wie viele Fenster Sie haben möchten und wie groß sie sein sollen. In der Regel werden Verandas auf der Südseite eines Gebäudes angefügt, aber Sie können es natürlich auch anders machen. Die Verglasung läßt Sonnenlicht herein und hält den Wind ab; sie hat aber auch Nachteile: im Sommer kann es sehr heiß in solchen Räumen werden und im Winter recht kalt; auch der Einbau einer Thermopane-Verglasung mildert die Extreme nicht sehr. Man könnte den Raum deshalb im Winter als Aufbewahrungsort für die Sommer-Sportausrüstung, Gartenmöbel o. a. nutzen.

Wenn Sie mehrere Möglichkeiten haben, einen Anbau zu plazieren, prüfen Sie folgendes: die Hauptrichtung, aus der die kalten Winde wehen, die Schutzwirkung evtl. vorhandener Bäume und Mauern, den Einfall abendlicher Sonnenstrahlen; auch eine ausreichende Belüftungsmöglichkeit für den neuen Raum kann ein Gesichtspunkt für dessen Lage sein. Wägen Sie alle Faktoren ab und entscheiden Sie dann, wo Sie bauen werden.

Das Verglasen des Daches verstärkt zweifellos das Gefühl, im Freien zu sitzen, aber es bedeutet auch eine größere Wärmeentwicklung im Sommer. Wenn Sie nur mehr Licht in Ihrem Haus haben wollen, genügt es

Bei sorgfältiger Planung kann ein Wintergarten für Menchen genauso einladend sein wie für Pflanzen. Die Pflanzen erhalten ein Maximum an Licht durch die Dachfenster (links). Der gefliese Boden ist haltbar und elegant und die Korbmöbel – für den Gebrauch im Freien nicht geeignet – passen gut zu den verschiedenen zarten Blattformen.

Zu dem traditionellen englischen Haus aus dem 19. Jh. paßt der kleine Wintergarten; das Treppengeländer, die ungewöhnliche Pflanzenzusammenstellung, alles zusammen schafft eine charmante, aparte Atmosphäre.

Eine kräftige und schlichte Konstruktion wirkt häufig am besten für eine Hauserweiterung, besser als eine zarte, die nicht den Proportionen des Hauses entspricht. Das transparente Plastikdach ist stabiler als ein Glasdach, es verschmutzt allerdings leichter.

Ein schräg hinausgebautes Blumenfenster läßt mehr Licht in die Wohnung und bietet Raum für so viele Pflanzen, daß man innen das Gefühl hat, im Grünen zu sitzen.

101

auch, wenn Sie eine Reihe Fenster an der Verbindungs-
naht zwischen Haus und Anbau in der Dachfläche vorsehen. Die Pflanzen werden auch von dem Lichteinfall
von oben profitieren.

Die gemauerten Wände und der Boden von Glasan-
bauten sollten Wärme speichern können, in kälteren
Gegenden ist es ratsam, sie zu isolieren, um Heizkosten
zu sparen. Eine Fußbodenheizung kann den Raum
leicht temperieren. Der Bodenbelag sollte widerstandsfähig und wasserbeständig sein, besonders wenn viele
Pflanzen in dem Raum stehen, die häufig gegossen werden müssen. Ein Naturstein, ein keramischer Fliesenbe-
lag oder auch ein Kunststoffboden können gut aussehen
und sind praktisch. Ideal wäre es, den Belag aus dem
Inneren des Wohnhauses auch in der Veranda fortzu-
setzen, dann wirken beide Räume größer und großzügiger.

Gewächshäuser

Ein Gewächshaus dient Pflanzen aller Wachstumssta-
dien – es ist ein Treibhaus für Stecklinge, Sämlinge und
auch für empfindliche Gemüse und Blumen. Selbst das
bescheidenste, kaum geheizte Gewächshaus erweitert

die Auswahl der Pflanzen und die Methoden ihres Anbaus erheblich.

Ein beheizbares Gewächshaus werden sich nur die
wenigsten Gartenbesitzer bauen können, die meisten
werden mit der Strahlungswärme der Sonne zufrieden
sein müssen. Eine Möglichkeit diese Wärme einzufangen und einen Heizungseinbau zu umgehen ist die, ein
Erdhaus mit einem nach Süden geneigten Glasdach zu
bauen. Die Nordwand wird schwarz gestrichen, damit
sie die einfallende Sonnenenergie besser speichert. Das
Erdhaus wird etwa 1,20 m tief in die Erde gebaut, die
Mauern aus Steinen gemauert; sie und der Boden wirken isolierend und wärmespeichernd.

Wenn möglich, planen Sie Ihr Gewächshaus in Anlehnung an ein Gebäude. Die handelsüblichen Alumi-
nium- oder Holzkonstruktionen sind zwar leicht und sie
funktionieren auch, aber sie können im kleinen Garten
sehr störend oder zu dominant wirken. Ein laubabwerfender Baum mit lockerer, lichtdurchlässiger Krone in
der Nähe könnte als Abschirmung dienen; er beschattet
es im Sommer leicht, läßt aber im Winter genügend
Licht durch.

Die überschwengliche Fülle
exotischer Pflanzen und
schnellwachsender Schlinger
verhüllen die starken Pfeiler
und massiven Mauern.

Manchmal ist eine Veranda mehr Teil des Gartens als Teil des Hauses, besonders, wenn eine Seite offen ist. Lose geflochtene Bambusvorhänge spenden einen lichten Schatten.

Die harten Konturen eines Gewächshauses, besonders eines Aluminiumhauses, sind schwer zu benachbaren, weder mit anderen Gebäuden noch mit Pflanzen (rechts), ohne daß die optimale Besonnung beeinträchtigt wird. Mit einer geschickten Pflanzung kann man jedoch viel erreichen. Ein fester Weg sollte zum Gewächshaus hinführen.

Ein Gewächshaus, das gegen eine Ziegelmauer gebaut ist, ist ideal, denn die Mauer gibt langsam die gespeicherte Wärme wieder ab, was exotische Pflanzen und reifenden Früchten zugute kommt.

In diesem Wintergarten stehen die Pflanzen auf dem Boden und auf Holzstellagen, die mit Lattenrost abgedeckt sind (damit das Gießwasser nicht so lange auf dem Holz stehen bleibt). Man kann solche Stellagen auch stufenförmig bauen.

Die Pergola, ein Dach aus Pflanzen

Pergolen sind ein Übergang zwischen einem verglasten Raum und dem offenen Garten, sie bieten Schutz und Schatten, besonders, wenn sie berankt sind. Sie sind die billigste und einfachste Erweiterung des Wohnbereiches ins Freie, und obwohl ihre Nutzung auf Zeiten guten Wetters beschränkt ist, kann der Genuß, unter einem grünenden oder blühenden Dach im Freien zu sitzen, kaum übertroffen werden.

Eine wohlüberlegt gebaute Pergola kann Haus, Garten und mögliche Anbauten zu einer Einheit verbinden. Vor einer häßlichen Fassade kann eine Pergola, über die ganze Hausbreite gebaut, von allen Unzulänglichkeiten ablenken. Eine um die Ecke gebaute Mauer oder der Zwischenraum zwischen Haus und Garage sind ideale Voraussetzungen für den Bau einer Pergola. Durch sie werden gedankenlos nebeneinandergestellte Baukörper zu einer sinnvollen und ansprechenden Einheit zusammengefaßt.

Es ist gut sich zu erinnern, daß ein locker überspannter Raum größer wirkt als ein geschlossener und als ein ganz offener. Der Bodenbelag auf einer an den Wohnraum anschließenden Fläche sollte nach Möglichkeit der gleiche wie im Haus sein, vorausgesetzt, er ist frostbeständig, haltbar und trocknet schnell ab; die oben überhängenden Pflanzen tropfen nämlich noch lange nach, auch wenn der Regen schon aufgehört hat. Eine Pergola in Hausnähe müßte immer in Beziehung zu bestimmenden Linien am Haus gebaut werden; es sieht harmonischer aus, wenn die Oberkante der Pergola mit den Fensterstürzen auf einer Höhe liegt. Bei einem Neubau könnten die Deckenbalken u. U. nach außen verlängert werden und als Träger einer Pergola dienen. Verhindern Sie aber, daß solche Konstruktionen als Einstieghilfen für Diebe oder Klettergerüste für Kinder im ersten Stock mißbraucht werden.

Ganz allgemein ist es am besten, wenn man eine schlichte, solide Konstruktion wählt und es den Pflanzen überläßt, Vielfalt in Muster und Farbe zu bringen. Zu älteren Häusern mag allerdings ein ornamentaler Entwurf besser passen als ein strenger. Vermeiden Sie den verbreiteten Fehler, die Senkrechten zu kräftig zu machen; Metall- oder Holzstützen sind im allgemeinen leichter zu errichten und wirken auch gefälliger als Ziegel- oder Natursteinpfeiler, die eigentlich nur in eine ländliche Umgebung passen.

Pergolen, die sich an ein Gebäude anlehnen sind leichter zu bauen und zu gestalten und besser zu nutzen als freistehende. Letztere sind besonders schwierig einzubinden und zu motivieren, in manchen Fällen können sie wie ein Wandelgang auf irgendeinen Anziehungspunkt hin (Statue, Brunnen, hübsche Bank, Laube etc.) konzipiert werden. Um zu vermeiden, daß eine Pergola im Winter kahl herumsteht und langweilig wirkt, pflanzen Sie sommer- und wintergrüne Schlinger gemischt.

Beachten Sie jedoch das unterschiedlich starke Wachstum der verschiedenen Kletterpflanzen, es sollte nicht eine Art nach einiger Zeit die anderen unterdrücken!

Kletterpflanzen verbergen die Konstruktion und können sehr attraktive grüne Dächer bilden, deren Farben im Jahresablauf wechseln.

Eine Pergola, in einen Mauerwinkel eingepaßt, schafft einen sehr intimen Sitzplatz. Dieser Metallrahmen trägt schwere Kanthölzer. Großblättrige Pflanzen harmonieren mit der kräftigen, derben Pergola.

Eine rosenberankte Pergola ist der Traum vieler Gartenbesitzer, ein Traum, der gar nicht so schwer zu verwirklichen ist.

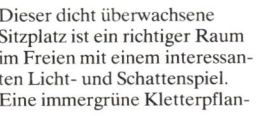

Wo sich die Pergola direkt ans Haus anlehnt ist es besonders wichtig, daß sie in Stil und Material dazupaßt. Hier sind Stützen und Auflagebretter weiß gestrichen, damit sie mit den Schiebetüren harmonieren.

Dieser dicht überwachsene Sitzplatz ist ein richtiger Raum im Freien mit einem interessanten Licht- und Schattenspiel. Eine immergrüne Kletterpflanze würde auch im Winter das Rankgerüst verdecken, sie wäre schöner, falls die Wohnung dadurch nicht zu dunkel wird.

Ausgedehnte Rankgerüste, die nur dazu da sind Pflanzen zu halten, können überwältigend wirken, wenn die Bäume oder Kletterpflanzen gerade blühen.

Abschirmung von Lagerplätzen im Garten

Wenn Sie nicht einen gewissen Bereich Ihres Gartens dafür vorsehen, daß dort unschöne Dinge untergebracht und aufbewahrt werden, wird in kurzer Zeit Ihr ganzer Garten unordentlich aussehen. Ein besonderes Problem ist die Unterbringung der Mülltonne oder des Holzlagers, wenn Sie so etwas haben.

Die Mülltonne muß vom Haus und von der Straße aus leicht zugänglich sein; der Kompost sollte nicht zu weit vom Haus entfernt liegen, jedoch auch nicht zu dicht an einem Fenster (Fliegen und Geruch!). Es ist zweckmäßig und billiger, wenn eine Abdeckung gemeinsam für alle diese Dinge gebaut wird als sie über den gesamten Garten zu verteilen in der Hoffnung, sie sähen weniger auffällig aus. Ein leichter, bescheidener Holzzaun oder eine Hecke sind völlig ausreichend, um Mülltonnen zu verdecken; eine herrliche, rosenberankte Abschirmung würde viel zu viel Aufmerksamkeit auf sich ziehen und eine Attraktion aus der Müllecke machen!

Ein anderes Problem ist die Unterbringung von Gegenständen, die nur gelegentlich gebraucht werden, aber dennoch in Reichweite sein sollten. Dazu gehören z. B. Gummistiefel, Sportausrüstung, Gartenmöbel, Schlitten, Ski oder Kinderfahrräder. Alle diese Dinge sollten dicht am Haus, vor Regen möglichst geschützt und u. U. verschlossen aufbewahrt werden.

Es gibt ziemlich unbefriedigend aussehende kleine Hütten für diesen Zweck, manchmal reicht auch ein Teil der Garage aus um alles unterzubringen.

Wenn Sie jedoch Ihren eigenen, gut durchdachten Plan ausführen, haben Sie sicher eine bessere Lösung: ein selbstgebautes Regal, das genau in eine bestimmte Ecke oder zwischen zwei Mauern paßt oder ein kleiner Anbau zwischen Haus und Garage oder ein Ablagebrett unter einem Dachüberstand; solche Konstruktionen fügen sich besser in die bestehenden Baulichkeiten ein als ein kleiner, fertiggekaufter Schuppen, und sie sind dicht am Haus, dicht bei Wasser und Licht.

Wenn Sie in Ihrem Garten »eingebaute Möbel« haben, können z. B. kleine gemauerte Bänke oder Sitze als zusätzlicher Lagerraum dienen, wenn sie hohl sind und die Sitzfläche als Klappdeckel ausgebildet ist. Das ist besonders empfehlenswert für Dachgärten und Balkone oder Innenhöfe, wo der Platz besonders beschränkt ist. Allerdings empfiehlt es sich, dort nur wasserfeste Materialien aufzubewahren, wenn man nicht einen wasserdicht schließenden Deckel anbringen will.

In diesem kleinen Garten muß der Holzschuppen, in dem alles mögliche aufbewahrt wird, sehr dicht am Haus liegen (rechts). Eine Pflanzung aus Sommer- und Immergrünen trennt beide Bereiche und bietet zu allen Jahreszeiten einen ansprechenden Ausblick.

Mülltonnen können hinter solchen Mauern verborgen werden. Das Mauerwerk paßt zum Haus und fällt, von weitem gesehen, gar nicht auf. Es wirkt sogar hübsch, wenn es von Efeu oder Knöterich überwachsen wird.

Die Mülltonnenbehälter (links) sehen auf der dem Haus zugewandten Seite so aus. Die Kiesflächen auf den beiden Ebenen bilden einen starken Farbkontrast, der den Blick von den unschönen Schranktüren ablenkt.

Schachtdeckel und Gitterroste können leicht durch große Pflanzkübel verdeckt werden. Der kräftige Lattenrost hebt die Bedeutung des Holzkübels noch hervor. Beides kann bei Bedarf leicht entfernt werden.

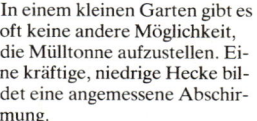

In einem kleinen Garten gibt es oft keine andere Möglichkeit, die Mülltonne aufzustellen. Eine kräftige, niedrige Hecke bildet eine angemessene Abschirmung.

Ein Komposthaufen liegt am besten in einiger Entfernung vom Haus, da er bei warmem Wetter unangenehm riecht.

Dieser geschwungene Palisadenzaun ist eine Abgrenzung, die sich gut in die Gesamtanlage einpaßt.

Dieser Müllbehälter ist in der gleichen Art wie die Grundstücke eingefaßt. Auf diese Weise fällt er fast nicht auf.

107

Gelungene kleine Gärten

Alle Gärten haben ihre Eigenheiten und ihre individuelle Note, sei es in der Gestaltung oder der Pflanzung. Vom Dachgarten und Balkon bis hin zum ertragreichen Gemüsegarten werden auf den folgenden Seiten Beispiele dafür dargestellt, wie man kleine Gärten anlegen kann. Es werden Lösungen für ungünstig zugeschnittene oder sehr schattige Grundstücke, für steile Hänge, und lange schmale Gärten gezeigt. Die gestalterischen Möglichkeiten sind sehr vielfältig; Sie können Anregungen für einen Wassergarten, einen japanischen Garten, einen »einfarbigen« Garten und vieles mehr bekommen. Auch die Gestaltungsmöglichkeiten mit Pflanzen sind ausgiebig dargestellt – mögen auch manche der gezeigten Pflanzen (im Text mit (K) gekennzeichnet) in unseren Breiten nicht winterhart sein, so beeinträchtigt das nicht die grundsätzliche Absicht des Autors, die Aussagekraft des »Bausteins Pflanze« deutlich zu machen.

Altes und Neues vereint in einem pflegeleichten Garten

Dieser mauerumgebene Teil wurde von einem größeren Garten abgetrennt, als das Haus auf mehrere Besitzer aufgeteilt wurde. Die mit Holzlatten verkleidete und mit Efeu bewachsene Mauer im Süden war die ursprüngliche Umfassungsmauer. Die neuen Mauern sind alle aus Ziegeln gebaut, damit sie sich den Gegebenheiten anpassen.

Die Besitzer, ein berufstätiges Ehepaar mit einem kleinen Kind, wünschten sich einen Garten ohne große Pflegeansprüche. Eine kleine Fläche alter Natursteinplatten konnte erhalten bleiben, als Ergänzung wurden Klinker verwendet. Sonst ist der ganze Boden mit Kies abgedeckt, durch den gelegentlich zur Unterbrechung ein paar Pflanzen wachsen. Trittflächen aus Ziegel führen zum rückwärtigen Tor.

Mitten im Garten stand ein großer alter Ahorn; er wurde erhalten und durch die Anlage einer abgewinkelten kleinen Ziegelmauer in seiner Bedeutung noch hervorgehoben. Da seine unteren Äste im Laufe der Jahre entfernt worden waren, bildet seine Krone jetzt einen weit ausgebreiteten Schirm. In diesem schattigen Bereich gedeihen keine leuchtenden Blütenpflanzen, deshalb wurden Arten gewählt, die sich durch auffallende Blattformen auszeichnen und die immergrün sind, da der Garten im Hauptblickfeld des Hauses liegt und auch im Winter attraktiv aussehen sollte. Farbakzente werden durch Blumenzwiebeln und Sommerblumen in Töpfen gesetzt.

Die sonnigste Ecke liegt entfernt vom Haus, hier entstanden eine Ziegelsitzbank und ein Sandkasten – ein idealer Platz zum Sonnenbaden, Spielen und Essen im Freien.

Ein solcher Garten bekommt seinen ihm eigenen Charakter erst im Lauf der Jahre, wenn die Kletterpflanzen üppig wuchern und die Steine Patina bekommen haben. Als der Garten fotografiert wurde, war er erst 3 Jahre alt, aber die Pflanzen waren schon gut entwickelt und auch die selbst ausgesäten Stockrosen fühlten sich wohl.

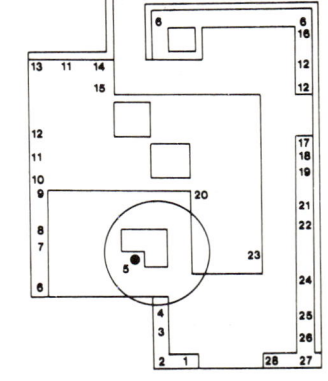

Durch ein kleines Tor ist ein außen vorbeiführender Weg zu erreichen. Zwei Trittflächen aus Klinker führen über die Kiesfläche dorthin. Die Pflanzung beschränkt sich auf den Rand, so daß in der Mitte genug freier Raum bleibt; die Grenzmauern sind mit Kletterpflanzen bewachsen. Der vorhandene Baum ist ein Ahorn, der mit einem erhöhten Bankbeet eingefaßt ist. Dazu korrespondierend liegt in der anderen Ecke des Gartens ein Sandkasten mit erhöhtem Rand.

1 *Daphne mezereum*
2 *Fatsia japonica* (K)
3 *Euonymus fort unei vegetus*
4 *Skimmia japonica*
5 *Acer negundo*
6 *Hedera helix* 'Goldheart'
7 *Chaenomeles* 'Crimson & Gold'
8 *Anemone japonica*
9 *Alchemilla mollis*
10 *Sinarundinaria murielae*
11 *Hedera helix*
12 *Jasminum nudiflorum*
13 *Acer negundo* 'Variegatum'
14 *Ligustrum lodense*
15 *Euonymus radicans*
16 *Clematis montana*
17 *Rosmarinus officinalis*
18 *Agapanthus campanulatus* (K)
19 *Rosa* 'Blaze Superior'
20 *Kniphofia*-Hybride
21 *Rosa* 'Märchenland'
22 *Kerria japonica*
23 *Juniperus sabina*
24 *Senecio laxifolius*
25 *Hydrangea petiolaris*
26 *Hydrangea macrophylla*
27 *Macleya cordata*
28 *Bergenia* 'Silberlicht'

Der Sandkasten ist erhöht und groß genug, daß ein Kind darin sitzen kann und nicht so sehr viel Sand herausschaufeln wird; auf jeden Fall ist die Fläche rundherum unempfindlich und leicht sauber zu halten. Blühende Pflanzen, wie *Nasturtium*, die Brunnenkresse, werden in jedem Jahr neu gepflanzt.

Hier ist direkt in den Kies gepflanzt worden (links), der bis an eine schattige Mauer reicht. *Sinarundinaria murielae* ist die geeignete Pflanze für diesen Standort, die Malve hat sich selbst ausgesät.

Eine immergrüne Pflanzung ist das ganze Jahr über interessant. Efeu und Pfaffenhütchen wirken im Winter besonders lebhaft; vom Haus aus gesehen bilden sie dann einen dekorativen, grünen Hintergrund und lockern die Mauerfläche auf.

Ineinandergreifende Formen

Der Bodenbelag besteht aus Straßenklinkern und Betonplatten (links). Die strengen Formen werden durch die üppige Pflanzung gemildert.

In verschiedenen kleinen Nischen stehen unterschiedliche Bänke, die jedem Platz eine individuelle Note geben.

Dieser Gartenplan eines Pflanzenliebhabers zeigt, wie viele, kleine, interessante Räume phantasievoll aneinander gefügt wurden, ohne daß der große Zusammenhang dabei verloren ging.

Die Grundidee der sich verzahnenden Formen ist durch den strengen Ziegelbelag verwirklicht, der zugleich unregelmäßig gegliedert ist. Er ist unterbrochen durch polierte Schieferplatten, die besonders nach einem Regen sehr interessant wirken. Der Gartenbesitzer ist nämlich der Ansicht, daß ein Garten auch bei Regen schön aussehen soll und nicht nur bei Sonnenschein.

Man betritt den Garten durch einen Wintergarten, der Blick wird dann von einer Pflanzengruppe zur anderen geführt bis hin zu einem kleinen Gemüsebeet und einem Werkzeugschuppen, beide durch geschickte Pflanzung verdeckt. Die Gestaltung des Gartens ist so ausgerichtet, daß Bereiche verschiedenen Charakters entstehen. Solche Eckchen – z. B. in der Sonne, im Schatten, im Verborgenen – werden nicht nur durch die Pflanzung hervorgehoben, sondern auch durch verschiedene Sitzgelegenheiten betont: hier steht eine Schieferbank, dort eine Holzbank und dort eine »Laubenbank« aus Eisendraht geformt. Der Grundgedanke setzt sich auch in der sehr durchdachten Pflanzenzusammenstellung durch, die das ganze Jahr hindurch Abwechslung bietet.

Einige silber- und graulaubige Pflanzen sind mitverwendet, sie wachsen hübsch über die Steine, großlaubige stehen neben feinblättrigen, solche mit roten Blättern neben solchen mit grünem Laub. Eine Anzahl locker wachsender Strauchrosen und Sommerblumen in Kübeln bringen leuchtende Farben in den Garten. Alle verwendeten Pflanzen brauchen wenig Pflege. Die Sträucher müssen gelegentlich geschnitten werden, die Kübel gegossen und stark wachsende oder sich versamende Pflanzen etwas gebändigt, damit das Gleichgewicht erhalten bleibt, und die Pflanzung wirkt so, als wäre sie nur sich selbst überlassen.

1   *Veronica incana*
2   *Lonicera periclymenum*
3   *Viburnum × juddii*
4   *Buddleia alternifolia*
5   *Rosa* 'Coral Satin'
6   *Euonymus radicans* 'Argenteo-marginatus'
7   *Hibiscus syriacus*
8   *Fuchsia magellanica* 'Gracilis'
9   *Hydrangea paniculata* 'Grandiflora'
10 *Rosa* 'Märchenland'
11 *Phlomis fruticosa*
12 *Buddleia davidii*
13 *Ligularia clivorum*
14 *Rosa* 'Sarabande'
15 *Santolina chamaecyparissus*
16 *Rosa* 'Gloria Dei'
17 *Syringa chinense*
18 *Helleborus niger*
19 *Rosa nitida*
20 *Chaenomeles japonica*
21 *Paeonia officinalis*
22 *Artemisia abrotanum*
23 *Rhododendron luteum*
24 *Rhododendron* 'Cunninghams White'
25 *Iris sibirica*
26 *Rhododendron*-Hybride
27 *Rosa* 'Honorine de Brabant'
28 *Sorbaria aitchisonii*
29 *Cercis siliquastrum*
30 *Buxus sempervirens*
31 *Betula pendula*
32 *Rosa* 'Solo'
33 *Cotoneaster dammeri*
34 Apfelbaum
35 *Anemone japonica*
36 *Ceanothus* 'Gloire de Versaille'
37 Schwarze Johannisbeere
38 Gemüse
39 *Dianthus*
40 Kräuter
41 *Sorbus decora*
42 *Rosa* 'Frühlingsgold'
43 *Spiraea × arguta*
44 *Geranium ibericum*
45 Rote Johannisbeere
46 *Cytisus × kewensis*
47 *Rosa rugosa*
48 *Rhododendron praecox*
49 *Deutzia* 'Mont Rose'
50 *Vinca minor*
51 *Malus floribunda*
52 *Cotoneaster salicifolius floccosus*
53 *Lavandula angustifolia*
54 *Rosa* 'Peace'
55 *Rosa* 'Golden Delight'
56 *Hedera helix* und *Hosta crispula*
57 *Lonicera pileata* 'Yunnanense'
58 *Rosa* 'Nevada'
59 *Pieris japonica*
60 *Hydrangea macrophylla*
61 *Hamamelis mollis*

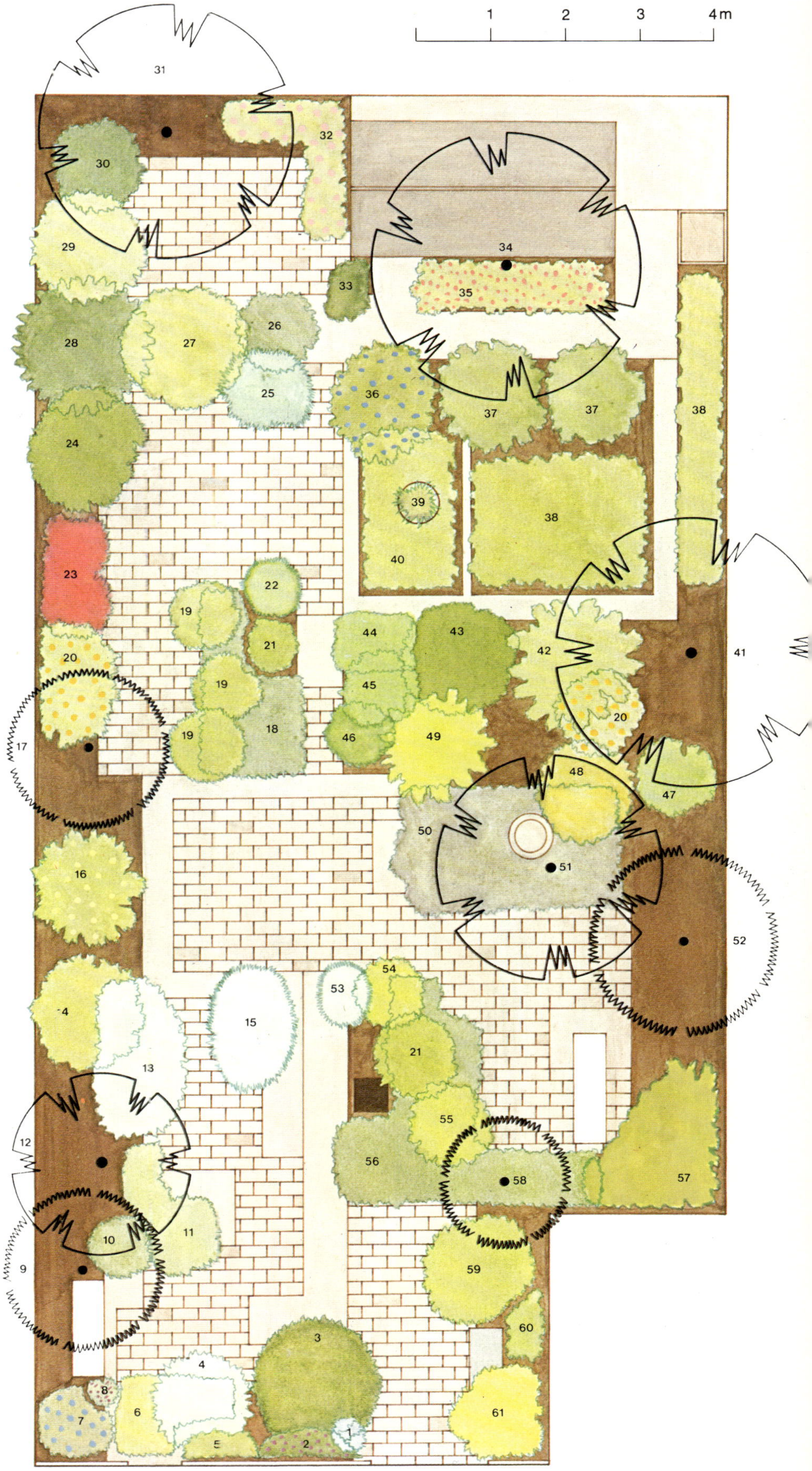

Farnwedel hängen über die Plattenkanten und Moos darf auf den Steinen wachsen – eine harmonische Gestaltung, die der Natur abgelauscht ist.

Ein Garten für jede Jahreszeit

Als die Familie vor 10 Jahren in ihr neues Haus einzog, war der Garten eine Wüstenei aus Dreck und Bauschutt. Obwohl jede Gartenarbeit damals entmutigend war, bot sie doch die Chance, einen Garten genau nach den eigenen Bedürfnissen zu entwerfen.

Das Grundstück ist nur 6 m × 16,5 m groß und ein Teil davon geht noch für Garage und Kellertreppe ab. Das erste was die neuen Gartenbesitzer taten, war, einen leicht geschwungenen Hauszugangsweg zu bauen. Als dann das Gelände planiert und modelliert war, wurde fast überall Gras angesät, damit die Kinder genügend Spielfläche hatten.

Der größte Teil der Pflanzflächen lag entlang der Grenzen, so daß Zäune und Grenzmauern weitgehend mit Kletterpflanzen, wie Clematis, Rosen und Wein bewachsen sind; dazwischen stehen, vor einer Südmauer, auch Tomaten. Da die Pflanzen alle am Rand des Grundstückes stehen, wirkt der Garten viel größer, als er tatsächlich ist.

Drei Bäume waren das erste, was gepflanzt wurde, ein Apfelbaum in der Nähe des Hauses, eine Hängebirke im Rasen und ein Ahorn am Ende des Gartens. Als die Bäume nach einigen Jahren größer waren, gaben sie dem Garten einen sehr ausdrucksvollen Rahmen. Die Familie hatte keine gärtnerischen Vorkenntnisse, aber im Laufe der Zeit lernte sie, wann und wie lange manche Pflanzen blühen, und sie merkte, wie wichtig es ist, daß während des ganzen Jahres etwas wechselnd Interessantes im Garten zu sehen ist. Langsam, mit wachsender Erfahrung plante sie neue Pflanzflächen und erwarb Pflanzen hinzu. Das Ergebnis – 10 Jahre später – ist ein sehr abwechslungsreicher Garten, der zu jeder Jahreszeit reizvolle Aspekte bietet.

Die strengen Linien dieses modernen Hauses und das Ziegelmauerwerk der Garage sind durch den geschwungenen Weg und die üppige Pflanzung gemildert (oben). Eine Weinrebe, eine gelbe Kletterrose und ein Johannisbeerstrauch verdecken die Garagenwand. Verschiedene Blütenpflanzen und wilde Erdbeeren säumen den kleinen Pfad. An der Sichtschutzwand rankt eine *Clematis*.

Gelbe und weiße Tulpen und eine gelbe Kaiserkrone stehen dicht am Haus, damit man den Frühling richtig genießen kann. Zu den hellen Frühlingsfarben passen auch die zarten Blüten der *Amelanchier*.

Auch schneebedeckt wirken die Immergrünen interessant und eindrucksvoll (rechts). *Mahonia, Chamaecyparis* und Ginster schützen durch ihre immergrüne Farbe auch im Winter vor Einblicken; im Sommer bringen sie durch ihre Blütenfarbe Abwechslung. Die Birke ist eine wirkungsvolle vertikale Unterbrechung.

Diese kleine Traube war die erste, die an der Garagenwand reif geworden ist. Die Ziegelsteine speichern die Sonneneinstrahlung, so daß der Wein genügend Wärme zum Reifen bekommt. Wenn er sich auch nie zu dicken, süßen Trauben entwickeln wird, so bringt ein Weinstock doch eine sommerliche, südliche Atmosphäre in einen Garten.

Ende Oktober kommt die *Sternbergia* noch mit ihren leuchtend gelben Blüten aus der Erde (unten rechts). Die wilden Erdbeeren tragen den ganzen Sommer über und sie vertragen sogar noch den ersten leichten Frost im Spätherbst. Sie verbreiten sich durch oberirdische Triebe und sind ein nützlicher und hübscher Bodendecker.

Ein schattiger Freiraum

Einen Familien-Garten sollte man das ganze Jahr hindurch benutzen können – ein Ziel, was in diesem Garten erreicht wurde, indem er in zwei Bereiche geteilt wurde. Das Hauptanliegen war zunächst, die Aufmerksamkeit von der Grenze abzulenken und im Garten selbst Attraktionen zu schaffen. Zu diesem Zweck wurde aus alten Natursteinplatten ein interessanter Bodenbelag geschaffen, der bei einem vorhandenen alten Feigenbaum in zwei Ebenen gegliedert wurden. Die malerisch gewachsene Feige – durch ein kiesgefülltes Hochbeet noch besonders hervorgehoben – bildet das schattenspendende Dach über dem Freiraum.

Als weiteres raumteilendes Element ist die Hundehütte in die Nähe des Feigenbaumes gestellt und durch geschickte Pflanzung gut eingebunden worden. Das Aufreihen der Pflanzen entlang der Grenzen war zunächst eine Sichtschutzmaßnahme aber sie ergab dann den idealen Rahmen für den Außenraum. Es sind nur Schattenpflanzen verwendet worden, die zwar wenig leuchtende Farben bieten, dafür aber eine große Vielfalt an Blattformen und -strukturen, die zu dem strengen Charakter des Gartens ausgezeichnet passen. Im Frühjahr sorgen Tuffs von Blumenzwiebeln für Farbe und Leben und im Sommer Pflanzschalen mit Sommerblumen.

Dieser grüne, beschattete Stadtgarten ist sehr schön mit alten Natursteinplatten gepflastert. In der Mitte, bei einem großen Feigenbaum, ist ein kleiner Höhenversprung, der den Gartenraum in zwei Bereiche teilt. Dieser Eindruck wird noch durch die Hundehütte verstärkt, die auf der anderen Seite unter der Feige steht. Der rückwärtige Zaun ist mit immergrünen Kletterpflanzen bewachsen.

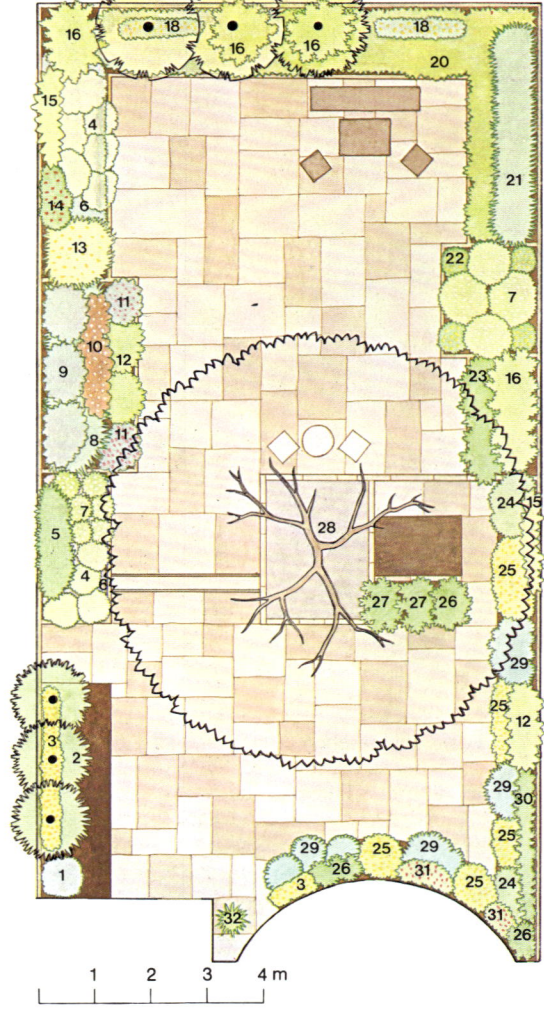

1 *Artemisia absinthium*	17 *Robinia pseudoacacia*
2 *Magnolia grandiflora*	18 *Lamium galeobdolon*
3 *Lonicera × tellmanniana*	19 *Pyracantha coccinea*
4 *Berberis thunbergii*	20 *Hosta sieboldiana*
5 *Clematis montana*	21 *Galtonia candicans* (K)
6 *Sedum spurium*	22 *Euphorbia polychroma*
7 *Rosa* 'Iceberg'	23 *Helleborus niger*
8 *Ajuga reptans*	24 *Choisya ternata* (K)
9 *Garrya elliptica* (K)	25 *Alchemilla mollis*
10 *Macleya cordata*	26 *Clematis montana*
11 *Helianthemum*	27 *Fatsia japonica* (K)
12 *Acanthus mollis*	28 *Ficus carica* (K)
13 *Cytisus scoparius*	29 *Euphorbia wulfenii*
14 *Rosa* 'Meteor'	30 *Jasminum nudiflorum*
15 *Vitis coignetae*	31 *Rosa* 'New Dawn'
16 *Fuchsia magellanica*	32 *Cordyline australis* (K)

Eine Oase im Herzen der Stadt

Schmale, mauerumschlossene Gärten findet man häufig in der Stadt. Wo der Raum so beschränkt ist wie in diesem Fall (7 m × 6 m), ist es am besten, ihn als Erweiterung des Hauses zu betrachten. Es ist deshalb sinnvoll, ihn wie einen »Raum« zu gestalten und die Pflanzen als dekorative »Möblierung« zu betrachten. Die Anlage dieses Gartens ist schlicht, während die Oberflächengestaltung fantasievoll und gut auf die verschiedenen Bedürfnisse abgestimmt ist. Dieser maueromgebene Hof ist ein ausgezeichnetes Beispiel dafür, wie eine wohlüberlegte Planung mit geringen Mitteln zu einem befriedigenden Ergebnis führen kann.

Vom Haus aus gesehen sind auf beiden Seiten des Gartens Hochbeete, die mit Eisenbahnschwellen eingefaßt sind. Die große Fläche in der Mitte des Hofes ist mit den gleichen Klinkern belegt, aus denen auch die Umfassungsmauern und der eingebaute Grill errichtet sind. Unter dem Grill ist ein kleiner Raum für Holzkohle und Grillgerät ausgespart. Der Bereich um den Grill wird zum Blickpunkt des Gartens, der noch durch den weißgestrichenen Holzrahmen der Pergola unterstrichen wird. Gerüststangen dienen als Pfosten für die

Pergola, die einen (in der Stadt häufig) willkommenen Schutz gegen Einblicke von oben gewährt und im Sommer ein wenig Schatten auf den Sitzplatz wirft. Das Ziegelpflaster setzt sich in einem weiteren Hochbeet am anderen Ende des Hofes fort. Hochbeete haben in derartiger Umgebung eine besondere Bedeutung: einmal können sie bei Bedarf als zusätzliche Sitzgelegenheit dienen, zum anderen entwickelt sich dort ein günstiges Kleinklima (bessere Bodenerwärmung) und die Pflanzen werden im wahrsten Sinne des Wortes hervorgehoben. Links (im Bild auf der folgenden Seite) wird der Hof durch eine Klinkermauer abgeschlossen; sie ist mit einem senkrechten Lattengerüst bedeckt, das eine gute Abwechslung zu den waagerechten Mauerfugen und Bahnschwellen bildet. Als Gegengewicht zum Grill ist im Vordergrund ein kleines Wasserbecken gebaut, es ist innen ganz schwarz gestrichen, wodurch es tiefer und geheimnisvoller wirkt, als es tatsächlich ist. Die heitere Ruhe und Geschlossenheit dieses Gartens entspringt auch der schlichten Pflanzung, bei der Abwechslung nur durch Blattfärbung, Blattstrukturen und -formen hervorgerufen wird.

In einer Ecke des Gartenhofes ist eine Bank gemauert und mit weiß gestrichenem Holz abgedeckt; sie leitet über zum ebenfalls gemauerten Grillplatz, der so gebaut ist, daß unter der Feuerstelle ein kleiner Schrank eingerichtet werden konnte. Der gleiche Ziegel, der für das Mauerwerk verwendet wurde, ist auch als Bodenbelag genommen worden, so daß die ganze Anlage sehr harmonisch wirkt. Das als eine Art Pergola umlaufende, weißgestrichene Holzbrett verstärkt den Eindruck eines räumlich gefaßten Sitzplatzes im Freien. Die hochwindende und überhängende Glyzinie überspielt die etwas harten Linien.

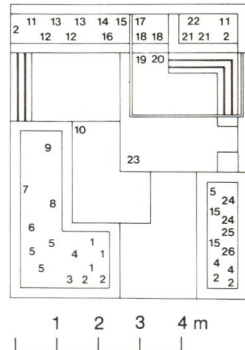

1 Bergenia cordifolia
2 Acer palmatum 'Dissectum'
3 Epimedium × rubrum
4 Astilbe simplicifolia
5 Hosta fortunei 'Albopicta'
6 Iris sibirica
7 Hedera helix
8 Rhus typhina 'Laciniata'
9 Rheum palmatum
10 Typha latifolia
11 Wisteria sinensis
12 Mahonia aquifolia
13 Azalea mollis
14 Rhododendron luteum
15 Potentilla fruticosa
16 Elaeagnus × ebbingei
17 Lonicera henryi
18 Fatsia japonica (K)
19 Hypericum patulum 'Hidcote'
20 Spiraea bumalda 'A. Waterer'
21 Senecio laxifolius
22 Euonymus fortunei 'Vegetus'
23 Hosta crispula
24 Dracaena australis (K)
25 Hosta sieboldiana
26 Kniphofia

Gebrauchte Eisenbahnschwellen, zuvor nochmals mit Holzschutzmittel behandelt, wurden als Einfassung für die Hochbeete verwendet. Gelbe Klinker und gelblich-graue Natursteinplatten sind, streng voneinander getrennt, als Bodenbelag verwendet. Der Kontrast der beiden Steingrößen bringt Spannung in die Fläche. Die Linienführung an den kleinen Wasserbecken ist sehr exakt, die Pflanzung, die etwas derb und kräftig wirkt, bringt das nötige Gegengewicht. Im Wasser steht ein Topf mit Rohrkolben.

Von der Wohnung aus sieht man direkt auf das Beet mit den großen weißbunten Funkien und dem Zierrhabarber (links). Der rotblättrige japanische Ahorn und die Astilben bringen zusätzlich Farbe in die Pflanzung.

Ein Dachgarten

Als die Eigentümer vor 14 Jahren dieses Penthaus bezogen, war die Dachfläche mit Betonplatten belegt und an zwei Seiten war sie mit einer Sichtblende versehen. Einige eingebaute Container waren mit Kies gefüllt.

Als erstes wurde dann die dritte Seite abgeschirmt, die vierte blieb offen, weil sie einen schönen Blick nach Süden gewährte. In den Pflanzcontainern wurden die Kiesel durch Erde ersetzt und über einem Regenfallrohr installierten die neuen Besitzer dieses »Gartens« ein kleines Wasserbecken mit Springbrunnen.

Dann wurden Kletterpflanzen – *Lonicera*, Glyzine, *Clematis* und Rosen – und einige kleine Bäume in Kübel und Töpfe gepflanzt. Die Glyzinen sind inzwischen so gut entwickelt, daß sie die Betonsäulen fast verdekken und die Strenge der Konstruktion auf angenehme Art mildern.

Die weiteren Versuche mit Pflanzen glückten zum Teil, zum Teil mißlangen sie. Einige Arten wuchsen zu Anfang recht gut, dann gingen sie in diesem trockenen, warmen Kleinklima plötzlich ein. Beachtlich gut hat sich ein Oleander entwickelt, der das ganze Jahr hindurch draußen bleibt und sogar kalte Winter übersteht. Ein aus einem Samen gezogenes Orangenbäumchen *(Citrus sinensis)* bleibt ebenfalls das ganze Jahr hindurch draußen auf dem Dach. Im Winter wird es nur an eine etwas geschütztere Stelle gestellt.

Nach und nach füllten sich die eingebauten Hochbeete und die Zahl der Kübel entlang der kahlen Mauer wuchs. Neben dem Ausgang zum Garten steht eine liebenswürdige Ansammlung von Pflanzen in kleinen Töpfen: blühende Geranien, Schleifenblumen, Thymian, Pfefferminze und andere Küchenkräuter, kleine Glockenblumen und vieles mehr, was sich z. T. selbst ausgesät hat.

Das Ziel bei der Dachgartengestaltung war, einen friedlichen, grünen Ort der Ruhe hoch über der Stadt zu schaffen, und jetzt, da Sträucher und Kletterpflanzen sich entwickeln, wird er schöner und schöner. Die inzwischen noch angebrachten Lampen bieten Gelegenheit, den Garten auch abends und nachts zu nutzen.

Ein hübscher Pflanztrog und eine Anzahl größerer Tontöpfe bilden eine interessante Gruppe vor der Mauer. Sie sind abwechslungsreich bepflanzt mit Steinkraut, Pelargonien, Kamille und Kräutern, und manches, was sich von selbst eingefunden hat, darf auch mitwachsen.

Der Blick zur Wohnung hin (links) zeigt die kleinformatigen Betonplatten. Erhöhte Beete ziehen sich an den Mauern entlang und an der offenen Seite des Gartens sind verschiedene Kübel aufgereiht. Indem man die Pflanzen an den Seiten anordnet, erreicht man, daß das Gewicht von Erde und Gefäßen dort liegt, wo die tragenden Teile der Konstruktion sind.

Die verschiedenartigen Pflanzgefäße und die Vielfalt der darin wachsenden Pflanzen geben
diesem Garten seine eigentüm-
liche Atmosphäre (oben). In
diesem Topf steht eine Glyzine;
zusätzlich wachsen aus den Löchern *Armeria*, *Iberis* und *Alyssum*, eine interessante Zusammenstellung auf kleinstem
Raum!

Die eine Seite des Dachgartens
ist offen. Von hier aus hat man
einen herrlichen Blick über einen Park. Zwei Glyzinen wachsen aus Kübeln und winden sich
an den beiden Hauptpfeilern
empor und rahmen das »Bild«
ein. Die Pflanzen in den Kübeln an dieser Seite sind überwiegend immergrün. Es sind
u. a. *Aucuba*, *Fatsia*, *Mahonia*
und *Yucca*.

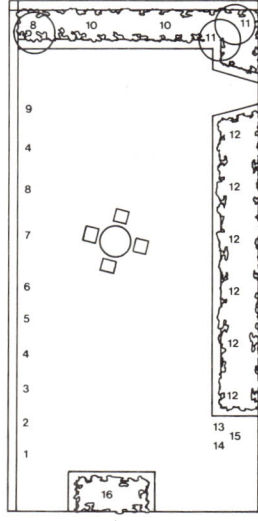

1 *Prunus laurocerasus*
2 *Cotoneaster franchettii*
3 *Helianthemum* und *Wi-
steria*
4 *Aucuba japonica* (K)
5 *Mahonia bealii*
6 *Yucca filamentosa*
7 *Armeria maritima*
Alyssum saxatile
Iberis sempervirens
Wisteria sinensis
8 *Fatsia japonica* (K)
9 *Hosta fortunei*
10 Gemischt bepflanztes Beet
aus Kletterrosen,
Wisteria, *Agapanthus* (K),
Stachys.
11 *Hydrangea macrophylla*
12 Gemischt bepflanztes
Beet aus Rosen, *Poten-
tilla fruticosa* 'Arbuscula',
Forsythia, *Veronica*,
Lonicera heckrottii
13 *Nerium oleander* (K)
14 *Citrus sinensis* (K)
15 *Laurus nobilis* (K)
16 *Pyracantha coccinea*, *Alyssum*, *Pelargonium*, ver-
schiedene Kräuter

1 2 3 4 m

Ein Hof in der Stadt

Als Folge der Blockbebauung in den Innenstädten haben die Bewohner solcher Häuser oft nur den Ausblick in einen tief unten liegenden Hof, der meistens mit schmutzigen Betonsteinen belegt ist. In diesem Fall wurden sie durch ein kleinteiliges Granitpflaster ersetzt.

Das Auffallendste in dem Hof ist die Wendeltreppe, die wie eine Skulptur wirkt. Neben ihr stehen zwei Sämlinge des Götterbaumes *(Ailanthus altissima),* dessen aparte Blätter sich gut vor den weißen Mauern abheben. Auf der einen Längsseite des Hofes wachsen massiert Buchsbaum und Blumenzwiebeln und auf der anderen ist ein langes, schmales Wasserbecken, das aus zwei Walroß-Wasserspeiern gespeist wird. Die Bepflanzung des Innenhofes ist überwiegend immergrün, wodurch er im Winter und im Sommer gleichermaßen attraktiv wirkt. Im Sommer kann durch besonders bepflanzte Kübel noch mehr Farbe in den Hof gebracht werden oder dieser Effekt wird durch die Bepflanzung von Blumenkästen vor den Fenstern erreicht. Abends spenden kleine Leuchten zwischen den Pflanzen ein angenehm mildes Licht. Der Wechsel der Jahreszeiten wird ansonsten nur durch die Blumenzwiebel – und Rhododendronblüte angezeigt.

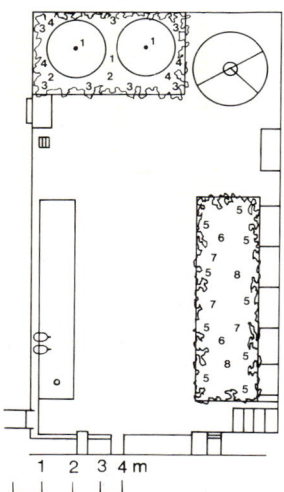

1 *Ailanthus altissima*
2 *Rhododendron catawbiense*
3 *Pachysandra terminalis*
4 *Tulipa*
5 *Buxus sempervirens*
6 *Crocus*
7 *Galanthus*
8 *Narzissus*

Im Blickpunkt dieses Innenhofes steht die kleine Wendeltreppe (rechts), zusätzlich auffallend weiß und rot gestrichen. Ihre Wirkung wird noch gesteigert durch den Götterbaum *(Ailanthus),* der gleich daneben gepflanzt wurde, und durch sein gefiedertes Laub die Strenge des Hofes auflockert.

Ein Blick von oben zeigt, wie einfach die Mittel sind, um diesen Hof ansprechend zu gestalten (links). Das Wasserbecken und die Beete liegen an den Seiten und lassen den Blick vom Eingang in den Innenbereich frei. Die Hauswände sind hell gestrichen und bringen Licht in den vormals düsteren, unschönen Hof.

Der kleinteilige Bodenbelag erhöht das Gefühl der Intimität (rechts). Die Oberflächenstruktur und Farbe des Granitpflasters stehen in lebhaftem Gegensatz zu der umgebenden, immergrünen Bepflanzung. Die kleinen Lampen, die zwischen den Pflanzen stehen, beleben den Hof auch abends.

Eine ertragreiche Balkonbepflanzung

Dieser übervolle Balkon ist das Werk eines ehemaligen Gartenbesitzers, der in eine Etagenwohnung ziehen mußte. Zuerst fürchtete er, seinen Garten zu vermissen, dann wandelte er seinen Balkon in einen überquellenden Miniaturgarten um.

In der kleineren Wohnung waren einige Möbel überflüssig geworden, aus ihnen wurden Tröge und Kübel und Stellagen für Blumentöpfe und Ablageschränke für Gartenwerkzeuge und Dünger gebaut. Der Raum unter den Stellagen wird ebenso gründlich genützt, wie jeder Quadratzentimeter Stellfläche auf den Stellagen.

Der Zugang zum Balkon erfolgt vom Wohnzimmer aus. Der kleine Raum im Freien ist so geschickt gestaltet, daß genug Platz ist, um Tisch und Stühle hinauszutragen und draußen zu essen oder auch ein Sonnenbad zu nehmen.

Im Frühling blühen Narzissen, Tulpen und andere Blumenzwiebeln; wenn sie verblüht sind, werden sie durch eine geradezu raffinierte Pflanzenkombination aus blühenden und fruchttragenden Arten ersetzt. Der Balkon bietet zugleich einen erfreulichen Anblick und eine ganze Menge nützlicher Früchte, die den Speisezettel bereichern. Tomaten stehen in großen Töpfen an der Außenseite des Balkons und dienen als zusätzlicher Sichtschutz. Mehrere Generationen Salat werden in kleineren Töpfen kultiviert. Wenn im Herbst die letzten Rosen und Chrysanthemen verblüht sind, werden die Pflanzenbehälter gründlich gesäubert und bleiben etwa 2 Wochen lang leer stehen. Dann werden sie wieder mit Erde gefüllt, entweder mit frischem Kompost oder TKS oder der alte Boden wird noch einmal nachgedüngt.

Jedes Eckchen dieses Balkons ist ausgenutzt, um Pflanzen aufzustellen (oben). Salat, Tomaten und Frühlingszwiebeln stehen zusammen mit Rosen und bunten Sommerblumen – ein Beweis dafür, wie hübsch auch Gemüsepflanzen sein können. Gartenwerkzeug, Torf und Säcke, die Gießkanne und Blumentöpfe sind in den Regalen unter den Pflanzkästen aufbewahrt.

Von der Straße aus gesehen wirken die Reihen üppig wachsender Gemüse- und Zierpflanzen belebend und auflockernd. Die strenge, etwas monotone Architektur dieser Stadtwohnungen wird durch die Pflanzen individuell und freundlich.

Japanische Atmosphäre auf einem Balkon

Ein schmaler Balkon, kaum breit genug um darauf zu gehen, ist häufig der einzige Außenbereich einer Stadtwohnung. Die Gestaltung dieses Balkons – zugleich spannungsvoll und ruhig – mag eine Anregung sein für jene, die glauben, daß man auf solch kleinen Flächen nichts machen könne.

Die japanische Buddha-Statue sollte nach dem Wunsch des Besitzers auf dem Balkon stehen. Er bat einen japanischen Künstler, eine angemessene Umgebung für die Statue zu schaffen.

Der ganze Balkon ist erst mit Folie ausgelegt worden, dann mit großen weißen Kieselsteinen. Beide Statuen, der Buddha und die abstrakte Form, die zur Ergänzung eigens hergestellt worden ist, sind von dicken, ungleich langen Holzstämmen umgeben, die zugleich je ein erhöhtes Pflanzbeet bilden.

Da der Balkon vor dem Schlafraum liegt und das einzige Möbelstück dort das Bett ist, wird alle Aufmerksamkeit auf den Balkon gelenkt. Morgens erstrahlt er im Sonnenschein und nachts wird er von einem kleinen Scheinwerfer und einem Licht im Innern des durchbrochenen Steinkubus erhellt. Jeder Blick nach draußen ist durch die waagerecht angebrachten Kunststoffrohre verdeckt.

Das niedrige Gras und der abstrakt geformte Stein bilden eine harmonische Komposition (links) aus Elementen sehr ungleicher Formen, eines von der Natur, eines vom Menschen geschaffen. Sehr überzeugend wirkt auch der Kontrast von hellen, runden Kieseln und den dunklen, schmalen Palisaden. Alle Pflanzen, die auf diesem Balkon verwendet wurden, stammen aus Japan.

Aus der Nähe betrachtet wird noch deutlicher wie wundervoll die Buddha-Statue gearbeitet ist. Sie strahlt Frieden und Ruhe aus. Durch die Art und Weise, in der sie aufgestellt und eingebunden wurde, ist es möglich geworden, aus einem ganz gewöhnlichen, häßlichen Balkon einen Bereich des Friedens und der Kontemplation zu schaffen.

Geschältes Kiefernholz wurde für diese unregelmäßig angeordneten Pfähle verwendet, sie geben als einzige eine warme, kräftige Farbe auf diesem Balkon (links). Sie dienen als Einfassung für die Plastiken und die Pflanzbeete. Es ist ein ganz schlichtes Material und dennoch fein und ausdrucksvoll, hervorragend geeignet, eine exotische Atmosphäre zu erzeugen.

Die beiden Plastiken sind das Dominierende auf diesem Balkon. Hier wird deutlich, wie stark ihre Ausdruckskraft selbst auf kleinstem Raum sein kann. Die strengen, waagerecht verlaufenden Linien des Sichtschutzes lassen die runden Formen der Steine noch deutlicher hervortreten. Der Zaun schirmt gegen den häßlichen Ausblick ab und bildet zugleich einen ruhigen und beruhigenden Hintergrund, vor dem die wenigen Gestaltungselemente geschickt angeordnet sind.

Orientalischer Einfluß

Für den Europäer besteht der Reiz japanischer Gärten in ihrer bescheidenen und sparsamen Gestaltung und der damit in Einklang stehenden Pflanzung. Die Besitzer dieses Gartens haben versucht, ein wenig von dieser Atmosphäre einzufangen.

Das Grundstück hat einen ungünstigen dreieckigen Zuschnitt, und der Boden war sehr lehmig, beide Probleme sind gelöst worden.

Der Garten ist vom Haus aus nur über eine Terrasse, die höher liegt als das Grundstück, zu erreichen. Auf den breiten Stufen, die in den Garten hinabführen, liegen in freier Anordnung Kiesel und Findlinge, stehen bepflanzte Fässer und Kübel. Unterhalb der Terrasse liegt ein rechteckiges Wasserbecken, auf dessen Rand man sitzen und ins Wasser schauen kann. Dahinter steht, als eine Art Angelpunkt des Gartens, ein sechseckiges Glashaus – wie ein Teehaus – in dem zahlreiche Kakteen gepflegt werden. Dieses kleine Gewächshaus ist zugleich Sichtschutz gegen Einblicke aus einem Nachbarhaus. Auf der anderen Seite der Terrasse liegt ein kleiner Wassergarten. Die freien, runden Formen der Wasserbecken stehen in spannungsvollem Kontrast zur Gestaltung der übrigen Gartenbereiche. Die relativ große Betonfläche um die Teiche herum ist durch die Gruppen großblättriger Pflanzen geschickt gegliedert.

Die lange Seite des Grundstückes ist so interessant gestaltet, daß es Spaß macht, dort langsam entlangzuschlendern. Eine Schattenecke mit einer kleinen Bank lädt zum Sitzen ein; eine andere Ecke ist durch eine weißgestrichene Holzpergola hervorgehoben. Im Sommer und Herbst wirken die geschlitzten, rot gefärbten Blätter eines Essigbaumes ausgezeichnet zwischen den geraden, weißen Brettern der Pergola, während im Frühling eine Magnolie die Aufmerksamkeit auf sich zieht.

In den Kübel, der auf dem kleinen Podest an hervorgehobener Stelle steht, kann man eine besonders schön gewachsene Pflanze setzen, hier ist es eine Scheinzypresse, es könnte auch ein Oleander oder ein *Agapanthus* sein. Pflanzen auswählen heißt auch Formen und Strukturen auswählen. Ausdrucksvolle Gehölze wurden hier bewußt gegen die baulichen Materialien gesetzt. Die Vielfalt der Blattformen ist groß, viele sind auch immergrün, so daß im Sommer wie im Winter Abwechslung und Spannung herrschen.

Ein Vogelbeerbaum *(Sorbus aucuparia)* breitet einen lichten Schatten über diesen intimen Sitzplatz (links). Die fest eingebaute Bank lädt zu jeder Tageszeit zum Sitzen ein. Die Keramik-Kacheln an der Ziegelmauer, die Kiesel um den Baumstamm, die hier und da aufgestellten Blumentöpfe, all das sind Kleinigkeiten, die einen Gartenraum mit Leben erfüllen.

Im Frühling sind die großen Blüten von *Magnolia × soulangiana* ein Anziehungspunkt unter der Pergola (oben). Diese Hybride hat vor dem Blattaustrieb rosa überhauchte Blütenkelche.

Der kleine Wassergarten (rechts) liegt in einer schattigen Ecke. Deshalb stehen auf den Steinen am Wasserfall Schattenpflanzen, wie *Funkien,* Farne und Moose. Die Pflanze mit den runden, glänzenden Blättern im Vordergrund ist die Wasserhyazinthe, *Eichhornia speciosa.*

1 *Taxus bacata* 'Fastigiata'
2 *Sedum*-Arten
3 *Hosta sieboldiana*
4 *Dryopteris filix-mas*
5 *Eichhornia speciosa*
6 *Iris laevigata*
7 *Viburnum tomentosum*
8 *Rhododendron* 'Roseum Elegans'
9 *Azalea mollis*
10 *Crataegus coccinea*
11 *Juniperus chinensis* 'Pfitzeriana'
12 *Prunus subhirtella* 'Autumnalis'
13 *Buxus sempervirens*
14 *Hydrangea paniculata* 'Grandiflora'
15 *Chamaecyparis lawsoniana* 'Ellwoodii'
16 *Rhododendron obtusum*
17 *Spiraea × arguta*
18 *Cotoneaster dammeri*
19 *Rhus typhina* 'Laciniata'
20 *Vitis vinifera*
21 *Magnolia × soulangiana*
22 *Cotinus coggygria purpureus*
23 *Rhododendron praecox*
24 *Sorbus aucuparia*
25 *Rhododendron luteum*
26 *Acer japonicum* 'Atropurpureum'
27 *Chamaecyparis lawsoniana* 'Allumii'
28 *Bergenia cordifolia*
29 *Acer palmatum* 'Dissectum'

4   8m

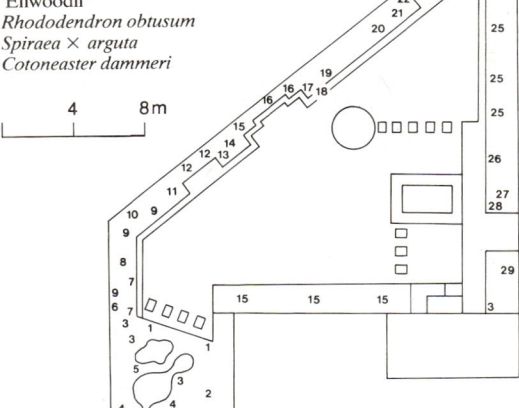

Gestaltung eines schmalen Grundstückes

Ein langes, schmales Grundstück ist schwierig zu gestalten. Dieser Garten ist ein gutes Beispiel dafür, wie eine strenge Gliederung des Geländes, die durch eine geschickte Bepflanzung ergänzt wird, die Probleme lösen kann und verhindern, daß man den Garten in seiner ganzen Länge auf einmal übersieht.

Das schmale Grundstück ist so gegliedert worden, daß man den Eindruck gewinnt, mehrere Räume lägen hintereinander, was auch durch die Pflanzung unterstrichen wird. Wenn man durch das Gartentor eintritt, wird man durch den ersten Raum in einen zweiten geführt – beide sind durch einen kleinen Geländeversprung getrennt – und dann zum Hauseingang. Der Hauptblickfang ist eine weißgestrichene Holzpergola, unter welcher man auf Betonplatten zum »Wohnbereich« des Gartens gelangt, der mit Klinkern belegt ist. Alle umgebenden Mauern sind ebenfalls aus Klinkern errichtet. Sie sind mit *Clematis*, echtem Jasmin und Glyzinen berankt. Die Pflanzung hebt die Trennung der einzelnen Räume noch hervor; streng geschnittene *Taxus*- und Buchsbüsche wechseln und kontrastieren dabei mit locker wachsendem Gesträuch. Der Gartenbesitzer hat besonderen Wert auf eine immergrüne und auf eine Bepflanzung in bestimmten Farbtönen gelegt. So dominieren im Eingangsbereich des Gartens gelbe Farbtöne bei Laub und Blüten. In der Nähe des Hauseinganges sind weiße, rosa und blaue Farbnuancen vertreten. Die Auswahl der Pflanzen, die man für eine solche Gestaltung verwenden kann ist natürlich gering. Am besten kann man die Farbakzente im Sommer setzen, wenn man farbkräftige Sommerblumen in Töpfen zur Verfügung hat. Im Winter dagegen sind die Farbkontraste nicht mehr so groß, auch aufgrund der geringeren Sonneneinstrahlung.

Einen leuchtenden Farbfleck bilden die Petunien, die in einer Urne stehen (oben), sie wirken besonders herausfordernd, wenn sie vor einem dunklen Hintergrund stehen, wie hier vor Eibe und Mahonie.

Der Hauptblick durch den Garten wird durch die Pergola begrenzt. Sie ist ganz aus Holz gebaut, Pfosten und Querlatten sind weiß gestrichen. Im Blickfeld liegt ein ziegelgepflasterter Sitzplatz, auf dem ein großer, blühender *Agapanthus* steht. Die Pergola, die von roten und weißen Rosen berankt wird, ist an allen Seiten von Pflanzen mit kräftig grünem Laub umgeben.

1 *Euphorbia polychroma*
2 *Wisteria sinensis*
3 *Agapanthus campanulatus* (K)
4 *Sagina subulata*
5 *Ficus carica* (K)
6 *Corylopsis pauciflora*
7 *Prunus laurocerasus*
8 *Fuchsia magellanica*
9 *Rosa* 'Goldfassade'
10 *Mahonia bealii*
11 *Taxus baccata*
12 *Saxifraga umbrosa*
13 *Cotoneaster horizontalis*
14 *Cotoneaster salicifolius floccosus*
15 *Rosa* 'Solo'
16 *Vitis coignetiae*
17 Kräuter

18 *Lonicera japonica*
19 *Rosmarinus officinalis*
20 *Hedera helix*
21 *Ruta graveolens*
22 *Jasminum nudiflorum*
23 *Buxus sempervirens*
24 *Bergenia cordifolia*
25 *Helleborus angustifolius*
26 *Clematis* 'Ville de Lyon'
27 *Polygonatum hybridum*
28 *Helleborus foetidus*
29 *Vitis vinifera*
30 *Hypericum patulum*
31 *Rosa* 'New Dawn'
32 *Hydrangea aspera sargentiana*
33 *Rosa* 'Blaze'
34 *Clematis montana* 'Rubens'
35 *Hydrangea petiolaris*

36 *Rosa* 'Excelsa'
37 *Hosta sieboldiana*
38 *Pieris japonica*
39 *Geranium renardii*
40 *Vinca minor*
41 *Weigelia florida* 'Variegata'
42 *Viburnum davidii*
43 *Clematis jackmannii*
44 *Akebia quinata*

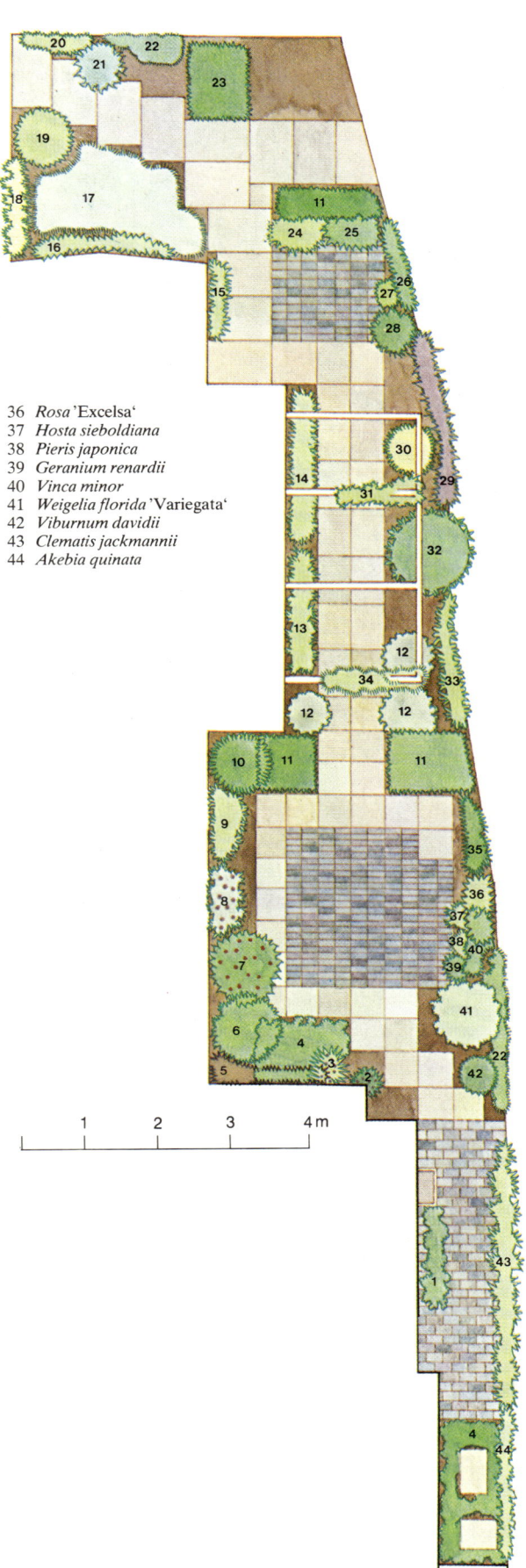

An dieser Pflanzengruppe (ganz oben) fällt besonders die gelbblühende Brunnenkresse, *Tropaeolum peregrinum*, auf. Sie steht im Topf; ihre zarten hellgrünen Blätter bilden einen interessanten Gegensatz zu den ledrigen Blättern der Bergenie und der Christrose.

Diese Pflanzen (oben) sind wegen ihrer Blattform und -farbe ausgewählt worden. Die gelbgrünen Blätter und der blaugraue Betonstein harmonieren sehr gut miteinander. Von links nach rechts stehen hier nebeneinander: Funkie, Lavendelheide, Geranie, und eine Weigelie mit gelbbunten Blättern.

Aufteilung einer langen Parzelle

Dieser lange Garten ist in vier verschiedene Bereiche gegliedert, jeder mit eigener Atmosphäre. Aufgrund der Grundstücksform erhält jeder Gartenteil zu einer anderen Tageszeit die beste Besonnung; wenn man hier gerade sonnenbaden kann, ist es dort schattig und kühl. Der Garten enthält eine Vielzahl verschiedener Pflanzen, besonders im dicht bepflanzten Mittelteil und es ist deshalb eigentlich ein Garten eines Pflanzenliebhabers. Aber die große Linie faßt die Einzelteile doch zu einem harmonischen Ganzen zusammen.

Der erste Bereich ist ein schmaler Durchgang vom Haus zum Garten. Er ist von einem Rankgerüst überspannt und dicht mit Kletterpflanzen und Farnen bepflanzt. Auf einem Trittplattenweg gelangt man zu einer mit Granitsteinen gepflasterten Erweiterung, die, weil sie von der Morgensonne beschienen wird, im Sommer ein idealer Frühstücksplatz ist. Ein Holzpalisadenzaun trennt diesen Bereich von dem folgenden, dem üppig und »wild« bepflanzten Mittelteil. Hier wächst – wie in einem kleinen Wald – scheinbar alles durcheinander, und Stellen tiefen Schattens wechseln mit kleinen beleuchteten Flecken. Ein geschwungener Ziegelweg führt hindurch, erweitert sich zu einem Rondell unter einer Platane (eine gute Idee, denn unter dem Baum wäre es schwierig gewesen, eine geeignete Pflanzung anzusiedeln) und endet auf einem freien Platz. Dies ist die sonnigste Stelle im Garten. Hier stehen in ausgesparten Beeten vor allem Rosen, von kleinen Buchshecken eingefaßt. Die formale Gestaltung erinnert ein wenig an mittelalterliche Motive, sie steht in wirkungsvollem Kontrast zu dem ungebändigten mittleren Gartenteil.

An der sonnigsten Stelle im Garten stehen die Rosen. Die kleinen aus dem Klinkerverband ausgesparten Beete sind mit niedrigem Buchsbaum umpflanzt. Entlang der Grenze ist der Sitzplatz mit einem Holzzaun eingefaßt, von dem mittleren, waldartigen Teil ist er durch eine Rabatte getrennt.

1 *Rosa* 'Coral Dawn'
2 *Rubus henryi*
3 *Clematis* 'Ville de Lyon'
4 *Rosa* 'White Wings'
5 *Rosa* 'Caprice'
6 *Rosa* 'Michele Meilland'
7 *Rosa* 'Amite'
8 *Rosa* 'Papa Meilland'
9 *Gypsophila*
10 *Phlox paniculata*
11 *Prunus triloba*
12 *Buxus sempervirens suffruticosa*
13 *Vitis vinifera*
14 *Taxus baccata*
15 *Berberis thunbergii* 'Atropurpurea nana'
16 *Potentilla fruticosa* 'Arbuscula'
17 *Rosa* 'Claire Martin'
18 *Anaphalis triplinervis*
19 *Delphinium*
20 *Forsythia*
21 *Eupatorium purpureum*
22 *Rudbeckia purpurea*
23 *Avena sempervirens*
24 *Scutellaria indica*
25 *Chelone obliqua*
26 Birnenbaum
27 *Philadelphus coronarius*
28 *Geranium platypetalum*
29 *Aquilegia caerulea*
30 *Cimicifuga simplex*
31 *Rhododendron obtusum*
32 *Cotoneaster conspicua* 'Decora'
33 *Pieris floribunda*
34 *Diervilla sessilifolia*
35 *Vinca minor*
36 *Ilex aquifolium*
37 *Juniperus communis* 'Hornibrookii'
38 *Viburnum opulus* 'Compactum'
39 *Deutzia* 'Mont Rose'
40 *Chamaecyparis lawsoniana*
41 *Buddleia davidii* 'Royal Red'
42 *Buddleia alternifolia*
43 *Cotoneaster praecox*
44 *Lavandula angustifolia*
45 *Thalictrum aquilegifolium*
46 *Hydrangea macrophylla*
47 *Sambucus nigra*
48 *Weigelia florida*
49 *Viburnum carlesii*
50 *Ligularia przewalskii*
51 *Heracleum mantegazzianum*
52 *Hosta sieboldiana*
53 *Dicentra exima*
54 *Astilbe* 'Spinell'
55 *Pachysandra terminalis*
56 *Primula pulverulenta*

57 *Bergenia*
58 *Kalmia latifolia*
59 *Rosa* 'Märchenland'
60 *Ligularia clivorum* 'Desdemona'
61 *Clematis vitalba*
62 *Campanula lactiflora*
63 *Verbascum nigrum*
64 *Phlox paniculata*
65 *Veronica teucrium*
66 *Clematis* 'Nelly Moser'
67 *Hosta albomarginata*
68 *Waldsteinia ternata*
69 *Viola odorata*
70 *Lamium galeobdolon* 'Florentinum'
71 *Polypodium vulgare*
72 *Doronicum caucasicum*
73 *Lonicera periclymenum*
74 *Matteucia struthiopteris*
75 *Acaena microphylla*
76 *Gaultheria procumbens*
77 *Epimedium rubrum*
78 *Clematis montana*
79 *Kirengeshoma palmata*
80 *Lonicera henryi*
81 *Partenocissus quinquefolia*
82 *Athyrium filix-femina*
83 *Polygonum aubertii*
84 *Hydrangea involucrata*
85 *Aronia melanocarpa*
86 *Stephanandra incisa*
87 *Euonymus fortunei vegetus*
88 *Staphilea colchica*
89 *Prunus laurocerasus* 'Zabeliana'
90 *Aucuba japonica* (K)
91 *Corylopsis pauciflora*
92 *Rhododendron luteum*
93 *Symphoricarpus chenaultii*
94 *Sorbaria aitchisonii*
95 *Rosa* 'New Dawn'
96 *Clematis jackmannii*
97 *Phlox paniculata*
98 *Lychnis calcedonica*
99 *Gillenia trifoliata*
100 *Saponaria ocymoides*
101 *Nepeta × fassenii*
102 *Rosa nitida*
103 *Potentilla nepalensis*
104 *Anemone viitfolia*
105 *Geranium platypetalum*
106 *Iberis sempervirens*
107 *Cornus kousa*
108 *Sedum cauticolum*
109 *Campanula portenschlagiana*
110 *Monarda*
111 *Aconitum napellus*
112 *Symphytum peregrinum*
113 *Ajuga reptans*
114 *Crataegus* 'Punicea'
115 *Platanus acerifolia*
116 *Pachysandra terminalis*

Der starke Kontrast von Licht und Schatten, der das Hauptmerkmal dieses Garten ist, wird vom mittleren Rondell aus gesehen, besonders deutlich (links). Die Klinkerpflasterung des Platzes setzt sich in einer runden Bank fort, die die ganze Fläche umfaßt. *Pachysandra* wächst um den Stamm der Platane. Im Vordergrund ist *Euonymus fortunei vegetus*, ein immergrüner niedriger Strauch, zu sehen.

1 2 3 4m

Ein lauschiger Garten

Das Grundstück bestand ursprünglich aus zwei Hälften – die größere war ein Hühnerauslauf. Die trennende Mauer ist z. T. erhalten worden, und sie bildet jetzt, mit ihrem Durchgang und den Stufen am Ende, Trennung und Verbindung der beiden Gartenteile. Jeder dieser Teile hat seinen ganz eigenen Charakter, dennoch stehen sie in Wechselbeziehung miteinander und ergänzen sich hervorragend.

Den Garten hat ein Gartenarchitekt für sich und seine Familie selbst entworfen und gebaut. Im Laufe der Jahre hat er, den wechselnden Bedürfnissen seiner Familie entsprechend, einige Veränderungen vorgenommen. Z. B. wurde, als die Kinder größer waren, eine sehr schattige Rasenfläche entfernt und statt dessen ein hübscher kleiner Wassergarten angelegt. Das Wasser reflektiert das Licht und belebt den einstmals sehr dunklen Gartenteil.

Ziegelmauern umgeben das ganze Grundstück, z. T. sind es freistehende Mauern, z. T. die Rückseiten oder Seitenwände von angrenzenden Garagen und Schuppen. Um zwei der Grenzmauern etwas zu erhöhen, wurden Ziegelpfeiler gemauert, auf denen zwei kräftige Latten liegen. Diese Konstruktion paßt gut zu den Mauern und sie bildet ein hübsches Gerüst für die verschiedensten Kletterpflanzen.

Besonders bemerkenswert ist die Art und Weise, in der die Platten- und Pflasterflächen in diesem Garten gestaltet sind. Große gebraucht gekaufte Granitpflastersteine liegen an der Verbindungsstelle zwischen den beiden Gartenteilen; die übrigen Wegeflächen sind mit Betonplatten, die von blaugrauen hartgebrannten Klinkern eingefaßt sind, ausgelegt. Durch geschickte Pflanzung wurden die mitunter harten Linien gemildert, und es entstand ein unkonventioneller, intimer Garten. Er strahlt die Atmosphäre eines Landhausgartens – fern der Ereignisse des Tages – aus, tatsächlich aber liegt er inmitten einer hektischen Stadt. Er ist nicht einmal vom Haus aus direkt zugänglich, sondern wird nur über einen schmalen, mauereingefaßten Weg erreicht. Der Eindruck stiller Abgeschiedenheit wird durch die weit überhängenden Äste einiger alter Bäume erweckt, die auf den Nachbargrundstücken stehen.

Ein Problem ergab sich durch diese großen Nuß- und Eschenbäume, die mit ihren weitreichenden Wurzeln natürlich auch den Unterboden des Gartens durchziehen. Beide Baumarten treiben zum Glück recht spät im

Der Blick hinüber zum Wasserbecken ist von Pflanzen umrahmt, die glänzenden Blätter von *Fatsia japonica* im Vordergrund links setzen einen markanten Akzent. Hinter dem Wasserbecken leuchtet das kräftige Rosa der Pelargonien, die in einem hübschen, großen Tontopf stehen. Der Bodenbelag aus Klinkern und Betonplatten scheint über der Wasserfläche zu schweben – die Platten liegen auf einem unsichtbaren Betonfundament und bilden Trittsteine über dem Wasser.

Der reizende Wassergarten (oben) liegt in einer schattigen Ecke des Grundstückes. Ein kleiner Springstahl und die Reflexionen des Lichtes im Wasser bringen Leben in die dunkle Ecke. Der Wasserfall aus dem kleineren in das größere Becken ist aus alten Ton-Rinnsteinen gebaut, ein gutes Beispiel dafür, wie man auch aus alten Materialien etwas wirkungsvolles Neues herstellen kann.

1 *Buxus sempervirens* 'Suffruticosa'
2 *Euphorbia polychroma*
3 *Hydrangea petiolaris*
4 *Rosa* 'Blaze'
5 *Polygonum affine*
6 *Viburnum carlesii*
7 *Iris sibirica*
8 *Elaeagnus × ebbingei*
9 *Alchemilla mollis*
10 *Vitis coignetiae*
11 *Stachys lanata* 'Silver
  Carpet'
12 *Sinarundinaria murielae*
13 *Anemone japonica*
14 *Rhus typhina*
15 *Rosa nitida*
16 *Pulmonaria saccharata*
17 *Hydrangea macrophylla*
18 *Hypericum calycinum*
19 *Cotoneaster × watereri*
20 *Hosta sieboldiana*
21 *Hedera helix*
22 *Mahonia aquifolia*
23 *Magnolia × soulangiana*
24 *Aralia elata*
25 *Hypericum* 'Hidcote'
26 *Viburnum × burkwoodii*
27 *Epimedium pinnatum*
28 *Cornus alba* 'Spaethii'
29 *Sorbus aucuparia*
30 *Lamium maculatum*
31 *Mahonia bealii*
32 Birnenbaum
33 *Aucuba jap.* 'Variegata'
34 *Cotoneaster dielsianus*
35 *Linicera × tellmanniana*
36 *Fatsia × japonica* (K)
37 *Ligularia przewalskii*
38 *Nymphaea*
39 *Rosa* 'Solo'
40 *Cytisus scoparius*
41 *Geranium platypetalum*
42 *Iris sibirica*
43 *Ceanothus* 'Gloire de Versaille'
44 *Rosa spinosissima*
45 *Macleya cordata*
46 *Cobaea scandens*
47 *Helleborus niger*
48 *Bergenia* 'Silberlicht'
49 *Forsythia × intermedia*
50 *Jasminum nudiflorum*
51 *Clematis montana*
52 *Mahonia japonica*
53 *Hypericum patulum*
54 *Fuchsia magellanica*
55 *Avena sempervirens*
56 *Asperula odorata*
57 *Cotoneaster praecox*
58 *Geranium sanguineum*
59 *Hosta crispula*
60 *Euphorbia myrsinites*

2 4 6 8m

Durch eine Öffnung in der Mauer gelangt man aus dem Wassergarten in den sonnigen Bereich. *Jasminum nudiflorum* ist an der Mauer hochgezogen und umkleidet den Bogen (rechts). Niedrige Schattenpflanzen, Geflecktes Lungenkraut, Bergenie, Taubnessel, bedecken den Boden und drängen sich zwischen die Kiesel.

Von einer weinberankten Pergola wird der kleine Geräteschuppen am Ende des Gartens verdeckt. Die seitlich angeordnete, üppige Pflanzung aus Essigbaum, japanischen Anemonen, Bambus, Yucca und Wollziest lassen ihn fast völlig verschwinden (links).

Frühjahr aus. Wenn das jedoch geschehen ist, brauchen sie plötzlich sehr viel Wasser und obwohl bei der Pflanzenauswahl für den Garten auf diese Tatsache Rücksicht genommen wurde, ist in heißen, trockenen Sommern gelegentliches Wässern unvermeidlich, wenn der Rasen und einige der krautigen Pflanzen keinen allzugroßen Schaden nehmen sollen.

Bei der Pflanzenzusammenstellung wurde auf größtmögliche Vielfalt an Blattformen und -farben geachtet. Zusätzliche Farben bringen sich selbst versamende Fingerhüte, Vergißmeinnicht, Mohnblumen und Silberlinge in den Garten. Die letztgenannte Pflanze ist zudem zweimal im Jahr attraktiv, einmal im Frühling, wenn sie kräftig violett blüht und dann im Herbst, wenn ihre silbrigen Samenstände reifen, die übrigens auch ein ausgezeichneter Vasenschmuck sind.

An einigen Stellen im Garten quellen die bodendeckenden Pflanzen unter den Büschen und Sträuchern hervor und überwachsen die Platten, wie z. B. *Stachys lanata* und *Pulmonaria saccharata* auf dem Bild ganz oben. Der Rasen ist fast auf ganzer Länge auf diese Weise eingefaßt. Häufig wurde auch der kleine, niedrige Buchsbaum als Einfassung verwendet. Auf diesen Beeten – entlang der Ostmauer und dem Wasserbecken – werden überwiegend Sommerblumen gepflanzt, die Farbe und Duft in den Garten bringen (Tulpen im Frühling, Ziertabak und Pelargonien im Sommer).

Obwohl die meisten Gartenbesitzer bei der Anlage ihres Gartens nur an die blütenreiche Zeit im Sommer denken und oft aus Mangel an Raum die Pflanzen, die auch im Winter attraktiv sind, nicht pflanzen, ist es in diesem Garten gelungen, eine Pflanzenzusammenstellung zu wählen, die auch in der blatt- und blütenlosen Winterszeit ansprechend und interessant wirkt. Kletterpflanzen beleben die Mauern im Winter auch durch ihr Geäst. *Cotoneaster*, *Mahonia*, Bambus, Efeu und Buchsbaum behalten ihre Blätter und stehen genauso wie die immergrünen bodendeckenden Stauden *Epimedium*, *Lamium*, *Bergenia* in anregender Wechselbeziehung zu dem interessanten Plattenmuster.

Auch aus der Nähe besehen scheinen die Platten über dem Wasser zu schweben (unten). Die rosa-weißen Blüten der japanischen Anemone bringen Licht in den dunklen Gartenteil. Direkt neben den Platten steht eine Beeteinfassung aus niedrigem Buchsbaum.

Eigenwillig ist der Bodenbelag in diesem Garten; graublaue Betonziegel und graue Betonplatten sind in einem regelmäßigen Muster verlegt (links).

Ein weißer Garten mitten im Wald

Einen Garten in einer bestimmten Farbe zu planen, kann sehr wirkungsvoll sein und, wenn man es mit Geschick ausführt, wird man einen herrlich harmonischen Eindruck erzielen. In diesem Garten an der See, der inmitten eines Waldes liegt, dominieren weißblühende Pflanzen, und auch die verwendeten Materialien passen sich diesem Farbton an.

Der Garten ist von einer weißgestrichenen Mauer umgeben. Er ist nicht sehr groß, dennoch wurde er in Anlehnung an die Innenräume des Hauses noch weiter unterteilt; ein Bereich liegt vor dem Eßzimmer, einer vor dem Badezimmer und ein dritter vor der Küche.

Die vorhandenen Eichen und Kiefern blieben erhalten, hinzugefügt wurden beiderseits des Eingangs Platanen und Scheinzypressen am Zufahrtsweg. Wegen der

vielen Bäume ist das Gelände ziemlich schattig, hinzu kommt, daß der Boden sandig und sauer ist, so daß man sich bei der Pflanzenauswahl Beschränkungen auferlegen mußte. Für Azaleen und Rhododendron sind die Lebensbedingungen jedenfalls ideal. An einem Rankgerüst klettert eine weiße Glyzine, im Frühling blühen überall weiße Krokusse, Tulpen und Narzissen. Der weiße Blütenflor der winterharten Stauden wird ergänzt durch weißblühende Sommerblumen.

Die Pflasterflächen sind entweder aus Ziegelsteinen, die sich dem Haus anpassen, oder aus Zedernholzpflaster, das hochkant auf Sand verlegt ist. Das Holz eignet sich jedoch nur für relativ trockene, warme Gegenden; in feuchten Gebieten wird es schlüpfrig und verliert seine schöne silberweiße Farbe.

Eine rundgepflasterte Fläche aus Zedernholz ist das besondere Merkmal dieses kleinen Innenhofes (oben). Die etwas erhöhte Fläche ist mit Zedernholzpfosten eingefaßt. Der blühende Baum links ist ein Zierapfel. Der im übrigen schattige Bereich des Hofes wurde mit Farnen bepflanzt.

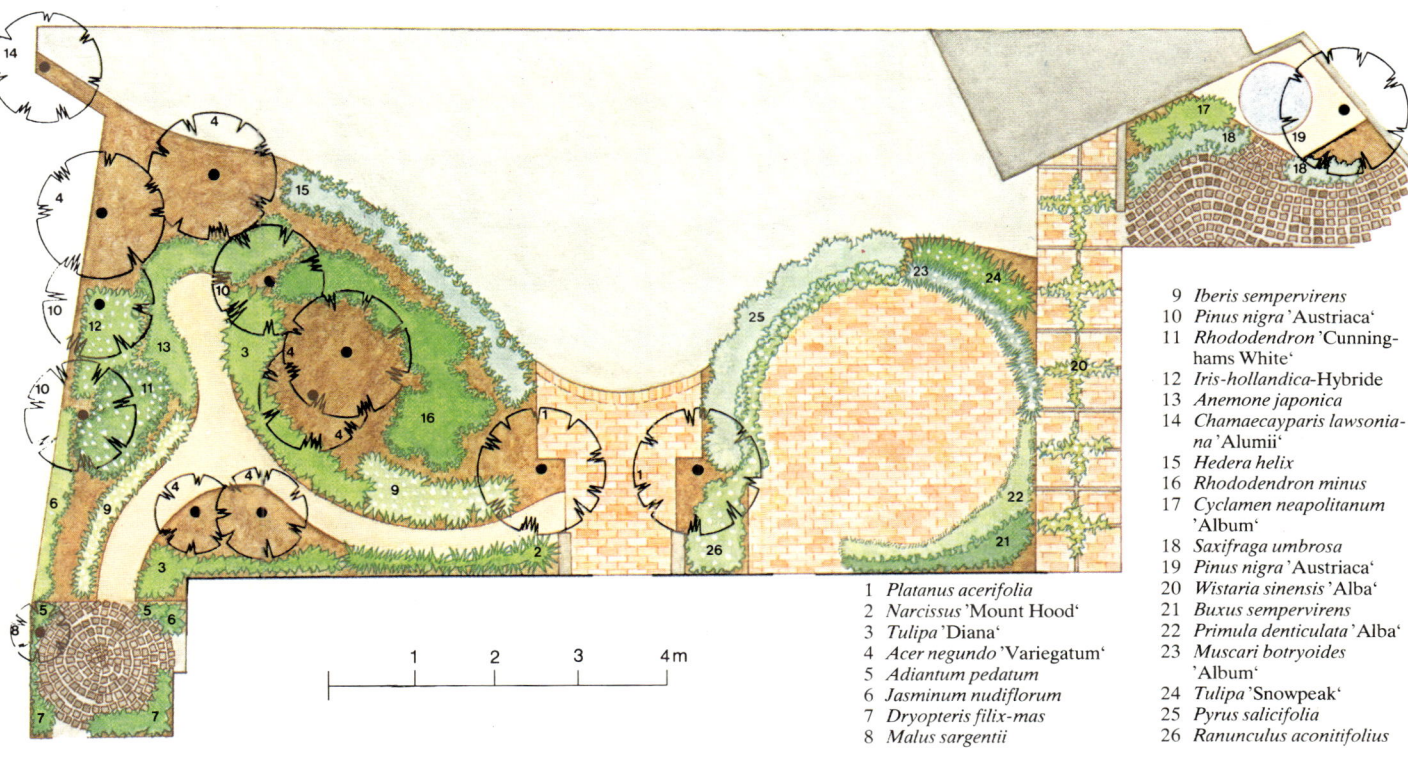

9 *Iberis sempervirens*
10 *Pinus nigra* 'Austrica'
11 *Rhododendron* 'Cunninghams White'
12 *Iris-hollandica*-Hybride
13 *Anemone japonica*
14 *Chamaecayparis lawsoniana* 'Alumii'
15 *Hedera helix*
16 *Rhododendron minus*
17 *Cyclamen neapolitanum* 'Album'
18 *Saxifraga umbrosa*
19 *Pinus nigra* 'Austrica'
20 *Wistaria sinensis* 'Alba'
21 *Buxus sempervirens*
22 *Primula denticulata* 'Alba'
23 *Muscari botryoides* 'Album'
24 *Tulipa* 'Snowpeak'
25 *Pyrus salicifolia*
26 *Ranunculus aconitifolius*

1 *Platanus acerifolia*
2 *Narcissus* 'Mount Hood'
3 *Tulipa* 'Diana'
4 *Acer negundo* 'Variegatum'
5 *Adiantum pedatum*
6 *Jasminum nudiflorum*
7 *Dryopteris filix-mas*
8 *Malus sargentii*

Der Zugangsweg zum Innenhof (oben) ist ebenfalls aus hellem Zedernholz gepflastert, die seitliche Bepflanzung führt das Thema »weißer Garten« fort mit weißen Stiefmütterchen und weißen Petunien. Auch an trüben Regentagen wirkt dieser Garten hell und freundlich.

Die verschiedensten weißblühenden Pflanzen stehen in diesem Garten. Auch gegen eine weiße Wand heben sie sich ab, wenn sie in Form und Struktur andersartig sind. Rechts blüht eine Gruppe weißer holländischer *Iris* unter einer Kiefer. Die Vielfalt der Pflanzenformen schafft auch in einem »einfarbigen« Garten Abwechslung.

Üppige Pflanzung in einem formalen Garten

Die formale Anlage dieses Gartens stammt aus dem 19. Jh., die Pflanzung wurde erst kürzlich neu angelegt.

Eine dichte Abpflanzung auf den Grenzen hält den Blick im Inneren des Gartens und führt ihn auf die von zwei Statuen flankierte Bank am Ende des Gartens hin. Die Mauer ist, um die Wirkung der Pflanzen zu erhöhen einfarbig braun gestrichen, die plastische Wirkung der Statuen wird durch deren weißen Anstrich bedeutend gesteigert.

Obwohl die Bedeutung der Pflanzen groß ist, sind sie doch nicht das dominierende Element in dieser Anlage. Ihre Farben sind überwiegend kühl, Grün, Weiß und schwaches Gelb herrschen vor. Die Beete sind sehr dicht bepflanzt, sie scheinen förmlich überzuquellen auf die Kieswege, in die ab und zu Stauden gepflanzt wurden so daß es aussieht, als hätten sie sich ausgesät. Eine solche Anlage mag ganz einfach wirken, ihre Pflege und Unterhaltung erfordert jedoch viel Geschick und Zeit. Die Besitzerin tauscht einige Pflanzen zwei- bis dreimal im Jahr aus; wenn sie verblüht sind, ersetzt sie sie durch andere, die gerade zu blühen beginnen. Ursprünglich war die Pflanzung für eine Ausstellung angelegt worden – alle verwendeten Pflanzen mußten während der Ausstellungszeit in ihrer schönsten Entwicklungsphase sein, das bedingte eine etwas einseitige Pflanzenauswahl, die für einen privaten kleinen Garten z. T. nicht brauchbar ist. Aber man kann diese Arten sehr wohl als Grundgerüst verwenden, indem man je nach persönlichen Wünschen und Vorstellungen abwechslungsreichere, blühende Blumen oder Sträucher hinzufügt oder die eine oder andere Art durch eine interessantere ersetzt.

Historische Anlagen wieder neu zu gestalten, ist heute oft schwierig, da manche der alten, früher verwendeten Pflanzenarten nicht mehr erhältlich sind. So sollte der Baum in der Mitte eigentlich ein Maulbeerbaum sein. Da es jedoch nicht möglich war, einen solchen zu besorgen, mußte er durch eine Hängebuche ersetzt werden. Vielleicht ist es auch gar nicht so wichtig, einen Garten historisch genau zu rekonstruieren, in erster Linie soll er doch als Aufenthaltsraum für die jeweils lebenden Bewohner dienen und nicht so sehr ein Museum sein.

Die Pflanzung in diesem Garten ist ganz auf die klassischen Statuen im Hintergrund abgestimmt (oben). Die Blütenpflanzen zeigen nur verhaltene Farben, die vorherrschende Farbe ist grün, und der Blick wird einzig auf die beiden weißen Statuen gelenkt. Bemerkenswert ist die Vielgestalt der Blattformen: grünblühende Euphorbien im Vordergrund, zusammen mit Frauenmantel und Salomonssiegel und Bandgras bilden mit Königskerzen und Hortensien die abwechslungsreiche und doch einheitliche Pflanzung auf der linken Seite. Ein ausgleichendes Gegengewicht zu dieser Formenvielfalt bildet der Kiesweg.

Die Pflanzenbeete auf beiden Seiten des schmalen Gartens breiten sich bis in die Kiesflächen aus und überspielen die harten Konturen. Nelken und Wollziest scheinen sich direkt im Kies ausgesät zu haben. Die große Tonvase steht wie eine Plastik im Grünen (oben rechts).

Ein Ausschnitt aus der Pflanzung zeigt (links) die spannungsvolle Gegenüberstellung verschiedener Blatt- und Blütenformen; *Alchemilla, Verbascum* und *Fatsia* zeigen ihr ausdrucksvolles Blattwerk, und eine *Hydrangea* bietet das kräftige Weiß ihrer Blüten.

1 *Prunus laurocerasus*
2 *Ajuga reptans* 'Atropurpurea'
3 *Mahonia bealii*
4 *Geranium endressii*
5 *Rhododendron flavum*
6 *Polygonatum × hybridum*
7 *Lilium regale*
8 *Acer japonicum*
9 *Stachys lanata* 'Silver Queen'
10 *Bergenia cordifolia*
11 *Fagus silvatica* 'Pendula'
12 *Euphorbia wulfenii*
13 *Alchemilla mollis*
14 *Phalaris arundinacea* 'Picta'
15 *Verbascum hybridum*
16 *Hydrangea macrophylla* 'Mme Emile Moulinière'
17 *Fatsia japonica* (K)
18 *Sorbus aucuparia*
19 *Passiflora caerulea* (K)
20 *Yucca filamentosa*
21 *× Fatshedera lizei* (K)
22 *Hedera arborea*
23 *Taxus baccata* 'Fastigiata'
24 *Bergenia cordifolia*
25 *Iris barbata-elatior* 'Golden Alps'
26 *Dianthus plumarius*
27 *Avena sempervirens*
28 *Salvia officinalis*
29 *Verbascum bombyciferum*
30 *Santolina chamaecyparissus*
31 *Rhus typhina* 'Laciniata'
32 *Anthemis tinctoria*
33 *Bergenia cordifolia*

Vorschläge für einen pflegeleichten Garten

In diesem einfachen Garten in der Stadt wird gar nicht versucht, die Vielschichtigkeit eines normalen Gartens zu imitieren. Er ist von einem schlichten Holzzaun umgeben, fast die ganze Fläche ist mit Platten belegt, nur am Rand entlang stehen einige wenige, ausgewählte Sträucher, die in schmalen Beeten oder Kübeln wachsen.

Auf dem Betonsteinbelag, der fast wie Naturstein wirkt, ist genug Platz, um draußen zu sitzen und zu essen. Sehr geschickt ist die Fläche in zwei Bereiche geteilt; der pflanzenberankte Holzlattenzaun trennt die beiden Freiräume nur so stark, daß sie dennoch in Verbindung miteinander stehen. Die Pflanzung entlang der Grenze ist bewußt hochgezogen, um Einblicke aus den umliegenden Häusern abzuschirmen. Es wurde weniger Wert auf Blütenfarbe und -reichtum gelegt als auf Blattform und -größe.

Wenn man mit Pflanzen gestaltet, sollte man die verschiedenen Blickwinkel beachten, aus denen man die Anlage betrachten kann. Die ausdrucksvollen Blattformen von *Rhus typhina* und *Fatsia japonica* (links) sehen auch von ersten Stock sehr interessant aus. Vom Erdgeschoß aus verdecken sie den Wagenabstellplatz des angrenzenden Grundstückes.

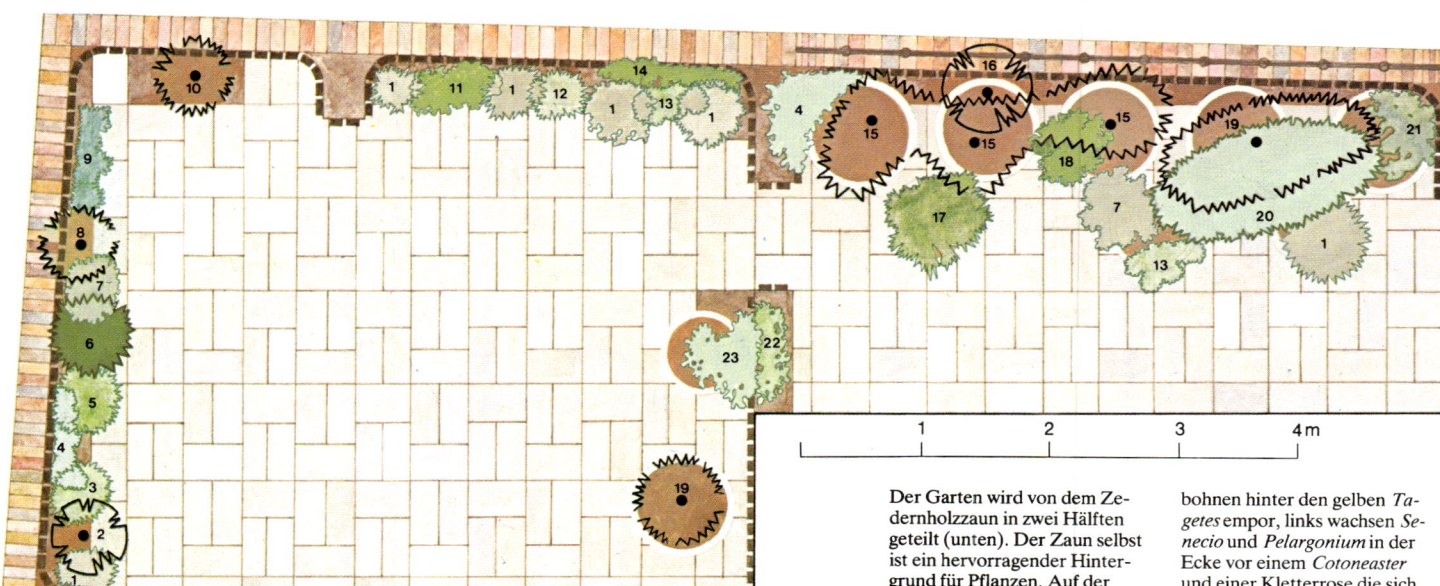

Der Garten wird von dem Zederholzzaun in zwei Hälften geteilt (unten). Der Zaun selbst ist ein hervorragender Hintergrund für Pflanzen. Auf der rechten Seite klettern Stangenbohnen hinter den gelben *Tagetes* empor, links wachsen *Senecio* und *Pelargonium* in der Ecke vor einem *Cotoneaster* und einer Kletterrose die sich über den Zaun schlingt.

1 *Senecio laxiformis* (K)
2 *Prunus* 'Amanogawa'
3 *Pieris japonica*
4 *Rosa* 'Coral Satin'
5 *Kolkwitzia amabilis*
6 *Chaenomeles speciosa*
7 *Mahonia bealii*
8 *Cotoneaster salicifolius floccosus*
9 *Mahonia aquifolia*
10 *Cotoneaster* 'Cornubia'
11 *Cotoneaster divariacatus*
12 *Aralia elata*
13 *Pelargonium*
14 *Cotoneaster wardii*
15 *Fatsia japonica* (K)
16 *Betula pendula* 'Tristis'
17 *Pieris floribunda*
18 *Rhododendron luteum*
19 *Rhus typhina*
20 *Eleagnus* × *ebbingii*
21 *Lonicera periclymenum*
22 *Hedera*
23 Stangenbohnen und *Tagetes*

Ein Garten in zwei Ebenen

Der Garten ist vom Haus aus direkt durch eine große Glastür zu erreichen, vom Schlafzimmerfenster aus kann man ihn gut übersehen. Da er nach Süden ausgerichtet ist und fast den ganzen Tag über Sonne bekommt, waren schon vor Beginn der Gestaltungsarbeiten zwei Dinge klar: es mußte eine Gelegenheit zum Sonnenbaden geschaffen werden und bei der Pflanzenauswahl mußte auf die große Wärmeentwicklung in diesem Bereich Rücksicht genommen werden.

Im ersten Augenblick mag manch einer diesen Garten und seine Umgebung abschreckend finden. Ringsherum von gelblich-grauen Ziegelmauern umgeben, von einer 1,50 m hohen Stützmauer geteilt und mit einem Ausblick auf wenig schöne Häuser in einer dicht bebauten Stadtlandschaft, bot er auch nicht gerade den Anblick einer grünen Oase. Ein Betonweg krümmte sich von der Treppe zu einem Betonplatz am Haus, von wo aus der Blick hinausgezogen wurde auf die häßlichen Rückseiten der Häuser. Ein wesentliches Gestaltungsmoment war deshalb, das Interesse des Betrachters im unteren Gartenbereich zu fesseln, so daß man nicht ständig hinaufblickte und auch nicht das Gefühl hatte, dauernd beobachtet zu werden.

Der Höhenunterschied bringt Spannung in den Garten und lenkt die Aufmerksamkeit ab von den umgebenden Häusern und Gärten (oben). Das Bild des Gartens wurde 5 Monate nach seiner Fertigstellung gemacht und zeigt, wie schnell man einen Garten begrünen kann. Üppige einjährige Pflanzen tragen natürlich dazu bei, aber dazwischen stehen mehrjährige, die schon bald ein dauerhaftes Gerüst und Sichtschutz bilden werden.

Vor der Umgestaltung dieses Stadtgartens führte ein geschlängelter Betonweg auf die Treppe zu, der in keiner Weise der geometrischen Anlage angepaßt war (links). Das Bild zeigt einen Ausschnitt aus dem Garten, kurz bevor die Neugestaltungsarbeiten beendet waren und mit der Pflanzung begonnen werden konnte.

Zunächst wurden der geschwungene Betonweg und die Betonfläche entfernt, dann an den Seiten rechtwinklige Beete aufgemauert, die in Form, Größe und Material den vorhandenen Mauern und anderen Baulichkeiten angepaßt waren. Hier konnte auch der Aushub aus den Wegeflächen, die neu angelegt wurden, untergebracht werden. Die Betonfläche auf der oberen Ebene konnte leider nicht entfernt werden, eine kleine Öffnung für wenige Pflanzen war das einzige, was geschaffen werden konnte.

Der nächste Schritt war, die unteren Stufen der Treppe zu verbreitern, damit sie in ihrer plastischen Ausformung gefälliger wirkt und mehr Fläche zum Aufstellen von Blumentöpfen bietet. Die untere Ebene wurde dann mit hell- und dunkelbraunem Kies belegt, einem offenen Wegebelag, auf und in dem auch Pflanzen wachsen können. Die Kiesfläche erhielt noch eine flache Ziegelstufe als Längsteilung, die die Verbindung mit den anderen baulichen Linien unterstreicht.

Die konsequente Verwendung des etwas nüchternen Ziegelsteines verlangte nach einer weichen, üppigen Pflanzung. Gleichzeitig sollte der Garten schnell begrünt sein, da er vom Haus aus ständig übersehen werden konnte. Deshalb stehen hier jetzt Pflanzen, die man einem Gartenratsuchenden eigentlich nicht empfiehlt. Aber die Hauptsache in diesem Fall war erst einmal der Sichtschutz – auch auf die Gefahr hin, nach einigen Jahren einen Dschungel auslichten zu müssen. So wurden zwei Trauerweiden gepflanzt, die ja bekanntlich sehr groß werden, eine vor dem Schlafzimmerfenster und eine am Ende des Gartens in der Betonfläche. Diese Bäume sind jedoch in ihrer Wuchsform zu jeder Jahreszeit so dekorativ, daß sie einige Jahre lang ruhig dort stehen bleiben können. Als Sichtschutz im hinteren Bereich wurde außerdem *Cercidiphyllum*, der Judasblattbaum, gepflanzt und auf der unteren Ebene, vor der Stützmauer eine im Winter blühende Kirsche, die etwas Fröhlichkeit in die dunklen Wintertage bringen soll.

Im Vordergrund dieses Beetes stehen großblättrige ausdrucksvolle Pflanzen, die zusammen mit den beiden Taubenplastiken, einen wirkungsvollen Blickpunkt schaffen. Zierrhabarber, Funkien und *Agapanthus* stehen hier in spannungsvoller Gemeinschaft, an der Ecke bildet ein kugelig geschnittener Buchsbaum einen immergrünen Akzent. Auf dem linken Beet wachsen überwiegend graulaubige Pflanzen, die zu Pflanzen mit leuchtenden Blütenfarben in lebhaftem Kontrast stehen. Um die Pflanzung im ersten Jahr üppiger erscheinen zu lassen, sind große Gruppen von Ziertabak eingestreut, die den Garten besonders des Nachts in überschwenglichen, fast tropisch anmutenden Duft tauchen. Die wuchtigen Sonnenblumen übernehmen es im ersten Jahr, den Sichtschutz zu bilden. Efeu, Echter Jasmin und Jelängerjelieber werden in den nächsten Jahren die Mauern beranken und ausdauernde Pflanzen werden die Abschirmung gegen den Einblick aus Nachbarhäusern übernehmen.

Als der Garten fotografiert wurde, war er erst wenige Monate alt. Er ist ein Beispiel dafür, was man durch eine gute Planung und eine geschickte Pflanzung, in der zunächst die schneller wachsenden einjährigen Blumen die langsamwachsenden ausdauernden Pflanzen überdecken, erreichen kann.

Eine kleine, runde Aussparung im Betonweg ist auch bepflanzt (links). Das grüngraue Blatt des Zierkohls wirkt sehr dekorativ, besonders im Kontrast zu der Yucca, die hier im Topf steht. In dem kleinen Blumentopf stehen Basilikum und Pfefferminze.

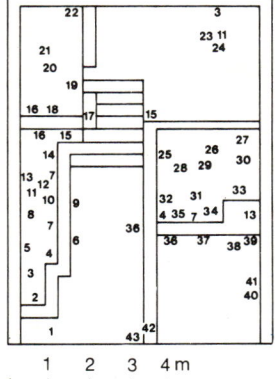

1 *Fatsia japonica* (K)
2 *Anemone japonica*
3 *Salix alba* 'Tristis'
4 *Buxus sempervirens*
5 *Lilium regale*
6 *Avena sempervirens*
7 *Stachys lanata*
8 *Papaver orientale*
9 *Sysirinchium striatum*
10 *Bergenia cordifolia*
11 *Yucca filamentosa*
12 *Rosmarinus officinalis*
13 *Hedera*
14 *Pelargonium*
15 *Euphorbia wulfenii*
16 *Chaenomeles japonica*
17 *Yucca gloriosa* 'Variegata' und *Chlorophytum* (K)
18 *Cotinus coggygria*
19 *Buddleia davidii*
20 *Cercidiphyllum japonicum*
21 *Heracleum mantegaz-zianum*
22 *Parthenocissus tricuspidata* 'Veitchii'
23 Kräuter
24 Zierkohl
25 *Salvia officinalis*
26 *Hedera helix*
27 *Prunus subhirtella* 'Autumnalis'
28 *Cynara scolymus*
29 *Kolkwitzia amabilis*
30 *Taxus baccata* 'Fastigiata'
31 *Agapanthus campanulatus* (K)
32 *Pelargonium*
33 *Rheum palmatum*
34 *Hosta sieboldiana*
35 *Ligularia clivorum*
36 *Alchemilla mollis*
37 *Helleborus niger*
38 *Hosta albomarginata*
39 *Geranium platypetalum*
40 *Polygonatum*
41 *Jasminum nudiflorum*
42 *Avocado* (K)
43 *Lonicera tellmaniana*

Die beiden Tauben aus Beton sind ein Blickpunkt im Garten. Da sie unten stehen, tragen sie dazu bei, daß die Aufmerksamkeit des Betrachters nicht aus dem Garten hinausgleitet, sondern im vorderen Bereich festgehalten wird (oben). Die weiche From der Plastiken steigert die Wirkung des umgebenden Blattwerkes von Zierrhabarber und Funkie.

Der verwitterte gelbe Ziegelstein ist für alle Bauwerke verwendet worden, für die Mauern, die Treppe und die Einfassungen. Auch in dem Kiesbelag der Wegeflächen erscheint die gelbgraue Farbe wieder. Überall wachsen die Pflanzen über Mauern und Kanten und sogar auf den Kiesflächen dürfen sie sich ausbreiten.

1 Sambucus nigra
2 Vinca minor
3 Hydrangea petiolaris
4 Hedera helix
5 Viburnum carlesii
6 Prunus laurocerasus
7 Acer palmatum 'Dissectum'
8 Chamaecyparis pisifera
9 Saxifraga × arendsii
10 Waldsteinia geoides
11 Telekia speciosa
12 Rodgersia tabularis
13 Magnolia × soulangeana
14 Melastomataceae (K)
15 Bergenia cordifolia
16 Fatsia japonica (K)
17 Laburnum watereri 'Vossii'
18 Magnolia stellata
19 Kerria japonica
20 Iris sibirica
21 Chiastophyllum oppositifo-
    lium
22 Ailanthus altissima
23 Cordyline australis (K)
24 Syringa chinense
25 Ligustrum ovalifolium
26 Cotoneaster horizontalis
27 Thuja occidentalis
28 Thypha minima

Ein kleiner Urwald in der Stadt

Eine Fülle immergrüner Pflanzen, auf verschiedenen Ebenen angeordnet, läßt diesen Garten in tropischer Überschwenglichkeit erscheinen. Baum- und Blattformen, Grün und Grau, Licht und Schatten waren wichtiger, als Blumen und Duft.

Um einen gepflasterten Innenbereich wurde ganz sorgfältig ein geordneter Dschungel geplant. Ein Anziehungspunkt ist der große Bambus-Busch, der in der Nähe des Wasserbeckens steht. Sehr reizvoll ist das Wechselspiel seiner Blätter mit denen einer Palme, die in einem großen Kübel wächst. Auf dem mittleren, leicht herausgehobenen Beet breitet sich ein Wacholder aus und *Cotoneaster* hängen über die Mauern hinunter. Vor der Hauswand sorgt eine Trauerweide dafür, daß Funkien und Farne genügend Schatten bekommen, und im Sommer lädt sie auch die Gartenbesitzer auf den Sitzplatz in ihren kühlen Schatten.

Dieser grüne Garten besteht fast nur aus ganz normalen, überall verbreiteten Pflanzen. Sie sind sorgfältig ausgewählt und überlegt angeordnet worden und durften sich dann in ihrer natürlichen Gestalt ungestört entwickeln. Der Garten wirkt dennoch ausgewogen und ordentlich und es sind nicht mehr als zwei halbe Tage Arbeit im Jahr nötig, um ihn ausreichend zu pflegen.

Auf dem eingebauten Beet vor dem Wohnzimmerfenster herrscht eine ähnlich gebändigte Wildnis, nur in kleinerem Maßstab. Zwei Bonsai-Zypressen, eine graue, eine grüne und ein japanischer Ahorn, der nur 50 cm hoch und 20 Jahre alt ist, verleihen dieser kleinen Ecke eine verhaltene Eleganz.

Zwei Eingänge hat dieser Garten, dessen üppige Pflanzen übrigens fast überall vor einem weißen Hintergrund stehen – sei es das Haus oder der umgebende Lattenzaun, die weiß gestrichen sind – durch welchen Eingang man den Garten auch betritt, man ist beglückt über die friedliche grüne Welt, in die man sich aus der Hektik des Alltages zurückziehen kann.

Eine Vielfalt verschiedener Pflanzen und Blattformen rahmt die kleine Terrasse in diesem überwiegend gepflasterten Garten ein (oben links). Die Gartenmöbel aus weißem Holz passen zu dem weißen Holzzaun im Hintergrund.

1   1   2   3 m

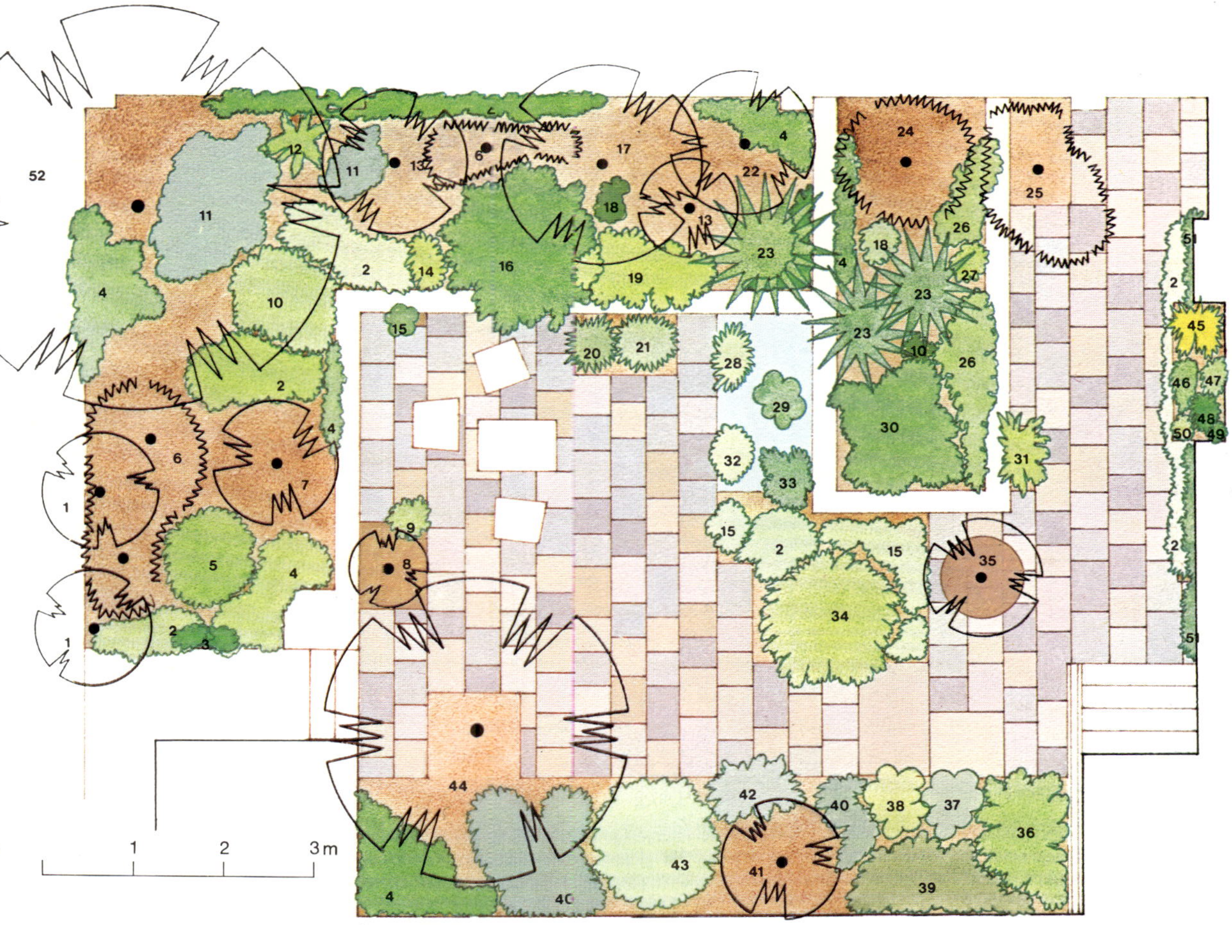

Wilder Wein umrahmt dieses
Blumenfenster (oben). Mit seinen im Laufe des Jahres wechselnden Farben bringt er viel
Abwechslung in den überwiegend grünen Garten.

Die unterschiedlichsten Blattformen machen diese Rabatte
so interessant, daß man leuchtende Blütenfarben gar nicht
vermißt. Zartes Silbergrau
steht neben kräftigem Blaugrau
und die Farne geben dem
schattigen Eingangsbereich zusätzlich eine besondere Atmosphäre.

Ein Heidegarten

Alle Grundstücke haben ihre Probleme, aber dieser Vorgarten war besonders schwierig zu gestalten – ein rechteckiges Stück Land, saurer Boden, ein steiler Hang zu einer Einfahrt hin abfallend – ungünstige Voraussetzungen, für die es eine Lösung zu finden galt.

Zunächst mußte der sehr steile Hang in verschiedene Ebenen unterteilt bzw. in Terrassen gegliedert werden. Die erforderlichen Stützmauern wurden als Trockenmauern gebaut. Ihre runde Form entspricht den ebenfalls im Bogen verlaufenden *Taxus*-Hecken, die zugleich einen dunklen, festen Hintergrund für die freie, formlose Bepflanzung der restlichen Flächen bieten.

Rhododendren und Heidekraut sind die idealen Pflanzen für diesen Boden, und deshalb wurden aus diesen Arten ausgewählt, die das ganze Jahr über attraktiv aussehen und Abwechslung bieten. Die *Erica-carnea*-Arten und der Seidelbast beginnen mit ihrer Blüte im Dezember, sie dauert bis in den April, die Ginster-Arten blühen von April bis Juni, während fast der gleichen Zeit stehen auch Rhododendren und Azaleen in Blüte. Dann folgen die Rosen und die *Erica-cineria*-Sorten und *Calluna*-Arten, die u. U. von Juli bis Oktober blühen können. Die rot- und gelblaubigen Formen von *Calluna* bringen auch im Winter Farbe in die Fläche. Ein anderer Faktor, der die Auswahl der Pflanzen beeinflußte, war der des Pflegeaufwandes. *Erica* und *Callunda* bedecken, falls man sie dicht genug pflanzt, in kurzer Zeit den Boden vollständig, so daß Unkräuter weitgehend unterdrückt werden.

Auf diesem kleinen Hügel in einem Vorgarten wachsen verschiedene Heidekraut-Arten. Ihre weichen, harmonischen Farben erfreuen während des ganzen Jahres (unten). Zur Auflockerung stehen Ginster und Wacholder dazwischen. Das Pampasgras im Hintergrund gehört schon in den Nachbargarten. Beide Gärten haben außerdem eine gemeinsame Rasenfläche, die das Gefühl größerer Weite für beide Gartenbesitzer vermittelt. Ein trennender Zaun fehlt auch zwischen den Blumenrabatten.

1	Pyracantha coccinea	12	Juniperus sabina tamariscifolia
2	Rosa ʼHamburgʻ	13	Calluna vulgaris ʼH. E. Bealeʻ
3	Chamaecyparis lawsoniana ʼStewartiiʻ	14	Rosa moyesii
4	Rhododendron japonicum	15	Potentilla fruticosa
5	Erica carnea ʼWinter Beautyʻ	16	Cytisus scoparius
6	Erica carnea ʼVivelliiʻ	17	Viburnum carlesii
7	Erica carnea ʼSpringwood Whiteʻ	18	Cytisus scoparius
8	Erica cineria ʼSplendensʻ	19	Cotoneaster franchettii
9	Calluna vulgaris ʼCupreaʻ	20	Chaenomeles speciosa
10	Erica carnea ʼRubraʻ	21	Fritillaria imperialis
11	Calluna vulgaris ʼAlportiiʻ	22	Erica vagans ʼMrs. D. F. Maxwellʻ

23	Rhododendron luteum	38	Taxus baccata ʼFastigiataʻ
24	Rhododendron praecox	39	Genista tinctoria
25	Geum coccineum	40	Geranium subcaulescens
26	Cytisus praecox	41	Calluna vulgaris ʼCounty Wicklowʻ
27	Cotinus coggygria	42	Juniperus chinensis ʼPfitzeriana aureaʻ
28	Iris barbata-elatior	43	Calluna vulgaris ʼAlba plenaʻ
29	Ligularia hessei	44	Iris barbata-nana
30	Buddleia alternifolia	45	Genista lydia
31	Betula papyrifera	46	Chamaecyparis pisifera
32	Crataegus prunifolia	47	Chamaecyparis lawsoniana ʼFletcheriʻ
33	Polyantha-Rosen	48	Lithospermum diffusum
34	Prunus cerasifera ʼNigraʻ		
35	Cotoneaster horizontalis		
36	Rhus typhina		
37	Pinus montana mughus		

49	Calluna vulgaris ʼFoxii nanaʻ	55	Dryas octopetala
50	Rhododendron impeditum	56	Picea glauca
51	Chamaecyparis obtusa	57	Saponaria ocymoides
52	Daphne cneorum	58	Lonicera pileata
53	Rhododendron praecox	59	Skimmia japonica
54	Chamaecyparis lawsoniana ʼColumnarisʻ	60	Primula pruhoniciana
		61	Corylopsis pauciflora

Ein neues Haus in natürlicher Umgebung

Der Besitzer dieses Hauses, ein Architekt, konnte Haus und Garten wie aus einem Guß planen. Auf dem Gelände, das Teil eines großen Gartens war, stehen große alte Obstbäume, von denen die meisten erhalten werden konnten. Da der Platz sehr beschränkt war, entschied man sich, die Bäume dominieren zu lassen und das Haus so unauffällig wie möglich dazwischen zu bauen, und mit Kletterpflanzen zu beranken.

Ein Planungsziel war es, die Grenzen so zu verdekken, daß der Garten sich harmonisch in die Umgebung einfügt. Eine Anpflanzung, die sich mit den überhängenden Zweigen der Bäume auf den Nachbargrundstücken verbindet, erweckt den Eindruck, als läge der Garten am Waldrand.

Eine andere Idee, die die Gestaltung beeinflußte war die, eine Folge von Freiräumen zu schaffen – abgeschlossenen kleinen Räumen, die jedem, der durch den Garten geht, immer wieder interessante, neue Aspekte bieten. Ein enger Ausgang führt von der Haustür in einen schattigen Hof, der sich auf einer Seite öffnet, auf der anderen Seite führen Schrittplatten am Haus entlang. Etwas weiter entfernt teilt eine Blütenkirsche den Weg; auf der rechten Seite liegt ein pflanzenumschlossener Hof, in dem ein Holztisch und zwei Bänke stehen, auf der linken Seite führt der Weg hinaus auf eine offene Rasenfläche, auf der drei große Apfelbäume stehen. Eine Strauchreihe schirmt diese freie Fläche von einem weiteren, intimeren Rasenbereich ab, der sich an der Grenze entlang bis zu dem mit Platten belegten kleinen Sitzplatz erstreckt.

Ein Rundgang durch den Garten ist wie ein Gang durch fünf kleine Räume, ein Eindruck, den man gewöhnlich nur bei viel größeren Gärten erzielen kann.

Unaufdringlich liegt das Haus in dem Garten. Die alten Apfelbäume sind die Dominante dieses Grundstückes und sie bestimmen auch den Charakter des Gartens. In ihrem Schatten wachsen *Hemerocallis, Euonymus fortunei vegetus, Mahonia* und *Vinca minor*. Dieses Herbstbild läßt die Ruhe eines schlicht gestalteten, alten Gartens ahnen.

Die dichte Pflanzung in großen
Teilen des Gartens vermittelt
den Eindruck überquellender
Üppigkeit. Der Eßplatz im
Freien (oben) ist kaum zu sehen. Unter der Blütenkirsche
stehen Azaleen und *Cotoneaster*.

Der Eßplatz ist fast vollständig
von Pflanzen umgeben (unten),
nur schmale Durchgänge zum
Haus und zum Garten sind ausgespart. Eine besonders dichte
Wand bilden die Zweige der
hängenden Zierkirsche hinter
der Bank.

Vom Eingangstor aus fällt der
Blick auf einen schmalen Weg,
der am Haus entlang führt und
der hübsch gegliedert mit Tritt-
platten belegt ist (rechts). Ausdrucksvolle, architektonische
Pflanzen wurden für diesen Bereich ausgewählt: im Hintergrund steht ein großer Bambus-
Busch, im Vordergrund breiten
sich *Mahonia* und *Cotoneaster
salicifolia floccosus* aus. An der
Hauswand rankt ein sehr altes
Exemplar von *Hydrangea petiolaris*.

Der kleine schattige Hof in
Hausnähe (unten) wird »überdacht« von einem Apfelbaum,
an dessen Fuß Mahonien und
weißbunter Hartriegel wachsen. Die Kiesel zwischen den
Natursteinplatten machen den
Belag noch interessanter und
geben dem Hof einen etwas japanischen Charakter.

1 Birnenbaum	23 *Astilbe thunbergii*	45 *Laburnum × watereri*
2 *Mahonia aquifolium*	24 *Cotoneaster horizontalis*	46 *Acer palmatum*
3 *Cotoneaster salicifolius floccosus*	25 *Campanula lactiflora*	47 *Betula pendula* 'Tristis'
4 *Wisteria sinensis*	26 *Forsythia × intermedia*	48 *Taxus baccata*
5 *Iris sibirica*	27 *Hemerocallis*	49 *Hosta sieboldiana*
6 *Berberis buxifolia* 'Nana'	28 *Euonymus fortunei vegetus*	50 *Philadelphus* 'Belle Etoile'
7 Apfelbaum	29 *Acanthus molle*	51 *Phalaris arundinacea*
8 *Hemerocallis*	30 *Lunaria rediviva*	52 *Hypericum patulum*
9 *Pieris japonica*	31 *Prunus subhirtella* 'Autumnalis'	53 *Pseudotsuga menziesii*
10 *Cornus alba* 'Elegantissima'	32 *Cytisus × praecox*	54 *Buddleia alternifolia*
11 *Parthenocissus quinquefolia*	33 *Hedera helix*	55 *Pyracantha coccinea*
12 *Lonicera periclymenum*	34 *Fraxinus excelsior*	56 *Inula ensifolia*
13 *Jasminum nudiflorum*	35 Stachelbeeren	57 *Magnolia kobus*
14 *Hydrangea petiolaris*	36 *Osmanthus heterophyllus*	58 *Buddleia davidii*
15 *Sinarundinaria murielae*	37 *Lavandula officinalis*	59 *Paeonia officinalis*
16 *Rosa* 'New Dawn'	38 *Rosa rugosa*	60 *Hosta undulata*
17 *Rosa* 'Blaze'	39 Zwergrosen	61 *Anemone japonica*
18 *Rosa* 'Coral Dawn'	40 *Buxus sempervirens*	62 *Prunus* 'Shidare Sakura'
19 *Iberis sempervirens*	41 *Coryuls avellana* 'Contorta'	63 *Kerria japonica*
20 *Clematis montana*	42 *Crataegus prunifolia*	64 *Hypericum calycinum*
21 *Ribes sanguineum*	43 *Rhododendron japonicum*	65 *Deutzia gracilis*
22 *Dicentra spectabilis*	44 *Cotoneaster microphyllus*	66 *Aristolochia durior*
		67 *Chaenomeles japonica*
		68 *Syringa vulgaris*
		69 Rhabarber

Ein Thema: Kreise

Das Haus liegt an einer gebogenen Straße, das Grundstück ist in Hausnähe schmaler als am anderen Ende, und die Wohnräume liegen im Hochparterre, so daß man den Garten von dort aus überblicken kann. Diese Voraussetzungen führten dazu, den Garten nach strengen ornamentalen Gesichtspunkten zu gestalten, – ein Stadtgarten ohne weite Ausblicke muß so angelegt sein, daß man sie nicht vermißt.

Die einfache Grundidee bestand darin, zwei ineinandergreifende Kreise anzulegen und die Pflanzen so zu gruppieren, daß die Länge des Gartens betont wird. Am Haus liegt eine runde Rasenfläche, dahinter ein kreisförmiges Wasserbecken, das mit passend zugeschnittenen Platten rundum eingefaßt ist. Die alten Bäume im Hintergrund scheinen den Kreis zu umrahmen, besonders von oben gesehen entsteht dieser Eindruck. Die Bäume beschatten den hinteren Bereich allerdings sehr stark, so daß dort nur schattenverträgliche Blattpflanzen gesetzt werden konnten.

In dem Plattenbelag am Wasserbecken wurden einzelne Steine ausgespart, in denen Funkien, Efeu, Blutweiderich und im Sommer Fleißige Lieschen wachsen. Ein senkrechter Springstrahl bringt Leben in die Wasserfläche, er wirkt besonders hübsch vor dem großen Bambus-Busch, der vom Haus aus gesehen dahinter steht. Der mit Platten belegte Kreis ist eine zweite Terrasse, auf der man an heißen Tagen sehr angenehm im Schatten der Bäume sitzen kann. Über eine Stufe gelangt man von hier aus zu einem Abfallplatz, der hinter der Pflanzung verborgen am Ende des Gartens liegt. Die Hauptterrasse jedoch liegt am Haus, hier ist mehr Sonne als im übrigen Garten, hier stehen die farbenfrohen, duftenden Pflanzen. Da die Terrasse genau vor der Küche liegt, durch die der einzige Ausgang in den Garten führt, ist sie der geeignete Platz für die verschiedensten Tätigkeiten im Freien. Die gesamte Fläche ist mit dem gleichen Material belegt, wie der Platz am Wasserbecken und mit dem auch die Rasenfläche eingefaßt ist. Es ist ein Betonstein, der aber sehr schön altert und Patina annimmt, so daß er nach kurzer Zeit wie ein Naturstein wirkt.

Die Pflanzung am Haus ist sehr wichtig, da ihr die Aufgabe zufällt, die relativ große Plattenfläche mit dem übrigen Garten zu verbinden. Im Augenblick wirkt sie noch etwas schwach, jedoch wird sie sich mit zunehmendem Alter zu gleicher Fülle wie die ältere Pflanzung im hinteren Gartenteil entwickeln.

Aus dem ersten Stock gesehen, wirkt die Gestaltung des Gartens besonders ansprechend. Die beiden ineinandergreifenden Kreise sind fast ringsherum von Bäumen und Sträuchern umgeben (oben). Die kreisförmige Rasenfläche ist mit Plat-

Die rückseitigen Wände des Hauses sind zum größten Teil mit Lattengerüsten verkleidet, aus denen auch eine Art Veranda gebaut worden ist (links). Das Sonnenlicht wird leicht abgeschirmt und das Lattengerüst schafft zusammen mit den Glyzinen einen angenehmen, kühlen Schatten.

ten eingefaßt, die an den hinteren Kreis anschließen. Zwei Vorteile werden auf diese Weise wahrgenommen, ein gestalterischer und ein praktischer: die Rasenfläche gehört thematisch zu der übrigen Gartenfläche und sie läßt sich leicht mähen.

Der Plattenbelag in diesem Garten besteht aus Kunststeinmaterial, aber das fällt gar nicht unangenehm auf. In den ausgesparten Zwischenräumen wachsen *Hosta, Lamium maculatum* und *Impatiens sultanii*, die auch in dem Schatten der überhängenden Bäume ausgezeichnet gedeihen. Die Platten, die das runde Wasserbecken umgeben, sind eigens für diesen Zweck angefertigt worden.

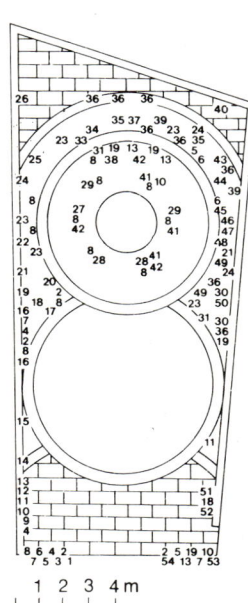

1 *Wisteria floribunda* 'Macro-
   botrys'
2 *Ligularia palmatiloba*
3 *Hemerocallis citrina*
4 *Chrysanthemum maximum*
5 *Acanthus molle*
6 *Azalea mollis*
7 *Cytisus scoparius*
8 *Hedera helix*
9 *Geranium endressii*
10 *Campanula carpatica*
11 *Ficus carica* (K)
12 *Rosa* 'Märchenland'
13 *Chaenomeles speciosa*
14 *Campsis radicans*
15 *Clematis* 'Nelly Moser'
16 *Hedera helix*
17 *Veronica incana*
18 *Rosa* 'Iceberg'
19 *Euonymus* 'Albo-
   marginatus'

20 *Rosa* 'Aloha'
21 *Jasminum nudiflorum*
22 *Aristolochia durior*
23 *Rhododendron repens*
24 *Elaeagnus pungens*
25 *Viburnum fragrans*
26 *Acer pseudoplatanus*
27 *Artemisia pontica*
28 *Lamium maculatum*
29 *Hosta sieboldiana*
30 *Sinarundinaria muielae*
31 *Yucca filamentosa*
32 *Cotinus coggygria*
33 *Campanula glomerata*
34 *Prunus* 'Amanogawa'
35 *Rhododendron* 'Mount
   Everest'
36 *Dryopteris filix-mas*
37 *Sasa pumila*

38 *Acanthus mollis*
39 *Sinarundinaria murielae*
40 *Aesculus hippocastanum*
41 *Lythrum salicaria*
42 *Hosta* 'Albomarginata'
43 *Betula* 'Youngii'
44 *Mahonia bealii*
45 *Vinca minor*
46 *Cornus florida*
47 *Parthenocissus quinquefolia*
48 *Hydrangea macrophylla*
49 *Aucuba japonica* (K)
50 *Juniperus communis* 'Re-
   panda'
51 *Forsythia* × *intermedia*
52 *Hydrangea petiolaris*
53 *Parthenocissus tricuspidata*
   'Veitchii'
54 *Clematis* 'The President'

1 2 3 4m

Ein bunter Sommergarten

Dieses kleine Grundstück gehört zu einem Bungalow, von dem aus man auf der einen Seite auf einen Kohlenspeicher, auf der anderen auf Garagen und auf der dritten auf ein großes Wohnhaus blickte. Es wurde deshalb zuerst ein ziemlich hoher Holzzaun errichtet, der dann derart bepflanzt wurde, daß die unschönen Ausblicke nun im Sommer und Winter verdeckt sind: Kletterpflanzen stehen im Hintergrund, Immergrüne davor und an den Beetkanten blühende Stauden und Sommerblumen.

Die Kletterpflanzen sind aufgrund ihrer individuellen Schönheit zusammengestellt worden, echter Jasmin und Jelängerjelieber wegen ihres Duftes, Feuerdorn (den man sehr gut an Zäunen hochziehen kann) wegen seines Beerenschmuckes und *Clematis* wegen ihrer auffallenden Blüten.

Andere Pflanzen entlang der Grenze fallen durch ihre interessante Form auf: die Weide oder die Haselnuß mit korkenzieherartig gedrehten Zweigen. Ein rotblättriger Perückenstrauch steht neben einer Scheinakazie mit hellgrünen Blättern, als Kontrast ist dazu ein großes Gras mit schilfartigen Halmen gesetzt worden.

Der Garten sollte wie ein Bild wirken, das man durch die Wohnzimmerfenster betrachten kann; es endet an einem Apfelbaum, der glücklicherweise ein dahinterstehendes Nachbarhaus verdeckt. Eine Hecke aus rotblättriger Zierpflaume verdeckt das Gewächshaus. Ein geschützter Sitzplatz mit einem kleinen Wasserbecken liegt seitlich der Garage, wo eine öfterblühende Rose fast den ganzen Sommer über für Farbe und Duft sorgt.

Vor der großen, gemischt bepflanzten Rabatte im Hintergrund, die bereits die ersten Herbstfarben zeigt, wirkt die üppige Blütenfülle in den Töpfen an der Terrasse besonders gut. *Tagetes* und Herbst-Chrysanthemen bringen auch im Spätsommer noch heitere Farben, die den nahenden Winter noch eine Zeit lang vergessen lassen (oben).

Eine große Zahl verschiedener Beetstauden stehen auf der Rabatte, und zu jeder Jahreszeit vermittelt die Pflanzung einen anderen Eindruck. Im Frühsommer erfreut der Rittersporn mit seinen unterschiedlich blaugefärbten Blütenkerzen. Dieses Foto ist vor einiger Zeit gemacht worden und, wie so oft in Gärten, hat sich die Pflanzenzusammensetzung auf der Rabatte seitdem etwas geändert.

Diese große Rabatte ist der Hauptblickpunkt des Gartens (oben). Bei der Pflanzenauswahl hierfür war ein Gesichtspunkt von besonderer Bedeutung: in den Vordergrund wurden an Blättern oder Blüten duftende Pflanzen gesetzt; weiter nach hinten kamen dann Fingerhut, Nachtviole und Buntnessel, die sich selbst aussäen und ausbreiten dürfen, und auf diese Weise das Unkraut verdrängen.

1 2 3 4 m

Im Hochsommer und im Herbst noch einmal bringt diese Floribundarose 'Masquerade' (rechts) ihre wunderschönen Blüten hervor und belebt die Garagenwand. Die Blüten dieser Sorte sind im Aufblühen gelb, werden allmählich rosa und verblühend färben sie sich rot. Da sich natürlich nicht alle Blüten auf einmal öffnen, hat man einen sehr interessanten dreifarbigen Effekt, wie bei kaum einer anderen Pflanze.

1 Jasminum nudiflorum
2 Zwergrosen
3 Galanthus nivalis
4 Euonymus radicans 'Argenteo-marginata'
5 Arabis caucasica
6 Magnolia kobus
7 Deutzia gracilis
8 Ajuga reptans 'Atropurpurea'
9 Alyssum rostratum
10 Lychnis coronaria
11 Verbascum densiflorum
12 Fuchsia magellanica
13 Deutzia × rosea
14 Lavandula
15 Delphinium
16 Narcissus
17 Physalis franchettii

18 Origanum vulgare
19 Achillea ptarmica
20 Cornus alba 'Sibirica'
21 Sedum spurium 'Purpurteppich'
22 Ruta graveolens
23 Paeonia officinalis 'Rubra Plena'
24 Tamarix pentandra
25 Lonicera tellmanniana
26 Lysimachia punctata
27 Ilex aquifolia 'J. C. van Tol'
28 Campanula persicifolia
29 Oenothera missouriensis
30 Artemisia ludoviciana
31 Papaver orientale
32 Cytisus praecox
33 Monarda didyma
34 Phlox paniculata

35 Lithospermum diffusum 'Heavenly Blue'
36 Coreopsis verticillata
37 Primula acaulis
38 Robinia pseudoacacia
39 Phalaris arundinacea 'Picta'
40 Rudbeckia fulgida 'Goldsturm'
41 Lonicera japonica repens 'Reticulata'
42 Prunus 'Amanogawa'
43 Cotinus coggygria
44 Ribes sanguineum
45 Corylus avellana 'Contorta'
46 Philadelphus 'Virginal'
47 Hedera helix
48 Kolkwitzia amabilis
49 Clematis montana 'Rubens'
50 Salix matsudana 'Tortuosa'

51 Iris laevigata 'Variegata'
52 Omphalodes verna
53 Pyracantha coccinea 'Kasan'
54 Mahonia aquifolium
55 Dicentra spectabilis
56 Prunus laurocerasus
57 Apfelbaum
58 Prunus cerasifera 'Atropurpurea'
59 Pulmonaria angustifolia
60 Pulmonaria saccharata
61 Astilbe chinensis pumila
62 Aquilegia caerulea
63 Campanula portenschlagiana
64 Clematis 'Nelly Moser'
65 Rosa 'Masquerade'
66 Colchicum autumnale
67 Pfefferminze
68 Chamaecyparis lawsoniana 'Ellwoodii'
69 Chamaecyparis lawsoniana 'Minima'
70 Clematis 'The President'
71 Syringa chinense
72 Lilium speciosum rubrum
73 Sempervivum-Hybriden
74 Solidago × hybrida
75 Veronica incana
76 Fuchsia magellanica
77 Clematis 'Lasurstern'
78 Cimicifuga racemosa
79 Corylopsis pauciflora
80 Clematis 'Gipsy Queen'
81 Centaurea montana grandiflora
82 Rosmarinus officinalis
83 Campanula carpatica
84 Lonicera henryi

Ein Wildgarten in strenger Fassung

Der Entwurf des Gartens wirkt modern und etwas nüchtern; er besteht aus einem gepflasterten Hof, der an zwei Seiten von Beeten eingefaßt und durch Pflanzinseln aufgelockert wird. Die meisten Pflanzen wuchern in alle Richtungen, Gras und Unkraut sprießen aus den Fugen der Pflasterung: so überlagert ein kompliziertes Muster von grünem Blattwerk die einfache Grundstruktur. Die Natur konnte dort weitermachen, wo der Mensch aufhörte. Natürlich hat solch ein Garten große Vorteile für denjenigen, der der Gartenarbeit nicht viel Zeit widmen kann oder will; es ist kein Rasen zu mähen und die Gartenpflege erfordert nur sehr wenig Arbeit.

Am Haus besteht der Belag aus dicht an dicht verlegten quadratischen Platten. Eine Ecke wird geschützt durch eine Bambus-Pergola, berankt mit Wein, und an der Wand steht eine Bank zum Ausruhen in der Abendsonne. Im Hauptteil des Gartens ist Granitpflaster auf einem verdichteten Aschenunterbau so verlegt, daß noch Gras in den Fugen wachsen kann. Scheinbar zufällig, tatsächlich jedoch mit einem Gespür für reizvolle Durchblicke, sind in dem Garten zwölf Pflanzinseln an-geordnet. Auf einigen von ihnen steht nur ein mittelgroßer Strauch, z. B. Forsythie oder Pfaffenhütchen, auf anderen sind höherwachsende Arten mit Bodendeckern kombiniert, z. B. Rhododendron und Winterheide. Um einzelne Pflanzinseln in ihrer Wirkung noch zu steigern, wurden ab und zu Topf- und Kübelpflanzen dazugestellt, die man natürlich auch verstellen kann, wenn man meint, daß sie an anderer Stelle besser zur Geltung kommen. Die größte Insel gibt dem Garten eine besondere Note durch die ausdrucksvolle Kugelakazie. Drei alte Steintröge bringen interessante Formen in den Garten und dienen gleichzeitig als Bankbeete für bunte einjährige Pflanzen.

Am hinteren Ende des Gartens wird eine kleine gepflasterte Terrasse von *Rhododendron* und *Pieris* eingerahmt. Diese sonnige, nach Süden ausgerichtete Ecke des Gartens ist ein idealer Sitzplatz. Eine urwüchsige Tamariske beherrscht den Mittelteil dieses hinteren Bereichs, während gegenüber Farne üppig im Schatten eines Essigbaums *(Rhus typhina)* wachsen.

1 *Euonymus planipes*
2 *Lonicera caprifolium*
3 *Spiraea × arguta*
4 *Sedum spurium*
5 *Erica carnea*
6 *Chrysanthemum coccineum*
7 *Hydrangea aspera sargentiana*
8 *Sedum spectabile*
9 *Calluna vulgaris*
10 *Ligustrum ovalifolium* 'Aureum'
11 *Chaenomeles speciosa*
12 *Forsythia × intermedia*
13 *Farne*
14 *Sorbus aucuparia*
15 *Buxus sempervirens*
16 *Rhus typhina*
17 *Iberis sempervirens*
18 *Euphorbia plychroma*
19 *Weigelia* 'Bristol Ruby'
20 *Tamarix parviflora*
21 *Chamaecyparis lawsoniana* 'Ellwoodii'
22 *Thymus serphyllum*
23 *Rhododendron*-Hybriden
24 *Pieris japonica*
25 *Primula bulleesiana*
26 *Geranium maritimum*
27 *Alyssum endressii*
28 *Clematis montana*
29 *Helianthemum*-Hybriden
30 *Viburnum carlcephalum*
31 *Aubrietia*-Hybriden
32 *Aster novi-belgii*
33 *Berberis buxifolia* 'Nana'
34 *Spiraea bumalda*
35 *Cotoneaster horizontalis*
36 *Prunus laurocerasus*
37 *Jasminum nudiflorum*
38 *Berberis candidula*
39 *Yucca filamentosa*
40 *Vitis coignetiae*
41 *Robinia pseudoacacia* 'Bessoniana'
42 *Lavandula angustifolia*
43 *Thymus villosus*
44 *Gypsophylla repens*

1   2   3   4 m

Der Ausblick aus dem Haus über den Garten zur hinteren Mauer (oben links) wird geprägt von der eigenwillig wachsenden Kugelakazie. Hohe benachbarte Bäume tragen bei zu der intimen Atmosphäre dieses Gartenhofes.

Farne und die Sprößlinge des *Rhus typhina* konnten völlig ungehindert in dieser Ecke des Gartens wachsen (links). Die rauhen weißgetünchten Begrenzungsmauern kontrastieren mit dem üppigen Grün des überwuchernden Blattwerks.

Diese reizvolle Ecke am Haus (rechts) fängt die Sonne besonders am späten Nachmittag ein. Die rosaroten Blüten von *Spiraea bumalda* bilden mit der imposanten weißen Blütenähre von *Yucca filamentosa* einen Kontrast zum Grün des Gartens.

Geometrisch gestalteter Hof

Die anregende Atmosphäre dieses Gartenhofs entsteht durch die überlegte Kombination entgegengesetzter Elemente. Die strengen Formen und die einfühlsame Strukturierung der Anlage bilden Hintergrund und Gegensatz zu der reichen und schönen Bepflanzung. Das durchgehende Motiv sind die Betonplatten. Das Haus öffnet sich auf eine Terrasse mit Eßbereich und der Blick wird hinter das Wasserbecken gelenkt, unter der Pergola durch auf einen kleinen Weg am Rasen entlang bis zur Mauer am Ende des Gartens. Die Sitzmauer aus vorgefertigten Betonteilen am Ende der Terrasse bildet eine starke räumliche Gliederung und unterteilt den Garten in zwei Bereiche. Da sie aber niedrig genug ist, wirkt sie nicht zu dominierend und die strenge, architektonische Form verbindet sie mit dem Plattenbelag aus Beton und mit dem Haus.

Die geometrische Linienführung des Entwurfs wirkt nirgendwo beherrschend. Sie wird gemildert durch die Verwendung von Kieseln an zwei Seiten des Wasserbeckens und unter der Sitzmauer. An anderer Stelle wird der Plattenbelag von Pflanzgruppen aufgelockert oder überwuchert von flachen Heide-Polstern wie an der Treppe und der Bank.

In dem befestigten Terrassenbereich, der fast die Hälfte des Gartens ausmacht, ist das Wasser ein sehr wichtiges Element. Es lockert die Betonfläche auf und lädt zum Verweilen und Schauen ein. Der Bambusbusch und die Zweige der Eberesche ergeben hübsche Spiegelungen auf der Wasseroberfläche, die Wasserpflanzen und Fische sorgen dafür, daß das Wasser klar bleibt.

Die verschwenderische Pflanzenfülle bringt den ganzen Garten zum Leben – trotz der Verwendung von Beton –, besonders wenn sie über ihre Beete hinaus auf den Plattenbelag wuchern, als wären sie dazu nicht berechtigt. Üppige Pflanzenmengen sind nach ihrer Farbschattierung und ihren Blattformen zusammengestellt und werden durch die strenge Gestaltung in ihrem Aussehen besonders zur Geltung gebracht.

Die klare Linienführung der Terrasse (oben) macht sie optisch, aber auch praktisch zur Erweiterung des modernen Hauses. Die mit *Clematis* berankte Pergola rahmt den Eingang zum zweiten und sanfteren Gartenteil, dem Rasen. Die strukturierten Betonplatten wurden auch für den Verbindungsweg der beiden Gartenteile benutzt, der den Rasen begrenzt.

Auch wenn das Wasserbecken (links) ein wichtiger Blickpunkt ist und die befestigte Fläche etwas mildert, so entspricht doch die scharfe Abgrenzung des Beckens an zwei Seiten der strengen architektonischen Form dieses Gartens. Die klare Begrenzung wird nur unterbrochen von der aufrecht wachsenden Blumenbinse *(Butomus umbellatus)* und der Eberesche *(Sorbus aucuparia)*, die sich im Vordergrund anmutig übers Wasser neigt.

Die schlichte Sitzmauer aus Fertigteilen (rechts) ist ein wichtiges gliederndes Element dieses Gartens. Sie ist eingebunden in Kiesel und niedrige Pflanzung aus *Juniperus sabina* und *Cotoneaster dammeri*, die sich am Boden ausbreiten.

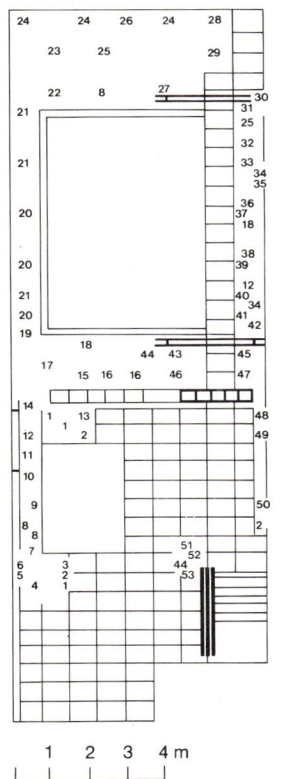

1	2	3	4 m	

1 Iris sibirica
2 Cotoneaster microphyllus
3 Taxus baccata
4 Hydrangea petiolaris
5 Sorbus aucuparia
6 Caltha palustris
7 Clematis × jackmannii
8 Rhododendron repens
9 Rhododendron praecox
10 Clematis montana 'Rubens'
11 Ligularia × hessei
12 Miscanthus sinensis
13 Hemerocallis citrina
14 Polygonum aubertii
15 Calluna vulgaris
15 Liatris spicata
17 Rhus typhina 'Laciniata'
18 Avena sempervirens

19 Aster dumosus
20 Berberis stenophylla
21 Pyracantha coccinea
22 Aruncus silvester
23 Betula pendula
24 Hypericum calycinum
25 Pieris japonica
26 Cotoneaster salicifolius
　　floccosus
27 Lonicera henryi
28 Cornus mas
29 Pachysandra terminalis
30 Carex pendula
31 Lonicera tellmanniana
32 Rhododendron luteum
33 Cotoneaster horizontalis
34 Achillea filipendulina
35 Rosa 'Don Juan'

36 Rosa 'Käthe Duvigneau'
37 Oenothera missouriensis
38 Delphinium
39 Rudbeckia sullivantii
40 Festuca glauca
41 Coreopsis verticilliata
42 Chaenomeles speciosa
43 Clematis 'Nelly Moser'
44 Helianthemum
45 Cotoneaster dammeri
46 Juniperus sabina tamarisci-
　　folius
47 Pinus montana mughus
48 Sedum spurium
49 Aristolochia durior
50 Rosa 'New Dawn'
51 Sinarundinaria murielae
52 Cotoneaster adpressus
53 Veronica longifolia

Die Treppe (links), die die Terrasse mit dem Hauptgarten verbindet, ist aus Kunststeinen gebaut. Auf der obersten Stufe stehen rechts und links je eine große Vase, ebenfalls aus Kunststein. Die üppige Pflanzung bildet einen herrlichen Hintergrund: großblättrige *Hosta sieboldiana,* hohes Chinaschilf *(Miscanthus sinensis)* und links immergrünes Greiskraut. Eine Vielzahl von Geranientöpfen werden an der Terrasse von Lavendel begleitet, große Farnwedel und hohe Blütenstände von Bärenklau wachsen an dem mit Kletterrosen berankten Holzzaun.

Die Intimität und Zwanglosigkeit des Gartens setzt sich in der zufälligen Anordnung der Sitzgruppe auf dem Rasen fort (oben). Der Garten dahinter liegt im Schatten und erweckt den Eindruck, daß er gar nicht endet. Die gelbe Kletterrose ›Golden Showers‹ blüht in den Bäumen, während *Clematis* in einem Strauch rankt. Genauso sollten Rankpflanzen wachsen: wie in der Natur.

Eine immergrüne Zuflucht

Dieser Garten in einer Vorstadt geht in mehrfacher Hinsicht zurück auf die Entwurfsprinzipien der frühen Paradiesgärten. Es ist eine grüne Stätte der Zuflucht – vor der Stadt, vor Menschen, Lärm und Abgasen. Der Garten ist entworfen als privater und jederzeit geschützter Ort und als zusätzlicher Raum für das Haus. Glücklicherweise gab es schon mehrere ausgewachsene Bäume, die den Rahmen für die Raumbildung darstellten und ohne die der Garten noch nicht diese Illusion von üppiger Natur bieten könnte. Man fühlt sich nicht durch das kleine Grundstück oder die Nachbargärten beengt; die umgebenden Zäune sind verdeckt durch herunterhängende Zweige und Sträucher, sowie durch Kletterpflanzen, und der Rasen wirkt wie auf einer Waldlichtung.

Der Garten wird von einer L-förmigen Terrasse aus über eine breite Treppe betreten. Pflanzen in Töpfen und zwei Steinvasen mildern den Höhenunterschied. Der Rasen hat ungefähr die Form von zwei sich über-

lappenden Kreisen. Die Rasenkanten sind mit Klinker eingefaßt, einerseits zur Begrenzung der Blumenbeete und andererseits zur Erleichterung des Mähens. Farne und Funkien gedeihen prächtig im Schatten.

Bei der Pflanzenauswahl nahm der Eigentümer wuchsfreudige Arten mit der Absicht, einen pflegeleichten Garten zu bekommen. Später stellte sich jedoch heraus, daß das Prinzip zu gut funktionierte: die Pflanzen müssen ständig zurückgeschnitten und manche sogar entfernt werden, damit die Anlage unter Kontrolle bleibt. Wein, Efeu und Rosen ranken attraktiv in alten Obstbäumen, aber diese benötigen ebenfalls Pflege, um den einladenden Eindruck des zufällig Gewachsenen zu machen. Die Verwendung sowohl von Immergrünen als auch von Laubgehölzen sichert das ganze Jahr hindurch die geschlossene, intime Atmosphäre dieses Gartens. Vom Haus aus sieht er sogar in der kalten Jahreszeit erfreulich grün aus und ist so geschützt, daß man auch im Winter draußen sitzen kann.

Aus dem Schatten der Krone eines Apfelbaumes (rechts) fällt der Blick auf Tisch und Stühle in einer Rasenbucht. Der Eindruck des Urwalds entsteht durch die üppige, etwas zu hohe Pflanzung, die beinahe auf den Rasen übergreift. Hinter der Sitzgruppe wächst wilder Wein und buntblättriger Hartriegel, die Pflanzung im Vordergrund am Stamm des Baumes enthält blühende Wolfsmilch und verschiedene Farne.

Ein Entwurf für vielerlei Interessen

Dieses Haus ist klar und gerade auf dem kleinen rechtwinkligen Grundstück angeordnet. An der Südseite des Hauses ragt das Dach über die sonnige Terrasse, die den erweiterten Wohnraum bildet. Alle Wohnräume des Hauses liegen auf einer Ebene, so daß der Ausblick aus allen Fenstern gleichermaßen wichtig ist. Eine weitere Überlegung war bei der Planung zu berücksichtigen: der Pflegeaufwand sollte auf ein Minimum reduziert sein, denn heute sind die meisten Garteneigentümer auch ihre eigenen Gärtner.

Die Grundstücksgrenze tritt auf der Ostseite zurück; durch eine Bepflanzung mit Robinien entsteht ein nützlicher, schattiger Parkbereich abseits der Straße. Vom Parkplatz aus betritt man den Garten über ein paar Treppen. Der Gestalter hat aus einem engen Zugang einen attraktiven Fußweg gemacht, der auf der ganzen Strecke gegenüber der Hauswand von einer lockeren, gemischten Hecke aus *Cotoneaster,* Feuerdorn, *Stranvesia* und Bergkiefer begleitet wird.

Der Fußweg führt an der Haustür vorbei auf einen großen Terrassenbereich – angrenzend an den überdachten Sitzplatz – zu. Unterhalb der Terrasse auf der Westseite des Hauses liegt ein geschützter Rasen zum Sonnenbaden und Spielen. Er ist von der Terrasse getrennt durch eine Hecke aus immergrünem Bambus, die das ganze Jahr über dekorativ aussieht. Charakteristisch für den Garten ist der niedrige Holzzaun als Einfassung der Strauchpflanzungen zum Schutz gegen Kinderspiele. Er korrespondiert mit dem Holzbelag der überdachten Terrasse. Der Belag von Terrasse und Fußwegen ist Granitpflaster, dessen kleines Format eine angenehme intime Atmosphäre schafft.

Entlang der Westseite des Hauses, im Blickfeld von Wohn- und Schlafzimmer, liegt eine gut bestückte Staudenrabatte. Am Ende dieser Rabatte ist der Wirtschaftsbereich mit Lagerplatz für Öl, Müllbehälter und einem kleinen Beet für Obst und Gemüse.

Viele Gärtner und Planer verzweifeln an den schmalen Reststücken, die zwischen Haus und Grundstücksgrenze übrigbleiben, weil sie sie für öde, unfreundliche Schneisen halten. Dieser Garten, der verschiedene solcher scheinbar nutzlosen Bereiche hat, zeigt dennoch, daß sie auch erfolgreich in das Gesamtkonzept einbezogen werden können.

Der überdachte Sitzplatz (links) ist mit einem Bambus-Rollo ausgerüstet, das im Sommer heruntergelassen werden kann. Das Muster des Holzbelags wiederholt sich in dem niedrigen Holzzaun um die Strauchpflanzung. Auf der befestigten Terrasse sind zur Raumbildung Hainbuchen gepflanzt.

Die Beeren von *Cotoneaster salicifolius floccosus* (oben) machen sich sehr gut zwischen den glänzenden, schmalen, immergrünen Blättern. Der ausgewachsene Strauch hat einen reizvollen hängenden Wuchs.

Der Garten wird über einen schmalen Fußweg entlang des Hauses (links) erreicht, der mit Granitpflaster befestigt ist. Vor dem Hauseingang erweitert er sich zu einem Platz mit Bank und Pflanzgefäßen für Sommerblumen. Das Bambusgebüsch im Hintergrund wirkt leicht und locker, schirmt aber dennoch gut ab.

1 *Robinia pseudoacacia*
2 *Pinus montana*
3 *Pyracantha coccinea*
4 *Cotoneaster salicifolius floccosa*
5 *Epimedium grandiflorum*
6 *Stranvesia davidiana*
7 *Brunnera macrophylla*
8 *Pinus silvestris*
9 *Rhus typhina*
10 *Pinus contorta*
11 *Pinus nigra* 'Austriaca'
12 *Sinarundinaria murielae*
13 *Carpinus betulus*
14 *Lavandula angustifolia*
15 *Rubus odoratus*
16 *Hedera helix*
17 *Vinca minor*
18 *Achillea filipendulina*
19 *Pachysandra terminalis*

20 *Sorbaria aitchisonii*
21 *Veronica incana*
22 *Delphinium*
23 *Heuchera sanguinea*
24 *Scilla sibirica*
25 *Eranthis hiemalis*
26 *Stachys lanata*
27 *Paeonia lactiflora*
28 *Potentilla fruticosa* 'Arbuscula'
29 *Scabiosa caucasica*
30 *Salvia nemorosa*
31 *Ailanthus altissima*
32 Schwarze Johannisbeeren
33 Erdbeeren
34 Apfelbaum
35 *Clematis* 'The President'
36 *Rosa* 'Blaze'
37 Bestehende Hecke

Terrassen am steilen Hang

Sehr schwierig ist die Behandlung eines Gartengrundstücks, das steil vom Haus aus ansteigt; der Garten scheint auf das Haus zu fallen. Je mehr diesem kopflastigen Eindruck entgegengewirkt werden kann, desto besser. In diesem Entwurf ist das Problem klugerweise durch eine Folge verschiedener Ebenen und Terrassen gelöst worden. Die Breite des Gartens wird betont, die Hauptblickrichtung hangaufwärts wird durchbrochen und die Richtung quer zum Gefälle wird herausgearbeitet. Die Terrassen erzeugen eine eher freundliche Stimmung und es gibt dort mehrere Plätzchen zum Sitzen, Sonnenbaden und Essen.

Der Garten wird vom ersten Stock des Hauses über eine Holzbrücke betreten, die die untere Ebene überspannt. Von dort aus führen einige Stufen hinaus zu einem kleinen Rasen und eine Treppe führt hinunter zu einem geklinkerten Eßplatz. Der Eindruck eines maßgeschneiderten Gartens wird verstärkt durch die geschickte Verwendung von Holz für die Stützmauern und Zäune sowie durch die horizontalen Buchsbaumhecken. Die unterschiedlich hohen Wände und Hecken verbergen den steilen Hang.

Die Bepflanzung unterstützt die raumbildenden Elemente des Entwurfs; gut verwendet wurden kräftige Gruppen von *Spartina* und *Agapanthus,* Stiefmütterchen, Primeln u. a. bringen leuchtende Farben hinzu.

Der Garten wird durch Holzwände in leichten Terrassen abgefangen (oben). Dies Prinzip ist durch Heckenpflanzung aus Buchs und Rosmarin unterstrichen, die mit der lockeren farbigen Pflanzung von verschiedenen Sommerblumen einen hübschen Kontrast bildet.

Der Blick hinunter zu der geklinkerten Fläche um das Haus (rechts) vermittelt das Gefühl der Geborgenheit in diesem »mehrstöckigen« Garten. Die japanische Kirsche -(*Prunus* ›Shirotae‹) in einem mit Holz eingefaßten Beet ist mit Stiefmütterchen unterpflanzt. Der »Rasen« besteht aus Klee (*Trifolium repens*), einem trockenheitsresistenten Bodendecker, der wie Gras gemäht werden kann.

Der wärmste Teil des Gartens (links) ist mit einer Auswahl von Steinbrechgewächsen bepflanzt. Sie heben sich gut von den krausen Blättern der Petersilie und der blühenden Rosmarinhecke ab.

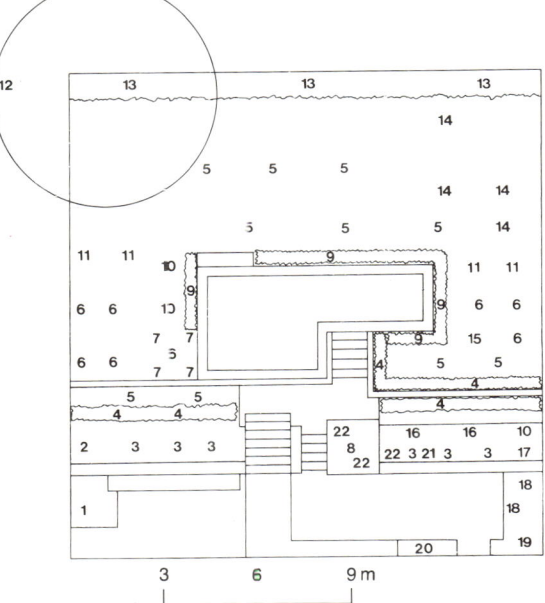

1 *Citrus sinensis* (K)
2 *Spartina michauxiana*
3 Einjährige Steinbrechge-
   wächse
4 *Buxus sempervirens*
5 *Fragaria vesca*
6 *Cotoneaster dammeri*
   'Parkteppich'
7 *Agapanthus campanulatus*
   (K)
8 *Prunus* 'Shirotae'
9 *Erica carnea*
10 *Viburnum burkwoodii*
11 *Chaenomeles speciosa*
12 *Quercus rubra*
13 *Ligustrum obtusum rege-*
   lianum
14 *Ribes sanguineum*
15 *Fagus silvatica* 'Pendula'
16 *Rosmarinus officinalis*
17 *Pyracantha coccinea* 'Orange Glow'
18 *Primula malacoides*
19 *Betula papyrifera*
20 *Camellia japonica* (K)
21 Petersilie
22 Stiefmütterchen

3   6   9 m

Gestaltung einer ungünstigen Grundstücksform

Eine Ansammlung von Topf-pflanzen verschönt die Ecke, wo Rasen und Terrasse durch Treppen verbunden sind. Es wachsen dort *Geranium, Verbena* und die palmenartige *Cordyline australis.*

Dieses ungünstig geschnittene Grundstück in der Form eines langgestreckten Dreiecks mit abgeschnittener Spitze bot einige gestalterische Schwierigkeiten. Die Lösung ergab eine Gliederung in verschiedene Bereiche, und die Anordnung abgerundeter Beete am Rande.

Ein vorhandener Höhenunterschied am Haus wurde für die Gestaltung ausgenutzt. Ein großer hölzerner Pflanztrog, der fast über die ganze Front reicht, bildet eine Stützmauer, die den höher gelegenen Rasen von einem schmalen, direkt außerhalb des Hauses gelegenen Hof trennt. Stufen verbinden beide Ebenen. Der Hof selbst besteht aus einem befestigten Bereich unterhalb der Treppe – auf dem Töpfe stehen, in denen Kräuter und andere Pflanzen gedeihen, – und einem reizvollen Holzdeck, das zum Essen und Sitzen möbliert ist. Raumteilend wirkt ein berankten Spalier.

Der Hauptteil des Gartens besteht aus einer lang ausgedehnten Rasenfläche, die von geschwungenen Rabatten begleitet wird, hinten mit Sträuchern und vorne mit Sommerblumen und Stauden bepflanzt. Eine Rasenkante entlang der größten Rabatte erleichtert das Mähen.

An der schmalsten Seite des Gartens, die vom Haus am weitesten entfernt ist, liegt ein kleiner Gemüsegarten. Davor sind auf einem Holzdeck zwei Gewächshäuser und ein Gerätehaus angeordnet. Dieser Wirtschaftsteil ist gut verdeckt durch eine dichte Gehölzpflanzung aus Rosen, Ahorn, Hainbuche, Ginster, Zierapfel und Essigbaum.

1 *Spiraea × arguta*
2 *Azalea*
3 *Hedera helix*
4 *Lonicera heckrottii*
5 *Rhododendron luteum*
6 *Cotoneaster conspicuus* 'Decorus'
7 *Mahonia bealii*
8 *Rhododendron* 'Elizabeth'
9 *Erica tetralix*
10 *Primula aculis*
11 *Aralia chinensis*
12 *Skimmia japonica*
13 *Deutzia gracilis*
14 *Ribes aureum*

15 *Syringa chinense*
16 *Amorpha fruticosa*
17 *Rosa* 'Meteor'
18 *Elaeagnus pungens*
19 *Acer palmatum* 'Dissectum'
20 *Acer palmatum* 'Aureum'
21 *Carpinus betulus* 'Pyramidalis'
22 *Rhus typhina*
23 *Rosa* 'Penelope'
24 *Cytisus praecox*
25 *Malus* 'John Downie'
26 *Brombeeren*
27 *Gemüse*
28 *Betula pendula*

29 *Rosa* 'Iceberg'
30 *Cytisus praecox* 'Hollandia'
31 *Veronica incana*
32 *Alcea rosea*
33 *Rosa* 'Whiskey'
34 *Helleborus niger*
35 *Rosa* 'Märchenland'
36 *Rosa hugonis*
37 *Fothergilla major*
38 *Rodgersia aesculifolia*
39 *Inula ensifolia*
40 *Acanthus mollis*
41 *Rosa* 'Betty Prior'
42 *Papaver nudicaule*
43 *Potentilla nitida*

44 *Hosta sieboldiana*
45 *Coreopsis verticillata*
46 *Geranium sanguineum*
47 *Lippa citroidora* (K)
48 *Forsythia × intermedia*
49 *Rosa* 'Märchenland'
50 *Elaeagnus ebbingei* 'Variegata'
51 *Agapanthus campanulatus* (K)
52 *Hedera helix*
53 *Pfefferminze*
54 *Rhabarber*
55 *Kräuter*
56 *Dahlien*

57 *Cotoneaster dammeri*
58 *Blumenzwiebeln*
59 *Euonymus sacchalinensis*
60 *Chaenomeles japonica*
61 *Spartina michauxiana*
62 *Ceanothus* 'Gloire de Versaille'
63 *Mahonia aquifolia*
64 *Wisteria sinensis*
65 *Lonicera japonica* 'Reticulata'
66 *Prunus triloba*
67 *Daphne cneorum*

Ein Kreisbogen in einem L-förmigen Garten

Ein kühner Schwung hält die beiden Teile dieses L-förmigen Gartens zusammen. Die mit Betonplatten befestigte Terrasse schwingt sich im Bogen um das Haus, um dann in ein rechtwinkliges Rasenstück überzugehen. Das strenge Kreismotiv, das sich bis zu einer breiten Klinkerstufe und einer dichten Strauchpflanzung ausdehnt, überspielt die ungünstige Grundstücksform. Der Garten löst das Problem eines L-förmigen Grundstücks: ob nämlich die Teile für sich oder als eine Einheit gestaltet werden sollen. Hier hält der Kreis beide Teile zusammen, beläßt aber jedem seinen Charakter.

Die breite Klinkerstufe um den befestigten Bereich betont die runde Form und bietet großen Terrakotta-Töpfen mit Efeu und Geranien einen guten Platz. Die dahinterliegende Pflanzung wurde durch eine benachbarte große Linde stark beeinträchtigt, deren Zweige fast bis auf das Blumenbeet herunterhängen: dennoch gedeihen Schneeball, Steinsame und Rhododendron recht gut.

Die Rasenfläche ist rechteckig; eine Efeuhecke begrenzt sie auf der einen und einem Rosenbeet auf der anderen Seite.

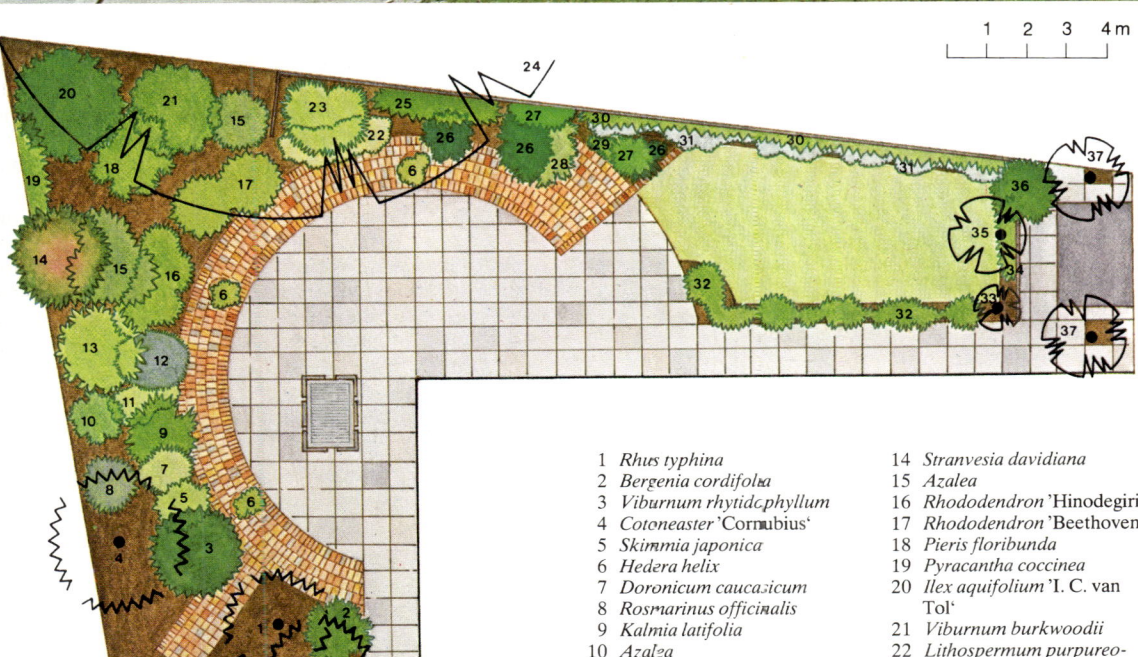

Eine breite Klinkerstufe führt als Einfassung um die mit Betonplatten belegte Terrasse und verbindet sie mit dem gradlinigen Gartenteil. Große Terrakotta-Töpfe mit Efeu und Geranien bepflanzt stehen auf der erhöhten Klinkerfläche zusammen mit einigen kleineren Töpfen, in denen farbenfrohe Fleißige Lieschen stehen.

1 *Rhus typhina*
2 *Bergenia cordifolia*
3 *Viburnum rhytidophyllum*
4 *Cotoneaster* 'Cornubius'
5 *Skimmia japonica*
6 *Hedera helix*
7 *Doronicum caucasicum*
8 *Rosmarinus officinalis*
9 *Kalmia latifolia*
10 *Azalea*
11 *Tiarella cordifolia*
12 *Ligularia clivorum*
13 *Acer palmatum* 'Dissectum'
14 *Stranvesia davidiana*
15 *Azalea*
16 *Rhododendron* 'Hinodegiri'
17 *Rhododendron* 'Beethoven'
18 *Pieris floribunda*
19 *Pyracantha coccinea*
20 *Ilex aquifolium* 'I. C. van Tol'
21 *Viburnum burkwoodii*
22 *Lithospermum purpureo-caeruleum*
23 *Forsythia suspensa*
24 *Tilia euchlora*
25 *Rosa* 'Coral Dawn'
26 *Juniperus chinenesis* 'Pfitzeriana aurea'
27 *Deutzia gracilis*
28 *Fuchsia magellanica*
29 *Magnolia × soulangeana*
30 *Hedera helix*
31 *Lavandula angustifolia*
32 Beet mit verschiedenen Teerosen
33 *Juniperus virginiana* 'Skyrocket'
34 *Rosa* 'Schneewittchen'
35 *Prunus* 'Kanzan'
36 *Cotoneaster wardii*
37 *Malus* 'John Downie'

Im Schatten von Weiden

Bei der Neuanlage von Haus und Garten ist die gute und schnelle Anpassung an die Umgebung oft ein Problem. Dieses individuelle moderne Anwesen wurde am Rand eines alten Friedhofs gebaut. Zuerst wurden schnellwüchsige Trauerweiden gepflanzt, die fast dreiviertel des Jahres Laub tragen: diese überspielten bald die horizontalen Linien des neuen Hauses und der Friedhofsmauer. Das Ziel war, etwas von der geheimnisvollen Stimmung des alt eingewachsenen Friedhofs in dem Garten zu holen. Die Pflanzung beschränkt sich hauptsächlich auf schattenliebende Stauden und Bodendecker. Das Schwergewicht wurde mehr auf kontrastreiche Belaubung als auf leuchtende Blütenfarben

gelegt; letztere sind auf Weiß und Blau beschränkt. Kletterpflanzen wie Efeu, *Clematis,* Geißblatt und Wein beranken die Mauern.

Der mit Klinkern gepflasterte Hof, der vom Haus durch eine Glasschiebetür betreten wird, wurde über Bauschutt angelegt. Eine Anzahl kleiner Findlinge von diesem Grundstück wurden als Einfassungs- und Sitzsteine verwendet.

Der Bereich neben dem Haus, in dem sich früher ein Durchgang zur Friedhofskapelle befand, wurde aufgefüllt, eingesät und mit einem Zierapfel bepflanzt. Ein kleiner Teich, moosbewachsene Skulpturen, Schilf und Farne sind auf dieser Fläche geplant.

Kiesel (unten) und ein kleines Fleckchen mit Gemüse begrenzen das Beet auf der Längsseite des Hofes. Gemüse wie Kohl, Salat und Fenchel werden sowohl wegen ihrer dekorativen Blätter als auch zum Essen angebaut. Ein Kirschlorbeer *(Prunus laurocerasus* 'Zabeliana') im Kübel vervollständigt die Komposition.

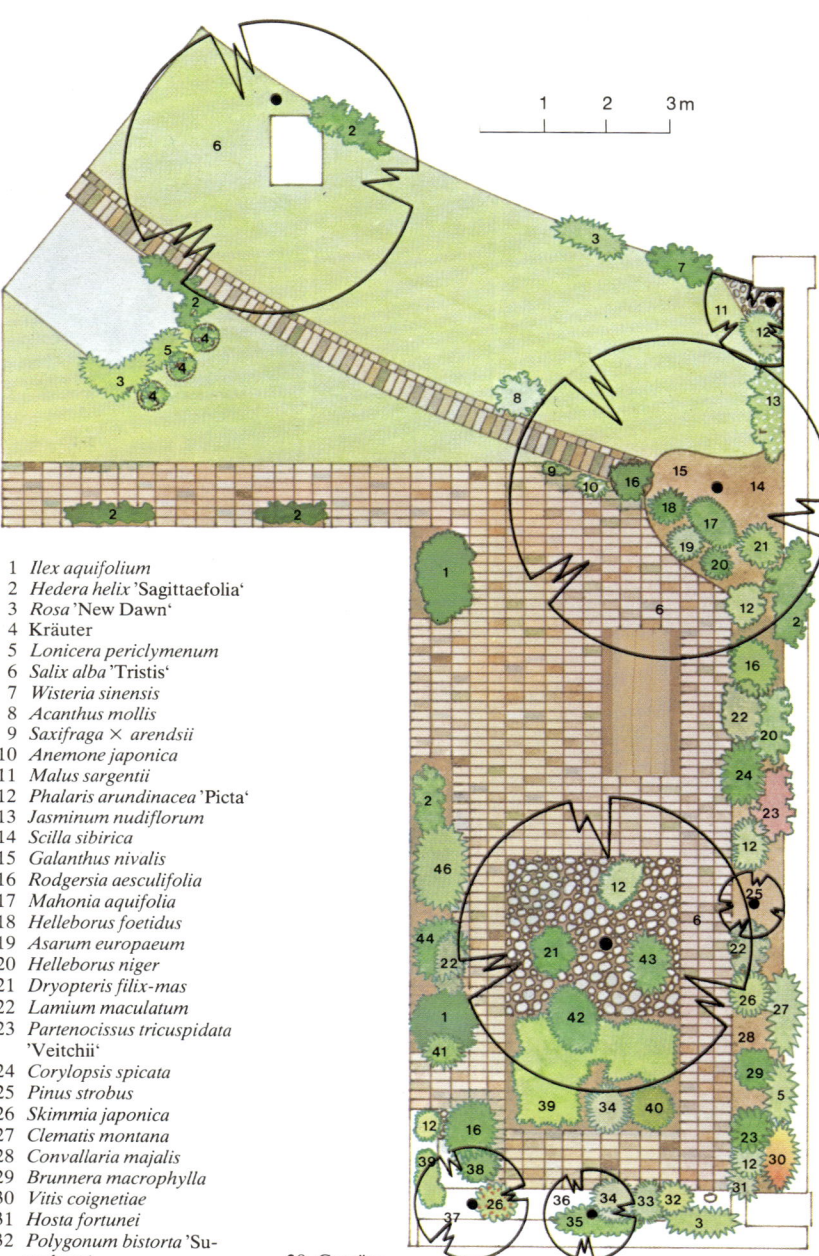

1 *Ilex aquifolium*
2 *Hedera helix* 'Sagittaefolia'
3 *Rosa* 'New Dawn'
4 *Kräuter*
5 *Lonicera periclymenum*
6 *Salix alba* 'Tristis'
7 *Wisteria sinensis*
8 *Acanthus mollis*
9 *Saxifraga* × *arendsii*
10 *Anemone japonica*
11 *Malus sargentii*
12 *Phalaris arundinacea* 'Picta'
13 *Jasminum nudiflorum*
14 *Scilla sibirica*
15 *Galanthus nivalis*
16 *Rodgersia aesculifolia*
17 *Mahonia aquifolia*
18 *Helleborus foetidus*
19 *Asarum europaeum*
20 *Helleborus niger*
21 *Dryopteris filix-mas*
22 *Lamium maculatum*
23 *Partenocissus tricuspidata* 'Veitchii'
24 *Corylopsis spicata*
25 *Pinus strobus*
26 *Skimmia japonica*
27 *Clematis montana*
28 *Convallaria majalis*
29 *Brunnera macrophylla*
30 *Vitis coignetiae*
31 *Hosta fortunei*
32 *Polygonum bistorta* 'Superbum'
33 *Alchemilla mollis*
34 *Cytisus praecox*
35 *Rosa* 'Solo'
36 *Laburnum* × *watereri* 'Vossii'
37 *Prunus avium*
38 *Prunus laurocerasus* 'Zabeliana'
39 Gemüse
40 *Paeonia officinalis*
41 *Doronicum plantagineum*
42 *Arundo donax*
43 *Viburnum carlesii*
44 *Lonicera pileata* 'Yunnanense'
45 *Pulmonaria saccharata*
46 *Prunus laurocerasus*

Der klinkergepflasterte Hof (rechts) schließt an das Haus an und bildet dort unter den Zweigen einer Trauerweide einen Raum im Freien. In ihrem Schatten wachsen Bambus und Farne.

Ein origineller Entwurf für die ganze Familie

Die Stärke dieses Gartens in der Stadt liegt in der unkonventionellen Raumaufteilung, die die Regelmäßigkeit des rechteckigen Grundstücks überwindet. Der Garten wurde von einem brasilianischen Gestalter für ein junges Ehepaar mit einem Kleinkind entworfen. Vor der Geburt des Kindes war das Paar sehr mobil und der Garten für sie nur von untergeordnetem Interesse. Mit dem Kind konnten sie weniger ausgehen und ihre nähere Umgebung wurde wichtiger. Der Planer konnte ihre Bedürfnisse gut nachempfinden, und so wurde der Garten nach seinem Entwurf tatsächlich ein Wohnraum im Freien. Für Erwachsene ist es ein Ort der Entspannung, für Kinder ein anregender Spielplatz.

Für die Ausgestaltung des Gartens wurden überwiegend gebrauchte Materialien verwendet, die von einem Hausumbau stammten. Alte Klinker und abgelagertes Holz sind gute Baumaterialien – für die Holzwand am Ende des Gartens wurden z. B. die alten Fußbodendielen von unterschiedlicher Länge verwendet. Das Klinkerpflaster ist in verschiedenen Mustern auf Sand verlegt, nicht auf Beton. Wenn Unkraut in den Fugen aufkommt, wird es entweder belassen oder von Hand gejätet. Zwei der Behälter im Garten sind alte Kaminröhren vom Hausumbau; gefüllt mit farbenprächtigen Blumen bilden sie einen Teil der Ausstattung. Ein weiterer Anziehungspunkt ist eine Hängematte aus Brasilien; spezielle Aufhängepfähle wurden im Entwurf berücksichtigt und im sonnigsten Teil des Gartens eingegraben. Weitere Details im Garten wie die Holzklötze oder der Sandplatz aus einem Autoreifen wurden mehr zufällig hinzugefügt, sie dienen alle sowohl einem nützlichen als auch einem dekorativen Zweck.

Der Gestalter war hauptsächlich beauftragt, das Grundkonzept des Gartens zu liefern, in dessen Rahmen die Eigentümer ihre eigenen Ideen realisieren konnten. Obwohl er einen wesentlichen Teil der Pflanzung vorschlug, z. B. wichtige Bäume und Sträucher zur Abdeckung bestimmter Ausblicke, gab es keinen vollständigen Pflanzplan, da die Dame des Hauses lieber spontan Pflanzen kaufen wollte. Sie wählte die Pflanzen wegen ihres Duftes oder ihrer Blüten, außerdem Gemüse-Arten: so wachsen Tomaten an den Holzstelen, ein Kürbis im Steingarten und ein Pflaumenbaum in der Blumenrabatte.

Der Reiz dieses Entwurfes liegt in seiner Individualität: ein Garten, der für spezielle Bedürfnisse maßgeschneidert wurde, im Entwurf und in seiner persönlichen Prägung einzigartig.

Klinker und Holz sind die Hauptmaterialien in diesem sehr individuellen Garten, die ihm seine Einheit verleihen. Die Klinker sind auf dem Fußweg in verschiedenen Mustern verlegt und durch Holzbalken in Felder unterteilt. Die angrenzende Stützmauer aus Klinker ist breit genug, um als Sitzmauer genutzt zu werden oder zum Aufstellen von besonderen Topfpflanzen. Aufrechte Holzbalken, die aus der Mauer herausragen, betonen das Ende des Gartens. Dieselben Holzbalken dienen zum Aufhängen der Hängematte; sie wurden außerdem für den Holzzaun und den eingebauten Tisch verwendet.

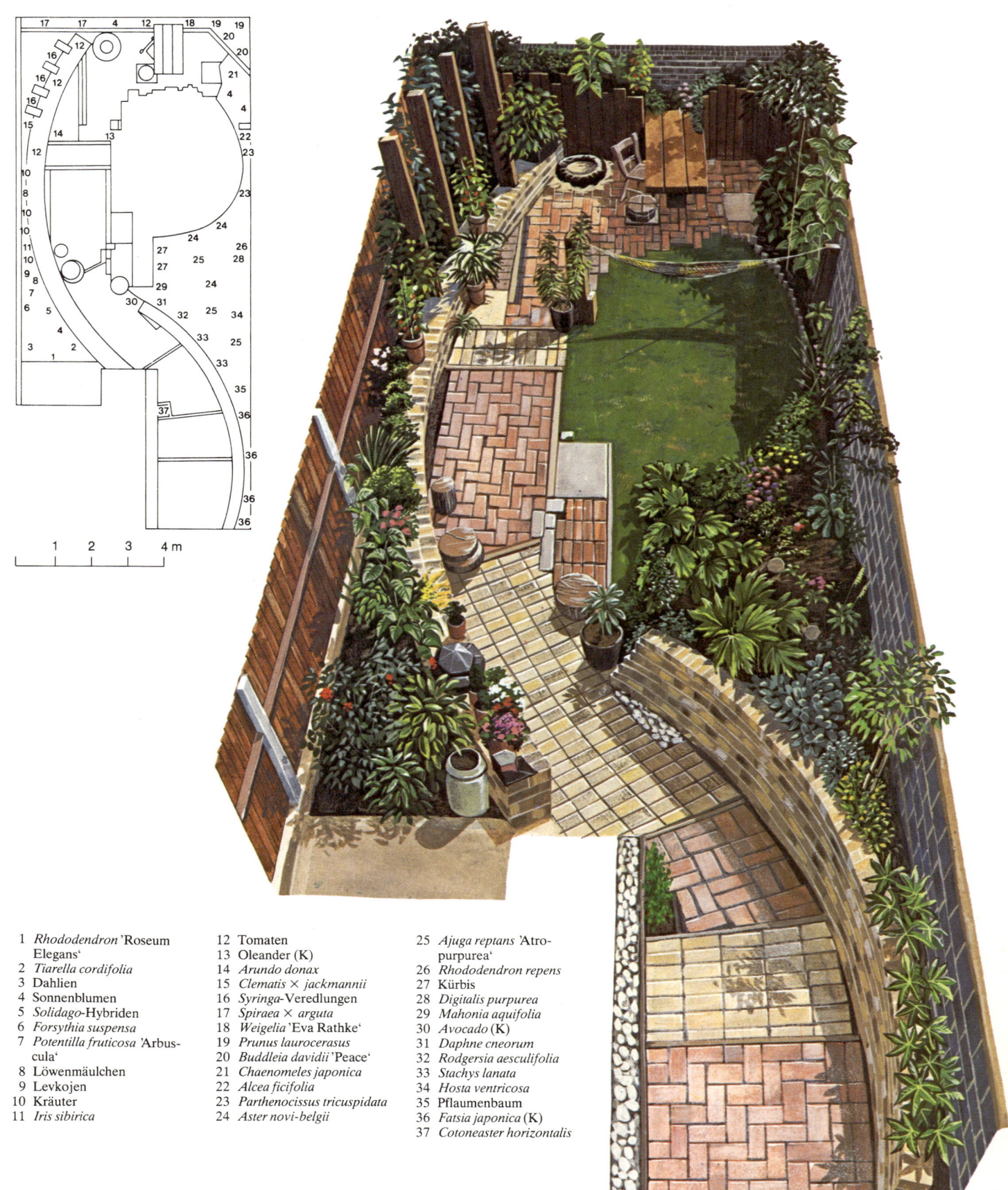

1	*Rhododendron* 'Roseum Elegans'	12	Tomaten	25	*Ajuga reptans* 'Atro-purpurea'
2	*Tiarella cordifolia*	13	Oleander (K)	26	*Rhododendron repens*
3	Dahlien	14	*Arundo donax*	27	Kürbis
4	Sonnenblumen	15	*Clematis × jackmannii*	28	*Digitalis purpurea*
5	*Solidago*-Hybriden	16	*Syringa*-Veredlungen	29	*Mahonia aquifolia*
6	*Forsythia suspensa*	17	*Spiraea × arguta*	30	Avocado (K)
7	*Potentilla fruticosa* 'Arbus-cula'	18	*Weigelia* 'Eva Rathke'	31	*Daphne cneorum*
8	Löwenmäulchen	19	*Prunus laurocerasus*	32	*Rodgersia aesculifolia*
9	Levkojen	20	*Buddleia davidii* 'Peace'	33	*Stachys lanata*
10	Kräuter	21	*Chaenomeles japonica*	34	*Hosta ventricosa*
11	*Iris sibirica*	22	*Alcea ficifolia*	35	Pflaumenbaum
		23	*Parthenocissus tricuspidata*	36	*Fatsia japonica* (K)
		24	*Aster novi-belgii*	37	*Cotoneaster horizontalis*

Die hohen, hölzernen Stelen sind ein aufregender Blickpunkt in der Gestaltung (links), indem sie dem sonst recht flachen Garten einen starken vertikalen Akzent geben. Gleichzeitig bieten sie den Tomaten einen Halt. Die Blätter von Fliederbüschen und einer *Clematis* mildern die Starrheit der Holzbalken.

Die Klinker sind im Fischgrätenmuster in Sand verlegt, um dem Pflaster ein lebendigeres Aussehen zu geben. Gesägte Holzscheiben (oben) dienen als Dekoration und als Spielzeug; solche Einfälle sind typisch für den besonders individuellen Charakter dieses Gartens.

Alte Fußbodenbretter, die bei einem Hausumbau anfielen, geben dem Gartenende einen besonderen Charakter (oben). Sie bilden kurz vor der hinteren Grenzmauer einen Zaun in unterschiedlicher Höhe, der durch Pflanzung ergänzt wird. Ein Tisch wurde aus denselben Holzbalken gleich eingebaut und hält jedem Wetter stand. Der sandgefüllte Autoreifen wird von dem Kleinkind eifrig benutzt.

Zwei Wassergärten: strenger Entwurf und lockere Pflanzung

Diese beiden Gärten sind von einem Gartenarchitekten gestaltet, dessen Philosophie es ist, künstliche regelmäßige Formen gegen natürliche zu setzen, gerade Linien gegen freie Formen. Die Entwürfe basieren auf strengen, architektonischen Linien, innerhalb derer die Pflanzen locker wachsen und über die Beeträder wuchern. Arten, die sich selbst aussäen und keine Pflege brauchen, werden bevorzugt.

Der unten und rechts abgebildete Wassergarten, der vor allem von Blütenpflanzen aufgelockert wird, ist von einer hohen Scheinzypressen-Hecke eingerahmt. Das Hauptbecken ist L-förmig; der eine Wasserarm führt unter einer Brücke hindurch zum einen Gartenende. Die einzelnen Beete auf der langen Rabatte sind vor der Hecke im Hintergrund stufenförmig bepflanzt. Ein gepflasterter Sitzplatz an der gegenüberliegenden Seite des Gartens vermittelt einen angenehmen Blick auf diese üppige Rabatte. Die Bepflanzung ist nach Blattformen und sommerlichen Farben ausgewählt. Die Gesamtwirkung ist erfreulich wüchsig und vollkommen.

Das geometrische Grundthema ist an dem Garten auf der gegenüberliegenden Seite besser ablesbar; das eine Wasserbecken und fast alle Pflanzbeete sind quadratisch, nur ihre Größe variiert. Der Höhepunkt des kleinen gepflasterten Gartens ist die von einer Pergola gedeckte Laube, die in einem Mauerwinkel angelegt ist und von Zierkirschen und Zieräpfeln umrahmt wird. Darin steht eine Holzbank, von der aus man auf das Wasserbecken blickt. Vom Becken aus entwickeln sich die Beete in einem abstrakten Muster. Der lockeren Pflanzung auf den Beeten steht eine große Hecke aus *Cotoneaster* gegenüber.

Beide Gärten sind schon vor Jahren entstanden und haben in der Zwischenzeit eher an Charme gewonnen als verloren.

1 *Chamaecyparis lawsoniana* 'Ellwoodii'
2 *Cotoneaster* 'Cornubia'
3 *Dianthus deltoides*
4 *Aubrietia cultorum*
5 *Hemerocallis citrina*
6 *Gypsophila paniculata*
7 *Iris barbata-elatior*
8 *Phlox subulata*
9 *Geranium magnificum*
10 *Juniperus communis* 'Hornibrookii'
11 *Gentiana lagodechiana*
12 *Salvia nemorosa*
13 *Typha latifolia*
14 *Bergenia* 'Silberlicht'
15 *Anemone vitifolia*
16 *Helianthemum*
17 *Campanula portenschlagiana*
18 *Festuca glauca*
19 *Sedum spectabile*
20 *Centranthus ruber*
21 *Erigeron* 'Dunkelste Aller'
22 *Rosa* 'Concerto'
23 *Physostegia virginiana*
24 *Yucca filamentosa*
25 *Saponaria ocymoides*
26 *Delphinium*
27 *Papaver orientale*
28 *Buddleia alternifolia*
29 *Epimedium pinnatum*
30 *Iberis sempervirens*
31 *Geranium sanguineum*
32 *Geum coccineum*
33 *Echinops ritro*
34 *Taxus baccata*
35 *Vaccinium corymbosum*
36 *Mahonia aquifolia*
37 *Picea abies* 'Echiniformis'
38 *Rosa* 'White Wings'
39 *Bergenia* 'Morgenröte'
40 *Aconitum napellus*
41 *Alchemilla mollis*
42 *Primula acaulis*
43 *Astilbe × arendsii* 'Red Sentinel'
44 *Tradescantia andersoniana*
45 *Iris laevigata* 'Monstrosa'
46 *Hemerocallis* 'Black Prince'
47 *Primula florindae*
48 *Pennisetum compressum*
49 *Cornus kousa*
50 *Berberis gagnepainii*
51 *Aruncus dioicus*
52 *Rhododendron repens*
53 *Nymphaea*
54 *Iris kaempferi*
55 *Hemerocallis* 'Bonanza'
56 *Astilbe × arendsii* 'Feuer'
57 *Rodgersia pinnata*
58 *Primula rosea*
59 *Hosta sieboldiana*
60 *Betula pendula* 'Youngii'
61 *Lysichiton camtschatcensis*
62 *Astilbe × arendsii* 'Fanal'
63 *Astilbe × arendsii* 'Erica'
64 *Peltiphyllum peltatum*
65 *Petasites hybridus*

4   8 m

Üppige Wasserstauden im großen Becken (links) heben sich ab gegen die lange, bunte Blumenrabatte. Die Pflanzung enthält Rohrkolben, *Typha latifolia,* einen Busch Lampenputzergras, *Pennisetum compressum* auf der rechten und Seerosen auf der linken Seite.

170

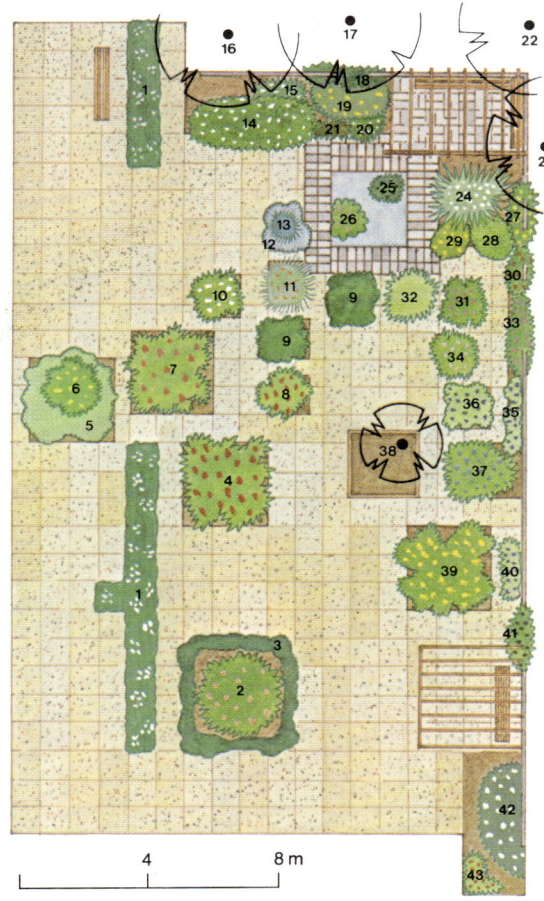

1 Cotoneaster praecox
2 Rosa 'Elmshorn'
3 Ligustrum lodense
4 Rosa 'Europaeana'
5 Salvia nemorosa 'Ostfriesland'
6 Rosa 'Allgold'
7 Rosa 'Schneewittchen'
8 Rosa 'Baby Baccara'
9 Buxus sempervirens
10 Rosa 'Silver Moon'
11 Hemerocallis 'Bonanza'
12 Sedum 'Ruby Glow'
13 Miscanthus sinensis
14 Viburnum opulus 'Compactum'
15 Ranunculus aconitifolius
16 Prunus sargentii
17 Prunus × yedonsis
18 Lonicera periclymenum
19 Verbascum longifolium
20 Veronica incana
21 Fuchsia magellanica
22 Malus floribunda
23 Prunus padus
24 Tradescanthia virginiana
25 Pontederia cordata
26 Nympaea
27 Lonicera henryi
28 Sorbaria aitchisonii
29 Salix gracilis 'Wehrhahnii'
30 Rosa 'Coral Satin'
31 Rosa 'Michèle Meilland'
32 Iris sibirica
33 Rosa 'New Dawn'
34 Rosa 'Pink Peace'
35 Delphinium 'Völkerfrieden'
36 Delphinium 'Berghimmel'
37 Lavandula angustifolia
38 Rhus typhina 'Laciniata'
39 Rosa 'Papa Meilland'
40 Delphinium 'Finsteraarhorn'
41 Wisteria sinensis
42 Macleaya cordata
43 Rosa 'Sarabande'

Die befestigte Fläche dieses geometrischen Gartens ist aus Ortbeton, der in Quadrate unterteilt wurde. Die quadratische Form wird wiederholt in dem großen Pflanzkübel aus Zedernholz mit einem *Rhus typhina* ›Laciniata‹ und kleineren Holzkübeln am Rande, die mit leuchtenden Petunien bepflanzt sind und die regelmäßige Anlage etwas auflockern. Im Hintergrund ist die Pergola sichtbar.

Das quadratische Becken ist umgeben von rechtwinkligen Platten mit breiten Fugen; der Überstand ergibt einen klaren Abschluß. Ein Busch *Pontederia cordata*, eine nicht immer winterharte Wasserstaude, trägt hübsche purpurne Blüten.

Ein Kräutergarten

Dieser kleine Kräutergarten bildet – obwohl Teil eines größeren Gartens – trotzdem eine vollständige und abgeschlossene Einheit. Er ist aus einem mittelalterlichen Plan abgeleitet und ein gutes Beispiel für ausgewogene Asymmetrie; beide Seiten besitzen dasselbe ästhetische Gewicht, ohne daß sie sich exakt entsprechen.

Man betritt den Garten durch einen Rundbogenausschnitt in einer wunderbaren Taxus-Hecke; der Aufbau des Gartens wird sogleich offensichtlich: Kräuterbeete auf der einen und eine runde Brunneneinfassung aus Klinkern und eine Sitzbank auf der andern Seite. Wesentliches Merkmal dieses Gartens ist die Geometrie der niedrigen Buchshecken, in deren Mittelpunkt und Zentrum des Entwurfs eine einzige weiße Rose steht. An einer Seite dieses Mittelteils wachsen in großen quadratischen Beeten Pfingstrosen und Dill; an der gegenüberliegenden Seite wachsen Lilien, Lavendel und Raute vorn und Rhabarber und Liebstöckel dahinter. Im niedrigen Teil des Gartens liegt eine Gruppe von acht kleinen Beeten mit Kräutern einem großen rechteckigen Beet gegenüber, in dem Blaubeeren, Fenchel, Waldmeister und dahinter Sauerampfer wachsen.

Die Hecken und Beete sind in Klinkerpflaster eingebettet und eingerahmt von großblättriger *Petasites japonicus giganteus* an der einen Längsseite sowie Kräutern und Beerensträuchern entlang des Zaunes auf der gegenüberliegenden Seite.

Dieser Garten verbindet Nützlichkeit mit Schönheit; die Kräuter, für den Küchengebrauch bestimmt, bieten eine gute Zusammenstellung von Formen und Farben und erfüllen die Luft mit aromatischen Düften.

Eine Vielzahl von Kräutern wachsen in Gruppen um das mit Buchs eingefaßte Mittelstück in diesem ausgewogenen Entwurf.

1 *Rosa* 'Hamburger Phoenix'
2 *Rosa moyesii*
3 *Hosta sieboldiana*
4 Majoran
5 Minze
6 Zitronenmelisse
7 Meerrettich
8 Salbei
9 Bohnenkraut
10 Petersilie
11 Schnittlauch
12 Stachelbeeren
13 *Rubus henryi*
14 *Paeonia officinalis*
15 Dill
16 Erdbeeren
17 *Prunus* 'Amanogawa'
18 Pimpinelle
19 *Chamaecyparis obtusa* 'Nana gracilis'
20 *Ilex aquifolium*
21 Estragon
22 Ysop
23 Rosmarin
24 Thymian
25 Wermut
26 *Lilium regale*
27 Rhabarber
28 *Petasites japonicus giganteus*
29 *Lavandula angustifolia*
30 *Buxus sempervirens*
31 *Rosa* 'Peace'
32 *Ruta graveolens*
33 Liebstöckel
34 Sauerampfer
35 Waldmeister
36 Fenchel
37 Strauchheidelbeere
38 *Juniperus squamata* 'Meyeri'

1 2 3 4 m

Schönheit eines Küchengartens

Ursprünglich war dieser kleine, sonnige Gartenbereich der Wirtschaftsteil eines viel größeren Gartens; er war verwahrlost, als die Besitzer ihn übernahmen. Das früher vorhandene Gewächshaus war zerstört und das Gelände hatte, mit Scherben und Schutt übersät, 10 Jahre lang brachgelegen.

Die Eigentümer entschlossen sich zur Säuberung von einem Teil des Grundstücks, zunächst nur, um frische Kräuter anzubauen. Im ersten Jahr mußten in mühsamer Arbeit Glassplitter entfernt werden. Aber der Kräutergarten gedieh und, dadurch ermutigt, säuberten sie nach und nach die ganze Fläche zum Anbau von Obst und Gemüse. Die Umgrenzungsmauern wurden

Die ganze verfügbare Fläche wird auf interessante Weise als Küchengarten genutzt. Ein junger Pfirsichbaum wird an einem Stabfächer gezogen und die Erdbeerausläufer aus einem Terrakottagefäß bewurzeln sich in kleinen Töpfen (rechts).

In großen Holzgefäßen wachsen dekorative Gemüsepflanzen wie Mais und Gurken (unten).

Bäume, Kletterpflanzen und Spalierobst beginnen die Grenzen dieses Gemüsegartens zu verdecken (links). Die Zweige des Götterbaumes *(Ailanthus altissuna)* machen sich gut vor der weißgetünchten Wand; eine Brombeere berankt die angrenzende Mauer.

1 Tomaten
2 Pelargonie
3 Zuckermais
4 Gurke
5 Kartoffel
6 Pelargonie
7 Zucchini
8 Feuerbohne
9 Kräuter, z. B. Basilikum, Dill, Wermut, Majoran, Petersilie, Kamille, Salbei, Zitronenmelisse, Schnittlauch, Thymian, Pimpinelle, Estragon
10 Chicorée
11 *Rhododendron* 'Elizabeth'
12 *Lonicera pileata*
13 Pfefferminze
14 *Ficus carica* (K)
15 Rhabarber
16 Schwarzwurzeln
17 Möhren
18 *Tropaeolum majus*
19 *Camellia × williamsii*
20 *Rosa* 'Solo'
21 *Hedera helix*
22 Salat
23 Paprika
24 Fuchsien
25 *Olearia gunniana* (K)
26 Blumenkohl
27 Erdbeeren
28 Radies
29 Rote Bete
30 Lauch
31 Broccoli
32 Meerrettich
33 Zitronenthymian
34 Angelika
35 Kampfer
36 Liebstöckel
37 *Calycanthus floridus*
38 Lavendel
39 *Geranium platypetalum*
40 *Aster novi-belgii*

geweißt und das Gewächshaus wieder aufgebaut und neu verglast. Kletterpflanzen wie Efeu, Clematis, Blauregen und Wein wurden an dem Mauern angesiedelt.

Die erhöhten Beeteinfassungen aus Klinker, frühere Fundamente für Frühbeetfenster, machen die Aufteilung des Gartens recht streng und regelmäßig. Eine große Vielfalt von Gemüsen und Kräutern wird hier angebaut; Sommer- und Wintergemüse wird gepflanzt, die erhöhten Beete erleichtern die Arbeit. Obstbäume und Beerensträucher stehen wegen des besseren Schutzes an den Wänden, so z. B. eine Feige, ein Pfirsichbaum, Aprikosenbäume, desgleichen die unempfindlicheren Stachelbeeren, Brombeeren und Johannisbeeren. Farbige Blumen wie Astern und Kapuzinerkresse lockern das grüne Blattwerk auf. Pflanzbehälter und Fässer vervollständigen die Ausstattung und dienen gleichzeitig der Produktion. Einige Dinge, wie z. B. Holzfässer und

eine alte Parkbank wurden aus dem angrenzenden Fluß geborgen.

Der eingefriedete Garten erhält viel Sonne und die geschützte Lage sorgt für ausgezeichnetes Wachstum. Das ermutigte den Eigentümer zum Anbau von eher exotischen Gemüsen, Früchten und Kräutern, aber auch Wurzelgemüsen, Kohlarten und Salat werden gepflanzt. In einem guten Sommer gedeihen empfindlichere Gemüse wie Paprika, Auberginen und Zuckermais, die alle im Freien angebaut werden können.

Die ganze Fläche wirkt natürlich vor allem grün, aber Büsche, Kletterpflanzen und Sommerblumen lockern sie mit ihren Farben auf. Das ganze Anwesen zeigt, daß Kräuter, Obstbäume und Gemüse genauso dekorativ wie andere Gartenpflanzen sein können; die Art ihrer Anordnung machte aus einem arbeitsaufwendigen Küchengarten einen angenehmen Aufenthaltsort.

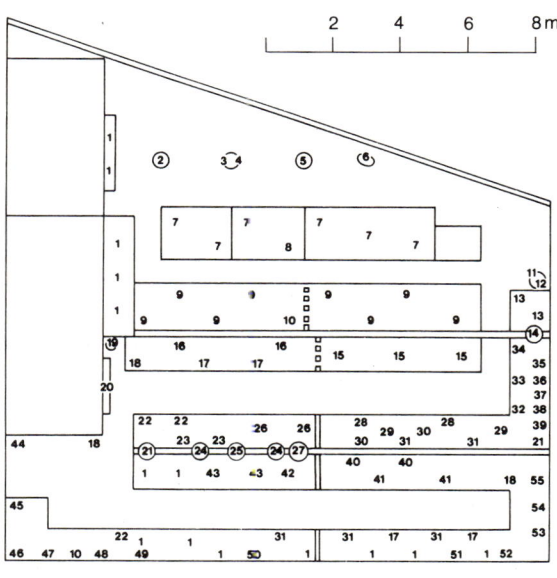

41 Buschbohnen
42 Artischocken
43 Auberginen
44 *Buddleia alternifolia*
45 Preiselbeeren
46 Stachelbeeren
47 Rote Johannisbeeren
48 Weinrebe
49 *Clematis* 'The President'
50 Pfirsich
51 *Ailanthus altissima*
52 Aprikose
53 *Wisteria sinensis*
54 Heliotrop
55 Brombeere

Die erhöhten Klinkerbeete bringen eine gewisse Regelmäßigkeit in diesen Gemüsegarten (rechts). Die Strenge wird jedoch gemildert durch das Blattwerk der überhängenden Pflanzen. Die auffallend spitzen Blätter im Vordergrund gehören den Artischocken, dahinter wachsen Auberginen und Tomaten. Die Plattenfläche aus Beton wird von überwuchernder Kapuzinerkresse aufgelockert und Rosen wachsen an den Hauswänden.

Ein kleiner Gemüsegarten

Die steigenden Kosten für frische Ware und ein allgemein gestiegenes Interesse am biologischen Gartenbau haben einen starken Trend zum Gemüseanbau im eigenen Garten bewirkt, so klein dieser auch sein mag.

Der Gemüsegarten war früher oft in den hinteren Teil des Gartens verbannt, teilweise verborgen hinter einem wackligen Spalier. Heute jedoch muß das Gemüse wegen des begrenzten Raumes in den Hauptteil einbezogen werden. Der Gemüseanbau an einer einsehbaren Stelle bedeutet, daß die Beete ordentlich und attraktiv aussehen sollten. Die Auswahl der Gemüsearten

In diesem Gemüsegarten ist der Platz voll ausgenutzt. Schmale Betonwege erschließen und teilen die Beete ein. Blumen wie Mohn und Lavendel wachsen entlang der Kräuter- und Gemüsereihen und bringen Farbe ins Bild. Bohnen, die an langen Stangen emporklettern, nutzen die verfügbare Höhe.

Diese sechs Gemüsebeete (links) sind leicht erhöht und mit alten Eisenbahnschwellen und vorbehandelten Kiefernbrettern eingefaßt. Kieswege – in jedem Wetter begehbar – verbinden die einzelnen Bereiche, ein Grasweg führt zur Mitte des Gartens. Die verschiedenen Grüntöne und unterschiedlichen Formen der Blätter auf den Gemüseflächen haben ihren eigenen Reiz. Die Gemüsesorten werden sorgfältig nach Standort und Boden ausgewählt und umfassen verschiedene Arten von Salat, Kohl, Rüben und Spinat. Es gibt ein Spargelbeet und eines für Mais. Die Begleitpflanzung von Kapuzinerkresse, Ringelblume und Raute vertreibt Schädlinge. An den Beetecken wachsen höhere Kräuter: Liebstöckel, Salbei, Rosmarin und Fenchel.

wird also ebenso vom Erscheinungsbild wie von der Produktivität bestimmt werden. Eine Kombination von Kräutern und dekorativen Gemüsen kann das ganze Jahr hindurch interessant aussehen.

Früher waren in den strengen, umschlossenen Gemüsegärten die Beete meist mit niedrigen Buchsbaumhecken oder Spalierobst eingefaßt; heute nutzt man nach Möglichkeit auch noch Hanglagen und legt erhöhte Gemüsebeete an. Viele Gemüsesorten und Kräuter können auch in Containern gezogen werden, was nützlich ist und auch schön aussehen kann.

Gemüse und Kräuter sind hier entlang einer Gartenseite angebaut (oben). Die Erde in den erhöhten Beeten wird von imprägnierten Kiefernbrettern zusammengehalten. Diese Art des Anbaus erlaubt bei bestimmten Arten die Ernte in bequemer Arbeitshöhe.

Container-Pflanzung ist besonders für Tomaten geeignet: sie brauchen nicht viel Platz und haben mit ihrem dichten Blattwerk und leuchtenden Früchten dekorativen Wert. Kräuter wie Schwarzwurz, Sauerampfer und Basilikum füllen das Beet.

Die markanten spitzen Blätter der Artischocken (links) sind ein interessanter Anblick am Gemüsebeetrand. Aus einem Terrakotta-Topf mit Erdbeeren sprießen Ableger, die in kleineren Töpfen anwurzeln. Daneben stehen Kohl-Sämlinge.

Dieses kleine Grundstück von nur 10 × 17 m wurde ganz zum Gemüsegarten gemacht. Es wird von einer Person gepflegt und produziert Obst und frisches Gemüse das ganze Jahr hindurch. Das saubere, reizvolle Grundstück ist kreuzförmig unterteilt, in der Mitte steht eine Sonnenuhr. Die vom Haus ausgehenden Reihen verstärken die Perspektive. Die Beete sind eingefaßt mit Erdbeeren, Lavendel und Petersilie. Im jährlichen Fruchtwechsel werden Bohnen, Spinat, Karotten und Broccoli angebaut, der Boden wird stark gemulcht, um das Aufkommen von Unkraut zu verhindern. Bei der Pflanzenauswahl wurden auch insektenabweisende Pflanzen wie Ringelblume, Kapuzinerkresse und Schnittlauch berücksichtigt. Vor dem Zaun wachsen Rhabarber und Stachelbeeren, Lilien und Glockenblumen, an der Küchentür stehen zwei hochstämmige Johannisbeeren. Eine zweite Gemüsepflanzung mitten im Sommer sichert frische Ernte im Herbst.

Eine Dachgartenecke (links) wurde für Küchenpflanzen eingerichtet. Bei so beschränktem Raum ist es besonders wichtig, dekorative Behälter zu benutzen. In einem alten Rohr steht ein großer Rosmarinstrauch, ein aufgelassener Ausguß im Vordergrund wurde zum Pflanztrog umfunktioniert. Petersilie, Salat-Sämlinge und Minze gedeihen dort gut.

Obstanbau auf kleinstem Raum

Selbstangebautes Obst ist ein Luxus, von dem viele Besitzer eines kleinen Gartens glauben, daß sie ihn sich nicht leisten können. Obstbäume, Beerensträucher oder eine Weinrebe können jedoch genau wie jeder andere Baum oder Strauch dekorative Eigenschaften haben.

Bei begrenztem Gartenraum ist es sinnvoll, Obst entweder als Ranker (wie eine Weinrebe), in Buschform (wie Stachelbeeren oder Johannisbeeren) oder als Spalierbaum vor einer Wand oder einem Zaun zu ziehen. Stachelbeeren und Johannisbeeren können auch fächerförmig vor Wänden wachsen, während Früchte wie

Die Kirschbäume sind auf quadratischen Beeten in den Entwurf einbezogen (oben). Die rechteckigen Baumscheiben sind dicht mit Bodendeckern unterpflanzt, zwischen ihnen liegt jeweils ein Rosenbeet. Auf dem Beet im Vordergrund stehen abwechselnd Erdbeeren und Knoblauch *(Allium sativum)*.

Weinreben sind sehr dekorativ an einer Pergola (rechts). Diese Art der Kultivierung ergibt eine schattige Laube zum Sitzen und erleichtert zudem das Schneiden und Ernten der Reben. Andere Wein-Arten können auch gepflanzt werden, um eine schöne alte Mauer zur Wirkung zu bringen, sie verdeckt aber auch unschöne Wasserleitungen oder Zäune.

Ein Maschendrahtzaun gibt den Brombeeren Halt, die im Sommer eine gute Abschirmung ergeben (unten). Der Zaun sollte stark genug sein, damit die verholzten Triebe ihn nicht zerstören.

Wenn der Platz sehr beschränkt ist, ist ein Zwergapfelbusch (rechts) die ideale Lösung. Es ist die niedrigste Form eines freiwachsenden Baumes, ohne Stamm, aber trotzdem sind die Erträge gut.

Himbeeren oder Brombeeren an Zäunen gezogen werden können. Apfel- und Birnbäume können als Fächer- oder Kordonspalier an der Wand gehalten oder an Drähten als grüne Trennwände gezogen werden. Ein besonderer Vorteil dieser Art des Obstanbaus ist es, daß der Fruchtansatz bewußt gefördert wird: die Kräfte des Baumes werden kontrolliert und mehr in das Fruchtholz als in das vegetative Wachstum gelenkt. Beim einfachen Spalier zweigen die Seitenäste im Winkel von 90° vom Leittrieb ab, beim Kordon sitzt das Fruchtholz direkt am schrägen Leittrieb.

Obstbäume können viele Monate im Jahr interessant sein: wenn sie im Spätsommer Früchte tragen oder besonders im Frühling, wenn sie voll in Blüte stehen. Die Blütezeit kann verlängert werden, wenn eine Kletterpflanze am Stamm rankt: eine Kletterrose oder eine *Clematis*. Der Hochstamm (oben) ist die größte Form mit einer Höhe und Breite bis zu 6 m.

Dieser alte, fächerförmig gezogene Birnbaum (oben) trägt viele Früchte. Ein guter Rahmen und starke Drähte sind zu seiner Abstützung nötig, aber es ist einfacher, einen derart geformten Baum zu beernten, als einen hohen, freistehenden.

Ein Obstbaum, der viel Wärme braucht, wie der Pfirsich (unten), kann vor einer Südwand gezogen werden. Ausgangs des Winters werden vor dem Blattaustrieb die einjährigen Triebe angebunden, um die Fächerform weiter zu entwickeln.

Eine Pflanzenauswahl für Ihren Garten

Eine geschickte Pflanzung kann die Grundidee der Gartenanlage steigern oder mildern und Ihrem Garten individuelles, lebendiges Gepräge geben. Insbesondere Höhe und Wuchsform müssen beachtet werden, wenn man mit Pflanzen gestalten will; die Farbe ist ein weiterer Faktor, der besonders im Jahresablauf Bedeutung gewinnt. Die zum Teil illustrierte Pflanzenzusammenstellung auf den folgenden Seiten soll Ihnen die Möglichkeit geben, Pflanzen nach Ihren Wünschen auszusuchen.

Pflanzpläne

Ein Garten sollte mehr sein als nur eine Ansammlung einzelner Pflanzen, so dankbar und interessant die einzelnen Pflanzen auch sein mögen. Es sind die Pflanzen, die mehr als alles andere, aus einem zweidimensionalen Entwurf die dreidimensionale Wirklichkeit schaffen. Sie sollten deshalb als Mittel zur Gestaltung des zur Verfügung stehenden Raumes betrachtet und so ausgewählt werden, daß sie die Gesamtkonzeption des Gartens unterstreichen. Die Kunst besteht darin, die Pflanzen innerhalb des Entwurfs so zu integrieren, daß Form, Farbe und Blattstruktur von benachbarten Pflanzen in Beziehung zueinander stehen.

Einzelpflanzen sollten immer als Teil des ganzen Planes ausgewählt werden. Die Gesamtbepflanzung kann auf viele verschiedene Arten verwirklicht werden, je nachdem ob mehr Wert auf eine bestimmte Gestaltung oder auf die natürliche Entwicklung gelegt wird. Ein extremes Verfahren wäre, Pflanzen ohne Rücksicht auf den Entwurf oder bestimmte Wuchseigenschaften auszuwählen, sie wachsen und sich selbst aussäen lassen, wenn sie auf diesem Standort gedeihen, sie aber auszureißen, wenn sie sich nicht gut entwickeln – mit anderen Worten: ein System der natürlichen Auslese anzuwenden. Das kann ein langwieriges Verfahren sein und schwer zu vereinbaren mit funktionalen Erfordernissen wie schattigen Bereichen oder wohlüberlegter Abschirmung zum Nachbarn. Da das endgültige Erscheinungsbild des Gartens auch nicht vorhersagbar ist, werden nicht viele Leute ihren Garten auf diese Weise bepflanzen wollen.

Der Wildgarten

Die Anlage eines Wildgartens bedeutet eine weniger starke Annäherung als das System der natürlichen Auslese, wenn auch die Betonung auf natürlicher Bepflanzung liegt. Ein natürlich wirkender Garten erfordert tatsächlich beträchtliche planerische Anstrengungen, die aber nicht zutage treten sollten, wenn die Illusion eines wild gewachsenen Gartens entstehen soll.

Wenn ein überzeugend wirkender Wildgarten geschaffen werden soll, muß man zunächst die natürliche Pflanzenverteilung, das Zusammenwachsen bestimmter Arten an bestimmten Stellen beobachten. So wie eine Landschaft eine charakteristische Topographie und eine bestimmte Art von Häusern aufweist, deren Aussehen sich nach den verfügbaren Naturbaustoffen wie Holz und Stein richtet, so gibt es auch ein spezielles landschaftsgebundenes Pflanzenvorkommen. Topographie, Baustil und Pflanzen hängen alle vom Boden und dem darunterliegenden Gestein ab.

Diese natürliche Gruppierung einheimischer Pflanzen vom kleinsten Schößling zum größten Baum ist eine Pflanzengesellschaft. (So eine Gesellschaft stellt sich ein, wenn ein Stück Land über eine längere Zeit sich selbst überlassen bleibt.) Über Hunderte von Jahren tauchten zuerst einige niedrige Arten auf, dazwischen siedelten sich andere an, die die ersten verdrängten, wenn sie sich nicht an den

Schatten gewöhnten. Die Strauchschicht wurde von kleinen Bäumen verdrängt und so ging und geht es heute noch weiter mit Pflanzen zunehmender Größe. In der Schlußgesellschaft, z. B. im Wald, sind die dominanten Arten die Hauptbaumarten; auf einem offenen Moor z. B. können es auch niedrige Pflanzen wie die Heide sein.

Zusätzlich zu den Hauptarten gibt es in jeder Pflanzengesellschaft Unterarten, gelegentlich vorkommende und seltene Arten. Zum Beispiel kommen in dichten Buchenwäldern auf Kalkböden, die durch den Laubfall recht humos sind, am Rande Blauglöckchen *(Endymion nonscriptus)* vor. Gelegentlich wächst in diesen Wäldern auch die Nestwurz *(Neottia nidus-avis)*, eine saprophytische Pflanze (lebt von toter organischer Substanz), die nicht unter dem dichten Schatten leidet; grüne Kräuter wird man selten finden.

Eine Vorstellung von glaubwürdig wirkenden Pflanzenzusammenstellungen für einen Wildgarten erhält man, wenn man auf dem Lande lebt, beim Betrachten der Pflanzengesellschaften in der eigenen Umgebung. Während der Pflanzplan für die meisten Gärten bei den höheren Arten beginnt und sich zu den niedrigen hinarbeitet, könnte es bei der Anlage eines Wildgartens hilfreich sein, an den natürlichen Evolutionsprozeß zu denken, und die Pflanzung, in Schichten von Zwiebeln und bodendeckenden Arten angefangen, zu Sträuchern und Bäumen hin aufzubauen.

Wenn die Pflanzung natürlich wirken soll, ist es meist am besten, die Pflanzenauswahl auf ein paar Arten pro Schicht zu beschränken, denn in der Natur wachsen selten viele verschiedene Arten auf kleinem Raum. Bei der Beobachtung der bodenständigen Pflanzengesellschaften sollten nicht nur die vorkommenden Arten, sondern auch die Dichte ihrer Verteilung registriert werden. Blauglöckchen oder Zierlauch *(Allium ursinum)* z. B. treten meist als dichter Teppich auf, während Orchideen oder die Schachbrettblume *(Fritillaria meleagris)* normalerweise einzeln oder in kleinen Gruppen vorkommen.

Die unterschiedliche Pflanzenverwendung in einem Wildgarten und entwurfsorientierten Garten sollte nicht übertrieben werden. Selbst der genaueste und wohlüberlegteste Pflanzplan muß noch natürlich wirken und aus ästhetischen und praktischen Gründen empfiehlt es sich immer, Pflanzengruppierungen in der Natur zu beobachten. Einige Pflanzen werden sich immer selbst aussäen, wie oft sie auch ausgerissen werden, und es sind gerade die vom glücklichen Zufall begünstigten Selbst-Aussaaten, die alte Gärten oft so vollkommen machen. Dadurch entstehen auch unbeabsichtigte Blickpunkte, die die Gartenentwicklung beleben und sogar in das Konzept eines festen und funktionalen Pflanzplans passen.

Die Pflanzenwahl für einen kleinen Garten

Wenn die Anlage eines Gartens nach dem Entwurf gelingen soll, muß die Pflanzung genauso sorgfältig ausgearbeitet werden wie der Entwurf. Es kann sehr hilfreich sein, wenn die Pflanzung in drei Stufen aufgebaut wird. Die

Die natürlichen Verhältnisse sind in dieser abgelegenen schattigen Ecke durch die Pflanzung ausgenutzt und hervorgehoben worden: Schattenpflanze, wie *Rheum palmatum*, *Ligularia clivorum* und *Astilbe* haben sich ausgebreitet und bedecken die ganze Fläche.

Dieser Felsengarten ist mit niedrig bleibenden Arten bepflanzt; es sind z. B. *Sagina*, *Thymus*, *Helianthemum*, *Antennaria* und *Berberis* 'Atropurpurea Nana' verwendet. Die Pflanzen wirken wie natürlich gewachsen, dennoch sind sie mit großer Sorgfalt ausgewählt.

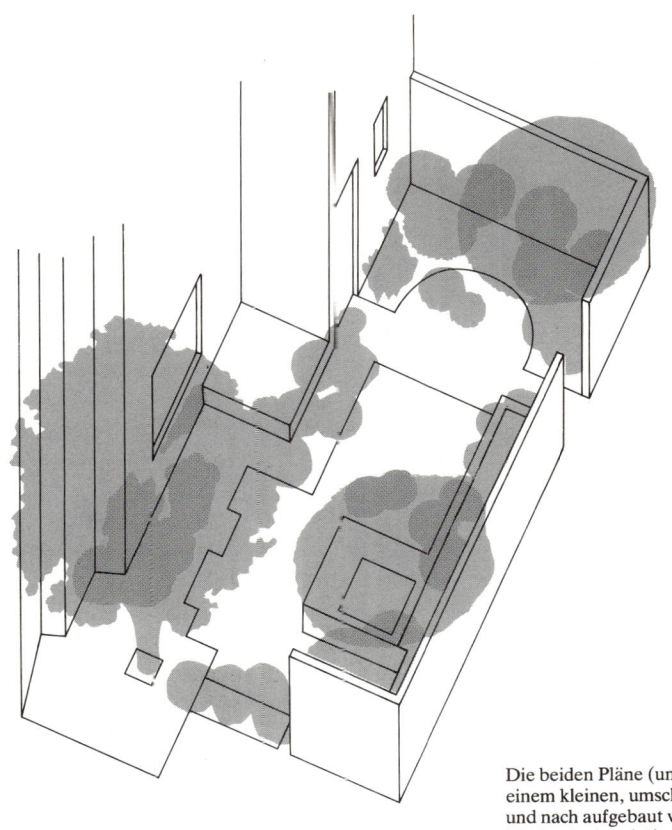

Die beiden Pläne (unten) zeigen, wie die Pflanzung in einem kleinen, umschlossenen Garten in der Stadt nach und nach aufgebaut werden kann. Das Ziel war, den Eindruck eines intimen Bereiches zu schaffen und die Einsicht aus den umliegenden Hochhäusern abzuschirmen. Die dreidimensionale Zeichnung gibt einen ungefähren Eindruck davon, wie dicht und massiert die Pflanzung im Endstadium sein wird. Der erste Plan (unten links) zeigt die grundsätzliche, raumbildende Pflanzung, der zweite Plan (unten rechts) soll verdeutlichen, wie die Zwischenräume gefüllt und dekorative Elemente hinzugefügt werden.

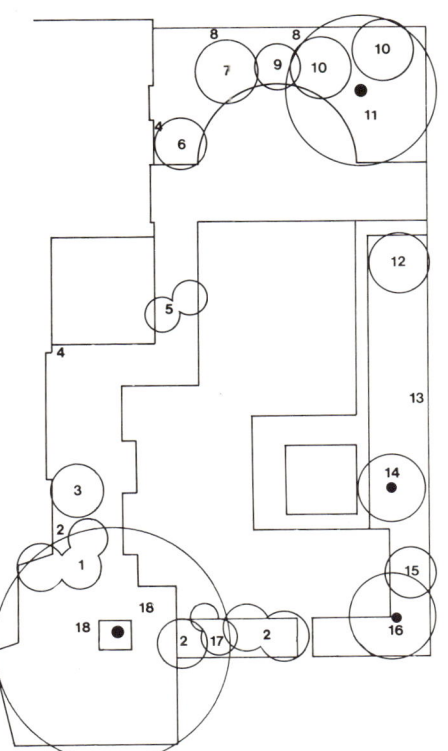

Rahmenpflanzung

1 *Pyracantha* 'Orange Glow'
2 *Chaenomeles speciosa*
3 *Philadelphus* 'Belle Etoile'
4 *Hedera helix* 'Arborescens'
5 *Chamaecyparis nootkaensis pendula*
6 *Deutzia gracilis*
7 *Cornus alba* 'Sibirica'
8 *Lonicera japonica* 'Reticulata'
9 *Daphne mezereum*
10 *Lonicera pileata* 'Yunnanense'
11 *Catalpa bignonioides*
12 *Salix matsudana* 'Tortuosa'
13 *Taxus baccata fastigiata*
15 *Spiraea bumalda* 'A. Waterer'
16 *Rhus typhina*
17 *Viburnum davidii*
18 *Betula papyrifera*

Dekorative Pflanzung

19 *Alchemilla mollis*
20 *Hydrangea aspera sargentiana*
21 *Caryopteris clandonensis*
22 *Potentilla fruticosa*
23 *Yucca filamentosa*
24 *Rosa* 'Solo' (Kletterrose)
25 *Nicotiana* im Sommer, Tulpen im Frühling
26 *Jasminum nudiflorum*
27 *Salvia nemorosa*
28 *Rosa* 'Sparrieshoop'
29 *Rosa* 'Schneewittchen'
30 *Cortaderia selloana*
31 *Clematis* 'Mme. le Coultre'
32 *Bergenia cordifolia*

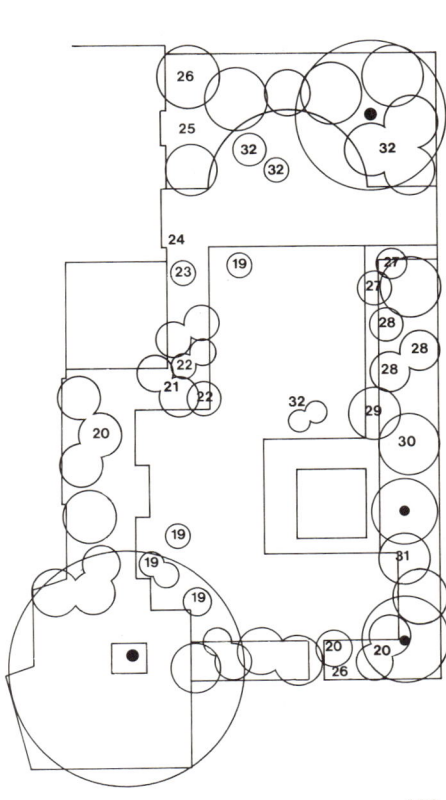

erste ist die räumliche, die den Rahmen und die räumlichen Strukturen des Gartens bildet. Die zweite Stufe stellt den Hauptanteil der Pflanzung dar, zu dem die dritte, die dekorative Komponente gesetzt wird. Ein häufiger Fehler ist, zuviel dekorative Pflanzen zu verwenden und die raumbildenden und abdeckenden Pflanzen zu vernachlässigen.

Rahmen- und Grundpflanzung

Zuerst sollte das Grundgerüst der Pflanzung geplant werden. Dazu werden vor allem Bäume und hohe Sträucher, besonders wenn sie dekorativ oder von spezifischer Wuchsform sind, ausgewählt. Trauerweide *(Salix alba* ›Tristis‹), Zeder *(Cedrus)* und Blütenkirsche *(Prunus),* haben z. B. alle eine besondere Wuchsform, mit der sie ihre Umgebung prägen werden.

Die Form eines Baumes kann auch bestimmte Stimmung widergeben. Eine Gruppe von säulenförmig aufrecht wachsenden Bäumen wirkt z. B. viel bestimmender und ernster als eine Gruppe von Bäumen der sog. Trauerformen. Viele Bäume rufen in Übereinstimmung mit anderen Pflanzen besondere Assoziationen hervor. Manche Leute denken bei Eiben *(Taxus baccata)* an Friedhöfe, wo sie im Mittelalter tatsächlich viel gepflanzt wurden. Die Trauerweide wird als ein romantischer Baum angesehen und die weniger bekannte Hängebuche *(Fagus sylvatica* ›Pendula‹) hat eine ähnliche Wirkung.

Obgleich Bäume die am stärksten raumbildenden Pflanzen sind, können auch andere Pflanzen, wenn sie in Gruppen gepflanzt werden, eine ähnliche Wirkung haben. Eine *Yucca*-Gruppe z. B. kann an der richtigen Stelle sehr effektvoll sein und *Acanthus* ist, seit der Zeit der Griechen, die sein Blatt am Kapitell der korinthischen Säulen verwendeten, eine wegen ihrer dekorativen Wirkung bewunderte Staude.

Die zweite Stufe der Pflanzung hat besondere Funktionen zu erfüllen; neben Windschutz und (wo notwendig) Sichtschutz müssen die Zwischenräume aufgefüllt werden. Für die kleineren dekorativen Pflanzen wird eine Kulisse geschaffen, die selbst aber auch ansprechend aussehen sollte. Weil im Winter, wenn die farbenfrohen Sommerblumen und Stauden eingezogen haben, vor allem diese Kulisse sichtbar ist, ist es wichtig, daß diese Pflanzung eine eigene Wirkung hat und daß viele der Pflanzen, vor allem die Sträucher immergrün sind.

Die kleineren Pflanzen in dieser Kulisse sollten in Zweier- oder Dreier-Gruppen gepflanzt werden, damit kein unruhiges Bild entsteht. Wenn der Garten nur aus Einzelpflanzen besteht, wird es ein botanischer Garten. Das Gesamtbild der Pflanzbereiche sollte ganz bewußt geplant werden, indem man im Auge behält, von welcher Stelle aus eine Pflanzgruppe am häufigsten betrachtet wird. Es sollte versucht werden, Pflanzgruppen un-

Pflanzenarten mit besonders auffallendem Habitus können – auch wenn es Stauden sind – genausogut als Rahmenpflanzen dienen wie Sträucher und Bäume. Die *Yucca* ist eine dieser Pflanzen, die Art *Y. filamentosa* wächst straff aufrecht und erreicht mit ihren Blüten eine Höhe von 80–100 cm. Dominierend wirken auch die spitzen, graugrünen Blätter von *Euphorbia wulfenii* (oben rechts), die wegen ihrer besonderen Anordnung die Aufmerksamkeit auf sich ziehen. Die Pflanzung ist eine gelungene »Komposition in Grün«.
Gunnera manicata (unten rechts) ist nicht ganz frostbeständig. Wenn man sie jedoch genügend schützen kann, wird man an ihren großen Blättern und der mächtigen Pflanze seine Freude haben.

Eine gut gestaltete Rabatte sollte immer als ganze geplant werden, so daß Pflanzenhöhen und -farben, Blattformen und Pflanzengestalt zusammenpassen. Dennoch können auch Pflanzen mit ausgesprochen eigenwilligem Aussehen mit einbezogen werden.
Niedrige Pflanzen, einschließlich verschiedener *Calluna*- und *Erica*-Arten, können am Rand eines Beetes (unten) hübsche kleine Polster bilden. Efeu oder Immergrün dürfen sich über den Weg ausbreiten. Dies ist wieder ein Beispiel dafür, wie die einzelne Pflanze ihren Beitrag zur Gesamtgestaltung liefert.

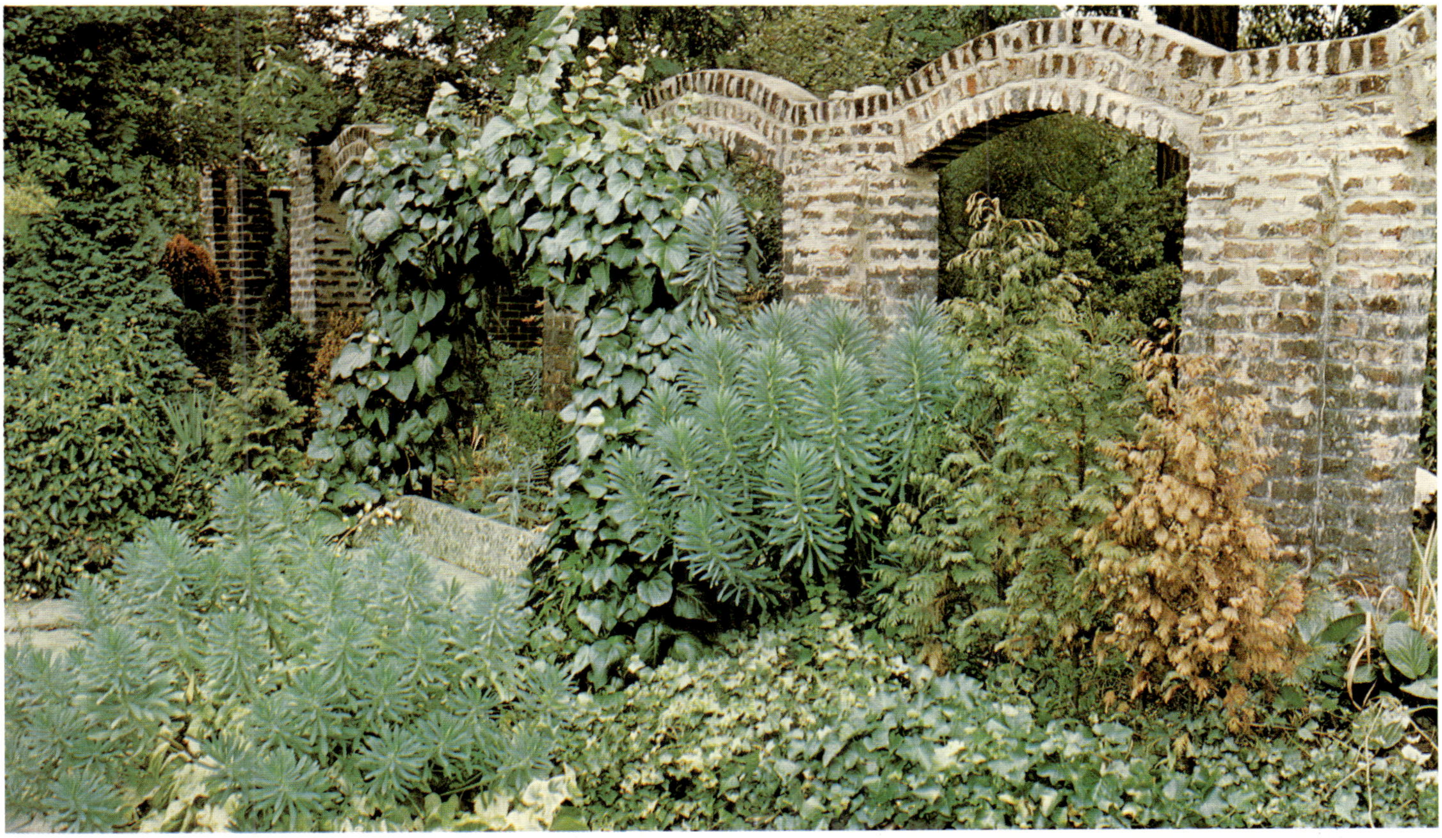

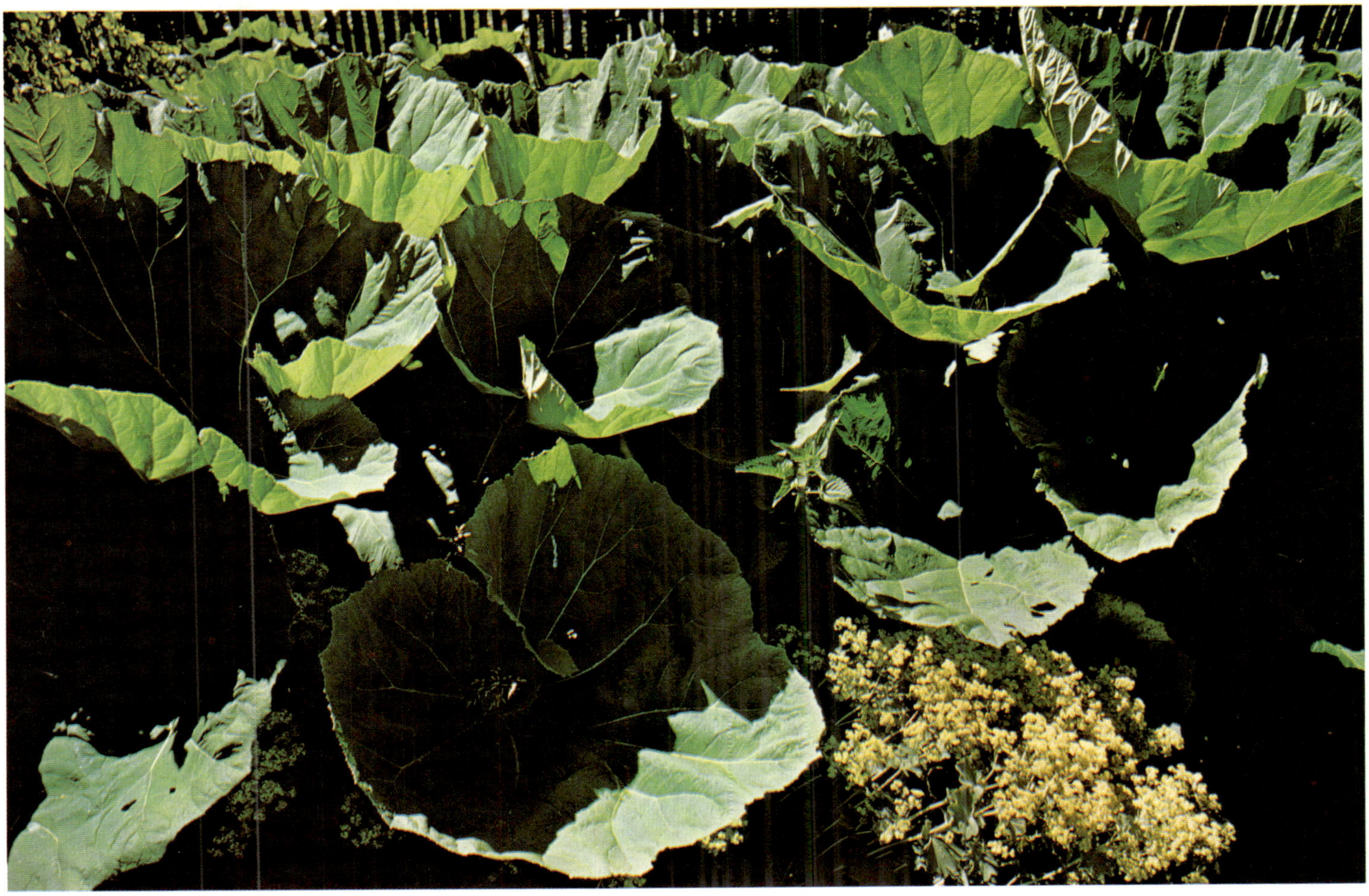

terschiedlichen Charakters zu bilden, z. B. gedrungene und aufrechte Formen. Im allgemeinen kann man davon ausgehen, daß eine Gruppe gleicher Pflanzen die äußere Form annehmen wird, die für die entsprechende Einzelpflanze charakteristisch ist. Die charakteristische Wuchsform besonders von Bäumen fällt sofort auf, aber auch viele Sträucher haben eine ganz ausgeprägte Form, z. B. wächst *Viburnum tomentosum* ›Mariesi‹ flach ausgebreitet, die niedrige Deutzie hat eine kugelige, die Yucca eine breitaufrechte, aus lauter Spitzen zusammengesetzte Form.

Größenverhältnis und Wüchsigkeit

Bei der Auswahl der passenden Bäume und Sträucher für den eigenen Garten ist es wichtig, von Anfang an Wachstum und mögliche Ausmaße zu berücksichtigen. Ein Baum, der in einer natürlichen Umgebung zu ansehnlicher Größe heranwächst, sieht traurig und eingezwängt aus, wenn er auf Vororts-Maßstab heruntergeschnitten wird. Die Widersinnigkeit eines großen Gartens, der mit Miniaturpflanzen ausgestattet ist, ist offensichtlich; im Gegensatz dazu kann aber ein kleiner Garten durchaus dicht mit großen Pflanzen versehen werden. Der Urwald-Effekt kann ganz schnell erreicht werden, obwohl eine solche Pflanzung dauernder Pflege bedarf, um nicht auszuufern.

Eine einzigartige Eigenschaft des Pflanzplans gegenüber anderen Plänen ist, daß der Plangegenstand sich im Lauf der Jahre in Form und Größe völlig ändern wird. Es ist möglich, auch große Bäume zu kaufen, aber Kosten, Verankerung und Pflegeaufwand machen den Kauf für viele kaum realisierbar. Der Wunsch nach einem »fertigen« Garten ist keinesfalls ein guter Zugang zum erfolgreichen Gärtnern, vielmehr sollte jedes Stadium für sich interessiert und erfreut erlebt werden.

Es gibt Situationen, wo eine Abschirmung notwendig ist, die von besonders schnell wachsenden Pflanzen geleistet werden kann. Man sollte aber daran denken, daß das Wachstum bei der richtigen Heckenhöhe nicht einfach aufhört, wie das Beispiel der »Heckenpflanze« Italienische Pyramidenpappel *(Populus nigra* ›Italica‹) von 18 m Höhe zeigt.

Laubgehölze oder Immergrüne?

Die Wahl wird vom Charakter des Entwurfs abhängig sein, aber die meisten Pflanzungen brauchen einen größeren Anteil an Immergrünen, damit die Entwurfsidee auch im Winter zum Tragen kommt. Sonst stellt man vielleicht auf einmal fest, daß man während der Hälfte des Jahres auf blattlose Zweige blickt. Immergrüne sind natürlich auch ein besserer Sicht- und Windschutz. Im allgemeinen wachsen Immergrüne eher langsamer als die Laubgehölze, deshalb ist es üblich, daß man einige schnellwachsende Laubgehölze, die normalerweise eine kürzere Lebensdauer haben, dazwischenpflanzt. Allerdings muß man darauf achten, daß sie die Immergrünen nicht unterdrücken, sie sollten herausgenommen werden, wenn sie das Wachstum der langsamwachsenden behindern.

Blattform und -farbe sind wichtige Merkmale, wenn man sich überlegt, welche Pflanzen man zusammenpflanzen sollte. Eine spannungsvolle Benachbarung kann entweder auf einer farblichen Kontrastwirkung beruhen (oben) – hier sind *Hosta albomarginata* und *Ligularia clivorum* zusammengepflanzt – oder auf einer Kontrastwirkung unterschiedlicher Blattformen (rechts) – hier stehen Salbei und Lavendel zusammen.
In einem weiteren Beispiel (unten) stehen die aufrechten, großen Blätter der *Bergenia cordifolia* im Kontrast zu den hängenden, kleinen Blättern des *Epimedium.*

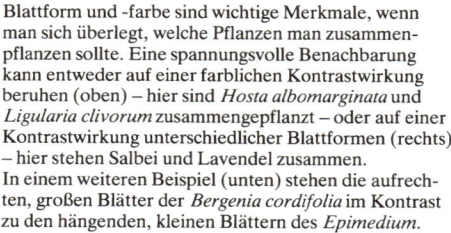

Abhängig vom örtlichen Klima und dem Wind, dem der Garten ausgesetzt ist, können bestimmte Laubgehölze in einem milden Winter halbimmergrün sein. *Buddleia* und *Cotoneaster* gehören dazu. Pflanzen wie z. B. Ginster *(Cytisus, Genista* oder *Spartium)* können auch im Winter eine interessante Wirkung haben, obwohl sie nicht richtig immergrün sind. Viele Gemüsearten sind immergrün und können in einer Winterrabatte sehr dekorativ sein: krausblättriger Kohl, Broccolisprosse, Rotkohl, Sellerie und auch viele Kräuter.

Besondere Blätter und Rinden

Bäume und Sträucher für die Randpflanzung sollten nicht in erster Linie nach der Blütenfarbe ausgewählt werden. Blattform und -farbe stehen höher in der Prioritätenliste, weil nur wenige Pflanzen über längere Zeit hinweg blühen und längst nicht so lange wie sie Blätter haben. Bei immergrünen Pflanzen sind

farbige Blätter im Winter recht wertvoll, sowohl zum Anschauen als auch zum Schnitt. Im allgemeinen sind die Farben von Blättern zurückhaltender als die Blütenfarben, obwohl viele der Laubgehölze eine leuchtende Herbstfärbung haben, aber sie sind ein guter kontrastierender Hintergrund.

Die Blattform ist entscheidend dafür, daß jährlich Millionen von Käufern neue Pflanzen erstehen; auch die japanischen Gärtner sind davon besessen. Die gefiederten Blätter der Scheinakazie oder die geschlitzten Blätter mancher Ahornarten können die Stimmung eines Pflanzbereichs bestimmen. Bei kleineren Arten ist die Blattstruktur noch wichtiger. Pflanzen mit stark gegliederten Blättern kommen meist aus wärmeren Gegenden, ebenso die graubehaarten Arten. Die Mehlbeere *(Sorbus aria)* ist nicht charakteristisch für die gemäßigte Zone, weil die jungen Blätter flaumig grau-weiß sind, während sie später auf der Oberseite dunkelgrün und glatt werden

Auch unterschiedliche Blattgestalt kann eine Pflanzung beleben; es müssen nicht immer leuchtende Blüten sein. Die gefiederten Blätter der Robinie sind absichtlich mit den derberen, glänzenden Blättern der *Choisya* benachbart worden (oben). In einer sehr warmen Gegend wachsen Farne, Lamium und *Soleirolia* zusammen; jede Art unterstreicht die Wirkung der anderen (rechts). Die weichen, behaarten Blätter von *Pulmonaria* sind dicht mit den glatten Blättern von *Hydrangea* verwoben.

und die Blattunterseite grauweiß und behaart bleibt. Der Gegensatz verschiedener Blattstrukturen sollte bei der Überlegung, welche Pflanzen nebeneinanderstehen sollen, berücksichtigt werden. Als Beispiel seien nur die behaarten Blätter der Mehlbeere und im Gegensatz dazu die weich glänzenden Blätter von Rhododendren erwähnt.

Obwohl man in groben Zügen berücksichtigen sollte, welche Blüten gut zueinander passen, wenn sie nebeneinander stehen und zur selben Zeit blühen, so genügt es doch, wenn die Farben nur im Vordergrund der Pflanzung detailliert geplant werden. Dennoch können Flieder, Forsythie oder *Buddleia* gut in der hinteren Abpflanzung untergebracht werden.

Viele Bäume und Sträucher sind bemerkenswert wegen ihres Beeren- oder Fruchtschmuckes. Gewöhnlich erscheinen die Früchte im Spätherbst oder Winter, wenn leuchtende Farben rar sind. Feuerdorn *(Pyracantha)* und mehrere *Cotoneaster* haben herrliche Büschel von Beeren und Zieräpfel sowie normale Apfelbäume *(Malus)* sind gute Beispiele für dekorative Obstbäume.

Gehölze mit auffallender Rinde sind im Winter auch sehr wertvoll. Mit zunehmendem Alter bekommen manche Bäume eine sich schälende Rinde. Die meisten Birken haben an sich schöne Stämme, aber die Rinde der Papyrusbirke *(Betula papyrifera)* blättert außerdem noch ab. Die Platane *(Platanus acerifolia)* hat eine gemusterte, fast marmorierte Rinde, weil Teile der alten Borke abfallen. Einige Ahorne *(Acer grosseri hersii, Acer henryi* und *Acer pennsylvanicum)* haben eine gestreifte Borke. Bestimmte Sträucher, besonders Hartriegel *(Cornus alba)* und einige Weiden, haben, wenn sie regelmäßig zurückgeschnitten wurden, leuchtend orange, rote oder gelbe Rinden, denn das jüngste Holz hat die schönste Farbe. Die Zweige des Essigbaums *(Rhus typhina)* gleichen in Form und Oberfläche einem Geweih.

Manche Pflanzen, wie dieses *Eryngium,* wirken auch in abgeblühtem, trockenem Zustand noch sehr dekorativ und bieten einen Blickpunkt im Garten, wenn viele der anderen Pflanzen schon abgestorben sind.

Pflanzen von besonderer Eigenart sollten dort plaziert werden, wo sie am besten bewundert werden können. Auch wenn sie im Sommer keine große Bereicherung im Garten sind, können sie im Winter doch sehr eindrucksvoll sein, wenn andere Pflanzen die Aufmerksamkeit kaum mehr auf sich ziehen.

Schmückende Pflanzung

Beim Auswählen der letzten Pflanzenkategorie, den schmückenden Pflanzen, sollten alle oben genannten Aspekte auch berücksichtigt werden, aber mit Betonung auf der besonderen Eigenart der Pflanze. Die Blütenfarbe wird wahrscheinlich ausschlaggebend sein, wenn auch Form und Struktur wichtig bleiben. Zu dieser Kategorie gehören Strauchpaeonien und Strauchrosen, sowie Blumenzwiebeln und krautige Pflanzen: die Stauden

(die nicht verholzen und deren oberirdische Teile im Winter zurückfrieren), z. B. Phlox und Lupinen; die zweijährigen Pflanzen wie Goldlack oder Bartnelke (die in einem Jahr gepflanzt werden und im nächsten Jahr blühen); und die Sommerblumen (Einjährige), die alle Stadien ihrer Entwicklung in einer Vegetationsperiode durchlaufen.

Die Auswahl und Anordnung dieses dekorativen Elements wird in starkem Maße dazu beitragen, den Charakter des Gartens zu bestimmen. Bei der Wahl der blühenden Pflanzen sollte man sich zunächst auf bestimmte Farben konzentrieren, so daß wenigstens einige der vielen Pflanzen aus der blendenden Fülle der Kataloge ausgeschieden werden können; außerdem erhält die Zusammenstellung dadurch eine gewisse Einheitlichkeit. Die blauen und rosa Farbtöne von, sagen wir,

Astern und Nelken mit etwas Violett und Weiß (wie von Salbei und weißen Lilien) ergeben eine kühle sommerliche Pflanzung; Gelb, Rot und Weiß von z. B. Sonnenhut, Fackellilie und weißem Phlox ergeben ein prächtiges Bild. Der reinweiß blühende Garten ist modern, aber nicht jedermanns Geschmack; eine Kombination von cremefarbenen und grünen Blüten ist unüblich und interessant, etwa mit Frauenmantel und grünem Ziertabak.

Wer sich nicht an diese Kombinationen heranwagt, läuft Gefahr, eine übertrieben gezierte Wirkung zu erzielen, indem er versucht, die Natur nachzuahmen. Es ist jedoch besser, sich am Anfang erst nach Regeln von Maßstab, Form und Farbkontrast zu richten und dann später sich über Regeln hinwegzusetzen, als sich überhaupt nicht darum zu kümmern

Bei Farbkombinationen auf den Rabatten sollte man etwas vorsichtig sein; mischen Sie nicht zu viele Farben. Eine Zusammenstellung von verschiedenen Blau- und Weißtönen kann z. B. sehr wirkungsvoll sein (oben). Die auf dem Bild dominierenden Pflanzen sind *Sysirinchium striatum* und *Veronica*.
Grautöne und Rosa ergeben zusammen eine weiche Mischung von Pastellfarben, bei der besonders die graulaubigen Pflanzen gut zur Wirkung kommen. Auf dem Bild (rechts) sind die dominierenden rosa blühenden Pflanzen *Monarda didyma*, *Phlox paniculata* und Rosen; im Vordergrund stehen die graublättrigen Arten *Stachys* und *Artemisia*.

In einer breiten Rabatte kann eher eine Vielzahl verschiedener Farben untergebracht werden, vorausgesetzt, die Pflanzung harmoniert trotzdem. Bei dem Beispiel (rechts) wird der einheitliche Gesamteindruck der Pflanzung dadurch erweckt, daß die meisten Pflanzenarten aufrecht wachsen. Verschiedenfarbige Linien, eine grau-weiße, eine blau-violette und eine gelb-rote ziehen sich durch die überwiegend grün erscheinende Rabatte.

und dann mit einem Durcheinander zu enden. In der Natur paßt auch nicht alles gut zusammen, aber die Zusammenstellungen, die am einfachsten und natürlichsten aussehen, sind oft am schwersten zu erzielen und erfordern genausoviel Überlegungen wie die kompliziertesten und kunstvollsten Entwürfe.

Die Beobachtung der natürlichen Pflanzengesellschaften bringt nicht nur Hinweise auf die Wachstumsbedingungen, sondern auch auf natürliche Farbzusammenstellungen. Im gemäßigten Klima sind die Farben in der Natur schön gedämpft; sogar auf einer Wiese gehen die vielen Blütenfarben, die man aus der Nähe sieht, im Grün unter. Die intensiven und starken Farben, die wir in unsere Gärten eingeführt haben, kommen entweder aus Ländern mit klarerem Licht oder sie sind das Ergebnis der Pflanzenzüchtung. Auch wenn

man mit Farben starke Wirkungen erzielen kann, so übertreibt man doch leicht bei der Verwendung von leuchtenden, grellen Farben.

Gestaltung der Blumenrabatte

Bei der Pflanzenwahl für eine gemischte Rabatte ist es von den Farben her günstig, wenn die warmen Farben im Vordergrund, die kühleren mehr im Hintergrund stehen. Bei umgekehrter Anordnung wird die optische Tiefe des Beetes reduziert. Außer der Farbe sollten auch die anderen Eigenschaften der Pflanzen berücksichtigt werden. Die verschiedenen Arten können gemischt oder in Gruppen zusammengepflanzt werden; Pflanzengruppen als regelmäßiges Muster sieht man oft in öffentlichen Anlagen, sie wirken meistens sehr starr.

Beginnend mit der Rückseite der Rabatte

wird das Gerüst für die gesamte Pflanzung aufgebaut. Zuerst werden die höchsten, aufrecht wachsenden Pflanzen, die Immergrünen und die raumbildenden Pflanzen gesetzt, dann folgen die anderen Pflanzen, angefangen bei den größten bis zu den niedrigsten am vorderen Rand. Hierher gehören auch immergrüne und graulaubige Arten, die im Winter wirken. Dann kommen die Laubgehölze, wieder beginnend mit den größeren bis zu den kleineren, und dann die höheren Stauden wie Rittersporn und Stockrosen bis zu den niedrigen Arten. Dazu können auch Rosen gesetzt werden, sowohl altmodische Strauchrosen wie auch Floribundarosen; Zwergrosen und Teehybriden passen weniger gut. Die Blumenzwiebeln kommen zuletzt, die im Frühjahr und im Herbst blühenden.

Jedes dieser Beispiele zeigt, daß die optische Tiefe größer wird, wenn die warmen Farben im Vordergrund eines Beetes stehen. Die Leuchtkraft der Montbretien (oben) wird durch die Benachbarung mit der blaugrauen Perovskie noch gesteigert; das verbindende, beruhigende Element ist die überwiegend immergrüne Pflanzung im Hintergrund.

Die Fackellilien *(Kniphofia)* machen ihrem Namen alle Ehre (Mitte). In den Vordergrund gepflanzt, sind sie in jedem Blumenbeet ein dramatischer Blickpunkt.

Der Herbst ist eine Zeit besonders reicher Farben, an Blättern und Früchten gleichermaßen. Die orangefarbenen Laternen, die die Früchte der Lampionblume *(Physalis franchetii)* umgeben, leuchten prächtig aus dem noch grünen Laub; mit der kräftigen Blattfarbe der Raute *(Ruta)* zusammen ergibt sich ein sehr wirkungsvoller Farbfleck in der Rabatte.

Die folgende Pflanzenzusammenstellung soll Ihnen helfen, die passenden Pflanzen für Ihren Garten zu finden. Die Auswahl umfaßt Arten, die sich besonders für den kleinen Garten eignen und mit einigen Ausnahmen, in unserem Klima winterhart sind. Pflanzen, die bei uns nicht im Freien überwintern können und folglich am besten in Töpfen oder größeren Kübeln kultiviert werden, sind mit (K) gekennzeichnet. Es mag Liebhaber geben, denen die besondere Schönheit oder das exotische Aussehen dieser Pflanzen die Mehrarbeit mit ihnen wert ist.

Die Gattungen sind in alphabetischer Reihenfolge aufgeführt und nach verschiedenen Gesichtspunkten (Blattfarbe, Größe, Verwendungsmöglichkeit u. a.) unterteilt.

Die Zeichnungen sollen einen Eindruck davon geben, wie einige der genannten Pflanzen nach mehreren Jahren aussehen. Allerdings zeigen sie nur jeweils einen Aspekt ihres Aussehens im Laufe einer Wachstumsperiode.

Raumbildende Pflanzen
Bäume

Betula Birke
Eine sehr artenreiche Gattung, die viel Licht braucht. An älteren Bäumen fällt die weiße Rinde auf. Sehr hübsche gelbe Herbstfärbung und Kätzchenbehang im Frühling. Birken geben einen lichten Schatten. Sie sind Flachwurzler und zehren den Boden stark aus. Unterpflanzung ist deshalb schwierig.
B. verrucosa, die Sandbirke kommt in allen Gebieten Deutschlands vor, besonders auf trockenen Sandböden.
B. nigra und B. pubescens s. S. 220, »Pflanzen für feuchte Standorte«.
B. papyrifera s. S. 213, »Im Winter auffallende Pflanzen«.

Cercidiphyllum japonicum
Judasblatt
Mehrstämmiger lockerer Baum, Austrieb schön rotbraun. Die Blätter sind rundlich an roten Stielen und färben sich im Herbst leuchtend gelb. Er liebt einen feuchten, tiefgründigen Boden und ist empfindlich gegen Trockenheit. Höhe 10–12 cm.

Malus
Zierapfel (Kirschapfel)
Diese kleinen bis mittelgroßen Bäume fallen durch ihre leuchtenden weißen oder rosaroten Blüten im Frühling und die zierenden kleinen Früchte im Herbst auf. Bei manchen Sorten sind die Äpfel so groß, daß es sich lohnt, davon Gelee zu machen. Zieräpfel gedeihen in jedem guten Gartenboden. Höhe 5–8 m.
Die bekanntesten Arten sind **M. floribunda, M. × purpurea, M. sargentii.**
M. × purpurea 'Lemonei' s. S. 215, »Rotblättrige Pflanzen«.

Prunus Zierkirsche
Die große Gattung umfaßt mehr als nur Blütenkirschen, aber diese, besonders die japanischen, sind für kleine Gärten am schönsten. Sie brauchen einen offenen, sonnigen Standort und wachsen in fast allen Böden, auch in kalkhaltigen.
P. 'Kanzan' zeigt trichterförmigen Wuchs, die Blüten sind rosa, halbgefüllt, der Blattaustrieb rötlich, Höhe 7–10 m.
P. subhirtella 'Autumnalis' wächst breit verzweigt, die Blüten sind zartrosa, erscheinen schon im Herbst, Höhe 4–6 m.

P. × yedoensis zeigt leicht überhängenden Wuchs, die Blüten sind zartrosa bis weiß und erscheinen schon im März, die Herbstfärbung ist leuchtend gelb. Höhe 7–10 m.
P. cerasifera 'Pissardii' s. S. 215, »Rotblättrige Pflanzen«.

1 × Pyrus salicifolia Wildbirne
Die Zweige hängen malerisch über, sie sind grauweiß behaart. Die Blätter sind schmal und lang, silberweiß und filzig. Der Baum wächst langsam und wirkt wie eine kleine Trauerweide. Er gedeiht in jedem Boden. Er blüht im April, die kleinen Birnen sind ca. 3 cm lang. Höhe 5–7 m.

Robinia Scheinakazie
Bäume mit schön gefiederten Blättern; die duftenden Blüten sind eine gute Bienenweide.
R. pseudoacacia 'Tortuosa' ist ein dekorativ wachsender Baum mit korkenzieherartig gedrehten Zweigen und Blättern; gut zur Einzelstellung geeignet. Höhe 3–4 m.
R. pseudoacacia 'Umbraculifera' bildet ungeschnitten eine dichte kugelige Krone, Höhe 4–6 m.

Sorbus Vogelbeere
Eine Gattung mittelgroß werdender Bäume für den kleinen Garten. Die Blüten sind weiß, aber der größere Reiz dieser Bäume liegt in ihrem Beerenschmuck und der schönen Herbstfärbung. Sie lieben einen nicht zu feuchten, luftigen Standort.
S. aria 'Magnifica' ist eine aufrechtwachsende Form mit großen, unterseits weißfilzigen Blättern. Die Beeren sind glänzend orangerot. Höhe 5–7 m.
S. aucuparia 'Moravica' hat Zweige, die unter der Last der Beeren überhängen, die Früchte sind eßbar und geben ein gutes Gelee. Höhe 8–12 m.
S. decora ist ein baumartiger Strauch, dessen gefiederte Blätter bis 25 cm lang werden. Die Früchte sind groß und rot. Höhe 5–9 m.
S. aucuparia s. S. 220, »Schnellwachsende Pflanzen«.

Sträucher

Buxus Buchsbaum
2 B. sempervirens 'Arborescens' ist ein locker wachsender, immergrüner Strauch, der Sonne und Schatten verträgt. Er bevorzugt alkalische Böden, sonst leidet er leicht unter Ungeziefer. Höhe 3–5 m.

Ceanothus Säckelblume
Von dieser Gattung, die warme, gegen Frost geschützte Standorte verlangt, sind nur Hybriden im Handel.
3 C. 'Gloire de Versaille' wächst auf humosem, gut durchlässigem Boden. Sie blüht den ganzen Sommer hindurch mit hellblauen Rispen. Höhe 1,5 m.

Cotoneaster Felsenmispel
Der Reiz dieser Sträucher liegt weniger in der Blüte als in ihrem Fruchtschmuck und ihrer Wuchsform.
C. bullatus ist ein locker und breit wachsender Busch mit großen, runzligen Blättern. Er hat sehr reichen, großfrüchtigen Beerenschmuck. Höhe 3 m.
C. franchettii ist ein halbimmergrüner Strauch mit graziös überhängenden Zweigen. Die jungen Triebe und Blätter sind silbergrau, die orangefarbenen Beeren halten sich lange am Strauch. Höhe 2,5 m.
4 C. horizontalis ist langsamwachsend, die Zweige sind fächerförmig angeordnet. Er legt sich sehr schön an Mauern an, wird bis 2 m breit. Höhe 0,8 m.
C. multiflorus ist ein breitwachsender Strauch mit dünnen, überhängenden Zweigen. Auffallend ist bei dieser Art die weiße Blüte im Mai. Die Früchte sind klein, scharlachrot. Höhe 3 m.
C. salicifolius floccosus ist eine immergrüne Art mit schmalen glänzenden Blättern. Die Zweige hängen bei älteren Sträuchern bis auf den Boden. Die Beeren sind hellrot und haften bis Dezember. Höhe 3,5 m.
C. × watereri ist ein meist wintergrüner Strauch, mit großen, stumpf dunkelgrünen Blättern. Die Zweige stehen waagerecht ab.
Ein malerisches Einzelgehölz. Höhe 3–4 m.

1 2 9 5 6 3 7 4

10 11   15   16   17   14   12   13

Cytisus Ginster

Ginster wachsen recht schnell, gelegentlich erfrieren sie bei uns einmal, aber man kann sie leicht wieder nachpflanzen. Sie brauchen einen leichten, warmen, sonnigen, ungedüngten Boden. Sie sollten etwas frei zwischen niedrigerer Bepflanzung stehen, damit ihre herrliche Blüte im Frühling voll zur Geltung kommt. Auch im Winter sind ihre dünnen, grünen Zweige sehr attraktiv.

5 *C. praecox,* der Besenginster, darf keinen Kalk bekommen. Er wächst aufrecht und hat eine tiefe Pfahlwurzel, weshalb man ihn als ältere Pflanze nicht mehr umpflanzen kann. Er verträgt keinen Rückschnitt. Es sind zahlreiche Hybriden dieser Art im Handel. Höhe 2 m.

Euonymus Pfaffenhütchen

E. sacchalinensis ist ein hübscher, sehr früh austreibender Strauch. Aus den unscheinbaren grünen Blüten entwickeln sich im Herbst interessant geformte Früchte, die dem Strauch seinen deutschen Namen gegeben haben. Der Wuchs ist locker und ausgebreitet, die Blätter färben sich im Herbst gelbrot. Höhe 2,5–3 m.

E. fortunei vegetus s. S. 197, »Kletternde Pflanzen«.

Ilex Stechpalme

Die meisten Arten dieser Gattung sind wintergrün. Wegen ihrer Schattenverträglichkeit, ihrer schönen Belaubung und ihres Fruchtschmuckes, findet man in fast jedem Garten einen Platz für sie. Sie sollten ein wenig im Hintergrund stehen. Im Winter wirken sie dann als interessanter Rahmen, wenn die roten Beeren aus

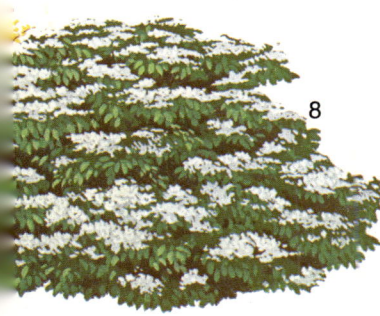

8

dem dunkelgrünen Laub hervorleuchten. *Ilex* ist zweihäusig, d. h. man muß männliche und weibliche Pflanzen zusammenpflanzen, damit es zur Fruchtentwicklung kommt. Im Winter können austrocknende Winde und zu starke Sonnenbestrahlung Schäden an den Blättern hervorrufen.

I. aquifolium s. S. 194, »Hecken«.
I. aquifolium 'J. C. van Tol' zeichnet sich durch gewellte, stachellose Blätter aus. Höhe 3,5 m.

Kolkwitzia Kolkwitzie

K. amabilis ähnelt einer Weigelie, ist aber viel zierlicher. Die Zweige hängen weit über und sind im Juni mit rosafarbenen Blütendolden über und über bedeckt. Damit der Strauch gut blüht, braucht er einen nicht zu nährstoffreichen Boden. Höhe 2,5–3 m.

Rhododendron

Soll eine Rhododendron-Pflanzung gedeihen, muß der Boden entsprechend vorbereitet sein; er muß locker, humos (pH 4,5–5,2) und feucht sein. Torf oder Laubhumus sind die geeigneten Bodenzusätze. Rhododendron steht gerne im lichten Schatten und liebt eine hohe Luftfeuchtigkeit. Wenn man die abgeblühten Fruchtstände herausbricht, fördert man den Blütenreichtum im nächsten Jahr.

6 *R. catawbiense* 'Grandiflorum' ist eine der widerstandsfähigen, großblumigen Arten, die sich hervorragend zur Hintergrundbepflanzung eignet, vor der sich im Laufe des Sommers verschiedene Blütenpflanzen entwickeln können. Denn die lilafarbenen Blüten bilden nur im Juni eine Attraktion, danach kann der Strauch als ruhiger Hintergrund dienen. Höhe 2–3 m.

R. 'Cunningham's White' ist ebenso kräftig und widerstandsfähig, die Blüten sind weiß mit gelber Zeichnung. Höhe 2 m.

R. luteum (Azalea pontica) s. S. 218, »Duftende Pflanzen«. Weitere Sorten s. S. 219, »Malerisch wachsende Pflanzen«.

Rhus Essigbaum

Verschiedene Arten des Essigbaumes werden besonders wegen ihres auffälligen Blattwerks und ihrer

herrlichen Herbstfärbung gepflanzt. Die Fruchtstände entwickeln sich bis August, färben sich dann tiefrot und haften bis in den Winter hinein. *Rhus* gedeiht auch noch auf leichten, trockenen Böden, nur dort bekommt er auch seine leuchtendste Herbstfärbung.

R. typhina hat einen breiten, malerischen Wuchs, die Triebe sind samthaarig und tragen bis zu 50 cm lange, gefiederte Blätter, die sich im Herbst prächtig orange-scharlach färben. Der Essigbaum bildet Ausläufer, die gelegentlich etwas lästig werden können.

R. typhina 'Laciniata' s. S. 219, »Malerisch wachsende Pflanzen«.

Sambucus Holunder

Dies ist eine Gruppe schnellwachsender Sträucher, die sowohl durch ihren Blütenstand, als auch durch den Fruchtansatz zieren. Sie gedeihen in fast jedem Boden, der einigermaßen nährstoffreich ist, und sie sind sehr resistent gegen Industrieabgase.

7 *S. racemosa,* der Traubenholunder, meidet Kalk und steht gerne auf lehmigen Böden. Die locker wachsenden Büsche tragen schon im Juni/Juli ihre scharlachroten Fruchtdolden. Höhe 3 m.

S. canadensis 'Maxima' s. S. 224, »Industriefeste Pflanzen«.
S. nigra 'Aurea' s. S. 214, »Gelbblättrige Pflanzen«.

Viburnum Schneeball

Eine große Gruppe laubabwerfender und immergrüner Gehölze, die vom Gärtner allgemein in blühende und fruchttragende Arten und solche mit schöner Herbstfärbung eingeteilt werden. Die im zeitigen Frühjahr oder schon im Winter blühenden sollten vor einem immergrünen Hintergrund stehen, damit ihre Blüte gut zur Geltung kommt.

8 *V. tomentosum* 'Mariesii' hat fast waagerecht abstehende Zweige, die dicht mit weißen Blütenständen bedeckt sind. Im Herbst färben sich die Blätter leuchtendrot. Höhe 2,5 m.

9 *V. burkwoodii* s. S. 193, »Immergrüne Sträucher«.
V. opulus s. S. 222, »Pflanzen für exponierte Flächen«.
V. rhytidphyllus s. S. 219, »Malerisch wachsende Pflanzen«.

Laubabwerfende Sträucher

Amelanchier Felsenbirne

Anspruchslose Sträucher, die auf nassen und trockenen halbschattigen Standorten gedeihen können.

A. canadensis ist ein mehrtriebiger aufrechtwachsender Strauch, im Mai erscheinen weiße, vielblütige Blütentrauben, an denen sich später kleine rote Beeren bilden. Herbstfärbung gelb-orange. Höhe 3 m.

Berberis Berberitze

Alle Arten lieben Sonne und gedeihen in sandigen, sauren Böden.

B. thunbergii wird wegen seiner leuchtenden Herbstfärbung und dem starken roten Beerenbehang gepflanzt. Höhe 1,50–2 m.
B. wilsoniae ist ein breit und flach wachsender Strauch, ebenfalls mit herrlicher Herbstfärbung und Fruchtausbildung. Höhe 1,5 m.
B. stenophylla s. S. 194, »Hecken«.
B. thunbergii 'Atropurpurea' s. S. 215, »Rotblättrige Pflanzen«.
B. thunbergii 'Atropurpurea Nana' s. S. 194, »Hecken«.

Buddleia Sommerflieder

Schnellwachsende Sträucher, die oft schon im ersten Jahr eine Höhe von 2 m erreichen können. Sie sind anspruchslos, lieben aber einen warmen Boden. Die Blütenrispen erscheinen im August, ihre Farben reichen von Weiß über zartes Lila bis Violett und Purpur. Sie werden gerne von Schmetterlingen angeflogen. Da sie nur am einjährigen Trieb blühen, ist ein gelegentlicher Rückschnitt angeraten.

10 *B. davidii* wird ein breitauslandender lockerer Strauch mit schmalen, unterseits behaarten Blättern. Die violetten Blütenrispen sind 15–30 cm lang. Es sind mehrere Sorten im Handel, die in anderen Farben blühen. *Buddleia* kann gelegentlich zurückfrieren, treibt aber aus dem Wurzelstock immer wieder aus. Höhe 3 m.

Chaenomeles Scheinquitte

Diese Sträucher blühen sehr früh im Frühjahr mit roten, orange- oder

191

lachsfarbenen Blütenkelchen, die vor dem Blattaustrieb erscheinen. Die quittenartigen Früchte, die fast apfelgroß werden können, duften sehr schön und bleiben fast den ganzen Winter hindurch an den Zweigen.

C. japonica ist ein dorniger, schwachwachsender Strauch mit glänzenden Blättern. Die Blüten sind ziegelrot, die Früchte gelb mit roten Punkten. Höhe 1 m.

C. speciosa s. S. 223, »Industriefeste Pflanzen«.

Cornus Hartriegel

Die bei uns am meisten verbreiteten Arten dieser Gattung sind höhere Zier- und Decksträucher. Sie haben z. T. sehr dekorative Blüten, z. T. schöne Blattfärbungen und Wuchsformen. Sie gedeihen in jedem Gartenboden und bevorzugen Sonne oder lichten Schatten.

C. alba ist ein robuster, schattenverträglicher Strauch. Die Rinde ist zunächst rot, später rotgrün.

C. alba 'Sibirica' und **C. mas.** S. 213, »Pflanzen, die auch im Winter interessant sind«.

C. alba 'Spaethii' und **C. alba 'Albo-marginata Elegans'** s. S. 217, »Pflanzen mit mehrfarbigen Blättern«.

Deutzia Maiblumenstrauch

Es sind kleine bis mittelgroße Sträucher mit erstaunlichem Blütenreichtum von Mai–Juli. Sie gedeihen auf jedem Gartenboden. Ältere Pflanzen sollten gelegentlich ausgelichtet werden.

11 D.×hybr. 'Mont Rose' ist ein aufrecht wachsender Strauch, die rosa Blüten erscheinen im Juni. Höhe 2 m.

D.×magnifica, hat weiße, gefüllte Blüten, die in großen Rispen auf den Zweigen sitzen. Höhe 2,5 m.

Forsythia Forsythie

Ein sehr verbreiteter Frühlingsblüher, der sich auch zum Treiben in der Vase eignet. Gedeiht in jedem Gartenboden.

12 F.×intermedia 'Spectabilis' hat große, dottergelbe Blüten. Höhe 2–3 m.

F. suspensa fortunei hat einen sehr graziösen Wuchs, da ihre Zweige weit überhängen. Blütezeit etwas später, Blüten glockenförmig, tiefgelb. Man kann sie an Wänden hochziehen; Höhe sonst 3 m.

F. intermedia s. S. 223, »Industriefeste Pflanzen«.

Genista Ginster

Pflanzen mit Pfahlwurzeln und grünen, dünnen Zweigen. Sie lieben magere, ungedüngte Böden und vertragen große Trockenheit.

13 G. tinctoria, der Färberginster, hat einen aufrechten Wuchs. Die gelben Schmetterlingsblüten erscheinen in kleinen Trauben im Juni. Er verträgt kalkhaltigen und sauren Boden.

G. sagittalis s. S. 204, »Bodendeckende Pflanzen«.

Hibiscus Eibisch

Straff aufrecht wachsende Sträucher. Sie brauchen einen humosen, gut dränierten Boden und einen sonnigen, geschützten Standort. Die einfachblühenden Sorten sind am widerstandsfähigsten.

H.-syriacus-Hybriden: 'Monstrosus', weiß, 'Rubis', rot, 'Coelestis', blau.

Hydrangea Hortensie

Die meisten Arten sind laubabwerfend. Sie blühen im Spätsommer in großen weißlichen Rispen. Der Boden sollte möglichst gleichmäßig feucht sein, und besonders die großblättrigen Sorten brauchen Schatten.

14 H. paniculata 'Grandiflora' zeigt aufrechten und lockeren Wuchs, die großen weißen Blüten werden im Verblühen rosa. Sie bleiben trocken auch im Winter noch lange erhalten. Höhe 1,5–2 m.

H. aspera sargentiana s. S. 219, »Malerische Pflanzen«.

H. macrophylla s. S. 229, »Industriefeste Pflanzen«.

15 Kalmia angustifolia 'Rubra' Lorbeerrose

Bis 1 m hoher, immergrüner Strauch mit schmalen Blättern und zahlreichen dunkelroten Blüten von Juni bis Juli. Der Strauch braucht feuchten, humosen Boden und Halbschatten.

Philadelphus Falscher Jasmin

Eine Gattung, die stark und schwach wachsende Sträucher umfaßt. Sie stellen keine besonderen Bodenansprüche.

P. 'Viginalis', eine straff aufrechtwachsende Art mit vielen duftenden, gefüllten Blüten. Höhe 3 m.

P. coronarius 'Aureus' s. S. 214, »Gelbblättrige Pflanzen«.

P. 'Belle Etoile' s. S. 218, »Duftende Pflanzen«.

Rosa Rosen

in keinem Garten sollten Rosen fehlen. Außer den bekannten Teerosen und Polyantha-Rosen, die sehr farbkräftig und manchmal zu auffällig sind, gibt es auch Wildformen, die oft ein dekoratives Laub und hübsche Fruchtstände haben. Ihre Blütenfarbe reicht vom Weiß bis zum Rosarot, manche sind auch gelbblühend. Sie sollten, wie alle Rosen, in voller Sonne stehen.

R. blanda hat große rosa Blüten, die Zweige sind ohne Stacheln. Höhe 2 m.

R. moyesii blüht im Juni mit schönen fast roten Blüten. Im Herbst erscheinen auffallend lange Hagebutten. Höhe 3 m.

R. nitida hat Triebe, die dicht mit kleinen roten Stacheln besetzt sind, die rosafarbenen Blüten entwickeln sich zu 1 cm dicken roten Hagebutten. Höhe 0,8 m.

R. 'Frühlingsgold' s. S. 220, »Schnellwachsende Pflanzen«.

R. rubrifolia s. S. 216, »weiß- und graulaubige Pflanzen«.

Spiraea Spierstrauch

Eine wegen ihres Blütenreichtums beliebte Gattung, die bevorzugt in der Sonne gepflanzt werden sollte, damit sie gut blüht.

S.×arguta mit überhängenden Zweigen, die im Juni dicht mit weißen Blüten bedeckt sind. Höhe 2 m.

S.×bumalda 'A. Waterer' blüht bis September karminrot. Höhe 1 m.

S. vanhouttei s. S. 222, »Pflanzen für exponierte Flächen«.

Syringa Flieder

Beliebt wegen seines Duftes, steht er fast in jedem Garten. Er gedeiht am besten auf etwas kalkhaltigem Boden in voller Sonne.

16 S. vulgaris, eine bekannte Art, von der es viele Veredlungen mit einfachen und gefüllten Blüten gibt. Höhe 2,5–3,5 m.

Viburnum Schneeball

V. fragrans, der Duftschneeball, bringt seine Blüten vor dem Blattaustrieb im Februar/März hervor, sie sind zartrosa und sehr wohlriechend. Höhe 2,5 m.

Weigelia Weigelie

Ein Strauch, der immer zuverlässig blüht; einige Arten sind sehr schwachwüchsig. An den Boden stellt er keine besonderen Ansprüche.

17 W. florida hat 3 cm lange rosafarbene Blüten, die wie kleine Trompeten aussehen. Höhe 3 m.

W. 'Eva Rathke', eine langsamwachsende Form mit vielen dunkelroten Blüten. Höhe 2 m.

25

Immergrüne Sträucher

Aucuba (K)
Die Sträucher wachsen buschig-rundlich und haben glänzend grüne, lederartige Blätter. In milden Gegenden können sie im Freien wachsen, wenn sie vor Wintersonne geschützt und leicht abgedeckt werden. Sonst sind es sehr dekorative Kübelpflanzen, die bei uns etwa 1,5 m hoch werden können.
A. japonica 'Maculata' s. S. 216, »Pflanzen mit mehrfarbigen Blättern«.

Berberis Berberitze
18 B. gagnepainii lanceifolia hat einen zunächst aufrechten, später überhängenden Wuchs. Die Blätter sind grob gezähnt, die Blüten goldgelb und erscheinen, in kleinen Büscheln zusammengefaßt, etwa im Juni. Höhe 1,5–2 m.
B. stenophylla s. S. 194, »Hecken«.

19 Camellia (K) Kamelie
Dieser herrliche Strauch ist bei uns leider nicht winterhart, er muß im Kübel kultiviert und im Wintergarten überwintert werden.

Cotoneaster Felsenmispel
Siehe auch S. 190, »Raumbildende Pflanzen«.
C. conspicuus 'Decorus' ist ein zierlich belaubter niedriger Strauch mit etwa kissenförmigem Wuchs. Den zahlreichen weißen Blüten folgen ebensoviele orangerote Früchte. Er kann breiter als hoch werden. Höhe 1 m.
C. watereri 'Pendulus', ein stark überhängender Strauch. Die Blätter sind fast 6 cm lang und kräftig dunkelgrün. Die Zweige lassen sich gut an Mauern oder Pfosten hochbinden, besonders schön wirken sie dann, wenn sie im Herbst dicht mit roten Beeren besetzt sind. Man kann die Pflanze auch als Bodendecker verwenden, wenn man sie sich selbst überläßt. Höhe 2 m.

Erica Heide
Es gibt viele *Erica*-Arten, von denen nur einige bei uns von Bedeutung sind. Sie alle stellen keine besonderen Bodenansprüche und lieben einen sonnigen Standort. Nach der Blüte vertragen sie einen Rückschnitt — wenn man sie gerne niedrig halten will — sie treiben dann willig wieder durch.
20 E. mediterranea ist eine höher werdende Art, die bei uns nicht ganz winterhart ist. Im zeitigen Frühjahr ist sie mit zartrosa Blüten über und über bedeckt. Höhe 0,8 m.
E. carnea s. S. 204, »Bodendeckende Pflanzen«.

21 Fatsia japonica (K)
Eine interessante Kübelpflanze mit großen, handförmig geteilten Blättern. Im Herbst schieben sich die kugeligen gestielten Blütenköpfe über die Blätter hinaus. Soll im Schatten stehen. Höhe 1,5–2 m.

Lavandula Lavendel
Ein zierlicher Kleinstrauch mit grauen, sehr schmalen Blättern. Wegen seiner langen Blütezeit und seines Duftes ist er sehr geschätzt. Er liebt leichten Boden und viel Sonne. Kann man ihm einen solchen Standort geben, werden Duft und Farben dieser Pflanze sehr intensiv.
22 L. angustifolia s. S. 218, »Duftende Pflanzen«.

Ligustrum Liguster
23 L. vulgare 'Atrovirens'. Ein locker und kräftig wachsendes Gehölz, das prächtige Büsche bildet, wenn es nicht geschnitten wird. Höhe 3–5 m.

Mahonia Mahonie
Diese niedrigen Sträucher haben glänzende, gefiederte Blätter, aus denen im Mai gelbe Blütentrauben hervorleuchten. Keine besonderen Bodenansprüche.
M. aquifolium hat besonders dun-kelgrüne Blätter, aus den Blüten entwickeln sich blaubereifte Beeren. Die Pflanze eignet sich als Bodendecker und gedeiht auch im Schatten noch gut. Höhe 0,8 m.
M. bealii s. S. 213, »Pflanzen, die auch im Winter schön sind«.

Prunus Pflaume, Kirsche
Die große Gattung *Prunus* umfaßt auch einige immergrüne Arten. Am bekanntesten ist
24 P. laurocerasus, der Kirschlorbeer. Er hat große glänzendgrüne, lorbeerartige Blätter. Im Mai erscheinen hohe weiße Blütenrispen, die sich sehr hübsch von dem Laub abheben. Höhe 1,5–2 m.
P. lauroc. 'Herbergii' ist eine schlank und aufrechtwachsende Sorte, Höhe 1–2 m.
P. lauroc. 'Otto Luyken' wächst breit, Höhe 1,5 m.
P. lauroc. 'Zabeliana' s. S. 204, »Bodendeckende Pflanzen«.

Pyracantha Feuerdorn
Der Feuerdorn ist ein sehr widerstandsfähiges und dankbares Gehölz. Die Blüten sind weißlich, die Früchte feurig-orange, sie bleiben z. T. sehr lange haften. Der Strauch liebt einen durchlässigen, eher trockenen Boden. Er gedeiht auch noch im Schatten, allerdings fruchtet er dann nicht so reich.
P. coccinea 'Kasan' ist eine sehr starkwüchsige Sorte, Höhe 3–4 m.
P. coccinea 'Orange Glow' wächst breit und sparrig und hat einen herrlich leuchtenden Fruchtbehang. Höhe 2–3 m.
P. coccinea 'Praecox' s. S. 195, »Hecken«.
P. coccinea 'Soleil de Or' s. S. 204, »Bodendeckende Pflanzen«.

Rhododendron Rhododendron
Außer den großblumigen, starkwachsenden Arten, die auf Seite 190 besprochen worden sind, gibt es auch eine Gruppe schwachwachsender, niedriger Rhododendron. Ihre Ansprüche an Boden und Standort sind die gleichen. Da sie sehr früh blühen, müssen sie in spätfrostgefährdeten Gebieten etwas geschützt werden, damit die Blüte nicht erfriert.
25 R. repens hat einen breiten gedrungenen Wuchs. Die Blüten erscheinen von April bis Mai und sind leuchtend scharlachrot. Die Einzelblüten stehen nicht so dicht zusammen wie bei den bekannten großblumigen Arten. Höhe 0,5–1 m.
R. williamsianum hat fast runde, hellgrüne Blätter, die Blüten sind rosa, sie stehen zu 3 bis 5 zusammen. Höhe 1 m.

Stranvesia davidiana Stranvesie
ein locker wachsender Strauch mit länglichen, immergrünen Blättern, deren Unterseite oft rot gefärbt ist. Die Blüten sind klein, weiß, bilden 5–8 cm große Dolden im Juni. Ab September erscheinen erbsengroße, scharlachrote Früchte. Schönes, fruchttragendes Gehölz zur Einzelstellung. Es ist industriefest, liebt humosen Boden und einen halbschattigen Standort. Höhe 2–3 m.

Viburnum Schneeball
Die immergrünen Arten bevorzugen einen feuchten, lehmhaltigen Boden und einen halbschattigen Platz im Garten.
26 V. × burkwoodii ist ein locker wachsender Strauch. Die rosa-weißlichen, angenehm duftenden Blüten erscheinen etwa im Mai. Höhe 1,50–2 m.
V. davidii bleibt niedrig und wächst ziemlich kompakt. Den weißen Blütendolden folgt im Herbst ein auffallender Schmuck aus dunkelblauen Früchten. Höhe 1 m.
V. rhytidophyllum s. S. 219, »Malerisch wachsende Pflanzen«.

Hecken

Grundsätzlich sind Hecken, ob sie hoch oder niedrig, geschnitten oder ungeschnitten sind, ein ausdrucksvolles Gestaltungsmittel im Garten. Man kann sie als Grenzpflanzung. oder als Sicht- und Windschutz pflanzen. In größeren Gärten können sie zur Unterteilung in verschiedene kleinere Räume dienen und dann für andere Pflanzen einen Hintergrund bilden. Vielleicht bekommt man auch einmal Lust geometrische Muster zu pflanzen, wie seinerzeit in den französischen Parterre!

Neue Gartenbesitzer wünschen sich oft eine schnellwachsende Hekke. Wenn man sich nun solche starkwachsenden Pflanzen in den Garten holt muß man bedenken, daß sie ja nicht aufhören zu wachsen, wenn sie die Höhe erreicht haben, die man sich wünschte. Um solche Hecken im richtigen Maß zu halten, muß man umsomehr Arbeit aufwenden, je älter die Pflanzen werden.

Das Schneiden einer Hecke beschränkt keineswegs auch das Wurzelwachstum. Das kann man höchstens durch dichtes Pflanzen erreichen. Dadurch kommt es aber dazu, daß ältere Hecken, insbesondere Koniferenhecken, von innen und unten kahl werden. Sie trocknen aus Nahrungsmangel und aus Lichtmangel zurück. Eine Hecke muß deshalb regelmäßig gedüngt und geschnitten werden, damit alle Pflanzen gesund bleiben; es ist nämlich sehr schwierig, eine Lücke in einer alten Hecke wieder dicht zu schließen.

Sie sollten bei der Pflanzung schon

die endgültige Breite und Höhe Ihrer Hecke vor Augen haben, zusätzlich brauchen Sie Platz zum Schneiden und Forträumen der Zweige. Setzen Sie also Ihre Lieblingspflanzen nicht zu dicht an eine Hecke. Überhaupt sind die Wachstumsverhältnisse neben einer Hecke andere als im übrigen Garten. Die vielen Pflanzen entziehen dem Boden in ihrer Umgebung Nährstoffe und Wasser.

Soll eine Hecke dicht werden, muß sie in jungem Stadium oft und stark geschnitten werden (etwa 3 mal im Jahr). Später genügt ein 1–2maliger Schnitt. In schneereichen Gegenden schneidet man die Oberkante nicht gerade, sondern etwas dachförmig; das verhindert das Auseinanderbrechen der Pflanzen unter der Schneelast. Wenn eine Hecke sehr akurat geschnitten sein soll, empfiehlt es sich, kleinblättrige Pflanzen zu verwenden; sie lassen sich leichter stutzen. Einen ganzjährigen Sichtschutz bieten nicht nur die Immergrünen, sondern auch die Hainbuche, *Carpinus betulus* und die Rotbuche, *Fagus silvatica,* deren trockenes Laub lange haftet.

Sehr interessant wirken auch gemischt gepflanzte Hecken, z. B. *Taxus* mit Rotbuche, *Thuja* mit Hainbuche oder Liguster mit Hainbuche. In einem ländlichen oder etwas romantischen Garten könnten sich auch *Clematis* oder *Lonicera* über und durch eine wenig geschnittene oder freiwachsende Hecke schlingen.

Geschnittene Hecken

1 *Carpinus betulus* Hainbuche

Ein robuster sommergrüner Strauch, der gute, dichte Hecken bildet. Die Blätter fallen im Herbst nur zum Teil ab, die meisten haften bis zum Frühjahr an den Zweigen. Für schmale Hecken ist er ungeeignet, man benötigt einen ca. 1 m breiten Streifen für Pflanzen und Arbeitsraum. Sonne – Halbschatten.

Pflanzenabstand etwa 40 cm, Schnitt im Juni und im Winter. Höhe: nach 3 Jahren 1 m, nach 6 Jahren 1,5–2 m.

2 *Fagus sylvatica* Rotbuche

Obwohl sie laubabwerfend sind, bilden Rotbuchen auch im Winter wirkungsvolle Hecken, da das trockene Herbstlaub erst im Frühjahr abfällt. Der Austrieb ist leuchtend grün, die Blätter werden nach und nach dunkler und färben sich im Herbst bronzegelb. Für feuchte, schwere Böden ungeeignet. Sonne-Halbschatten.

Pflanzenabstand etwa 40 cm, nach dem Pflanzen um ein Viertel zurückschneiden, dann jährlich im Spätsommer schneiden. Buchen wachsen langsam. Höhe: nach 6 Jahren 1,2 m, nach 10 Jahren 1,5–2,5 m.

3 *Ilex aquifolium* Stechpalme

Man kann den ganz gewöhnlichen Ilex, der auch in unseren Wäldern vorkommt, verwenden (er hat allerdings sehr stachelige Blätter) oder eine Kulturform ohne Stacheln. Beide haben dunkelgrünes Laub und im

Herbst und Winter roten Beerenschmuck, wenn man männliche und weibliche Pflanzen hat. Halbschatten.

Pflanzenabstand 50 cm, Schnitt im Hochsommer. Höhe: nach 6 Jahren 1,2 m, nach 10 Jahren 1,5–2,5 m.

Ligustrum Liguster

Als immergrüne Heckenpflanze ist *L. vulgare* 'Atrovirens' gut geeignet, sie verträgt jeden Schnitt und gedeiht in Sonne und Schatten.

Pflanzenabstand 40 cm, Schnitt im Juni und im Winter. Höhe: nach 2 Jahren 1 m, nach 3 Jahren 1,5–2 m.

4 *L. ovalifolium* 'Aureum' ist eine

Form mit leuchtend gelben Blättern, die in geschützten Lagen wintergrün ist. Sie sollte an einem sonnigen Platz gepflanzt werden. Pflanzenabstand, Schnitt und Höhe wie bei *L. vulgare* 'Atrovirens'.

5 *Lonicera pileata* 'Yunnanense' Niedrige Heckenkirsche

Dieser Kleinstrauch hat kleine glänzende, immergrüne Blätter. Will man Hecken von mehr als 1 Meter Höhe ziehen, sollte man im Inneren Drähte zur Befestigung der Pflanzen spannen, da die Hecke sonst leicht auseinanderbrechen kann. Sonne – Halbschatten.

Pflanzenabstand 25–30 cm, Schnitt im Frühling und Frühherbst. Höhe: nach 3 Jahren 1 m.

6 *Prunus laurocerasus* Kirschlorbeer

Ein immergrüner Strauch, der sich

| 10 | 11 | 9 | 12 | 14 | 13 | 16 | 15 |

| 14 | 13 | 16 | 15 |

gut für Hecken im Schatten auf leichten, humosen Böden eignet.

Pflanzenabstand 0,7 m, Schnitt im Frühling. Mit einer Gartenschere einzelne Triebspitzen herausschneiden; mit der Heckenschere würden zu viele Blätter verletzt werden und zurücktrocknen. Höhe: nach 3 Jahren 1,2 m.

7 Taxus baccata Eibe
Langsam wachsende immergrüne Gehölze, die sehr alt werden können. Die meisten Sorten haben tiefdunkelgrüne Nadeln. Sie gedeihen auf fast allen Gartenböden, am besten auf etwas kalkhaltigen und nährstoffreichen. Wegen ihres starken Ausschlagvermögens sind sie ideale Heckenpflanzen, die sich in jede Form schneiden lassen. *Taxus-Hecken* brauchen viel Platz; sie sollten deshalb einen 1 m breiten Streifen vorsehen. Sonne–Schatten.

Pflanzenabstand 0,5 m, Schnitt im Sommer. Höhe: nach 6 Jahren 1 m, nach 20 Jahren 2 m.

8 Thuja occidentalis
Lebensbaum
Immergrünes, anspruchsloses Gehölz, das nicht zu trocken stehen will. Es wächst relativ schnell und verträgt jeden Schnitt. Sonne.

Pflanzenabstand 0,5 m, Schnitt im späten Frühjahr. Höhe: nach 3 Jahren 1,5 m, nach 6 Jahren 2 m.

Ungeschnittene Hecken

9 Berberis × stenophylla
Berberitze
Diese Berberitzen-Art bildet eine sehr hübsche lockere, immergrüne Hecke, die wegen der Wurzelausläufer, die die Pflanze bildet, bis zu 2 m breit werden kann. Goldgelbe Blütenglöckchen hängen im Mai an den gebogenen Zweigen, im Herbst rote Beeren. Sonne.

Pflanzenabstand 0,5 m, Schnitt nach Bedarf im Herbst. Höhe: nach 3 Jahren 1 m, nach 6 Jahren 1,5 m.

10 Pyracantha coccinea 'Praecox' Feuerdorn
Diese Art des Feuerdorn hat hellgrünes Laub und blüht und fruchtet reich. Blüten weiß, Früchte orangerot. Sie eignet sich für niedrige Hecken. Wenn sie zu stark geschnitten wird, leidet der Fruchtansatz.

Pflanzenabstand 0,5 m, Schnitt nach Bedarf im Sommer. Höhe: nach 3 Jahren 0,75 m, nach 5 Jahren 1,5 m.

11 Rosmarinus officinalis
Rosmarin
Aufrechtwachsende Sorten sind durchaus geeignet für kleine Hecken und Einfassungen in geschützten Lagen. Rosmarin wächst nur in voller Sonne.

Pflanzenabstand 30 cm, Schnitt im Frühjahr. Höhe: nach 3 Jahren 0,75 m.

12 Weigelia 'Newport Red'
Weigelie
Eine kräftig wachsende Sorte mit großen tiefroten Blüten. Eine Weigelien-Hecke paßt am besten in eine ländliche Umgebung oder in einen frei gestalteten Naturgarten. Sie benötigt einen Streifen von 1 m Breite. Sonne.

Pflanzenabstand 0,75 m, Schnitt im Frühjahr und evtl. nach der Blüte. Höhe: nach 3 Jahren 1 m, nach 6 Jahren 1,75 m

Niedrige Hecken

13 Berberis thunbergii 'Atropurpurea Nana'
Rote Zwergberberitze
Eine Art mit tief bronzerotem Laub, das sich im Herbst noch dunkler färbt. In schattigen Lagen verliert es von seiner roten Farbe.

Pflanzenabstand 30 cm, Schnitt im Herbst oder Winter. Höhe: nach 3 Jahren 50 cm.

14 Buxus sempervirens 'Suffruticosa' Buchsbaum
Buchs liebt einen leicht alkalischen Boden und einen sonnigen Standort. Diese niedrige Form ist gut für Beeteinfassungen geeignet.

Pflanzenabstand 20 cm, Schnitt im Sommer, Höhe: nach 3 Jahren 30 cm.

Erica Winterheide
Erica carnea läßt sich gut als niedrige Einfassung verwenden, obwohl sie

auf großer Fläche gepflanzt vorteilhafter wirkt.

Pflanzenabstand 20 cm, Schnitt nach der Blüte, Höhe: nach 3 Jahren 30 cm.

15 Lavandula angustifolia
Lavendel
Er eignet sich vorzüglich für kleine, locker wachsende Hecken. Seine silbergrauen Blätter und blauen Blüten färben sich in voller Sonne am schönsten.

Pflanzenabstand 30 cm, Schnitt nach der Blüte. Höhe: nach 3 Jahren 50 cm.

Philadelpus × 'Manteau d'Hermine' Falscher Jasmin
Aus dieser niedrigen Art läßt sich eine hübsche kompakte Hecke ziehen, die im Juni mit ziemlich großen gefüllten, weißen Blüten besetzt ist. Die Blätter sind auffallend schmal.

Pflanzenabstand 0,5 m, Schnitt nach der Blüte. Höhe: nach 4 Jahren 1 m.

16 Santolina chamaecyparissus
Heiligenblume
Ein aromatischer kleiner Halbstrauch mit weißfilzigen Blättern, der im Sommer gelbe Blütenkugeln hervorbringt. Er eignet sich für niedrige Einfassungen in voller Sonne.

Pflanzenabstand 20 cm, Schnitt möglichst wenig und selten. Höhe: nach 3 Jahren 30 cm.

Kletternde Pflanzen

Für Süd- und Westwände

Actinidia arguta
Strahlengriffel

Ein sommergrüner hochschlingender Strauch mit glänzend dunkelgrünen Blättern. Im Juni erscheinen weiße, duftende Blüten. Da die Pflanze zweihäusig ist, kommt es nur zur Ausbildung der runden, feigenähnlichen Früchte, wenn männliche und weibliche Exemplare zusammenstehen. Der Strauch eignet sich vorzüglich zum Beranken von Pergolen und Lauben. Er kann 4 m hoch werden.

1 *Akebia quinata* Akebie
Ein halbimmergrüner Strauch mit dunkelgrünen, fünffingrigen Blättern. Sie bleiben bis lange in den Herbst hinein an den Zweigen hängen. Die Blütentrauben sind bräunlich-violett. Interessant sehen die blaubereiften, nierenförmigen Früchte aus, die sich im Oktober entwickeln und weit aufplatzen, wenn sie reif sind. Die Akebie kann 5–7 m hoch werden.

Aristolochia durior
Pfeifenwinde

Wenn man ihn anbindet, kann dieser kräftige Schlinger gut an Mauern wachsen. Die großen herzförmigen Blätter wirken sehr dekorativ. Die gelbgrünen Blüten, die wie kleine Pfeifen aussehen, sind im Vergleich zu dem auffallenden Laub etwas unscheinbar. Die Zweige bleiben grün und wirken deshalb auch im Winter zierend. Die Pfeifenwinde eignet sich zum Beranken von großen Pergolen und auch Hauswänden. Sie wird 6 m und höher.

2 *Campsis radicans*
Trompetenblume

Dieser sommergrüne Strauch hat hellgrüne gefiederte Blätter und herrliche karminrote, trompetenförmige Blüten, die von Juli bis September blühen. Die Pflanze bevorzugt einen lockeren, nährstoffreichen Boden und sollte nur in sehr sonnigen, geschützten Lagen gepflanzt werden. Sie klettert bis etwa 3 m hoch.

Celastrus orbiculatus
Baumwürger

Ein anspruchsloser Schlinger mit relativ kleinen glänzendgrünen Blättern. Die eigentliche Zierde dieser Pflanze sind ihre Früchte, die sich allerdings nur ausbilden, wenn man männliche und weibliche Pflanzen benachbart. Die Samen beginnen sich im September tiefgelb zu färben, ihre äußere Hülle wird dunkelrot. *Celastrus* kann an Bäumen bis zu 12 m hoch winden.

3 *Chaenomeles speciosa*
Scheinquitte

Sie gehören eigentlich nicht zu den Kletterpflanzen; aber sie lassen sich sehr leicht an Mauern hochziehen, wenn man sie ab und zu anbindet. Ihre leuchtend roten oder lachsfarbenen Blüten bringen einen herrlichen Frühlingsaspekt vor einer weißen Mauer. Man kann die Pflanzen bis zu 3 m hoch ziehen.

Humulus lupulus Hopfen
Ein rasch wachsender krautiger Schlinger; er hat drei- bis fünflappige, borstige Blätter. Die weiblichen Blüten entwickeln sich zu 4 cm langen grünen Dolden. Aus ihnen wird der Aromastoff für das Bier gewonnen. Hopfen kann in einer Vegetationsperiode bis zu 6 m hoch klettern.

4 *Passiflora caerulea* (K)
Passionsblume

Bemerkenswert hübsche Blüten erscheinen ab August, aus denen sich gelbe, eiförmige Früchte entwickeln. Die Form und der Aufbau der Blüten ist so eigenartig, daß sich die Kultur der Passionsblume im Topf oder Kübel für manchen Gartenbesitzer lohnt. Die Kübel können im Sommer vor stark besonnten Mauern stehen, wo sich die Pflanzen gut entwickeln werden.

5 *Polygonum aubertii*
Knöterich

Ein schnellwüchsiger Strauch, der in kurzer Zeit Pergolen, Pfeiler und Mauern überzieht. Er hat hellgrüne Blätter und bringt ab Juni eine Unzahl weißer Blütenrispen hervor. Er kann bis zu 12 m hoch klettern.

6 *Rosa* Rose
Die Zahl der angebotenen Kletterrosen-Sorten ist so groß, daß man sicherlich für jede Situation die richtige finden kann. Rosen lieben einen alkalischen, nährstoffreichen Boden und gedeihen in voller Sonne am besten. Sie haben gerne einen offenen Boden, d. h. man sollte mit einer Vor- oder Unterpflanzung nicht zu dicht an sie herangehen.

Einige bewährte Sorten seien hier genannt. Rot: 'Excelsa', 'Solo' — Rosa: 'Coral Dawn', 'New Dawn' — Gelb: 'Golden Showers', 'Le Rêve'.

Kletterrosen erreichen in der Regel eine Höhe von 3–4 m. Sie werden nur vor der Pflanzung auf 6–10 Augen zurückgeschnitten. Später wird nur noch das alte Holz herausgenommen.

7 *Wisteria sinensis* Glyzine
Diese auch als Blauregen bezeichnete Kletterpflanze hat gefiederte hellgrüne Blätter. Vor dem Laub erscheinen die violetten Blütentrauben, die besonders dekorativ wirken, wenn sie von oben in eine Pergola hineinhängen. Vor dem Pflanzen sollen die Triebe auf 40–50 cm eingekürzt werden. Die frisch gepflanzten Glyzinen müssen einen Sonnenschutz erhalten. Pflanzen Sie Ihre Glyzinie nicht an ein Dachrinnenfallrohr; die Pflanze windet so stark, daß sie das Rohr im Laufe der Zeit zuwürgt. Bei alten Pflanzen verholzen die Triebe zu dicken Stämmen. Außer der violett blühenden Form gibt es noch eine weißblütige. Glyzinen können 10–12 m hoch werden.

Für Nord- und Ostwände

Clematis Waldrebe
Zur Bekleidung von Mauern und Pergolen bietet diese Gattung ein kaum zu erschöpfendes Sortiment. Man muß grundsätzlich zwischen den kleinblütigen Wildarten (Blütendurchmesser ca. 5 cm) und den großblütigen Hybriden (Blütendurchmesser 8–12 cm) unterschei-

9   4   13   1   2   6

den. Die Wildarten sind starkwachsende Pflanzen, deren Blüten in sehr großer Zahl erscheinen. Im Herbst wirken ihre vielen behaarten, silbrigen Fruchtstände sehr dekorativ. Diese Arten blühen am zweijährigen Holz und sollen daher nur nach der Blüte zurückgeschnitten werden.

8 *C. montana* ist eine bis 8 m hoch kletternde Art. Die Blüten sind weiß und erscheinen etwa im Mai

C. montana 'Rubens' wächst genauso, nur ist der Austrieb rötlich und die Blüten sind rosa, sie kommen ab Juni und blühen bis in den Herbst hinein.

Die großblumigen Hybriden sind in der Kultur etwas schwieriger, sie brauchen einen kühlen und beschatteten Wurzelbereich. Es empfiehlt sich daher, *Clematis* mit Schattengräsern oder Stauden zu unterpflanzen. Sie blühen am einjährigen Holz und sollen im zeitigen Frühjahr zurückgeschnitten werden.

'Mme Le Coultre' blüht weiß, 'Lazurstern' blüht dunkelblau, 'The President' blüht dunkelviolett, 'Ville de Lyon' blüht karminrot.

Euonymus fortunei 'Vegetus' Pfaffenhütchen

Eine breitbuschig wachsende, immergrüne Pflanze, die sich sowohl als Bodendecker, als auch zum Beranken von Wänden eignet. Zu Anfang mit Spanndrähten befestigen, später hält sich die Pflanze — wie Efeu — selbst an den Wänden fest.

Die Blüten sind unscheinbar, es bilden sich an alten Pflanzen gelbe Früchte, die in roten Hüllen stecken und in interessantem Kontrast zu den glänzendgrünen Blättern stehen. Die Pflanze kann an Mauern bis zu 2 m hoch klettern.

9 *Fuchsia magellanica* 'Gracilis' Fuchsie

Ebenso wie *Euonymus fortunei* 'Vegetus' kann man auch diese zierliche Fuchsie mit Hilfe von Drahtbefestigungen an Mauern hochziehen, allerdings nur in geschützten Lagen. Sollte sie einmal zurückfrieren, treibt sie aus den Wurzeln willig wieder aus. An den schlanken Zweigen hängen von Juli bis Oktober die roten Blüten. Höhe bis 1 m.

10 *Garrya elliptica* (K) Becherkätzchen

Immergrüner Strauch, der besonders im Winter und sehr zeitigem Frühjahr auffällt, wenn die langen weißen männlichen Blütenkätzchen erscheinen. Leider nur in sehr milden Lagen winterhart.

Hedera helix Efeu

Der Efeu bildet Haftwurzeln aus, mit deren Hilfe er sich an Mauern und Bäumen festhält. Efeu liebt feuchte, alkalische Böden. Er ist sowohl als Bodendecker als auch als Kletterpflanze zu verwenden. Die Blätter sind immergrün, in der Jugend drei- bis fünflappig, im Alter ungelappt. Er blüht erst als ältere Pflanze, die Blüten sind weißliche Dolden. Efeu kann bis zu 25 m hoch klettern.

H. helix 'Arborescens' ist eine mehr strauchartige Form mit ungelappten Blättern, die nicht so flach an den Wänden haftet wie *Hedera helix*. Sie wird 2–3 m hoch.

H. helix 'Saggittaefolia' ist eine Form mit pfeilartig zugespitzten Blättern.

Darüber hinaus gibt es noch einige Efeu-Sorten mit weißbunten oder gelb-grünen Blättern.

11 *Hydrangea petiolaris* Kletterhortensie

Die Triebe dieser sommergrünen Hortensie sind braun, die Rinde blättert ab und sieht im Winter recht interessant aus. Die Blätter sind herzförmig, glänzendgrün, die Blüten weiß und zwar sind es flache Dolden mit großen Randblüten, die im Juni erscheinen. Die Kletterhortensie hält sich mit ihren Haftwurzeln an Mauern und Bäumen fest, eignet sich aber auch als Bodendecker. Sie erreicht Höhen bis zu 5 m.

12 *Jasminum nudiflorum* Echter Jasmin

Dieser schon im Februar bis März blühende Strauch ist eine Bereicherung für jeden Garten. An den grünen Zweigen erscheinen vor dem Blattaustrieb die gelben Blüten. Die Blätter sind dreigeteilt. Der Strauch wirkt sehr zierlich, kann aber an geschützten, warmen Wänden eine Höhe von 4 m erreichen. Ältere Pflanzen bilden große überhängende Büsche. Wenn sie an Wänden hochwachsen sollen, müssen sie festgebunden werden.

Lonicera Geißblatt, Jelängerjelieber

Die Blüten dieser Gattung duften, besonders abends und nachts. Es gibt stark- und schwachwachsende Arten.

H. × *brownii* 'Fuchsioides' ist ein schwachwindender Strauch mit orangeroten Blüten, die im Juni bis August erscheinen. Höhe 2 m.

L. carpinifolium blüht von Mai bis Juni mit gelblichweißen 4 cm langen Röhrenblüten, die sehr stark duften. Höhe 3–5 m.

13 *L.* × *heckrottii* blüht unermüdlich bis zum Herbst mit gelb-roten Blüten. Dazu erscheinen ab September leuchtendrote Beeren. Es ist ein sehr wertvoller Schlinger für nährstoffreiche Böden. Höhe 3–4 m.

L. henryi ist der einzige immergrüne Schlinger der Gattung. Die schmalen, etwa 9 cm langen Blätter wirken sehr dekorativ. Die Blüten sind relativ klein, gelbrot gefärbt und entwickeln sich zu schwarzen Beeren.

14 *Parthenocissus quinquefolia* Wilder Wein

Eine Art, die sehr stark und schnell und ohne Gerüst klettert. Sie hält sich mit Hilfe kleiner Haftscheiben fest. Blüten und Früchte sind unscheinbar. Das Laub ist umso prächtiger — die Blätter sind fünfzählig geteilt, sie färben sich im Herbst leuchtendrot. Der Wilde Wein wächst auf jedem Boden und haftet an jeder Mauer. Er wird 10–15 m hoch.

Vitis coignetiae Zierwein

Ein 6 m hoch rankender Strauch mit rostbraunen, filzigen Zweigen. Die Blätter sind sehr groß, durchschnittlich 20–30 cm breit und fünflappig geteilt. Die Herbstfärbung ist leuchtend orangerot. Der Zierwein eignet sich gut zum Beranken von Pergolen, Mauern und Bäumen.

7

8

5   3   10   14   11   12

Stauden

1 *Achillea filipendulina*
Schafgarbe
Eine interessante Pflanze für die
Staudenrabatte. Die Blätter sind
graugrün, stark gefiedert, die Blü-
tenstiele straff aufrecht. Sie tragen
goldgelbe flache Blütenstände die
sich — auch als Schnittblume — sehr
lange halten. Die Schafgarbe braucht
Sonne, sie wird 100–150 cm hoch.

2 *Agapanthus campanulatus* (K)
Schmucklilie
Diese prächtige Pflanze mit breiten
grasartigen Blättern ist sehr leicht im
Kübel zu kultivieren und ist im Sommer draußen mit ihren leuchtenden
blauen Blüten ein Blickfang im Garten. Die Blüten werden 100 cm hoch.

3 *Anemone × hybrida*
Japanische Anemone
Eine Staude, die im Spätsommer und
Herbst weiße oder rosafarbene Blüten hervorbringt. Sie ist für Rabatten, eher aber für eine Pflanzung mit
Waldcharakter geeignet, denn sie
liebt humosen, lockeren Boden und
Halbschatten. Je länger die Pflanzen
an einer Stelle stehen, desto schöner
entwickeln sie sich. Gewöhnlich beginnen sie im zweiten Jahr nach der
Pflanzung zu blühen. Höhe
50–100 cm.

4 *Anthemis tinctoria*
Färber-Kamille
Dies ist eine hohe Art aus der Gattung, die auch niederliegende und
bodendeckende Pflanzen umfaßt.
Die Blätter sind graugrün, doppelt
gefiedert, die Blüten, die den ganzen
Sommer hindurch erscheinen, stehen
als einzelne gelbe Köpfchen etwa
50 cm hoch. Die Kamille muß in der
Sonne stehen.

Bergenia Bergenie
Diese Pflanze ist ideal als Vorder-
grund- und Kontrastpflanze zu
schmalblättrigen oder kleinblättri-
gen Nachbarn. Die großen, rundlichen Blätter sind immergrün, sie
nehmen im Winter z. T. rotbraune
Tönungen an. Auf roten Stengeln erscheinen im Frühjahr rosarote Blütentrauben, die etwa 30 cm hoch
werden. Nur wenige Stauden sind so
gesund und anpassungsfähig wie die
Bergenie. Sie wächst in Sonne und
Schatten, auf feuchtem und auf trok-
kenem Standort. Wenn man die
Pflanzen regelmäßig teilt und neu
einsetzt, bleiben sie im allgemeinen
wüchsiger.
5 *B. cordifolia* blüht rosa,
B. 'Morgenröte' blüht purpur,
B. 'Silberlicht' blüht weiß.

6 *Campanula lactiflora*
Glockenblume
Eine der höheren Glockenblumen-
arten mit verzweigten Stengeln und
behaarten Blättern. Sie kann bis 2 m
hoch werden. Die Blüten sind in lok-
keren Dolden vereinigt und leuchten
zartviolett. Diese Glockenblume gedeiht in nährstoffreichen, humosen
Böden und liebt Halbschatten.

7 *Delphinium* Rittersporn
Diese prächtige Staude ist für Rabatten und Beetbepflanzung ausgezeichnet geeignet. Schon die großen,
gefiederten Blätter sind sehr dekorativ, vielmehr noch die herrlichen
Blütenrispen, die in den verschiedensten Blauschattierungen leuchten; weiße und rosafarbene Sorten
sind auch im Handel. Rittersporn
braucht einen tiefgründigen, gut gedüngten Boden und einen Platz in
voller Sonne. Er kann bis zu 2 m
hoch werden.

8 *Digitalis purpurea* Fingerhut
Fingerhut ist bei uns eine zweijährige Pflanze, die in milden Gebieten
aber auch ausdauern kann. Auf geeigneten Böden, sandig-humosen,
sät er sich sehr leicht aus und hält
sich deshalb wie eine winterharte
Staude immer im Garten. Die ein-
drucksvollsten Blütenstände aus violettroten Glocken erscheinen im Juli.
Es werden auch weiße und gelbe
Fingerhüte kultiviert. Alle gedeihen
am besten im Halbschatten auf humosen Böden, und sie sehen sehr
hübsch aus in Verbindung mit Farnen und anderen Waldstauden.

Euphorbia Wolfsmilch
Milchsaftführende Pflanzen, deren
eigentliche Blüten unscheinbar sind.
Was in Erscheinung tritt sind nur
hellgrün oder gelb bis orange gefärb-
te Hochblätter. Die Pflanzen fallen
durch ihren eigenartigen Wuchs auf.
Euphorbien lieben volle Sonne.
9 *E. griffithii*, eine Art mit länglichen
hellgrünen Blättern, deren Mittelrippe rötlich ist. Sie bildet auffallende
runde, ca. 60 cm hohe Büsche — eine markante Pflanze auf einer Rabatte. Die blütenähnlichen Hochblätter sind orangerot.

Geranium Storchschnabel
Diese Staudengruppe darf nicht mit
den Sommerblumen verwechselt
werden, die häufig Geranien genannt werden aber eigentlich Pelargonien heißen. Storchschnabel sind
niedrige Stauden, die sich als Bodendecker auf sonnigen Standorten eignen. Eine der höheren Arten, die
hübsch geformte Blätter hat, die sich
im Herbst rotbraun verfärben, ist
10 *G. platypetalum;* sie wird bis 50 cm
hoch und hat im Sommer leuchten-
de, blauviolette Blüten.

Gypsophila Schleierkraut
Hiervon gibt es niedrige Arten, die
bis 30 cm hoch werden und sehr gut
als Steingartenstauden in der Sonne
zu verwenden sind. Die höheren Arten gehören in die Staudenrabatte,
wo sie mit ihren großen Büschen
schleierartiger Blütenrispen eine
willkommene Abwechslung bieten.

11 *G. paniculata* 'Bristol Fairy' ist
eine Staude, die bis 100 cm hohe
Büsche aus lockeren weißen
Blüten bildet; sie sind auch in
der Vase sehr haltbar.
***G. repens* 'Rosea'** ist eine niedrige
Art, die nur 15 cm hoch wird und
zartrosa Blütenrispen hat.

14

15

16

18

17

19

9

10

11

12

13

7

12 Hemerocallis Taglilie

Diese Gattung hat eine fast nicht zu zerstörende Lebenskraft. Sie bildet große Büsche schmaler, langer Blätter, die nach außen überhängen. Die Wurzeln sind dickfleischig. Im Sommer bringen sie trompetenähnliche, lilienförmige Blüten hervor, deren Farben bei den verschiedenen Sorten von zartem Gelb bis zu dunklem Rotbraun reichen. Die Lebensdauer der Einzelblüte ist sehr kurz, aber es blühen laufend neue Blüten nach, so daß sich die Gesamtblütezeit sehr lange hinzieht (Juli–September).

Hosta Funkie

Eine sehr widerstandsfähige Staude, die durch ihr schönes Blattwerk auffällt. Sie kann jahrelang an der gleichen Stelle stehen. Sie liebt einen etwas feuchten, humosen Standort im Halbschatten oder Schatten.

13 H. crispula, die Riesen-Weißrandfunkie hat große Blätter, mit unregelmäßigem, weißem Rand. Höhe 40 cm.

H. sieboldiana erfreut durch ihre großen, herzförmigen Blätter, die einen stahlblauen Ton haben. Höhe 40 cm.

Iris Schwertlilie

Die Schwertlilien lieben oder vertragen zumindest alle einen durchlässigen warmen Boden.

14 I. barbata-elatior, früher I. germanica genannt, hat große, dennoch sehr zart wirkende Blüten, in vielen Farbschattierungen; die aufrechten Blütenblätter (Dom) können auch von den Hängeblättern abweichende Farben haben. Schwertlilien gedeihen und blühen am besten in voller Sonne. Für eine Pflanzung in Wassernähe oder auch noch im Halbschatten eignet sich

I. sibirica. Sie hat schmäleres, schilfartiges Laub und kleinere Blüten, blau oder weiß, je nach Sorte.

15 Kniphofia Fackellilie

Sehr eindrucksvoll sind die eigenartig geformten Blütenkolben, die sich auf kräftigen Stengeln über das grasartige Laub erheben. Die einzelnen Röhrenblütchen sind bei den meisten Sorten gelb-orange getönt. Fackellilien brauchen einen durchlässigen, nährstoffreichen Boden und einen geschützten Platz in voller Sonne.

16 Lupinus polyphyllus Lupine

Eine prächtige Beetstaude, die allein schon durch ihre fingerförmig geteilten Blätter auffällt. Die Blüten erscheinen im Juni; es gibt weiße, blaue, rosafarbene und rote Sorten. Lupinen wachsen am besten in guten humosen Gartenböden in voller Sonne.

Paeonia Pfingstrose

Diese Staude wird überwiegend wegen ihrer Blüten gepflanzt, die im Frühsommer erscheinen. Es gibt gefüllte und einfache, weiße, rosafarbene, rote und sogar gelbe Pfingstrosen. Das Laub ist ebenfalls sehr attraktiv — im Sommer dunkelgrün, im Herbst verfärbt es sich violett-rot. Paeonien brauchen Sonne – Halbschatten und einen lehmigen Boden, in dem sie jahrelang an der gleichen Stelle stehen können und sollten.

P. lactiflora ist eine Ausgangsart für viele Züchtungen und Sorten die sehr verbreitet sind.

17 P. mlokosewitchii zählt zu den botanischen Raritäten mit einfachen gelben Blütenschalen.

P. officinalis blüht schon im Mai mit roten gefüllten Blüten.

18 Papaver orientale Hoher Gartenmohn

Das feurige Rot seiner Blüten ist unübertroffen. Auf durchlässigen warmen Böden entwickelt sich der Mohn am besten.

Primula Primel

Diese Gattung ist sehr artenreich und auch entsprechend unterschiedlich. Für feuchte Böden im lichten Schatten eignet sich

19 P. denticulata, die Ballprimel, die im zeitigen Frühjahr dichte Kugeln weißer, rosafarbener oder violetter Blüten hervorbringt.

Ein- und zweijährige Blumen

In diesem Kapitel werden einige der Pflanzen besprochen, die während der Sommermonate leuchtende Farben in die Gärten bringen. Das sind die sogenannten Einjährigen, die ihre ganze Entwicklung in einer Vegetationsperiode durchlaufen und die Zweijährigen, die im ersten Jahr ausgesät werden und heranwachsen und erst im zweiten Jahr blühen.

Diese Blütenpflanzen, die zum großen Teil aus den Tropen oder Subtropen stammen, können den durchschnittlichen Winter bei uns nicht überdauern: sie werden deshalb in Gewächshäusern kultiviert oder eben in jedem Frühjahr neu ausgesät und ins Freie gepflanzt, sobald die Frostgefahr vorüber ist. Wenn sie herangewachsen sind, pflegen sie den ganzen Sommer über reich zu blühen. Manche von ihnen, z. B. die Pelargonien kann man mehrere Jahre lang behalten, wenn man sie im Haus oder in einem hellen Keller überwintert.

1 Alyssum maritimum
Steinkraut
Eine ausgezeichnete Pflanze für niedrige Einfassungen. Die gedrungen wachsenden Pflanzen sind dicht mit weißen oder rosafarbenen Blüten besetzt. Sie wirken sehr hübsch zwischen Plattenfugen, als Beeteinfassung oder auch in größeren Flächen. Höhe 5–8 cm.

2 Anthirrhinum majus
Löwenmäulchen
Hiervon gibt es eine sehr große Zahl Hybriden, d. h. Sorten verschiedener Höhe, Blütengröße und -farbe. Die meisten von ihnen haben sehr leuchtende Farben. Wenn man die Samenstände frühzeitig entfernt, verlängert sich die Blütezeit erheblich. Löwenmäulchen brauchen einen lockeren, gut gedüngten Gartenboden.
Zur Gruppenpflanzung eignen sich die
A.-'Grandiflorum' und A.-'Maximum'-Sorten, zur Bepflanzung größerer Flächen sollte man
A.-'Nanum Compactum'-Sorten verwenden.

3 Bellis perennis 'Monstrosa'
Tausendschönchen
Diese sollte man als zweijährige Pflanzen behandeln. Es sind große gefülltblühende Gänseblümchen in Weiß, Rosa und Rot. Sie sind sehr wirkungsvoll als Zwischenpflanzung zu Blumenzwiebeln im Frühjahr. Sie können sich leicht aussäen und sind dann aber nicht sehr farbintensiv. Bellis brauchen einen gut gedüngten Gartenboden und volle Sonne.

4 Calendula officinalis
Ringelblume
Eine Pflanze, die den ganzen Sommer hindurch leuchtend gelb oder orangefarben blüht. Die Blütenform ähnelt der von Margeriten; es gibt einfache und gefüllte Formen. Die Pflanzen verzweigen sich zu recht auffallenden Büschen, die den ganzen Sommer über einen Blickpunkt im Garten bilden.

5 Campanula medium
Marienglockenblume
Eine zweijährig zu kultivierende Art, die kräftige breite Büsche bildet. Die Blätter sind hellgrün und behaart, die Blüten glockenförmig, rosa, weiß oder blauviolett. Es gibt gefüllte Formen und solche mit doppelter Krone, aber die einfachen sind eigentlich die schönsten. Die Marienglockenblumen lieben alkalischen, nährstoffreichen Boden. Sie werden ca. 60 cm hoch.

6 Cheiranthus cheirii
Goldlack
Goldlack wird zweijährig kultiviert. Er entwickelt sich im zweiten Jahr zu kleinen Halbsträuchern, die an aufrechten Stengeln die sehr stark duftenden Blüten tragen. Die Farbe der Blüten variiert von leuchtendem Gelb bis zu Rotbraun. Das Sortiment umfaßt hohe Sorten, die sich gut als Schnittblume eignen und niedrige für Topf- oder Beetpflanzung. An den Boden stellt Goldlack keine besonderen Ansprüche.

7 Dianthus barbatus
Bartnelke
Eine meist zweijährig gezogene Pflanze mit dunkelgrünen länglichen Blättern. Die Blüten sitzen in dichten Büscheln flach zusammen am Ende der Stengel und blühen von Juni bis August. Sie sind meistens gemischtfarbig, weiß und rot oder rot und violett oder rot und rosa. Sie liebt volle Sonne und gedeiht in fast allen Böden.

8 Chabaudnelken
Am besten zweijährig gezogene Pflanzen für nährstoffreiche, lehmige Böden. Sie bringen den ganzen Sommer hindurch standfeste, schön gefüllte, duftende Blüten hervor.

9 Gazania splendens
Gazanie
Die dunkelgrünen Blätter sind auf der Unterseite graufilzig. Die Blüten sind margaritenähnlich und feurigorange, sie haben in der Mitte am Blütenboden einen dunklen Kranz. Die Pflanzen werden 20–50 cm hoch und blühen von Juni bis September. Sie brauchen einen durchlässigen Boden und viel Sonne.

10 Heliotropium arborescens
Heliotrop
Diese Pflanze ist bekannt durch ihren herben Duft. Die Blütenfarbe reicht von Weiß über Lavendel bis zu Violett und die Blüten erscheinen während des ganzen Sommers. Die Blätter sind etwas runzlig und dunkelgrün. Die einjährige Kultur ist am günstigsten in nährstoffreichem, durchlässigem Boden. Die Pflanzen werden etwa 60 cm hoch.

11 Iberis umbellata
Schleifenblume
Vorzügliche Blume für Rabatten und flächige Pflanzung. Die Einzelblüten sind am Ende der Stengel zu dichten Dolden zusammengedrängt, diese werden breiter als hoch, so daß die ganze Pflanze mit Blüten bedeckt ist. Es sind weiße, rosafarbene und rote Sorten im Handel. Besonders geeignet sind Iberis zur Bepflanzung von Beeten mit Blumenzwiebeln, die in der Erde bleiben sollen.

Impatiens Springkraut
Der deutsche Name rührt daher, daß die reifen Samenkapseln bei Berührung aufspringen. Die Pflanzen haben sehr fleischige, saftige Stengel.

12 I. balsamina
wird etwa 80 cm hoch. Die rosafarbenen Blüten sitzen in den Blattachseln und können bei den verschiedenen Sorten gefüllt sein und leuchtendere Farben haben, so daß sie sehr interessant wirken.
I. walleriana ist eine niedrigere Art, das bekannte »Fleißige Lieschen«. Es eignet sich vorzüglich als Farbtupfer im Halbschatten, wo die leuchtenden Blütenfarben besonders gut zur Geltung kommen, wenn die Pflanzen in kleinen Gruppen zusammengesetzt werden. Höhe 50 cm.

13 Lathyrus odoratus Edelwicke
Eine wegen ihrer hübschen pastellfarbenen und duftenden Blüten sehr beliebte Sommerblume. Die großen, kletternden Sorten halten sich mit Blattstielranken an Zäunen, Reisig, Drahtgeflecht oder auch an Kletterpflanzen fest. Da sie recht zart sind, schaden sie den anderen Pflanzen nicht. Die niedrig wachsenden Sorten sind für Schalen und Töpfe geeignet. Wicken lieben einen etwas lehmigen, aber durchlässigen, alkalischen Boden und brauchen volle Sonne. Es gibt eine Unzahl von Namenssorten, aber der Liebhaber wird sich am besten eine Samenmischung kaufen, in der die Vielfalt verschiedenster Farben enthalten ist.

Lunaria annua Silberling
Eine schnellwachsende zweijährige Pflanze mit großen herzförmigen Blättern. Die duftenden Blüten sind purviolett oder weiß und erscheinen schon im Mai. Interessanter sind jedoch die Fruchtstände. Die Scheidewand der einzelnen Schoten wird seidenglänzend, papierartig und ist seit altersher für Trockensträuße im Winter beliebt. Lunaria wächst sowohl im Halbschatten als auch in der Sonne, am besten auf leichten Böden. Höhe 50–100 cm.

Matthiola Levkoje
Eine Pflanze, die vorwiegend wegen ihres Duftes gepflanzt wird.

14 M. bicornis,
die Abendlevkoje, ist eine einjährige Pflanze, die Blätter sind graufilzig, die Blüten rosig-lavendelfarben und erscheinen von Mai bis Juni. Sie sind von abends bis morgens geöffnet und duften, besonders in warmen Nächten stark nach Vanille. Eine Kombination mit anderen Sommerblumen, z. B. Reseden oder Gazanien ist besonders wirkungsvoll. Höhe 50 cm.

15 Mesembryanthemum criniflorum
Mittagsblume, Eispflanze
Eine niedrige, bodendeckende einjährige Pflanze für leichte, trockene Böden in voller Sonne. Die Blätter sind dickfleischig, wässrig mit kleinen glitzernden Warzen besetzt. Während des ganzen Sommers erscheinen die kleinen margeritenähnlichen Blüten in leuchtenden, bunten Farben. Höhe 10–15 cm.

16 Nicotiana Ziertabak
Eine Art dieser Gattung liefert die Blätter für den Tabak, die anderen sind mehr oder weniger zierende Arten, die bei uns als einjährige Pflanzen gezogen werden, die einen nicht zu trockenen halbschattigen Standort brauchen.
N. alata blüht von Juli bis September und wird 80–100 cm hoch. Die

Blüten sind nachts geöffnet und duften sehr stark. Auch die großen, behaarten Blätter sind sehr dekorativ. Damit sie gut zur Wirkung kommen, sollte man den Ziertabak nicht zu dicht pflanzen. Im Handel sind auch rote, rosa und weiße Sorten, und niedrige Formen gibt es auch.

Oenothera biennis
Nachtkerze, Schinkenkraut
Eine robuste zweijährige Pflanze, die schon im Jahr der Aussaat blüht. Die Blätter sind schmal, hellgrün und behaart. Hellgelbe Blüten erscheinen während des ganzen Sommers; sie öffnen sich am Nachmittag und bleiben bis in die Nacht hinein geöffnet. Diese *Oenothera* kann zum Unkraut werden, wenn man sie sich aussäen läßt. Sie braucht Sonne und durchlässigen Boden. Höhe 75 cm.

17 *Pelargonium* Pelargonie
Pelargonium zonale wird im Volksmund Geranie genannt (s. S. 198). Pelargonien sind Sträucher, die jedoch in unseren Breiten nicht winterhart sind und deshalb im Haus überwintert werden müssen. Im Sommer bringen sie — im Kübel, im Balkonkasten oder auch in Beete ausgepflanzt — viel Farbe in unsere Gärten, vorausgesetzt, sie haben einen nährstoffreichen Boden und viel Sonne. Wenn es zu feucht und kalt ist, werden die Pflanzen leicht vom Grauschimmel befallen. Die Farbskala der angebotenen Sorten reicht von Weiß bis Violettrot. Es gibt auch hängende Formen, deren Blätter nicht behaart, sondern glatt sind; diese eignen sich natürlich besonders gut zur Bepflanzung von Balkonkästen.

18 *Petunia* Petunie
Einjährige Sommerblumen mit behaarten, klebrigen Blättern und großen, sehr farbkräftigen Blüten. Sie gedeihen am besten auf offenen sonnigen Standorten und sind deshalb gut zur Kübel- und Balkonkastenbepflanzung geeignet. Die Blüten können einfach oder gefüllt sein, einfarbig oder auch gestreift mehrfarbig. Auf zu gutem Boden blühen die Pflanzen nur wenig. Es gibt eine große Anzahl von Hybriden, mit großen und kleinen Blüten, höherem und niedrigerem Wuchs und natürlich in sehr vielen Farben.

19 *Reseda odorata* Reseda
Eine verzweigte aufrechtwachsende einjährige Pflanze mit weichen, mittelgrünen Blättern. Die duftenden Blüten erscheinen von Juli bis September, sie sind am Ende der Stengel in dichten, gelben Trauben zusammengefaßt. Reseda ist eine Bienenfutterpflanze. Im Garten kann man sie überall unterbringen, in der bunten Rabatte oder eingestreut zwischen Stauden. Sie liebt einen nährstoffreichen Boden und viel Sonne und wird etwa 60 cm hoch.

Verbascum bombyciferum
Königskerze
Eine zweijährige Art, die sich sehr leicht aussät. Sie ist herrlich, wenn im Sommer die großen Kerzen, die bis zu 2 m hoch werden können, mit den hellgelben Blüten besetzt sind. Die großen Blätter sind silbrig behaart und die prächtige Rosette, die sie bilden, ist ein Blickpunkt in einer Rabatte. Königskerzen bevorzugen einen leichten, warmen Boden.

Zwiebel- und Knollengewächse

1 *Allium giganteum*
Riesenlauch
Auf kräftigen Stengeln erheben sich im Frühsommer violette Blütenkugeln von 10 cm Durchmesser. Sie sind ideale Schnittblumen, denn die Blüten halten sich lange, auch getrocknet. Die Pflanze stellt keine besonderen Ansprüche an den Boden, ist winterhart und liebt einen sonnigen Standort.
Höhe 120 cm.

Chionodoxa Schneeglanz
Schon bald nach dem Verschwinden des Schnees erscheinen die hellblauen, weißen oder rosafarbenen Blüten der kleinen Zwiebeln. Sie sehen am schönsten aus, wenn sie in größeren Gruppen im Rasen oder unter Gehölzen gesetzt werden. Verwildern leicht.
2 *C. luciliae* bringt im März klarblaue Blüten hervor, in denen ein weißes Auge leuchtet. Sät sich leicht aus, liebt durchlässigen Boden. Höhe 15 cm.

3 *Colchicum autumnale*
Herbstzeitlose
Sie gehört zu den attraktivsten Herbstblühern. Die violetten oder weißen Blüten kommen im Oktober direkt aus dem Boden, während das etwas unordentliche Laub erst im folgenden Frühjahr erscheint. Die Herbstzeitlosen haben eine Vorliebe für feuchte, schwere, alkalische Bö-

den. Sie sind giftig, besonders ihre Knollen. Höhe der Blüten 15 cm, Höhe der Blätter 30 cm.

4 *Crinum × powellii*
Eine hübsche Pflanze mit trichterförmigen Blüten, die sich über die langen, bandartigen Blätter erheben. Die Blüten entwickeln sich im Spätsommer. Die Pflanze gehört zu den Amaryllisgewächsen und ist bei uns nicht winterhart. Wegen ihrer auffallenden Blüte kann die Kultur im Topf durchaus lohnend sein. Höhe 45 cm.

5 *Crocus* Krokus
Der beliebte und bekannte Frühlingsblüher sollte in keinem Garten fehlen. Die Knollen werden am besten im September gelegt. Die gelben Arten sind ausdauernder als die weißen und blauen, will man sie lange halten, sollte man sie nicht in den Rasen setzen (wo das Laub zu früh abgemäht wird), sondern zwischen zartwurzelnde Stauden oder Azaleen o. ä. Höhe 5–10 cm.

Cyclamen Alpenveilchen
Einige kleinblütige und niedrige Arten sind im Freien winterhart. Sie gedeihen am besten im Wurzelbereich alter Sträucher, im warmen lichten Schatten, bevorzugt auf lehmigen Böden.
6 *C. neapolitanum* blüht im Herbst. Seine Blätter sind interessant ge-

zeichnet, die Blüten von weißer oder rosaroter Färbung mit dunklem Auge. Höhe 10 cm.

7 *Eranthis hiemalis* Winterling
Einer der ersten Frühlingsblüher hat gelbe Schalenblüten, die auf einem Kranz grüner Blätter sitzen. Unter Gehölzen auf etwas lehmigen Böden fühlt er sich sehr wohl und verwildert dort rasch, Höhe 10 cm.

Eremurus Lilienschweif
Obwohl sie weder eine Zwiebel noch eine Knolle haben, werden *Eremurus* mit ihren waagerecht sternförmig angeordneten Wurzeln, mit Blumenzwiebeln zusammen angeboten. Die Wurzeln sind sehr empfindlich und brauchen einen durchlässigen Untergrund. Sehr zeitig im Frühjahr erscheint der starke Trieb, der sich bis zum Frühsommer zu einer herrlichen Blütenkerze entwickelt.
8 *E. ellwesii* ist die beste Sorte, sie blüht weißlich-rosa und wird 2,5 m hoch.

9 *Fritillaria imperialis*
Kaiserkrone
Ziegelrote Blütenglocken hängen am Ende eines starken Stengels, gekrönt von einem Büschel grüner Blätter. Die Pflanzen sind winterhart, brauchen aber einen gutgedränten Lehmboden, sonst werden sie von Jahr zu Jahr kleiner. Höhe 100 cm.

10 *Galanthus nivalis*
Schneeglöckchen
Dieser bekannte Vorfrühlingsblüher wirkt am schönsten in großen Gruppen unter Gehölzen oder vor Hekken. Der Boden sollte lehmig und feucht sein, dann verwildern sie schnell.

11 *Galtonia candicans*
Sommerhyazinthe
Der 80–100 cm lange Schaft trägt im Juli/August viele weiße nickende Blütenglocken. Sie wirkt gut zwischen Rhododendron. Bei uns nicht ganz winterhart. Man sollte sie behandeln wie Dahlien.

12 *Gladiolus* Gladiole
Die Knollen sind nicht ganz winterhart und müssen im Herbst herausgenommen werden. Es gibt zahlreiche Gladiolenzüchtungen, die meisten müssen gestäbt werden, damit die großen schweren Blütenstände nicht umfallen.

13 *Hyacinthus* Hyazinthe
Wegen ihres Duftes wird sie meistens als Zimmerpflanze verwendet, aber sie kann genausogut in Töpfen oder Kästen im Freien gepflanzt werden. Sie hat eine Abneigung gegen die Wurzelkonkurrenz anderer Pflanzen und gegen Schatten.
H. orientalis gibt es in vielen Sorten. Für die Pflanzung im Freiland ungefüllte Sorten verwenden und solche

Zwiebeln, die nicht für das Treiben präpariert wurden. Hyazinthen gibt es in Rot, Rosa, Weiß und Blau. Höhe 25–30 cm.

14 *Leucojum vernum*
Märzenbecher
Die Blüten sind ähnlich wie beim Schneeglöckchen, nur größer und mit kleinen grünen Flecken an den Blütenblattzipfeln. Die Art liebt einen schattigen, lehmigen Standort. Höhe 20 cm.

15 *Lilium* Lilie
Die Gattung der Lilien umfaßt sehr viele verschiedene Arten mit unterschiedlichen Bedürfnissen. Die meisten brauchen einen nährstoffreichen, sehr gut dränierenden Boden. Am bekanntesten sind die weiße Madonnenlilie, die orangefarbene Feuerlilie, der Türkenbund, die Tigerlilie mit den schwarzen Punkten und noch andere Züchtungen.

16 *Muscari* Traubenhyazinthe
Sie lieben sonnige Lagen und einen leichten Boden. Es sind anspruchslose Frühjahrsblüher, die lange an einem Ort stehen können. Die leuchtenden blauen Blüten sehen sehr hübsch zusammen mit Narzissen aus. Höhe 15–20 cm.

Narcissus Narzisse
Die sehr große Gruppe der Narzissen ist in Wild- und Gartenformen

aufgeteilt. Unter den Gartenformen, zu denen auch die bekannte Osterglocke zählt, gibt es wiederum sehr verschiedene Klassen, die sich hauptsächlich in der Größe und Farbe des äußeren Blumenblattkranzes und der Trompete unterscheiden. *N. poeticus* ist eine reinweiße Form, deren Trompete nur noch ganz kurz und gekraust ist und einen leuchtendroten Rand hat.

17 *N. Pseudonarcissus* ist die bekannte Osterglocke in Gelb oder Weiß.

18 *Nerine bowdenii (K)*
Eine hübsche Pflanze, die zu den Amaryllisgewächsen gehört und bei uns nur im Topf kultiviert werden kann. Die rosaroten Blüten erscheinen im Spätherbst. Höhe 60 cm.

19 *Tulipa* Tulpe
Es ist schwierig, Tulpen richtig zu benachbaren. Am einfachsten ist es, man pflanzt sie in Schalen oder Kübel oder in eine formale, strenge Pflanzung. Auf jeden Fall sollten sie immer in Gruppen stehen. Es gibt eine große Auswahl an Farben und an Blütenformen.

Interessant sind die frühblühenden botanischen Tulpen, Höhe 40 cm, *T. Kaufmanniana,* die leuchtendrot schon im März blüht, oder die lilienblütigen Tulpen, die Papageitulpen, die so spät blühen wie die bekannte Darwin-Tulpe; sie alle werden etwa 60–80 cm hoch.

15   9   11   19   8   3   13   8   14

Bodendeckende Pflanzen

Ajuga reptans Günsel
Eine krautige Staude, die eine sehr gute, immergrüne Bodendecke bildet. Die dunkelgrünen, ovalen Blätter liegen dicht am Boden an. Im Frühsommer erscheinen an aufrechten Stengeln hellblaue Blüten. *Ajuga* liebt einen feuchten, halbschattigen Standort. Höhe 10–20 cm.
A. r. 'Multicolor' ist eine Sorte mit bräunlich, gelb und rot marmoriertem Laub. Schwachwüchsig!
A. r. 'Variegata' wächst etwas kräftiger. Die Blätter sind weiß, grün und beige gefärbt.

Alchemilla mollis
Frauenmantel
Diese Staude kann mit ihren dichtstehenden, relativ großen Blättern bis zu einem gewissen Grade das Unkraut unterdrücken. Die aparten, hellgrünen behaarten Blätter sind nach oben gebogen und wirken ein wenig wie Palmenblätter. Die Blüten sind grünlichgelb und erscheinen in lockeren Büscheln im Juni. *Alchemilla* wächst in Sonne und Halbschatten auf feuchten Böden. Sie sät sich leicht aus und kann einem Garten einen charmant verwilderten Aspekt geben. Höhe 40 cm.

Calluna vulgaris
Sommerheide
Es gibt die normale Besenheide in vielen züchterisch beeinflußten Sorten. Sie sind gegen Trockenheit und Wärme sehr unempfindlich. *Calluna* eignet sich hervorragend als Vorpflanzung vor Rhododendron und Immergrünen und kann durch einen Rückschnitt nach der Blüte immer gleichmäßig niedrig gehalten werden. Höhe bis 50 cm.

1 *Cotoneaster dammeri*
Niedrige Felsenmispel
Dieser schnellwachsende, immergrüne Strauch ist ein ausgezeichneter Bodendecker in der Nachbarschaft von größeren Büschen und Bäumen, denn mit seinen langen, niederliegenden Zweigen kriecht er bis in den Schatten. Er blüht weiß im Juni und trägt im Herbst zahlreiche rote Beeren. Er wächst auf jedem Boden, wird etwa 50 cm hoch, breitet sich aber rasch auf 1–2 m Breite aus.

Epimedium Elfenblume
Diese halbimmergrüne Staude ist es wert, daß man sie häufiger pflanzt. Sowohl die Blätter, die sich, von dünnen Stengeln getragen, herzförmig ausbreiten, als auch die Blüten sind sehr zierend. Die gelben oder roten Blüten erscheinen vor dem Blattaustrieb und wirken sehr zart. Ebenso die Blätter, die zunächst hellgrün sind, sich langsam entfalten und dann ein dichtes Dach bilden. Auf ihren steifen Stengeln bleiben sie den Winter über stehen und sollten entfernt werden, bevor die Blüten herauskommen.
2 *E. × rubrum* hat rote Blüten und wird ca. 30 cm hoch.

E. × youngianum blüht rosa und wird ca. 20 cm hoch.

Erica carnea Winterheide
Die Schneeheide ist ein ausgezeichneter Bodendecker. Die Art ist immergrün. Die rosa, roten oder weißen Blüten erscheinen je nach Witterung schon im Dezember. Man kann *Erica* in kleinen Gruppen oder auch in großen Flächen pflanzen, auf jeden Fall sollte man sie nicht einzeln setzen. Sie leben mit einem Bodenpilz in Verbindung, und der kann sich besser entwickeln, wenn die bepflanzte Fläche größer ist. *Erica* läßt sich nach der Blüte gut zurückschneiden, was man tun sollte, um eine gleichmäßige Fläche zu bekommen. Die Pflanzen vertragen Sonne und Halbschatten und gedeihen auf etwas anlehmigem Boden am besten.
E. c. 'Rubra' ist eine relativ niedrig bleibende Form mit roten Blüten.
3 *E. c.* 'Springwood' bildet dem Boden aufliegende Langtriebe aus und blüht weiß.
E. c. 'Winter Beauty' blüht rosa und ist eine robuste kurztriebige Sorte.

4 *Hypericum calycinum*
Johanniskraut
Ein wintergrüner, kleiner, Ausläufer treibender Halbstrauch, der sich rasch ausbreitet. Die Blätter sind oval, ziemlich hellgrün und bleiben bei genügend Luftfeuchtigkeit den ganzen Winter über grün. Während des Sommers bilden sich am Ende der Triebe goldgelbe, schalenförmige Blüten, in denen besonders die langen Staubgefäße auffallen. Das Johanniskraut gedeiht sowohl auf trockenen Sandböden in voller Sonne, als auch in schattigen Lagen, hier blüht es allerdings nicht so reich. Höhe 30–40 cm.

Juniperus sabina 'Tamariscifolia' Tamarisken-Wacholder
Es kommen mehrere kriechende Wacholder als bodendeckende Pflanzen in Frage; diese Art wächst kompakt und hat blaugrüne, niederliegende Zweige. Die Farbe der Nadeln hält sich auch im Winter. Wacholder lieben durchlässige Böden und volle Sonne. Höhe 50 cm.
J. horizontalis ist eine andere Art, die flach auf dem Boden kriecht und auch Schatten verträgt. Höhe 30 cm.

Lamium galeobdolon 'Florentinum'
Goldblatt-Nessel
Diese zierende Taubnessel-Art ist sehr wüchsig, und es besteht die Gefahr, daß sie andere Pflanzen einfach überwuchert, wenn man nicht aufpaßt und sie immer wieder im Zaum hält. Die runzligen, behaarten Blätter mit dem silbrigen Streifen sind immergrün. Im Frühsommer bringt die Pflanze gelbe kleine Lippenblüten hervor. Diese Art wird in der Regel 30 cm hoch, sie kann jedoch an Zäunen und Sträuchern durchaus höher klettern. Sie gedeiht auf jedem Boden.

5 *Pachysandra terminalis*
Dickanthere
Im Schatten, wo sonst nur noch wenig wächst, breitet sich dieser Kleinstrauch mit seinen Rhizomen sehr schnell aus. Seine Blätter sind hellgrün, lederartig und immergrün. Die Blüten sind recht unscheinbar. Der Wert der Pflanze liegt in ihrer guten Bodendeckung. Sie wächst auf jedem humosen Boden und wird etwa 30 cm hoch.

Prunus laurocerasus 'Zabeliana' Kirschlorbeer
Dies ist eine sehr frostharte Form mit fast horizontalem Wuchs. Die hellgrünen Blätter sind sehr schmal und bis 12 cm lang und geben der Pflanze ein elegantes Aussehen. Die weißen Blüten erscheinen schon im Frühling. Dieser Kirschlorbeer ist eine ausgezeichnete Pflanze zum Begrünen feuchter, schattiger Flächen unter Bäumen. Höhe 50–100 cm.

Sedum spurium 'Album Superbum' Fetthenne
Dieses *Sedum* ist wirklich fast ein Rasenersatz. Es hat kleine, fleischige, grüne Blättchen und blüht im Sommer weiß — eine attraktive Blüte, auch für Bienen und Schmetterlinge. Die Triebe wachsen so rasch und wurzeln gleich wieder im Erdreich, daß die Pflanze in kurzer Zeit den Boden grün bedeckt. *Sedum* gedeiht am besten auf leichten Böden in voller Sonne. Höhe 5 cm.
S. floriferum 'Weihenstephaner Gold' ist eine Art mit gelben Blüten, die sich im Verblühen rötlich färben;

auch der Winteraspekt der Blätter ist grün-rot. Höhe 4–8 cm.

6 *Stachys olympica* Wollziest
Diese auffallende Blattpflanze kann entweder als Bodendecker oder als Auflockerung in einer Blumenrabatte gepflanzt werden. Sie bildet dichte Matten aus ihren wollfilzigen Blättern. Die violettroten Blüten erscheinen im Hochsommer. ›Olympica‹ ist eine Sorte mit weißeren Blättern und rosafarbenen Blüten, ›Silver Carpet‹ ist eine nicht blühende Sorte.
Sie wachsen in jedem durchlässigen Boden. Ein sonniger Platz ist am besten geeignet, im Schatten wächst *Stachys* zwar auch, aber die Blattfärbung wird dort nicht so intensiv. Die Blütenstände erreichen ca. 40 cm Höhe, die Blätter nur 20 cm.

Vinca Immergrün
Wie der deutsche Name schon sagt, behält *Vinca* sein glänzendgrünes Blattwerk das ganze Jahr über. Besonders in schattigen Lagen auf leichten Böden ist es ein Rasenersatz.
V. major ist ein sich kräftig ausbreitender Halbstrauch mit glänzenden rundovalen Blättern. Purpurblaue Blüten erscheinen im Frühling schon und blühen manchmal im Herbst noch einmal nach.
7 *V. minor* hat schmälere, dunkelgrüne Blätter und blaue Blüten, ebenfalls im Frühling. An geeignetem Standort kann *Vinca* jahrelang an der gleichen Stelle stehen ohne schwächer zu werden. Höhe 5–10 cm.

Rasengräser

Vorbedingung für eine erfolgreiche Rasenanlage ist eine gründliche Bodenvorbereitung. Die Fläche muß gut dränieren, muß einen fruchtbaren Boden haben und sollte möglichst frei von Steinen sein. Sind die Gräser aufgelaufen, beginnt das Mähen, und das ist nicht nur eine körperliche Übung für den Gärtner, sondern eher eine Maßnahme, die dem Obstbaumschnitt vergleichbar ist und für die Gesundheit und Lebenskraft der Gräser wichtig ist. Besonders das Mähen im späten Frühjahr, wenn das Wachstum am stärksten ist, hat den Sinn, eine dichte und feste Grasnarbe zu bilden, die das Aufkommen von Unkräutern verhindert und der größeren Belastung im Sommer vorbeugt. Ein unregelmäßig geschnittener Rasen wird im Laufe der Jahre nur noch aus wenigen, groben Gräsern bestehen.

Damit der Rasen auch in trockenen Perioden gesund bleibt, muß man jährlich einmal Torf in die Grasnarbe einarbeiten und natürlich muß regelmäßig gewässert werden (nach Sonnenuntergang). Zusätzlich bedeutet richtige Rasenpflege auch das Herausnehmen von Unkräutern, das Ausbringen von Dünger im Frühjahr und das kräftige Durchharken im Herbst (damit altes, totes Material herauskommt).

Außer von der richtigen Pflege hängt die Qualität eines Rasens auch davon ab, ob er aus den Grassorten besteht, die dem jeweiligen Standort und den Nutzungsbedürfnissen entsprechen. Als erstes muß entschieden werden, ob man den Rasen ansäen oder einen fertigen Rollrasen auslegen will. Es gibt keine Argumente gegen die eine oder andere Methode, es ist nur eine Frage der Kosten, der Zeit und der Bequemlichkeit. Rollrasen ist teurer, benötigt aber weniger Bodenvorbereitung, weniger Pflege nach dem Pflanzen und ergibt schneller eine geschlossene Rasendecke, vielleicht wichtig dort, wo man Tiere oder Kinder nicht über längere Zeit vom Rasen fernhalten kann.

Welche Methode man nun wählt ist gleichgültig, die Hauptsache ist, daß die Rasenmischung richtig ist. Wenn der Rasen nicht stark benutzt wird, kann er aus feinen Gräsern, die in Form und Farbe die attraktivsten sind, bestehen; ist er jedoch als Kinderspielwiese gedacht, müssen die derben, breitblättrigen Gräser dominieren. Sie bedürfen auch nicht so intensiver Pflege wie die feinblättrigen. Die folgende Zusammenstellung beschreibt die meisten in Grassamenmischungen enthaltenen Gräser.

Schmalblättrige Gräser

Agrostis tenuis
Straußgras
Eine kriechende Art, die sich durch Ausläufer verbreitet. Es verträgt saure Böden, wächst aber in jedem Gartenboden gut.

Festuca rubra commutata
Rotschwingel
Ein horstartig wachsendes Gras, das auf sauren und alkalischen, sogar auf trockenen Standorten gedeiht.

Breitblättrige Gräser

Cynosurus cristatus Kammgras
Es bildet Ausläufer an der Erdoberfläche. Das Kammgras stellt keine besonderen Bodenansprüche. Es sollte nicht zu kurz gemäht werden.

Lolium perenne
Deutsches Weidelgras
Ein raschwüchsiges, horstbildendes Gras mit kurzen Ausläufern. Von dieser Art gibt es verschiedene Zuchtsorten. Lolium bevorzugt schwere Böden, gedeiht aber auch auf anderen recht gut.

Ziergräser

Poa pratensis Wiesenrispe
Verbreitet sich schnell durch unterirdische Ausläufer, verträgt Schatten und entwickelt sich am besten auf leichten Böden.

Poa trivialis Gemeine Rispe
Ein horstbildendes Gras mit kurzen hellgrünen Blättern. Es ist schattenverträglich und trittfest, ein gutes Rasengras.

Um schnell einen robusten Rasen zu bekommen, dürfte die folgende Samenmischung für die meisten Gartenböden geeignet sein: 10% *Poa trivialis*, 20% *Cynosurus cristatus*, 30% *Lolium perenne* (Zuchtsorte), 40% *Festuca rubra commutata*. Wahrscheinlich ist es aber doch günstiger, eine der im Handel angebotenen fertigen Mischungen zu verwenden; es gibt Zusammenstellungen für jeden Boden und alle Bedürfnisse.
In seltenen Fällen wird man noch Rasensoden verwenden. Wenn man sie billig bekommen kann und sie nicht zu stark verunkrautet sind, kann man mit ihrer Hilfe recht schnell eine feste Rasendecke herstellen. Verbreiteter ist die Verwendung von Rollrasen. Das sind sog. Fertigrasen, die gleichmäßig dick und in bestimmten Größen erhältlich sind. Die 30 cm breiten Rollen werden auf dem trittfest verdichteten, abgeharkten Untergrund ausgerollt, angedrückt und gegebenenfalls mit Mutterboden überzogen, damit die Fugen geschlossen werden. Dann wird kräftig gewässert. Diese Art der Begrünung ist besonders für kleine Flächen und Böschungen geeignet.

Rasenersatz

Es gibt einige sehr niedrig bleibende Stauden, die auf kleinen Flächen die Funktionen eines Rasens übernehmen können.

Anthemis nobilis
Hundskamille
Eine mattenförmig wachsende Pflanze, die einen zarten Rasenersatz bildet, der keine großen Belastungen verträgt. Die feingefiederten Blättchen wirken fast wie Moos. Höhe 10 cm.

Cotula squalida
Fiederpolster
Wenn der Boden genügend feucht ist, können Sie mit dieser Pflanze in kurzer Zeit eine dichte Bodendecke herstellen. Die Blätter sind braungrün, fein gefiedert und schmiegen sich dem Untergrund an. Höhe 3 cm.

Sagina subulata Sternmoos
Es bildet tatsächlich moosartige Teppiche und breitet sich recht schnell aus. Das leuchtendgrüne Polster ist im Juni mit kleinen sternförmigen, weißen Blüten bestreut. Höhe 5 cm.

Arrhenaterum elatius bulbosum 'Variegatum'
Glatthafer
Trotz seines Namens ist es ein hübsches niedriges Gras. Die Blätter sind weiß-grün gestreift. Die Pflanze wächst horstartig und man muß sie ab und zu teilen, wenn man eine größere Fläche damit bedecken will. Sie stellt keine Ansprüche an Boden und Standort. Höhe 30 cm.

1 Arundo donax Riesenschilf
Eine sehr dekorative Art, die leider bei uns nur an sehr geschützten Stellen winterhart ist. Die Triebe werden bis zu 2,5 m hoch, die Blätter hängen locker an ihnen herab. Zur Blüte kommt es bei uns nicht. In jedem Frühjahr muß das Schilf bis auf den Boden zurückgeschnitten werden.

2 Avena sempervirens
Blaustrahlhafer
Horstbildendes, ausdauerndes Gras mit blaugrünen, starren Blättern, die 40–60 cm hoch werden. Sehr hübsch wirken die langen überhängenden Blütenstände, die im Juli erscheinen. Pflanze nicht zu nährstoffreich stellen, da sie sonst vergrünt; Sonne.

Carex Segge
Es sind grasartige Stauden mit meist dreikantigen Stengeln. Sie lieben feuchte Standorte und gedeihen in Sonne und Schatten.
C. grayii, die Morgensternsegge hat flache, breitere Blätter; auffallend ist die Frucht, die wie eine Sternkugel aussieht. Höhe 50–70 cm.
C. morrowii 'Variegata' bildet Büsche immergrüner, leicht übergebogener Blätter, die einen weißen Streifen am Rande tragen. Es wird etwa 50 cm hoch.
C. pendula ist eine buschige Staude mit breiten überhängenden Blättern für sehr feuchte, saure Standorte. Höhe 90–125 cm.

3 Cortaderia selloana
Pampasgras
Die großen, silbrigen Blütenstände sind das auffallendste an dieser Pflanze. Die Blätter werden etwa 1 m hoch und hängen weit über, Ränder schneidescharf! Die Blütenrispen erheben sich bis in 2–3 m Höhe, sie sind sehr haltbar, auch in der Vase. Etwas Winterschutz und ein trockener Standort sind für gutes Blühen wichtig.

Festuca Schwingel
Ausdauernde Gräser meist mit zusammengerollten Blättern. Sie lieben leichte Böden und volle Sonne.
4 F. glauca, der Blauschwingel, bildet dichte, halbkugelige Polster; die Blätter sind blaugrün bereift. Höhe 30 cm.
F. scoparia, das Bärenfellgras, entwickelt mit seinen sehr feinen hellgrünen Blättern dichte Polster; auch im Schatten zu verwenden. Höhe 10–20 cm.

Luzula silvatica Hainsimse
Eine dekorative Pflanze für saure, schattige Standorte. Die breiten, glänzendgrünen Blätter werden 50 cm hoch.

Miscanthus Chinaschilf
Dies ist eines der bekanntesten Ziergräser. Man kann die Art sowohl einzeln in den Rasen stellen, als auch zwischen die Blütenstauden einer Rabatte oder als »Sichtschutzzaun« entlang der Grenze. Die Blätter und Blütenstände sind auch in Sträußen sehr wirkungsvoll.
M. sacchariflorus wird 1–1,5 m hoch, die Blätter sind 2 cm breit und haben einen braunen Mittelstreifen. Als Sichtschutz, auch trocken im Winter zu verwenden.
M. sinensis 'Giganteus', das Riesenchinaschilf wird bis zu 3 m hoch, die Halme stehen steif aufrecht, die Blätter hängen über.
5 M. sin. 'Variegatus' hat gelblichweiß längsgestreifte Blätter und
6 M. sin. 'Zebrinus Strictus' hat gelb quergestreifte Blätter.
   Miscanthus liebt volle Sonne. Bei allen Arten müssen die trockenen Halme im Frühjahr zurückgeschnitten werden.

Pennisetum compressum
Lampenputzergras

Seinen deutschen Namen trägt dieses Gras wegen seiner eigenartigen Blütenstände, die sich im Spätsommer borstig, walzenförmig aus dem Laub herausschieben. Die Pflanze bildet große Horste, 30–60 cm hoch. Die Halme sollen den Winter über stehen bleiben und erst im Frühjahr zurückgeschnitten werden. Das Gras treibt sehr spät aus. Es braucht volle Sonne.

7 Phalaris arundinacea 'Picta'
Bandgras

Ein robustes Gras, das sich durch unterirdische Ausläufer verbreitet. Die Blätter sind im Austrieb rosa und weiß gestreift. Da es starkwüchsig ist, sollte es an eine Stelle gepflanzt werden, wo man es unter Kontrolle halten kann. Höhe 75 cm.

Sinarundinaria murielae
Bambus

Die einzige Bambus-Art, die bei uns winterhart ist. Wenn man sie auf humosem Boden im Halbschatten pflanzt und sie dann lange an dieser Stelle stehen läßt, kann sie sich zu sehr großen, eindrucksvollen Büschen entwickeln. Die Stengel verholzen und tragen an kleinen Seitenzweigen die hellgrünen, spitzovalen Blätter, die fast waagerecht abstehen. Die Pflanze ist immergrün und wird etwa 2,5 m hoch. Paßt sehr gut zu Kies und kleinen Wasserflächen.

Stipa Federgras

Es liebt besonders sommertrockene, warme Standorte auf durchlässigen Böden.
S. capillata ist ein zartes, horstbildendes Gras. Aus den Blüten entwickeln sich Ähren, die bis zu 20 cm lange Grannen tragen — ein wunderschöner Schmuck im Garten und in der Vase.

8 Artischocke
(Cynara scolymus)
Eine eindrucksvolle, distelähnliche Pflanze. Sie kann sowohl im Gemüsegarten als auch auf der Blumenrabatte stehen. Die Pflanze braucht einen durchlässigen, humosen Boden und einen sehr geschützten, warmen Platz; Winterschutz ist ratsam. Der unreife Blütenboden ist wohlschmeckend, aber erst im zweiten oder dritten Jahr nach der Pflanzung gilt es zu entscheiden, ob man auf die prachtvollen Blüten verzichten soll, um statt dessen ein kleines bißchen Fruchtbodenfleisch zu essen!

9 Brokkoli
(Brassica oleracea italica)
Ein dem Blumenkohl verwandtes Gemüse. Es werden die Blütensprosse verwendet, solange sie noch knospig geschlossen sind, sie sind nicht so fest wie beim Blumenkohl, sondern kleiner und grün oder auch violett gefärbt. Brokkoli braucht einen nährstoffreichen Lehmboden und viel Sonne.

Gemüse für kleinste Flächen

1 Buschbohnen
(Phaseolus vulgaris nanus)
Buschbohnen bleiben so niedrig, daß sie in den meisten Fällen keiner Stützung bedürfen. Die Blüten, meistens gelblich oder weiß, sind nicht sehr auffallend. Bei den Früchten unterscheidet man grob grünhülsige und Wachsbohnen, beide erreichen etwa eine Länge von 15 cm. Wachsbohnen sind gelbfleisig mit weißen oder braunen Körnern. Buschbohnen sollen regelmäßig durchgepflückt werden; wenn sie zu lange am Strauch hängen verliert die Hülse an Saft und die Körner werden mehlig.

Frühlingszwiebel
(Allium cepa)
Frühlings- oder Salatzwiebeln werden aus Samen gezogen und geerntet, solange sie noch jung sind. Ein gut gedüngter, durchlässiger Boden reicht aus für eine erfolgreiche Zwiebelkultur. Den Samen ziemlich dicht in 1 cm tiefe Rillen säen, und zwar so früh wie es nach Winterende möglich ist. Ausdünnen ist zunächst nicht nötig. Sie tun es, wenn Sie beginnen, die ersten Zwiebeln zu ernten; beim Herausziehen sollten Sie vorsichtig sein, damit Sie die Wurzeln der bis zum Sommer im Boden verbleibenden und ausreifenden Pflanzen nicht verletzen.

Kohlrabi
(Brassica oleracea gongylodes)
Auf lockeren, nährstoffreichen Böden fühlt sich der Kohlrabi sehr wohl. Er braucht genügend Feuchtigkeit, die möglichst gleichmäßig gegeben werden sollte, damit er sich schnell entwickelt. Besonders die Frühsorten sind für den kleinen Garten geeignet. Zusammen mit Radieschen eine intensive Kultur auf engem Raum.

2 Kopfsalat *(Lactuca sativa)*
Salat ist in fast jedem Boden, der etwas mit Kompost oder Mist verbessert wurde, leicht zu kultivieren. Er braucht allerdings viel Wasser. Wenn man die entsprechenden Sorten der Früh-, Frühsommer- und Sommersalate auswählt, kann man während der gesamten Vegetationszeit guten Kopfsalat haben. Eine Abwechslung bietet dazu der sog. Eissalat, der besonders knackige Blätter hat.

3 Luftzwiebel
(Allium cepa viviparum)
Dies ist einer der interessantesten Vertreter der Zwiebelfamilie; sie bringt ihre Zwiebeln sowohl in der Erde als auch am Ende eines langen hohlen Stengels hervor – anstelle von Samenkörnern. Die Pflanzen wachsen gut in durchlässigem, gedüngtem Boden. Sie erreichen eine Höhe von 1 m. Die kleinen Luftzwiebeln haben ein kräftiges Aroma.

4 Radies
(Raphanus sativus radicula)
Es ist kaum bekannt, wieviele verschiedene Sorten dieses kleinen Salatgemüses es gibt. Ein guter, durchlässiger Gartenboden sagt ihnen am besten zu, darüber hinaus brauchen sie reichlich Feuchtigkeit.
Aus den zahlreichen Sorten muß man sich aussuchen, welche man gerade benötigt: Treib- und Frühsorten oder Sommer- und Herbstsorten. Wenn man immer frische Radieschen ernten will, sollte man auf diese Unterschiede achten. Sie brauchen nur etwa 4 Wochen für ihre Entwicklung.

5 Sojabohne *(Glycine max)*
Sie werden etwa 30 cm hoch und bilden aufrechte kleine Büsche. Um gut zu fruchten, brauchen sie sehr viel Wärme. Die jungen Hülsen kann man gekocht als ganze essen, von älteren ißt man nur die Bohnen.

6 Spargelerbse *(Tetragonolobus purpureus)*
Die einjährige Pflanze entwickelt sich zu einem lockeren Busch von etwa 30 cm Höhe. Die haarigen Stengel tragen graugrüne Blätter, die Blüten sind braunrot. Die Früchte, reifen immer wieder nach, sie sollten geerntet werden, wenn sie etwa 25 cm lang sind. Die Schoten werden gekocht und als ganze gegessen.

7 Tomate
(Lycopersicon lycopersicum)
Obwohl Tomaten überwiegend in Gewächshäusern kultiviert werden, gibt es auch schnellreifende Sorten, die für den Freilandanbau geeignet sind. Sie verlangen einen sehr nährstoffreichen Boden und viel Sonne. Man kann Tomaten stäben und eintriebig ziehen oder kleine Buschtomaten pflanzen. Tomaten können sogar im Balkonkasten gedeihen, vorausgesetzt, es ist nicht zu windig dort.

10 Feuerbohne
(Phasaeolus coccineus)
Sie ist im Habitus der Stangenbohne ähnlich und wird ebenfalls an Stangen oder hohen Drähten gezogen, erreicht jedoch Höhen bis zu 3 m. Sie ist sehr widerstandsfähig gegen kühles Wetter. Sie hat leuchtend rote Schmetterlingsblüten, die noch hübscher wirken als die hellgelben Blüten der Stangenbohne. Stangen- und Feuerbohnen eignen sich als Folgekultur nach Frühgemüsen, da sie erst ab Mitte Mai bis Mitte Juli ausgesät werden müssen.

Grünkohl
(Brassica oleracea acephala)
Eine frostharte und anspruchslose Pflanze, ein ausgesprochenes Wintergemüse, das bis in den Januar hinein geerntet werden kann. Auf ca. 30 cm hohen Stielen breiten sich die Blätter aus, die sehr stark gekraust sein können. In aller Regel sind sie dunkelgrün, es gibt aber auch Zierformen mit weißer oder violetter Zeichnung.

Mangold *(Beta vulgaris cicla)*
Die Blätter dieser vielseitig zu verwendenden Pflanze kann man wie Spinat zubereiten, die Stengel wie Spargel; letztere werden 5–7 cm dick, die ganze Pflanze kann bis 1 m hoch werden. Es gibt zwei Sorten, eine mit grünen Blättern und weißen Stengeln und eine hübschere mit roten Stengeln und rotgeäderten Blättern. Mangold stellt keine besonderen Ansprüche an den Boden, liebt jedoch Lehm.

Porree, Lauch
(Allium porrum)
Dieser Verwandte der Zwiebel hat lange, graugrüne Blätter, die durch Farbe und Form sehr dekorativ wirken. Die Blätter sind am Fuß eng aneinandergelegt und bilden den Schaft, den wir als Gemüse schätzen. Man kann diesen Schaft bleichen und ein wenig verlängern, wenn man ihn mit Papier umwickelt und dann anhäufelt. Porree braucht einen nährstoff- und humusreichen Boden und viel Wasser.

11 Rhabarber
(Rheum rhaponticum)
Die großen, leicht gewellten Blätter des Rhabarber können zu einer kräftigen Dominante bei der pflanzlichen Gestaltung Ihres Gartens werden. Die Sorte 'Holsteiner Blutrhabarber' zeichnet sich darüber hinaus noch durch leuchtendrote Stengel aus. Gegessen werden nur die Stengel, die Blätter sind giftig. Rhabarber braucht einen gut gedüngten Boden und einen halbschattigen Standort.

12 Rote Bete
(Beta vulgaris conditiva)
Sie wird wegen ihrer roten Rüben angepflanzt, aber auch ihre Blätter sind es wert, beachtet zu werden; sie sind nämlich sehr hübsch dunkelgrün und rot geädert. Die Rote Bete be-

vorzugt altgedüngte Böden und entwickelt sich auch im Halbschatten noch ganz gut.

13 Rotkohl
(Brassica oleracea capitata rubra)
Rotkohl wird nicht ganz so groß wie Weißkohl und wächst auch etwas langsamer. Er braucht viel Stickstoff und bevorzugt durchlässige Böden. Schon die jungen Pflanzen wirken durch ihre bläulich bereiften Blätter sehr zierend.

Sellerie *(Apium graveolens)*
Sellerie wird eigentlich wegen seiner Knollen angepflanzt. Er liebt einen schweren Boden und viel Wasser. Wenn man schöne runde Knollen bekommen will, darf man ihn nicht zu tief pflanzen und nie anhäufeln. Außer den Knollen kann man auch das Laub zum Würzen verwenden. Die Blätter sind sehr dekorativ, die einzelnen Fiederblätter sind bei manchen Sorten noch geschlitzt. Besonders hübsche Blätter hat der Schnittsellerie, sie sind zusätzlich noch gekraust.

Stangenbohne
(Phaseolus vulgaris vulgaris)
Abgesehen davon, daß man sie als Sichtschutz pflanzen kann, sind es auch ganz dekorative Nutzpflanzen. Aus den gelben oder weißen Blüten entwickeln sich blaue oder grüne Hülsen, die 25–30 cm lang werden können. Sie sind sehr ertragreich, wenn sie in genügend nährstoffreichem Boden stehen. Sie brauchen viel Sonne und sollten nicht an zugigen Ecken gepflanzt werden.

14 Winterendivie
(Cichorium endivia)
Es gibt zwei Typen dieses Salates, der hübschere hat breite, krause Blätter, die am Rand gefiedert sind,

er ist im Spätsommer erntereif. Der andere hat ungeteilte Blätter und ist erst im Herbst und Winter ausgewachsen. Da der Endivie bitter schmeckt, wenn er ganz grün wird, bindet man etwa 3 Wochen vor der Ernte die Blätter zusammen, so daß sie nur außen grün, innen aber zart und gebleicht werden. Vorsicht, daß die Pflanzen dabei nicht faulen! Endivie liebt lockeren, leichten Boden.

15 Zucchini
(Cucurbita pepo giromontiina)
Im Gegensatz zu den bekannten großen Kürbissen, werden Zucchini in unreifem Zustand geerntet, wenn sie ungefähr 15 cm lang sind. Sie sind in der Küche sehr vielseitig zu verwenden und bilden eine gute Abwechslung zur Gurke. Die ganze Pflanze ist borstig behaart, die großen, mittelgrünen Blätter sind sehr dekorativ und ebenso die gelben Trichterblüten. Zucchini werden einjährig kultiviert, man kann sie mit einiger Mühe an Zäunen oder Gerüsten hochziehen, aber auf dem Boden entwickeln sie sich am besten. Ein nährstoffreicher Boden ist allerdings erforderlich, dazu viel Sonne und Wasser.

Zuckermais *(Zea mays)*
Die einzelne Maispflanze ist ausgesprochen dekorativ, ein großes Gras, das bis 2,5 m hoch wird. Aus den Blattachseln der breiten, stengelumfassenden Blätter treiben die weiblichen Blüten, aus denen sich die bekannten Kolben entwickeln. An der Spitze jeder Pflanze erscheint ein Büschel männlicher Blüten. Zuckermais wird in der sog. Milchreife geerntet, d. h. bevor die Körner richtig reif und mehlig werden. Die Pflanze braucht sehr viel Sonne und Wasser und einen nährstoffreichen Boden. Es ist zweckmäßig, sie in Blocks zu pflanzen und nicht in Reihen, da sie dann nicht so leicht vom Wind umgeweht werden können.

10

15

11   14   13   12   9

Hübsche Gewürzkräuter

1 Basilikum
(Ocimum basilicum)
Basilikum hat leuchtendgrüne, unterseits graue, ovale Blätter. Im Spätsommer erscheinen die weißen Blüten. Bei uns ist Basilikum nur in einjähriger Kultur zu ziehen. Es braucht einen leichten Boden und einen geschützten Standort. Andernfalls sollte man es im Topf auf dem Fensterbrett halten. Es wächst aufrecht, ca. 50 cm hoch; es gibt auch eine niedrige Form, die nur ca. 30 cm hoch wird.

Bohnenkraut
(Satureja montana)
Eine buschig wachsende Pflanze mit kleinen behaarten Blättchen. Die hellblauen Blüten erscheinen im Hochsommer. Das Kraut sollte vor der Blüte geerntet werden, weil es dann noch aromatischer ist. Es kann getrocknet und frisch verwendet werden. Die Pflanze ist anspruchslos, sie wird etwa 40 cm hoch.

2 Dill
(Anethum graveolens hortorum)
Diese dekorative Pflanze muß in jedem Jahr neu ausgesät werden, man kann sie auch im Laufe des Sommers mehrmals nachsäen, um immer frische junge Blätter zu haben. Als Gewürz zu Fisch und Gurken werden die feinen Blätter, zum Einlegen auch die Samen verwendet. Die Pflanze wächst aufrecht, bis 80 cm hoch und hat sehr feingeteilte, bläulich bereifte Blätter. Gelbe Blütendolden erscheinen im Sommer an Mittel- und Seitentrieben. Dill liebt volle Sonne und einen nicht zu schweren Boden.

3 Estragon
(Artemisia dracunculus)
Ein winterharter Halbstrauch mit schmalen, olivgrünen Blättern. Die kleinen weißen Blüten bilden sich nur in sehr warmen Sommern. Die Blätter geben dem berühmten französischen Estragon-Essig ihr Aroma. Außerdem werden sie zu Fisch und einigen Salatsaucen gegeben. Verwenden Sie ihn sparsam, da er leicht dominieren werden kann. Estragon liebt leichten Boden und viel Sonne.

4 Fenchel *(Foeniculum vulgare)*
Die Pflanze ähnelt dem Dill, nur wird sie viel größer und ist ein wenig derber. Die Blätter kann man als Salatgemüse verwenden, die Samen, die anisähnlichen Geschmack haben, sind Gewürz und Heildroge. Verwandt ist der Knollenfenchel, dessen weiße Knollen ein delikates Herbstgemüse sind. An den Boden stellt Fenchel keine besonderen Ansprüche, jedoch muß er unbedingt an einem sonnigen Platz stehen.

Majoran *(Origanum)*
Es werden zwei verschiedene Arten kultiviert, sie haben einen ähnlichen Geschmack und geben Fleischgerichten und Suppen ein gutes Aroma.

5 Wilder Majoran *(O. vulgare)* wächst aufrecht, die Blätter sind mittelgrün, oval; rosarote Blüten erscheinen im Spätsommer. Diese Art ist winterhart und gedeiht auf armen, kalkhaltigen Böden. Höhe 40–60 cm.
Gartenmajoran *(O. majorana)* stammt aus dem Mittelmeergebiet, ist bei uns nicht frosthart und wird hierzulande als einjährige Pflanze gezogen. Viel Sonne und ein guter Boden sind nötig, damit dieser Majoran gut gedeiht. Er wird etwa 45 cm hoch.

Minze *(Mentha)*
Von den vielen Formen der Pfefferminze werden nur etwa acht angebaut. Es ist eine kriechende Staude, die sich durch Wurzelausläufer schnell verbreitet. Alle Minzen lieben einen feuchten Standort. Verwendet werden die Blätter, die das bekannte Menthol enthalten. Sie sollen vor der Blüte geerntet werden und getrocknet dann in Pappschachteln oder Säcken aufbewahrt werden, nicht in Plastiktüten, da Kunststoffe die ätherischen Öle absorbieren.
6 Krauseminze *(M. spicata)*, die gewöhnliche Minze, hat mittelgrüne, behaarte aromatische Blätter und bringt im Spätsommer violettrote Blüten hervor. Sie wird, besonders in England für Pfefferminz-Saucen verwendet und allgemein als Tee. Sie wird ca. 50 cm hoch.
Pfefferminze *(M. piperita)* ist die Art, aus der in großem Rahmen das Pfefferminzöl gewonnen wird; sie wird 40–60 cm hoch.

7 Petersilie
(Petroselinum crispum)
Die Petersilie ist eines der besten Kräuter, die in unseren Gärten wachsen. Allein oder mit anderen Gewürzkräutern gibt sie vielen Speisen guten Geschmack und gesundheitlichen Wert. Die leuchtendgrünen Blätter der krausen Petersilie sind besonders attraktiv, und man braucht sie gar nicht auf ein Gemüsebeet zu verdammen, sondern kann sie auch als Einfassung für Blumen verwenden. Sie wird im Laub etwa 30 cm hoch. Im zweiten Jahr erscheinen die Blütenstände. Außer der krausen sind bei uns auch die glatte und die Wurzelpetersilie bekannt, die beide ebenfalls einjährig kultiviert werden. Sie haben glatte, mehrfach geteilte Blätter, die aromatischer sind als die der krausen Petersilie. Die Wurzelpetersilie bildet zusätzlich dicke Wurzeln aus, die ein ausgezeichnetes Suppengewürz sind.
Petersilie braucht einen gut, aber altgedüngten Boden und Sonne – Halbschatten.

8 Salbei *(Salvia officinalis)*
Dieser immergrüne Halbstrauch ist fast unersätzlich, sowohl als Zierpflanze, als auch als Nutzpflanze. Die Blätter sind längsoval, graufilzig und enthalten das ätherische Öl, das für viele Heildrogen verwendet wird. Die weichen Triebe verholzen im Laufe der Jahre, und die Pflanzen entwickeln sich zu breiten Büschen. Sehr hübsch wirken die blauvioletten Blüten in dem grauen Laub.

9 Sauerampfer *(Rumex acetosa)*
Diese aufrecht wachsende Staude hat pfeilförmige, sauer schmeckende Blätter, die für Salate und in Saucen verwendet werden. Die Blüten sind grün-rot, auffallender sind die Fruchtstände. Sauerampfer wächst in nahrhaften, feuchten Böden. Höhe 60 cm.

Schnittlauch
(Allium schoenoprasum)
Er gehört zur gleichen Familie wie Zwiebel und Porree und wird wegen seines markanten, würzigen Geschmacks geschätzt. Die Pflanze wächst horstartig und hat grasähnliche Blätter. Die zartvioletten Blüten des Schnittlauch sehen sehr hübsch aus. Die Pflanze braucht einen sonnigen bis halbschattigen Standort und einen guten Gartenboden.

Thymian *(Thymus)*
Es gibt zahlreiche Thymian-Arten, aber die beiden hier beschriebenen sind die wichtigsten:
Gartenthymian *(T. vulgaris)* bildet niedrige, immergrüne Büsche mit sehr kleinen, dunkelgrünen Blättern. Wird etwa 40 cm hoch und liebt einen sonnigen Standort.

Zitronenthymian *(T. citrodorus)* hat größere Blätter als der normale Thymian und Blüten, die sehr stark von Bienen angeflogen werden. Liebt einen sonnigen Standort, evtl. in einem Steingarten!

Obst

10 Apfel
Dies ist wahrscheinlich das beliebteste und am häufigsten gepflanzte Obst. Fast alle Sorten brauchen zur Befruchtung einen Pollenspender, d. h. man muß wenigstens zwei Apfelbäume pflanzen, die sich gegenseitig befruchten können, sonst tragen die Bäume keine Äpfel. Wenn Sie in einem spätfrostgefährdeten Gebiet wohnen, denken Sie daran, spät blühende Sorten zu pflanzen. Von der Größe Ihres Gartens hängt die Form des Baumes ab, die Sie auswählen: ein Hochstamm, der 6 m, oder ein Halbstamm, der 4,5 m hoch wird, dürfte für die meisten kleinen Gärten ungeeignet sein.
Besser sind Büsche, mit einer Stammhöhe von 60–80 cm oder Spindelbüsche mit einer Stammhöhe von 40–50 cm, sie werden nur 2,5 bis 3 m hoch. Sie sind nämlich auf sog. schwachwachsenden Unterlagen veredelt, die bewirken, daß die Bäume nicht so groß werden und früher tragen. Dadurch sind sie auch leichter zu pflegen und zu ernten.
Dekorativ und platzsparend sind Spalierbäume, die Sie an Mauern oder freistehend ziehen können. Sie müssen dafür ein- oder zweijährige Büsche kaufen, die Sie dann ohne große Mühe in die Ihnen zusagende Form ziehen können.

Äpfel brauchen viel Sonne und einen Standort, der zur Blütezeit frostfrei sein soll. Ein leicht lehmiger Boden sagt ihnen am meisten zu.

Birne

Birnenbäume sind für kleine Gärten besonders geeignet, da sie recht schmale hohe Kronen ausbilden. Die Befruchtungsverhältnisse sind ähnlich wie bei den Äpfeln, liegen nur insofern günstiger, als die Blütezeiten der Birnensorten dichter aufeinander folgen. Birnen lassen sich ebenfalls gut als Spalierobst ziehen.

11 Brombeere

Diese spätreifende Frucht wird hauptsächlich zu Saft und Marmeladenbereitung verwendet. Es gibt zwar aufrechtwachsende Sorten, aber im allgemeinen brauchen Brombeeren ein Stützgerüst. Die Sträucher wachsen gut in einem tiefgründigen, durchlässigen Boden, möglichst in der Sonne.

Es gibt mehrere Sorten im Handel, wählen Sie für Ihren kleinen Garten eine schwachwüchsige, und evtl. eine dornenlose.

Brombeeren können 2 m hoch und ebenso breit werden.

12 Himbeere

Himbeeren werden in Reihen gepflanzt, die Ruten an Spanndrähten angebunden. Sie tragen am besten an den zweijährigen Trieben, deshalb sollte man alle älteren Ruten jeweils herausschneiden. Wenn Sie frühtragende und späte Sorten pflanzen, können Sie diese herrlich aromatischen Früchte über einen längeren Zeitraum ernten und genießen.

Johannisbeere

Schwarze, Weiße und Rote Johannisbeeren bieten erhebliche Abwechslung.

Schwarze Johannisbeeren können sehr alt werden. Sie tragen an den zweijährigen Trieben am besten, und man sollte deshalb jedes Jahr ein Drittel der Triebe herausnehmen, dann bekommt man die höchsten Erträge. Pflanzen Sie die Sträucher in etwa 2 m Abstand an eine sonnige Stelle. Wenn Sie kräftig düngen, werden Sie herrliche Früchte ernten. **Weiße und Rote Johannisbeeren** vertragen noch eher etwas Schatten als die schwarzen, aber für reichliche Nährstoffgaben sind sie ebenso dankbar. Pflanzen Sie auch hier wieder frühe und späte Sorten, damit Ihre Erntezeit verlängert wird.

Pfirsiche

Als Spalier an einer Südwand gezogen, werden Sie Ihre Freude an den Pfirsichen aus Ihrem Garten haben. Abgesehen von den hübschen rosafarbenen Blüten im Frühling, sehen die rotbäckigen Früchte auch sehr schön aus. Die meistens gehandelten Büsche und Niederstämme werden nicht sehr groß und tragen schon im 2. und 3. Jahr nach der Pflanzung.

13 Pflaume

Strenge Winter schaden den Pflaumen und Zwetschgen fast nicht, deshalb sind es Obstbäume für rauhe Lagen. Sie bevorzugen leichte Lehmböden, die gut wasserdurchlässig sind. Die Pflaumen sind in der Regel selbstfruchtbar.

Bekannte Sorten sind die 'Bühler Frühzwetschge', die Mitte August als erste reif ist. Sie ist mittelblau und hat rötlichgelbes Fleisch. Ferner die 'Hauszwetschge', die erst Ende September zu reifen beginnt. Sie ist die beste Sorte für Pflaumenmus und Zwetschgenkuchen! Eine sehr ertragreiche Sorte.

Pflaumen sind nicht als Büsche zu ziehen, da die Zweige sonst nach wenigen Jahren bis zum Boden hängen würden; die kleinsten Formen sind Viertelstämme (Stammhöhe 1 m) und Halbstämme (Stammhöhe 1,2–1,4 m). Die Bäume erreichen in ausgewachsenem Zustand eine Höhe von 3–5 m.

Sauerkirsche

Eine der vielseitigsten Früchte ist die Sauerkirsche. Sie ist als kleiner Buschbaum (Stammhöhe 50–60 cm) durchaus im Rahmen dessen, was man in kleinen Gärten pflanzen kann. Abgesehen davon, daß ihre Früchte köstlich sind, ist sie ein ausgesprochen hübscher Zierbaum – herrliche weiße Blüten im Frühling,

leuchtendrote Früchte im Sommer, goldgelbe Blattfärbung im Herbst. Sauerkirschen lieben einen leichten Lehmboden und natürlich Sonne.

Kirschen müssen im August geschnitten werden. Da die Schattenmorellen am zweijährigen Holz tragen, sollte jedes Jahr ein Schnitt erfolgen, damit sich nicht die leider häufig anzutreffenden langen, dünnen Zweige bilden, an deren allerletztem Ende ein paar Blätter und Früchte hängen.

14 Stachelbeere

Ein dorniger Strauch, dessen Zweige mit zunehmendem Alter überhängen. Die Früchte eignen sich für Marmelade, Dessert und Weinbereitung. Wenn man schöne große Beeren erhalten will, muß man noch in unreifem Zustand ein Drittel bis die Hälfte des Fruchtansatzes herauspflücken.

Stachelbeeren stellen keine hohen Ansprüche an ihren Standort, sie bringen auch in kühlen Gebieten noch zufriedenstellende Erträge. Wir kennen grünfrüchtige, rotfrüchtige und gelbfrüchtige, behaarte und glatte Sorten. Geschmacklich unterscheiden sie sich kaum.

Stachelbeeren werden als Sträucher und als Hoch-, Halb- und Fußstämme gehandelt (Stammhöhe 90 cm, 60 cm, 30 cm). Für den kleinen Garten ist es besonders empfehlenswert, Stämme zu pflanzen, weil man darunter noch andere Kulturen ziehen kann.

Weinrebe

Eine sehr langlebige, tiefwurzelnde Kletterpflanze, die fast überall winterhart ist, jedoch von Spätfrösten im Frühjahr stark geschädigt werden kann. Der Wein braucht eine lange Vegetationsperiode zum Reifen, es gibt jedoch einige Sorten, die auch in ungünstigeren Gebieten ausreifen.

12   10   13   14   11

Pflanzen mit schöner Herbstfärbung

Bäume

Acer Ahorn

Dekorative Blätter, die im Herbst leuchtende Farben annehmen, sind ein Charakteristikum dieser sommergrünen Bäume und Sträucher. Sie gedeihen in jedem Gartenboden.

A. ginnala, der Feuerahorn, ist ein bis 7 m hoch werdender baumartiger Strauch mit lockerem Wuchs. Die Blätter sind dreilappig, 6–15 cm lang und färben sich im Herbst leuchtendrot.

1 A. palmatum, der Fächerahorn, wird bis 4 m hoch und gedeiht am besten in leicht sauren, sonnigen Lagen. Die Blätter sind frischgrün, siebenlappig und färben sich im Herbst prächtig karminrot.

Crataegus Weißdorn

Die verschiedenen *Crataegus*-Arten sind zuverlässig winterhart und imstande, sich auch unter extremen Bedingungen zufriedenstellend zu entwickeln (Windexposition, Abgase).

C. coccinea, der Scharlachdorn, hat dunkelgrüne Blätter, die im Herbst scharlachrot werden. Die Äste stehen fast waagerecht ab. Der Strauch hat etwa 5 cm lange Dornen. Sehr zierend sind auch die großen roten Früchte, die von August bis November haften.

2 *Liquidambar styraciflua* Amberbaum

Ein aufrechtwachsender Baum, bis 12 m hoch, bei älteren Pflanzen ist die Rinde mit Korkleisten besetzt. Die Blätter sind dunkelgrün und fünflappig, die Herbstfärbung setzt sehr früh ein und hält lange an; die Blätter färben sich karmin, gelb, violett und grün – ein Farbenspiel, was von kaum einem anderen Strauch oder Baum erreicht wird. Der Amberbaum ist recht anspruchslos, am besten wächst er auf etwas feuchten Böden.

3 *Parrotia persica* Parrotie

Ein breitausladender, malerisch wachsender, baumartiger Strauch für leicht sauren, etwas feuchten Boden. Die an die Zaubernuß erinnernde Belaubung färbt sich glänzend gelb bis scharlachrot. Bei älteren Pflanzen blättert die Rinde ab (wie bei Platanen), wodurch interessante Muster auf dem Stamm entstehen. Der Baum kann 5–7 m hoch werden und im Alter breiter als hoch.

4 *Quercus coccinea* Scharlacheiche

Ein industriefester Baum mit lockerer Krone, wird bis 20 m hoch. Die Blätter sind lebhaft grün, glänzend und tiefgelappt. Sie können bis zu 18 cm lang werden. Die prächtige scharlachrote Herbstfärbung wird von keiner anderen Eiche erreicht. Sie sollte in voller Sonne stehen.

Sträucher

Azalea (Rhododendron) Azaleen

In den meisten Fällen werden Azaleen und Rhododendren wegen ihrer Blüten gepflanzt, aber auch ihre Herbstfärbung ist von bemerkenswerter Schönheit. Wie alle Rhododendren brauchen sie einen humosen, durchlässigen Boden, keinen Kalk und einen halbschattigen Standort.

Rhododendron molle ist ein sommergrüner, 1–2 m hoher Strauch mit orange bis lachsrosa Blüten. Die Herbstfärbung ist schön rot.

5 Rhododendron luteum, ebenfalls sommergrün, wird 2–3 m hoch. Seine Blüten erscheinen vor dem Blattaustrieb, sie sind leuchtend gelb und duften stark. Die Herbstfärbung ist prachtvoll orangescharlach.

Calluna vulgaris Herbstheide

Das Heidekraut ist nicht wegen der Herbstfärbung seiner Blätter erwähnenswert, sondern wegen seiner späten Blüte. Es ist immergrün und gedeiht am besten auf sandigen, warmen Böden. Zahlreiche Sorten sorgen für große Farbenvielfalt im Herbst:

C. vulg. 'Alba plena' hat große weiße Blüten, wird 60 cm hoch,

C. vulg. 'Alportii' hat rot-violette Blüten, wird 60 cm hoch,

C. vulg. 'County Wicklow' hat gefüllte rosa-violette Blüten, wird 20 cm hoch,

C. vulg. 'H. E. Beale' hat gefüllte rosa Blüten, wird 60 cm hoch.

6 *Cotinus coggygria* Perückenstrauch

Ein rundlich wachsender Strauch, der auf sandigen, kalkhaltigen, sonnigen Plätzen sehr gut gedeiht. Im Sommer schon erscheinen große federartige, perückenähnliche Fruchtstände, die locker über den Blättern stehen. Die Herbstfärbung ist prächtig orange-scharlach. Vom Perückenstrauch gibt es auch rotblättrige Formen.

7 *Ribes aureum* Goldjohannisbeere

Ein aufrecht wachsender Strauch, der bis 2,5 m hoch werden kann. Seine Blüten sind als lange, gelbe Trauben ausgebildet, erscheinen im April/Mai und duften sehr schön nach Nelken. Die Beeren werden schwarz. Im Herbst verfärben sich die relativ kleinen Blätter gelb-orangerot. An den Boden stellt die Goldjohannisbeere keine besonderen Ansprüche.

Viburnum tomentosum Schneeball

Bis 3 m hoher Strauch mit aufrechten Zweigen; die Blüten sind weiß, in Form von 10 cm breiten, flachen Dolden. Die Früchte sind zuerst rot, dann schwarz. Die sehr auffallende Herbstfärbung der Blätter reicht von Weinrot bis Violett.

8 *Vitis coignetiae* Zierwein

Vielleicht der schönste aller Zierweine. Die 20–30 cm großen Blätter sind dreilappig und behaart. Sie färben sich im Herbst wundervoll gelb und orangerot. Trauben grüner Blüten bringen schwarze, violett angetönte Früchte hervor. Der Zierwein hält sich mit seinen Ranken selbst fest und ist gut geeignet, alte Bäume oder Bauwerke zu beranken. Klettert 8–10 m hoch.

11 12 9 15 10 13 14

Pflanzen, die auch im Winter interessant sind

Bäume

Acer pensylvanicum Ahorn
Dieser kleine Baum wird 7–9 m
hoch, er wächst meist mehrstämmig
aufrecht, mit lockerer Krone. Auffallend sind besonders im Winter die
blendendweißen Rindenstreifen, die
sich von der glatten grünen Rinde
sehr gut abheben. Reizvoll ist dieser
Baum auch während des Austriebs;
die sehr großen dreilappigen Blätter
färben sich im Herbst gelb. Dieser
Ahorn liebt schattige, feuchte
Lagen.

9 ***Betula papyrifera*** Papierbirke
Die Papierbirke kann bis zu 10 m
hoch werden. Die Stamm- und
Astrinde ist zunächst orange-rötlich
und blättert in Streifen und Fetzen
ab. Bei älteren Bäumen wird die
Rinde weiß. Die Herbstfärbung ist
gelb. Diese Birke bevorzugt feuchte
Sandböden in Sonne oder Halbschatten.

Corylus colurna Baumhasel
Ein prächtiger, langsam wachsender
Baum, der 10–15 m hoch werden
kann. Das Interessante ist die grau-
weiße, korkige Borke. Im Februar/
März erscheinen die langen männlichen Kätzchen, später die ovalen,
dunkelgrünen Blätter, die sich im
Herbst gelb färben. Die Baumhasel
verträgt Sonne und auch Trockenheit und gedeiht in jedem Gartenboden.

Prunus
Einige Arten dieser umfangreichen
Gattung sind auch im Winter sehr attraktiv. Die beiden hier aufgeführten
Arten stellen keine besonderen
Standortansprüche.
P. serrula tibetica, eine ostasiatische
Wildkirsche, wird hauptsächlich wegen ihrer auffallenden Rinde gepflanzt. Sie wirkt wie gedrechselt
und poliert, ist dunkelbraun und
blättert etwas ab, wodurch noch
braunrote Streifen entstehen. Die
weißen Blüten erscheinen im Mai,
sie verschwinden ziemlich zwischen
den weidenartigen Blättern. Der
Baum wird ca. 5–7 m hoch.
10 ***P. subhirtella* 'Autumnalis'** wächst
breit verzweigt, buschig und erfreut
uns durch seine halbgefüllten, weißen Blüten, die sich bei geeignetem
Wetter schon von November an bis
zum April öffnen. Im Herbst sind sie
fast weiß, im Frühling rosa gefärbt
und etwas länger gestielt. Der Baum
wird etwa 5 m hoch.
11 ***Salix alba* 'Tristis'** Trauerweide
Dieser außergewöhnliche Baum ist
eine Zierde für jeden Garten, auch
wenn er noch keine Blätter hat.
Aber Vorsicht: Trauerweiden werden recht groß (bis 15 m hoch und
5–6 m breit)! Die schmalen Blätter
sind hellgrün, sie wirken besonders
zart während des Austriebes, zusammen mit den gelben männlichen
Kätzchen.

Sträucher

Cornus Hartriegel
Diese Gattung umfaßt sehr viele verschiedene Arten. Zwei von ihnen
sind wegen ihres auffallenden Aussehens im Winter besonders erwähnenswert.
12 ***C. alba sibirica*** ist ein etwa 3 m hoher Strauch, dessen aufrecht wach-
sende Zweige leuchtend rot sind und
eine ungewöhnliche Farbe in den
Wintergarten bringen. Die ovalen,
mittelgrünen Blätter sind unterseits
grau, im Herbst färben sie sich gelegentlich orange. Weiße Blüten erscheinen im Mai, sie sind jedoch relativ unbedeutend. Geeignet für
feuchte, sonnige oder halbschattige
Standorte.
13 ***C. mas,*** die Kornelkirsche, ist ein
Großstrauch, der 4–6 m hoch wird.
Seine kräftig grünen, ovalen Blätter
haften sehr lange, besonders hübsch
leuchten die orangeroten Früchte
dazwischen hervor. Wenn sie abge-
fallen sind, folgt nur eine kurze Ru-
hepause, und schon erscheinen die
gelben Blüten, von denen eigentlich
die Staubgefäße am auffälligsten
sind. Der Strauch bevorzugt sonnige
oder halbschattige, feuchte Standorte.

14 ***Corylopsis pauciflora***
Scheinhasel
Ein fein verzweigter, breitbuschiger
Strauch, der nur 1,5 m hoch wird.
Primelgelbe duftende Blütentrauben
erscheinen im März vor dem Blattaustrieb. Die kräftig grünen Blätter
färben sich im Herbst gelb. Da die
Scheinhasel zu den Zaubernußge-
wächsen gehört, liebt sie humosen,
durchlässigen Boden und entwickelt
sich auch im Halbschatten noch ganz
gut.

15 ***Daphne mezereum*** Seidelbast
Ein kleiner Strauch, der 0,5–1 m
hoch wird. Je nach Witterung erscheinen die rosaroten Blüten von
Januar bis April, vor dem Blattaustrieb. Sie sitzen dicht an dicht auf
den Trieben. Im Sommer ist der
Strauch wenig auffällig, im Herbst
erscheinen leuchtendrote Beeren,
die giftig sind. Der Seidelbast gedeiht am besten in feuchten, halbschattigen und kalkhaltigen Lagen.

Hamamelis Zaubernuß
Die beiden bekanntesten Arten der
Zaubernuß fallen durch ihre außergewöhnliche Blütezeit auf. Auf
S. 212 wurde bereits
H. japonica erwähnt, die besonders
früh im Januar blüht.
H. mollis ist ein baumartiger, 4 m
hoch werdender Strauch mit stark
silbrig behaarten Zweigen und Blättern. Die im Februar/März erschei-
nenden, duftenden, goldgelben Blüten sind größer als bei allen anderen
Arten. Es gibt auch orange und ok-
kergelb blühende Sorten.

Koelreuteria paniculata
Koelreuterie
Ein sehr auffälliger Strauch, der bei
uns etwa 6–8 m hoch wird. Seine
30 cm langen, gelben Blütenrispen,
die im Juli erscheinen, kommen besonders gut vor einem dunklen Hintergrund zur Geltung. Im Winter
sind die lampionartigen, aufgeblase-
nen Fruchtkapseln besonders auffallend. Die Koelreuterie stellt keine
besonderen Bodenansprüche.

Gelbblättrige Pflanzen

Bäume

1 *Acer japonicum* 'Aureum'
Ahorn

Ein sehr langsam und gedrungen wachsender Baum, der bei uns 4–6 m hoch werden kann. Die Blätter sind vielfach gelappt und sehr hellgrün, im Laufe des Sommers werden sie immer gelber, und die Herbstfärbung ist leuchtend gelb. Dieser Ahorn ist anspruchslos und gedeiht in jedem Boden.

Acer negundo 'Odessanum'
Eschenahorn

Er wird 5–7 m hoch und bildet eine mehrtriebige breite Krone. Seine gelbliche Belaubung ist beim Austrieb rötlich überlaufen. Die Farben der Blätter entwickeln sich besonders schön, wenn der Baum in voller Sonne steht. Der Eschenahorn ist dankbar für einen feuchten Standort.

Alnus incana 'Aurea'
Golderle

Eine 10 m hoch werdende Form der bekannten Weißerle, die auch noch auf kalkhaltigen und trockenen Standorten vorkommt. Im Austrieb ist die Golderle gelb, später gelblichgrün. Im Winter fallen die rotgelbe Zweigrinde und die kupferroten männlichen Kätzchen besonders auf. Die Zweige sind ein dekorativer Vasenschmuck.

2 *Gleditsia triacanthos* 'Sunburst'
Gleditschie

Diese hübsche Gleditschie ist leider nicht häufig im Handel zu bekommen. Sie hat einen sehr eleganten Wuchs und wird etwa 5–9 m hoch. Die großen gefiederten Blätter sind besonders leuchtend gelb, wenn sie austreiben. Im Herbst und Winter fallen die langen, sichelförmig gedrehten Fruchthülsen auf. Der Baum gedeiht auf sandigen Böden in voller Sonne am besten.

3 *Robinia pseudoacacia* 'Frisia'
Scheinakazie

Robinien, wie man sie auch nennt, treiben sehr spät aus. Die Blätter dieser reizenden kleinen Form sind zunächst hellgelb, werden aber im Laufe des Sommers grüngelb. Dann erscheinen auch die Trauben weißer, duftender Blüten, die den Baum erst recht zum Blickfang in einer Gehölzpflanzung machen. Da Robinien ein sehr sprödes Holz haben, sollten sie an windgeschützter Stelle stehen. Der Baum wird 6–9 m hoch und wächst am besten in durchlässigem Boden in voller Sonne.

Ulmus campestris 'Dampieri'
Goldulme

Dies ist eine ganz ausgefallene Art, die straff säulenförmig wächst und etwa 10 m hoch werden kann. Die Blätter sind leuchtendgelb und, wie bei allen Ulmen, schief und im Blattstiel leicht gedreht. Dadurch entsteht bei der aufrechtwachsenden Goldulme der Eindruck, als würden kleine Flammen emporzüngeln. Der Baum liebt einen tiefgründigen Boden und verträgt auch ziemlich viel Feuchtigkeit.

Sträucher und Kletterpflanzen

Calluna vulgaris
Herbstheide

Verschiedene Sorten dieser Art sind schon auf S. 204 beschrieben worden. Die gelblaubigen haben die gleichen Standortansprüche – einen durchlässigen Boden und viel Sonne.

4 *C. vulg.* 'Aurea'
ist eine kompakt wachsende Form, die bis 30 cm hoch wird und deren Laub im Sommer einen gelben und im Winter einen rötlichen Farbton annimmt. Die Blüten sind violett.

C. vulg. 'Cuprea'
wächst schwach und zierlich und wird nur bis 15 cm hoch. Diese Sorte hat sehr feine, intensiv goldgelbe Blättchen, die sich im Winter kupferrot färben. Die Blüte ist hellviolett.

5 *Cornus stolonifera* 'Flaviramea'
Hartriegel

Ein Strauch, der 1–3 m hoch wird und besonders im Winter durch seine hellgelbe Rindenfärbung auffällt. Die Blätter sind ebenfalls gelblichgrün, die Blüten trübweiß und die Früchte weiß. Ein durch und durch heller Strauch, der Abwechslung in eine Pflanzung bringt. Er fühlt sich in saurem Boden wohl.

6 *Hedera helix* 'Buttercup'
Efeu

Ein seltener Efeu mit kleinen gelben Blättern, der sich ausgezeichnet zur Boden- oder Wandbedeckung eignet. Wie die anderen Efeu-Arten ist er immergrün und wächst fast überall, vorausgesetzt, die Luftfeuchtigkeit ist hoch genug.

Ligustrum ovalifolium 'Aureum'
Liguster

Diese Art ist auf Seite 194 bereits besprochen. Sie kann natürlich auch als freiwachsender Strauch verwendet werden und erreicht dann eine Höhe von ca. 2,5 m.

Philadelphus coronarius 'Aureus'
Falscher Jasmin

Diese kompakt wachsende Form, die 1–2 m hoch wird, zeichnet sich durch eine konstante, goldgelbe Belaubung aus, die sich besonders lange hält, wenn die Pflanze im Halbschatten steht. Die Blüte ist einfach, weiß.

Sambucus canadensis 'Lutea'
Holunder

Besonders auffallend ist dieser Strauch im Herbst. Zwischen den goldgelben Blättern, die das ganze Jahr über schön gelb sind, leuchten dann die glänzenden, roten Beeren. Die weißen Blütenstände heben sich von dem gelben Laub nicht stark ab. Ein Gehölz für jeden Standort, ohne große Ansprüche.

Koniferen

Chamaecyparis
Scheinzypresse

Eine Gattung immergrüner Bäume mit kegelförmigem Wuchs und hängenden Triebspitzen. Die gelben Formen sind für einen windgeschützten, halbschattigen Standort dankbar.

7 *Ch. lawsoniana* 'Stewartii'
ist eine ziemlich stark wachsende, bis 10 m hohe Form mit goldgelben Zweigen.

Ch. obtusa 'Cripsii'
wird nur ca. 5 m hoch und wächst breit kegelförmig. Die Nadeln sind goldgelb bis gelbgrün.

Ch. pisifera 'Plumosa aurea'
hat goldgelbe Nadeln, die auch im Winter ihre Färbung nicht verlieren. Höhe ca. 10 m.

Rotblättrige Pflanzen

Juniperus chinensis **'Pfitzeriana aurea'** Eine breitwachsende Art, die bis 2 m hoch wird. Die Zweige stehen fast waagerecht ab, die gelben Triebspitzen hängen leicht über. Er gedeiht auf jedem Boden, in Sonne und Schatten.

Taxus Eibe
Eiben vertragen sehr viel Schatten. Die gelben Formen kann man sehr gut dazu verwenden, ein wenig 'Helligkeit' in den Schatten zu bringen.
T. baccata **'Fastigiata aurea'** Eine straff aufrechte, wenig verzweigte Säulenform, die ziemlich langsam wächst (Höhe bis 3 m). Die Nadeln sind gelbgrün gestreift.
T. bacc. **'Semperaurea'** ist die beste gelbe Form. Sie wächst mehr breit als aufrecht, wird etwa 2 m hoch. Die Nadeln sind 1–2 cm lang.

Thuja Lebensbaum
Koniferen von pyramidalem Wuchs.
Th. occidentalis **'Ellwangeriana Rheingold'** ist eine der schönsten langsamwachsenden Zwergformen, die nur 1,50 m hoch werden kann. Die Zweige sind sehr fein, fast moosartig und leuchtend gelb. Im Austrieb sind sie rosa.
Th. plicata **'Aureo variegata'** kann bis zu 10 m hoch werden, ihre Triebspitzen sind goldgelb, die älteren Nadeln hellgrün.

Bäume

Acer platanoides **'Reitenbachii'** Ahorn
Ein sehr auffallender, mittelstark wachsender Baum (bis 10 m Höhe). Die Blätter sind beim Austrieb glänzend blutrot bis bräunlich purpurn. Die Blattfärbung hält den ganzen Sommer über und steigert sich im Herbst zu schwarzrot. Der Baum liebt einen tiefgründigen Boden.

Betula pendula **'Purpurea'** Birke
Diese rotblättrige Birke erreicht nur eine Höhe von 10 m. Ihr graziöser Wuchs und die rote Belaubung entschädigen vielleicht dafür, daß sie mit ihren flachen Wurzeln anderen Pflanzen die Nahrung wegnimmt. Sie ist in der Kultur etwas schwierig, gedeiht aber am besten auf sauren, sandigen Böden in voller Sonne.

Fagus silvatica **'Atropurpurea pendula'** Trauerblutbuche
Sie bildet von Natur aus eine Trauerkrone, bei der die Äste senkrecht zu Boden hängen; deshalb ist es ratsam, einen Mitteltrieb über längere Zeit hinaus nach oben zu binden. Der Baum wird bis zu 15 m hoch. Die Blätter sind metallisch schwarzrot, sie färben sich im Herbst dunkelrot.

Malus Kirschapfel
Es gibt mehrere rotblättrige Formen mit meist kirschroten Blüten, die sich in dem roten Laub nicht sehr gut abheben.
M. × moerlandsii **'Profusion'** Ein hübscher kleiner Baum mit dunkelviolettgrünen Blättern, er wird ca. 5 m hoch. Die Blüte ist einfach, weinrot, und die Früchte, die im Herbst in großer Zahl erscheinen, sind rotbraun.
M. × purpureus **'Lemonei'** Ein breit aufrecht wachsender Zierapfel von 4–6 m Höhe. Die ovalen, bronzeroten Blätter bekommen im Herbst gelbrote Flecken. Im Mai erscheinen zahlreiche einfache bis halbgefüllte karminrote Blüten. Die Früchte sind nur klein, dunkelpurpurn. Die Kirschäpfel bevorzugen leicht alkalische, lehmige Böden.

8 *Prunus cerasifera* **'Pissardii'** Blutpflaume
Ein aufrechter, rundkroniger, baumartiger Strauch (5–7 m hoch), dessen Blätter während des Sommers beständig schwarzrot sind. Die Blüten stehen einzeln und sind hellrosa. Er gedeiht in jedem durchlässigen Boden.

Sträucher

9 *Acer palmatum* **'Atropurpureum'** Rotblättriger Fächerahorn
Einer der schönsten japanischen Ahorne. Er wächst langsam und kann bis zu 2 m hoch werden. Von bizarrer Schönheit sind die siebenlappigen Blätter, die den ganzen Sommer hindurch tief dunkelrot sind. Gedeiht am besten in leicht sauren Böden, in sonniger bis halbschattiger Lage.

10 *Berberis thunbergii* **'Atropurpurea'** Berberitze
Diese robuste Pflanze eignet sich vorzüglich für Hecken, denn sie verträgt jeden Schnitt, bildet aber auch ohne Schnitt dichte, stachelige Hecken. Wird bis 1,8 m hoch. Die Blätter sind klein, rundlich und bronzerot, sie färben sich im Herbst scharlachrot. *Berberis* wächst überall. Im Schatten verlieren die Blätter von ihrer roten Färbung.

Corylus maxima atropurpurea Blut-Lamberthasel
Aufrechtwachsender Strauch, der 3–5 m Höhe erreichen kann. Die großen Blätter bleiben unverändert schwarzrot. Auch im Schatten behalten sie noch eine ausreichend intensive Färbung.

Cotinus coggygria **'Royal Purple'** Perückenstrauch
Kleiner Strauch, der nur 2–3 m hoch wird. Er hat besonders tiefrote Blätter mit leicht metallischem Glanz. Die federartigen Furchtstände entstehen im Sommer. Er entwickelt sich am besten auf sonnigen, warmen Kalkböden.

Weigelia florida **'Purpurea'** Weigelie
Wächst sehr kompakt und geschlossen und wird nur 1–1,5 m hoch. Die Blätter sind braunrot, die trichterförmigen Blüten rosa, in großer Zahl erscheinend. Er gedeiht in durchlässigem Boden in Sonne oder Halbschatten.

Stauden

11 *Ajuga reptans* **'Atropurpurea'** Günsel
Eine wertvolle Bodenbedeckungsstaude, die nur 10 cm hoch wird. Die ovalen Blätter sind braunrot, die kleinen Lippenblüten lilablau. Die Pflanze verbreitet sich durch oberirdische Ausläufer. Sie liebt nährstoffreiche, etwas feuchte Standorte.

12 *Phormium tenax* **'Purpureum'** (K) Neuseeländer Flachs
Diese ausdrucksvolle Pflanze ist leider nicht ganz winterhart und sollte im Kübel kultiviert werden.

Ligularia clivorum **'Desdemona'** Greiskraut
Eine ornamentale Blatt- und Blütenstaude mit großen herzförmigen purpurroten Blättern. Die Blüten sind rötlich orange und werden bis 100 cm hoch. Die Pflanze braucht einen nährstoffreichen, frischen bis feuchten Boden.

13 *Rodgersia podophylla* Schaublatt
Eine Großstaude, aus deren dickem Wurzelstock bis 100 cm hohe Blätter treiben. Im Austrieb sind sie bronzebraun. Die gelblichweißen Blütenrispen erscheinen im Juni.

Sedum Mauerpfeffer
Eng an den Boden anliegende, dickfleischige Blätter, die an oberirdisch sich ausbreitenden Sprossen sitzen. Zwei Sorten sind rotblättrig und bilden ein dichtes Polster.
S. spurium **'Purpurteppich'** hat dunkelpurpurne Blätter und karminrote Blüten.
S. spurium **'Schorbuser Blut'** hat dunkelrote Blätter und karminrosa Blüten.

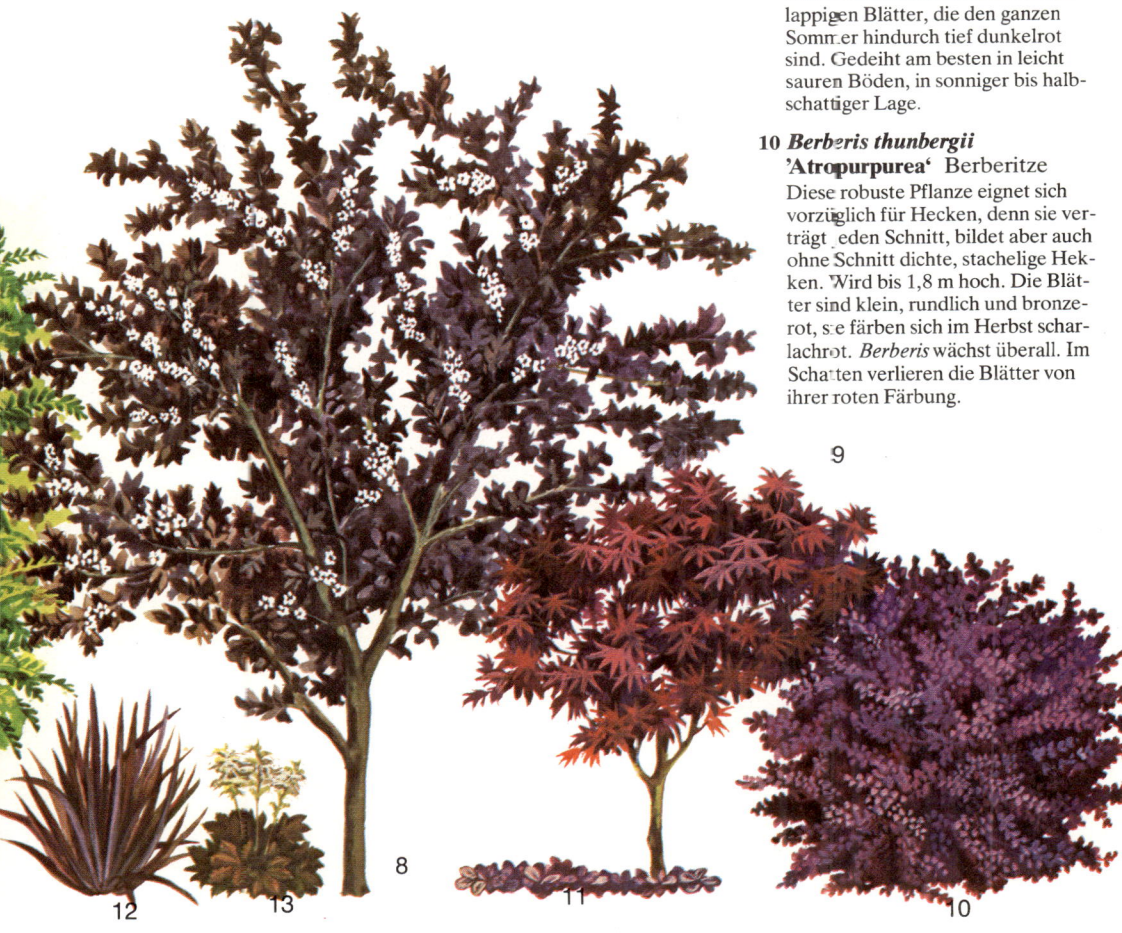

12   13   8   11   10

Weiß- und graulaubige Pflanzen

Artemisia Beifuß, Edelraute
Stauden oder Halbsträucher mit aromatisch duftenden Blättern, die sonnige, offene Standorte lieben und im Sommer etwas Trockenheit nicht übelnehmen. Sie verbreiten sich durch unterirdische Ausläufer.
A. albula 'Silver Queen' wird 70 cm hoch und hat herrlich silbergraue Blätter; die Blüten sind weiß und etwas unscheinbar.
1 **A. ludoviciana** ist eine aufrechte Staude, 60–90 cm hoch, Stengel und Blätter sind weißbehaart. Die Blätter sind sehr schmal, unten gefiedert, oben ungeteilt. Sehr schöne Abwechslung in der gut besonnten Staudenrabatte.
A. schmidtiana ist eine kriechende, buschig wachsende Art, die nur 15–30 cm hoch wird. Die Blätter werden 3–5 cm lang und sind doppelt gefiedert und leuchtend silbrig behaart. Ein sehr dekorativer, locker wirkender Typ.

2 **Buddleia crispa (K)**
Sommerflieder
Strauch mit weißfilzigen Blättern, der bei uns nicht winterhart ist. Im Hochsommer erscheinen lilarosa, duftende Blüten, die in kleinen Büscheln am Triebende sitzen.

**Caryopteris incana
'Heavenly Blue'** Bartblume
Sommergrüner Strauch, der 0,7–1 m hoch wird und dessen Blätter beiderseits grau behaart sind. Besonders hübsch wirken die tief dunkelblauen Blüten, die von August bis September erscheinen. Die Bartblume liebt sandigen Boden und volle Sonne. Im Winter ist ein Abdecken der Wurzelscheibe zu empfehlen.

Chamaecyparis pisifera
Scheinzypresse
Zwei Arten dieser größeren Gruppen von Scheinzypressen haben recht deutlich graugrüne Belaubung. Beide lieben einen nicht zu trockenen Standort.
3 **C. p. 'Filifera'** ist eine schwachwachsende Sorte, die bis 3 m hoch wird.

Sie wächst breitkegelförmig, die Äste sind abstehend und überhängend und tragen nach allen Seiten herabhängende, graugrüne Zweige. Eine sehr dekorative Art.
C. p. 'Squarrosa' ist eine breit und locker wachsende Form, die bis zu 10 m hoch werden kann, mit braunroter Rinde und feinen, silbergrauen, leicht überhängenden Zweigen.

Dianthus Nelken
Die Gartennelken haben alle graue oder graugrüne, grasartige Blätter. Die Blüten sind rosa oder weiß und duften auffallend. Sie gehören in vollbesonnte Lagen auf Steingärten oder Trockenmauern.
4 **D. caesius,** die Pfingstnelke, hat einen dichtrasigen Wuchs, wird 10–25 cm hoch; von ihr gibt es zahlreiche hübsche Sorten: 'Blaugigel' hat einfache, karminrosa Blüten, 'Nordstjernen' hat rosarote Blüten.
D. plumarius, die Federnelke, blüht später, von Juni bis August, wird 20–30 cm hoch. Bewährte Sorten sind: 'Altrosa', die dicht gefüllt, rosa blüht, 'Diamant' mit gefüllten weißen Blüten und 'Heidi' mit dunkelroten gefüllten Blüten.

Eleagnus argentea Ölweide
Ein Ausläufer treibender, dornenloser Strauch mit braunschilfrigen Zweigen und silbriger Belaubung. Von Mai bis Juli erscheinen die trichterförmigen Blüten — außen silbrig, innen gelb — die sehr stark duften. Ein Trockenheit und Hitze vertragender Strauch.

Hippophae rhamnoides
Sanddorn
Ein lichtbedürftiger, 5 m hoher Strauch, der an den Standort keine besonderen Ansprüche stellt. Seine Zweige sind bedornt, die Blätter eigenartig silber-schilfrig. Am auffälligsten sind die orangeroten Beeren, die im Herbst erscheinen und einen sehr hohen Vitamin-C-Gehalt haben. Da der Sanddorn zweihäusig ist, muß man männliche und weibliche Sträucher pflanzen, wenn man einen Fruchtansatz bekommen will.

**Juniperus communis
'Hibernica'** Säulenwacholder
Eine wertvolle, silberblaugrüne Form, die etwa 3 m hoch wird. Sie bildet steil aufrechte, dichte Säulen und ist besonders für Heidegärten sehr geeignet.

Juniperus virginiana
Rotzeder
Ein 8–10 m hochwachsender Strauch mit schlankem Wuchs. Im Alter stehen die Äste waagerecht ab, die einzelnen Zweige sind sehr feinteilig, die Schuppen silbergrau. Die Art fruchtet sehr reich, die Beerenzapfen sind etwa 6 mm breit und glänzend dunkelblau. Sie liebt einen kalkhaltigen, trockenen Standort, gedeiht aber auch noch in feuchten Lagen.

Potentilla Fingerstrauch
Unter den krautigen *Potentilla* ist besonders eines, das sich durch ein ausgesprochen silbriges Blattwerk auszeichnet und das im Steingarten in voller Sonne gepflanzt werden soll, nämlich
P. fragiformis mit nur dreizähligen und graufilzig behaarten, im Austrieb hellsilbrigen Blättern. Von Juni bis Juli erscheinen die goldgelben Blüten. Höhe 20 cm.
Die strauchartigen Potentilla brauchen ebenfalls volle Sonne. Die meisten von ihnen haben grüne Blätter.
5 **P. fruticosa 'Mandschurica'** ist nur ein kleiner, bis 50 cm hoch werdender Strauch mit beiderseits dicht seidig behaarten Blättern und einer Fülle von weißen Blüten, die von Juni bis Oktober erscheinen.

6 **Nepeta × faassenii**
Katzenminze
Eine anspruchslose Staude, die den Sommer über unermüdlich blüht.

Die graugrüne Belaubung und die lilablauen Blüten passen sehr gut zu Rosen. Die Staude wird ca. 30 cm hoch.

7 **Romneya coulteri**
Strauchmohn
Diese außerordentlich dekorative Pflanze benötigt bei uns guten Winterschutz und einen durchlässigen Boden in voller Sonne. Die großen, mohnähnlichen, weißen Blüten erscheinen von Juli bis September. Wo sie ausdauernd ist, kann sie sich durch Wurzelausläufer verbreiten.

8 **Rosa rubrifolia**
Eine Rose, die mehr ihres Laubes als der Blüten wegen gepflanzt wird. Sie wird bis zu 3 m hoch und wächst auch im Schatten, wo die Färbung allerdings nicht so schön wird. Die Zweige sind rotbraun bereift und die Blätter purpurn mit graublauem Reif. Im Frühsommer erscheinen zahlreiche hellrosa Blüten. Auffallend sind im Herbst dann die 1 cm dicken, kugeligen Hagebutten.

9 **Senecio laxifolius (K)**
Kreuzkraut
Eine hübsche graulaubige Pflanze, im Topf oder Kübel zu kultivieren. Die gelben Blüten erscheinen im Frühsommer. Sie braucht durchlässigen Boden.

Stachys lanata Wollziest
Die gesamte Pflanze ist während des ganzen Jahres dicht weiß-wollfilzig überzogen. Die Triebe sind kriechend, die Blätter weich und dick (Eselsohren). Zur Zeit der etwas unansehnlichen Blüte werden die Pflanzen 30–40 cm hoch.
St. l. 'Silver Carpet' ist eine raschwachsende Staude, die sich zum Überziehen größerer Flächen eignet. Sie hat ebenfalls weißfilzige Blätter, blüht nicht und wird nur 30 cm hoch.

Pflanzen mit mehrfarbigen Blättern

10 *Acer negundo* 'Variegatum'
Eschenahorn

Meistens mehrstämmiger Baum, der auf feuchten Böden noch ausgezeichnet gedeiht. Er wird etwa 5–7 m hoch. Die hellgrünen, fünflappigen Blätter sind zum Teil weiß gefärbt. Sie wirken lebhaft und leuchtend, besonders vor Koniferen oder einem anderen dunklen Hintergrund.
A. n. 'Aureo-variegatum' ist eine Form mit schöner gelbgrüner Belaubung.

***Aralia elata* 'Variegata'**
Aralie

Dies ist eine besonders attraktive Pflanze. Sie wächst meistens mehrstämmig, sehr bizarr, die dicken Stämme sind stachelig und stehen wie »Teufelsspazierstöcke« besonders eindrucksvoll vor einem ruhigen Hintergrund. Im Frühjahr entwickeln sich die doppelt gefiederten Blätter, die bis zu 1 m lang werden können. Sie sind weiß gerandet. Die Aralie bevorzugt einen durchlässigen warmen Standort. Wenn in ihrem Wurzelbereich zu viel gegraben wird, kann sie durch Wurzelschößlinge lästig werden.

11 *Aucuba japonica* 'Maculata' (K) Aukube

Dieser immergrüne Strauch ist leider bei uns nur zur Topfkultur geeignet, aber er ist so ansprechend und bringt eine südländische Atmosphäre in unsere Gärten. In milden Gebieten und an geschützten Standorten mag besonders die gelbbunte Form im Winter überdauern. Sie wächst rundkugelig und hat glänzendgrüne, lorbeerartige Blätter mit gelben Punkten. An den Boden stellt sie keine besonderen Ansprüche.

12 *Berberis thunbergii* 'Rose Glow' Berberitze

Eine interessante Neuzüchtung, auf deren roten Blättern kleine rosafarbene und weiße Flecken leuchten. Die Farbwirkung kommt am besten im Halbschatten zur Geltung. Die Pflanze wird etwa 1 m hoch.

13 *Cornus alba* 'Spaethii' Hartriegel

Eine sehr farbenfreudige Form, deren Austrieb bronzefarben ist; später sind die Blätter breit goldgelb gerandet. Der Strauch ist sommergrün, im Winter wirken die roten Zweige besonders dekorativ vor dunklem Hintergrund. Er gedeiht in Sonne oder Halbschatten, auf feuchten und trockenen Böden. Höhe ca. 2 m.
C. a. 'Argenteomarginata' ist eine sehr bemerkenswerte, 2–3 m hoch werdende Form mit weißgerandeten und -gefleckten Blättern, die sich im Herbst karminrot verfärben.

14 *Elaeagnus* × *ebbingei* 'Variegata' Ölweide

Ein immergrüner, breitbuschig wachsender Strauch, 1,5 m hoch, der ein wenig Winterschutz benötigt. Die spitzeiförmigen Blätter haben cremeweiße Flecken.

***Euonymus radicans* 'Argenteo marginatus'** Spindelbaum

Diese immergrüne Art wird nur 20 cm hoch, wenn sie auf dem Boden entlang wächst, sie vermag jedoch mit ihren Haftwurzeln an Bäumen oder Mauern verhältnismäßig hoch emporzuklettern. Die Blätter sind etwa 2 cm lang und weiß-grün gestreift. Eine gute Bodenbedeckungspflanze auch für schattige Lagen.

15 *Hedera helix* 'Goldheart' Efeu

Dieser hübsche Efeu ist leider selten zu bekommen. Er hat kleine dunkelgrüne Blätter mit gelber Mitte. Er ist gleichermaßen geeignet als Bodendecker und zum Beranken von Mauern. Er liebt einen humosen, feuchten Standort und Halbschatten.

Hosta Funkie

Stauden mit verdickten Wurzeln, die im Laufe der Zeit zu großen Büschen heranwachsen können. Die Blüten der Funkien erheben sich bei allen Sorten über die Blätter und sind mehr oder weniger lila getönte Röhren, die in Trauben zusammenstehen. Die Pflanzen lieben einen humosen, halbschattigen bis schattigen Standort.
H. albomarginata ist eine niedrige Form, die nur 20 cm hoch wird. Die Blätter sind länglich, mittelgrün, mit schmalem, weißem Saum.
H. crispula hat sehr große Blätter, 20 cm lang und 10 cm breit, mit unregelmäßigem, weißem welligen Rand.
H. undulata ist eine schwachwüchsige Art; die Blätter sind überwiegend weiß mit breiterem oder schmalerem, stark gewelltem grünen Rand.

Ilex aquifolium Stechpalme

Ein pyramidal wachsender, immergrüner Strauch mit dornig gezähnten Blättern. Gedeiht am besten im Halbschatten auf humosen Böden.
I. a. 'Argenteomarginata' ist eine weißbunte Form, die ca. 2 m hoch wird.
I. a. 'Golden King' hat dunkelgrüne Blätter mit goldgelber Zeichnung.

16 *Iris pseudacorus* 'Variegata'
Sumpfschwertlilie

Von der einheimischen Wildform ist diese weißbunte Spielart im Handel. Sie wird etwa 60 cm hoch; die Blätter sind breitschwertförmig, ca. 3 cm breit mit gelblich-weißbunten Streifen. Sie braucht einen sumpfigen Standort.

***Lamium maculatum* 'Argenteum'** Taubnessel

Eine sehr hübsche, anspruchslose, ausläufertreibende Staude, die nur 20 cm hoch wird und gut als Bodendecker zu verwenden ist. Die Blätter sind herzförmig, behaart und entlang der Mittelrippe breit weiß gefleckt. Die Blüte ist rötlich-purpurn.

***Lonicera japonica repens* 'Reticulata'** Geißblatt

Eine zierliche sommergrüne Kletterpflanze, die sich an Holzgerüsten, Pfeilern oder Drähten leicht bis zu 3 m Höhe ziehen läßt. Sie windet nur und hat keine Haftwurzeln. Die Stengel sind dünn, hellbraun, die Blätter etwa 2 cm groß, oval, hellgrün mit feinen weißlichgelben Adern durchzogen. Sie wächst auf lehmigem und auch sandigem Boden in Sonne und Schatten; dankbar ist sie für ausreichend Wasser.

***Spartina michauxiana* 'Aureomarginata'**
Goldleistengras

Ein ausdauerndes Gras, dessen Halme bis 150 cm lang werden und weit überhängen. Die Blätter sind sehr schmal, an den Rändern rauh; Vorsicht, man kann sich schneiden! Die Blattränder sind schmal gelb gezeichnet. An den Standort stellt das Goldleistengras keine besonderen Ansprüche.

Duftende Pflanzen

1 *Acacia dealbata* (K) Mimose
Leider kann man diesen hübschen, wohlriechenden Strauch nur im Wintergarten oder Gewächshaus halten; er ist jedoch so attraktiv mit seinen fein gefiederten Blättern und seinen duftigen gelben Blüten, daß man es versuchen sollte, wenn man Gelegenheit hat, ihn frostfrei zu überwintern.

Corylopsis spicata
Scheinhasel

Ein aus Japan stammender Strauch, der etwa 2 m hoch wird und etwas sparrig wächst. Seinen Namen hat der Strauch von seinen eigentümlichen, kätzchenartigen Blüten, die sich im April entfalten, lebhaft gelb leuchten und stark duften. Der Strauch entwickelt sich gut im Schutz anderer Gehölze.

Daphne mezereum Seidelbast
Unser heimischer Vorfrühlingsblüher verschwendet den Duft seiner zartvioletten Blüten zu einer Zeit, in der man noch nicht so recht glauben will, daß es Frühling wird. Er wird 50–100 cm hoch, und liebt einen feuchten, halbschattigen, kalkhaltigen Boden.

2 *Fothergilla major*
Federbuschstrauch

Aufrecht und vielstämmig wächst dieser Strauch, der schon Anfang Mai seine auffallenden weißen, manchmal leicht geröteten Blütenähren zeigt; es sind 4–8 cm lange »Federbüsche«. Sie erscheinen zusammen mit dem bronzeroten Austrieb. Der Strauch wird ca. 2 m hoch und sollte etwas windgeschützt stehen.

3 *Hamamelis mollis*
Zaubernuß

Ein bis 4 m hoch werdender Strauch mit stark behaarten, silbrigen Zweigen und Blättern. Die hellgelben

Blüten erscheinen schon an jungen Pflanzen im Februar/März, die Blütenblätter sind 3–4 cm lang. Man pflanze diesen Strauch am besten in Hausnähe, um die viele Wochen dauernde Blüte immer vor Augen zu haben. Die Zaubernuß sollte in neutralem bis leicht saurem Boden nicht zu trocken stehen. *H. m.* 'Brevipetala' ist eine Form mit etwas kürzeren, aber tiefgelb gefärbten Blütenblättern.
H. m. 'Feuerzauber' ist eine lebhaft rot blühende Form, die besonders gut wirkt, wenn sie mit der Art zusammengepflanzt wird.

Hemerocallis Taglilien
Stauden mit verdickten, fleischigen Wurzeln, die lange an einem Ort stehen bleiben können und sich dann zu großen Büschen entwickeln. Die Blätter sind breit, grasähnlich und leicht überhängend. Die trichterförmigen, gelben Blüten, die jeweils nur einen Tag lang blühen, strömen besonders abends einen starken Duft aus. Die Pflanze wächst besonders gut in lehmigem Boden und gedeiht auch im Halbschatten.

Hesperis matronalis
Nachtviole

Eine Pflanze, die man am besten zweijährig zieht, bzw. sich aussäen läßt. Es ist eine seit Jahrhunderten bekannte und wegen ihres Duftes geschätzte Gartenpflanze, die besonders während der Nacht einen sehr starken, veilchenähnlichen Duft entfaltet. Sie hat blauviolette Blüten und wird ca. 80 cm hoch. Sie fühlt sich im Halbschatten am wohlsten.

Lavandula angustifolia
Lavendel

Schon die Römer haben den Duft dieser Pflanze geschätzt und ihre Blätter als Badezusatz verwendet. Der immergrüne Halbstrauch liebt sonnige, kalkhaltige Standorte.

Ätherische Öle sind in Blättern und Blüten reichlich ausgebildet. Interessante Sorten für den kleinen Garten sind
L. a. 'Hidcote Blue', 30 cm hoch und mit kompaktem Wuchs und tiefviolettblauen Blüten und
L. a. 'Munstead' die tiefblau blüht und sehr hübsches, graues Laub hat.

4 *Lonicera* Geißblatt
Es gibt eine größere Anzahl von windenden Arten, die alle einen recht intensiven Duft ausströmen, der sich besonders in den Abendstunden entfaltet. *Lonicera* haben gerne ihren »Fuß« im Schatten und wachsen von dort aus ans Licht.
L. caprifolium und *L. periclymenum* sind zwei starkwachsende Arten, die auch wild vorkommen; sie haben gelblich-weiße Blüten.
L. × heckrottii wächst schwach, windet nur 2–3 m hoch, bringt jedoch vom Frühjahr bis zum Herbst unermüdlich ihre 4–6 cm langen, außen purpurnen, innen weißen, duftenden Blüten hervor. Braucht nährstoffreichen Boden.

5 *Magnolia stellata*
Sternmagnolie

Ein langsamwachsender Strauch; von März bis April erscheinen dicht an dicht die sternförmigen, weißen, duftenden Blüten. Es ist empfehlenswert, die Sternmagnolie auf lehmig-humosen Boden, etwas geschützt gegen Spätfröste, zu pflanzen.

Philadelphus Falscher Jasmin
Sommergrüner Strauch, von dem es zahlreiche stark- und schwachwachsende Formen gibt. Alle duften sie sehr angenehm nach Orangen. Hier seien nur zwei niedrig bleibende Sorten erwähnt, die sich für kleine Gärten besonders gut eignen.

6 *P.* 'Belle Etoile' wird 1,5 m hoch, wächst aufrecht gedrungen und blüht

sehr reich. Die Blüten sind milchweiß mit roter Mitte und leicht ausgefranstem Rand.

7 *P. lemonei* 'Manteau d'Hermine' ist ein dicht und rundlich wachsender Strauch mit rahmweißen, gefüllten Blüten.

Prunus Blütenkirschen
Viele Arten der Blütenkirschen haben duftende Blüten. Auffällig ist

8 *P.* 'Amanogawa' mit straff aufrecht wachsenden Zweigen. Der säulenförmig wachsende kleine Baum wird 5–6 m hoch und bringt im Mai zahlreiche halbgefüllte, rosarote Blüten hervor, die schwach nach Freesien duften.

Rhododendron luteum
Azalee

Eine sehr dankbare Pflanze für den Halbschatten. Die trichterförmigen, gelben Blüten stehen in kleinen Büscheln zusammen und verbreiten im Mai in weitem Umkreis einen herrlichen, hyazinthenähnlichen Duft.

Rosa Rose
Der Duft der Rosenblüten ist sicher jedem bekannt, daß es jedoch auch Rosensorten gibt, deren Blätter sehr schön duften, sollte man einmal ausprobieren.
R. rubiginosa, die schottische Zaunrose, die wegen ihrer starken Bestachelung geeignet ist, unsere Gartenwelt gegen die Außenwelt abzuschirmen, erfüllt nach einem warmen Sommerregen unseren Garten mit einem unbeschreiblichen Duft nach reifen Äpfeln.

9 *Skimmia japonica* Skimmie
Ein immergrüner, schwachwachsender Strauch, der etwa 1,5 m hoch wird. Die nach Maiglöckchen duftenden Blüten erscheinen im Mai; der Strauch braucht einen nahrhaften, geschützten Standort.

Malerisch wachsende Pflanzen

Ailanthus altissima
Götterbaum

Ein breitkroniger, schnellwachsender Baum, der bis 20 m hoch werden kann. Er hat herrlich große, 50–60 cm lange Fiederblätter, die sehr dekorativ vom Trieb abstehen und dann überhängen. Die Blüten sind grünliche, lange Rispen, aus denen sich später rote Fruchtstände entwickeln. Dieser Baum gedeiht ganz vorzüglich auf leichten Sandböden und auch auf Kalkschotter; er liebt Sonne.

Aralia elata mandschurica
Aralie

Ein bis 5 m hoher, oft mehrstämmig und bizarr wachsender, dickästiger und bestachelter Strauch, der ein wenig exotisch anmutet. Aus den im Winter kahlen Trieben entwickeln sich bis 1 m lange, doppelt gefiederte Blätter. Gelblichweiße Blütendoldenrispen entwickeln sich im August. Ein dekorativer Strauch zur Einzelstellung auf kräftiger Böden in voller Sonne.
A. e. 'Variegata' s. S. 217, »Pflanzen mit mehrfarbigen Blättern«.

Carpinus betulus 'Columnaris'
Pyramiden-Hainbuche

Dies ist eine veredelte Form der normalen Hainbuche mit schmalem, gleichmäßig kegelförmigem Wuchs. Die Blätter sind hellgrün, gezähnt und stark gerippt. Im Gegensatz zur Ausgangsform der Hainbuche, die meistens als Heckenpflanze verwendet wird, kann man diese als vertikalen Blickpunkt im Garten verwenden. Sie gedeiht in jedem normalen Gartenboden und wird in der Regel 10–12 m hoch.

10 Catalpa bignonioides
Trompetenbaum

Ein breitkroniger, kleiner Baum, der etwa 8–10 m hoch wird. Der Austrieb erfolgt ziemlich spät. Die Blätter sind sehr auffällig, herzförmig, hellgrün und strömen, wenn sie zerrieben werden, einen scharfen Geruch aus. Sehr hübsch sind die weißen, am Schlund gelb gezeichneten, fingerhutähnlichen Blüten die in 15–20 cm langen Rispen im Juli erscheinen. Die Früchte sehen aus wie Bohnen und hängen noch lange im Herbst an den Zweigen. Der Trompetenbaum braucht nährstoffreiche Böden.

Chamaecyparis nootkaensis 'Pendula'
Hänge-Nutka-Zypresse

Diese aufrechtwachsende Form hat leicht abwärts geneigte Äste, an denen die Zweige senkrecht und schlaff nach unten hängen. Die Nadeln sind grün. Besonders als freistehendes Exemplar entwickelt sie ihre ganze Schönheit. Sie wird ca. 10 m hoch, liebt volle Sonne und wächst in jedem Boden.

11 Cordyline australis (K)
Drachenbaum

Eine palmenähnlich wachsende Pflanze, die nur wegen ihrer dekorativen Wuchsform kultiviert wird. Der kräftige Stamm verzweigt sich nach oben und jeder Ast trägt ein Büschel grasartiger, überhängender Blätter. Als Kübelpflanze in durchlässigem, sandigem Boden leicht zu kultivieren.

Cornus kousa Hartriegel

Ein aus Japan stammender, bis 7 m hoher, breit und malerisch wachsender Strauch. Im Juni erscheinen die Blüten, die ganz unauffällig sind. Was auffällt, sind weiße, die eigentlichen Blüten umgebende Hüllblätter; sie sind 3–5 cm lang. Im Herbst entwickeln sich außerdem rosarote, erdbeerartige Früchte. Der Strauch bevorzugt einen leicht sauren Boden.

Corylus avellana 'Contorta'
Korkenzieher-Hasel

Eine veredelte Form unserer heimischen Haselnuß, mit eigenwillig verdrehten Zweigen. Die Blätter sind groß und auch etwas verdreht und gerollt. Der interessante Wuchs dieses Strauches, der 2–4 m hoch wird, kommt besonders im Winter zur Geltung. Man sollte ihn vor eine einfarbige, helle Wand pflanzen, um das Ornament seiner Zweige und Äste genießen zu können. Er stellt an den Boden keine besonderen Ansprüche.

12 × Fatshedera lizei (K)
Efeuaralie

Eine Kreuzung zwischen Efeu und Aralie, die sowohl aufrecht, als auch kriechend wächst. Obwohl sie nicht winterhart ist, ist sie doch wegen ihres immergrünen, auffällig geformten Blattwerks als Kübelpflanze empfehlenswert. Sie kann in der Sonne, besser aber im Schatten stehen und sollte in gut gedüngter Gartenerde kultiviert werden.

13 Juniperus chinensis 'Pfitzeriana' Wacholder

Diese Konifere wächst weniger hoch als breit. Die Äste werden weit zur Seite ausgestreckt, die Zweigenden hängen locker über. Kann 3–4 m breit und 1,5 m hoch werden. Der Strauch ist als ausdrucksvoller Bodendecker, z. B. zum Verdecken von Schachtdeckeln ausgezeichnet geeignet.
J. ch. 'Pfitzeriana Aurea' s. S. 215, »Gelbblättrige Pflanzen«.

Juniperus virginiana 'Skyrocket'
Raketenwacholder

Dies ist eine Art mit besonders straffem, aufrechtem Wuchs. Sie wird 2,5–3 m hoch und nur 20 cm breit, die Nadeln sind blaugrün. Eine hübsche Pflanze, um einmal eine senkrechte Komponente in die Pflanzung zu bringen. Sie gedeiht in jedem durchlässigen Boden.

Macleaya cordata
Federmohn

Eine sehr dekorative Staude zur Einzelstellung, mit großen blaugrünen, gelappten Blättern. Sie wird etwa 3 m hoch und verbreitet sich durch Wurzelausläufer. Will man sie an einem bestimmten Platz beschränken, müssen die Wurzeln mit einem Streifen Dachpappe eingefaßt werden. Der Federmohn eignet sich besonders zur Pflanzung an heißen, besonnten Hauswänden, oder vor Mauern, aber er fühlt sich auch im Halbschatten wohl. Es handelt sich um eine starke, dominierende Einzelstaude.

Nothofagus antarctica
Scheinbuche

Bis 10 m hoher Baum, der durch seine dunkelgrüne, kleine, unregelmäßig gewellte Belaubung auffällt und durch seinen meist mehrstämmigen, bizarren, malerischen Wuchs. Die Zweige sind fächerartig angeordnet, die Rinde dunkelbraun und weiß getüpfelt. Ein Baum, der bei uns nicht blüht, jedoch durch seine ausgesprochen dekorative Wuchsform das ganze Jahr über erfreuen kann. Er sollte vor einem einfarbigen, ruhigen Hintergrund stehen. Ein humoser, durchlässiger Boden sagt ihm am meisten zu.

14 Rhus typhina 'Laciniata'
Essigbaum

Eine wirklich malerische Pflanze, die am besten in einem streng architektonischen Garten wirkt. Sie wächst etwas schwächer als die Art und erreicht etwa 3 m in der Höhe und 2 m in der Breite. Die Blätter sind fiederförmig, tief geschlitzt und wirken sehr zart. Sie färben sich im Herbst scharlachrot. Wegen des geweihartigen Wuchses der Äste sollte man den Strauch nur zur Einzelstellung verwenden. Er braucht einen sonnigen Standort auf durchlässigem Boden.

Salix matsudana 'Tortuosa'
Korkenzieherweide

Aus China stammt diese bizarr wachsende Weide, deren gelblichgrüne Zweige vielfach gedreht und gewunden sind. Die schmalen Blätter sind ganz spitz und oft spiralig gewunden. Auch im Winter ist diese Weide wegen ihrer hellgelben Rinde und ihres Wuchses sehr dekorativ. Sie wird 8 m hoch und bevorzugt tiefgründigen, feuchten Boden.

15 Viburnum rhytidophyllum
Schneeball

Diese immergrüne Form mit derbledrigen, runzligen Blättern wächst ziemlich rasch und wird 3–4 m hoch. Die kleinen, weißen Einzelblüten sind zu großen Dolden zusammengefaßt. Die Früchte sind zunächst rote Beeren, später werden sie schwarz. Der Strauch stellt keine besonderen Standortansprüche und entwickelt sich am besten im Halbschatten.

16 Yucca filamentosa Palmlilie

Diese immergrüne Staude hat eine so eigenwillige Form, daß sie einer Pflanzung ein bestimmtes, leicht exotisches Gepräge gibt. Die Blätter sind breit, grasähnlich, aber ganz steif und an den Rändern faserig. Aus der Mitte der Blattrosette erhebt sich auf hohem Schaft ein Blütenstand aus vielen kleinen glockenförmigen weißen Blüten. *Yucca* sollten in voller Sonne auf durchlässigem Boden stehen. Sie blühen erst, wenn sie einige Jahre alt sind.

Schnellwachsende Sichtschutzpflanzen

Ailanthus altissima
Götterbaum
Ein schnellwachsender, sparrig verzweigter Baum mit großen Fiederblättern; s. S. 219, »Malerisch wachsende Pflanzen«.

Chamaecyparis lawsoniana
'Alumi' Scheinzypresse
Immergrüner, bis 10 m hoch werdender Baum von kegelförmig aufrechtem Wuchs. Die Benadelung ist anfangs blaubereift, später graublau. Zerrieben hat sie einen kräftig würzigen Geruch. Als Heckenpflanze gut zu verwenden, nur wird sie leicht unten braun und dann kahl, wenn sie zu dicht steht. An den Boden stellt die Art keine besonderen Ansprüche. Für Halbschatten und Windschutz ist sie dankbar.

1 ***Cotoneaster hybridus***
'Cornubia' Felsenmispel
Ein halbimmergrüner, kräftig wachsender Strauch bis 4 m Höhe, mit großen, glänzendgrünen Blättern. Den weißen Blüten folgen die zu großen Fruchtständen zusammengefaßten hellroten Beeren, die von Vögeln gerne gefressen werden. Der Strauch entwickelt sich am besten an etwas geschützter, halbschattiger bis sonniger Stelle, er hat keine besonderen Bodenansprüche.

Crataegus prunifolia
Ein starkbedornter Strauch, der bis 6 m hoch wird. Er hat kräftige, dunkelgrüne Belaubung, die sich im Herbst flammend rot färbt. Im Juni erscheinen weiße Blüten, aus denen sich erbsengroße, scharlachrote Früchte entwickeln. Der Strauch eignet sich vorzüglich als freiwachsende ungeschnittene Hecke. Er liebt einen kräftigen Lehmboden.

Polygonum aubertii
Knöterich
Eine Kletterpflanze, die in einem Jahr bis zu 6 m hoch schlingen kann; s. S. 196, »Kletternde Pflanzen«.

Prunus padus Traubenkirsche
Ein 10 m hoher, dichtkroniger Baum mit etwas überhängenden Zweigen. Vor den glänzendgrünen Blättern erscheinen von April bis Mai die 15 cm langen, lockeren, duftenden Blütentrauben, die stark von Bienen angeflogen werden. Ein Gehölz, das sich auch an schattigen, feuchten Standorten gut entwickelt.

Rosa Rose
Von den zahlreichen Strauchrosen, die sich in kurzer Zeit zu stattlichen, 2–3 m hohen Büschen entwickeln können, seien hier nur einige Vertreter genannt:
R.'Dirigent' hat halbgefüllte, blutrote Blüten.
R.'Eva' hat einfache, rote Blüten.
2 **R.'Frühlingsgold'** hat einfache, gelbe Blüten.
R.'Sparrieshoop' hat halbgefüllte, rosaweiße Blüten.
Alle Rosen lieben einen lehmhaltigen alkalischen Boden und volle Sonne.

Salix caprea mas
Echte Salweide
Diese veredelte Form ist nicht mehr ganz so schnellwüchsig, wie die einheimische Art, aber sie hat im zeitigen Frühjahr die schönsten Kätzchen. Der Strauch wird 3–5 m hoch und hat ein weitverzweigtes Wurzelsystem, wächst breit aufrecht und eignet sich hervorragend als Deckgehölz im Hintergrund. Er verträgt Trockenheit genausogut wie Feuchtigkeit und bevorzugt anlehmige Böden.

3 ***Sinarundinaria murielae***
Bambus
s. S. 206, »Ziergräser«

4 ***Sorbus aucuparia*** Eberesche
Ein sommergrüner Baum, der ca. 15 m hoch wird; in der Jugend verträgt er Schatten, später ist er sehr lichtbedürftig. Der Kronenaufbau ist locker, pyramidal, die Blätter sind gefiedert; sie färben sich schon im Frühherbst orangerot und gelb. Die Blüten haben ein etwas schmutziges Weiß, die schweren Dolden orangeroter Beeren biegen die Zweige weit herunter. Die Eberesche stellt an den Boden keine besonderen Ansprüche.

5 ***Thuja plicata*** **'Excelsa'**
Lebensbaum
Ein sehr raschwüchsiger Lebensbaum, der sich locker, gleichmäßig säulenförmig aufbaut. Obwohl seine Endhöhe von 15 m für viele kleine Gärten unpassend sein wird, kann man ihn vielleicht doch als Sichtschutz gegen hohe Nachbarbebauung verwenden, oder man schneidet ihn zu und hält ihn auf diese Weise in der gewünschten Größe. Lebensbaum ist ziemlich anspruchslos, sollte jedoch nicht zu trocken stehen.

Pflanzen für feuchte Standorte

6 ***Acer platan.*** **'Reitenbachii'**
Spitzahorn
Diese rotlaubige Form des Spitzahorn fühlt sich auch an feuchteren Stellen noch recht wohl; s. S. 215, »Rotblättrige Pflanzen«.

Alnus glutinosa **'Imperialis'**
Schwarzerle
Ein 7–12 m hoher Baum mit malerischer locker verzweigter Krone; die Zweige neigen sich leicht bogig herab. Die Blätter sind auffallend schön tief geschlitzt. Der Baum verträgt sehr viel Bodennässe; schwach saure, nährstoffreiche Lagen werden bevorzugt. Auf anhaltende Trockenheit reagiert die Pflanze empfindlich.

Betula Birke
In dieser formenreichen Gattung gibt es auch einige Arten, die sich auf feuchten Böden sehr wohl fühlen. Sie gedeihen am besten, wenn sie voll besonnt werden; unter Schatteneinfluß wachsen sie schief.
B. nana, die nordische Zwergbirke wird höchstens 1 m hoch und wächst ausgebreitet sparrig. Die Blätter sind fast kreisrund, 1 cm groß. Sie eignet sich gut zur Pflanzung in feuchten Felspartien oder Moorbeeten.
B. nigra, ein Baum, der mit seinen

feinen, dichten Wurzeln Fluß- und Bachufer befestigen kann, wird etwa 12 m hoch und wächst häufig drei- und mehrstämmig. Die jüngere Rinde ist lachsrot, in großen Fetzen abblätternd; ältere Stämme sind dunkel und tief gefurcht. Die Blätter sind rautenförmig, glänzendgrün.

7 **B. pubescens,** die Moorbirke, ist, wie ihr Name sagt, in den heimischen Mooren zu Hause. Sie wird 12–15 m hoch und hat im Gegensatz zur Sandbirke, *B. pendula,* leicht behaarte Zweige. In ihrer Gestalt und Blattform unterscheidet sie sich kaum von der bekannteren Sandbirke.

Iris Schwertlilie
Wenige Pflanzenfamilien haben einen so vielfältigen Artenbestand wie die Gattung *Iris.* Er reicht von Zwiebelgewächsen, die in der Steppe beheimatet sind, bis zu Sumpfpflanzen, die bis ins offene Wasser wachsen.
I. kaempferi, mit ihren flach ausgebreiteten, großen, runden, meist zweifarbigen Blüten braucht einen kalkfreien Boden und bis zur Blüte im Juli viel Wasser; danach will sie aber trocken stehen. Die Blüten sind weiß bis blau, in verschiedenen Tönungen und von ausgesprochen zarter, dekorativer Gestalt. Manchen Gärtner mag die Schönheit der Blüte für die Mühen der Pflege entschädigen.
I. sibirica ist weniger schwierig in der Kultur. Sie bildet aufrechte, schilfartige Blatthorste von 60 cm Höhe, aus denen sich im Juni die weißen, hell- oder dunkelblauen, bekannten

Schwertlilienblüten herausschieben; sie sind nur etwas kleiner und zierlicher als bei den bekannten Iris; s. S. 199.
I. pseudacorus, die heimische Sumpfschwertlilie mit breiten, schwertförmigen Blättern und gelben Blüten wird 80–100 cm hoch.
I. pseud. **'Variegatus'** s. S. 217, »Pflanzen mit mehrfarbigen Blättern«.

Lythrum salicaria Blutweiderich
Eine aufrechte, buschige Staude mit länglichen, weidenartigen Blättern. Die schlanken, bis 100 cm hohen Blütenrispen erscheinen im Juli und sie blühen oft bis in den Oktober hinein. Sie sind rosarot oder auch violettrot, von außerordentlicher Leuchtkraft.

8 **Mimulus luteus** Gauklerblume
Auf feuchten Plätzen überzieht sie den Boden, in dem ihre niederliegenden Stengel gleich wieder Wurzeln bilden. Sie ist eine winterharte Staude, wird ca. 25 cm hoch und blüht von Juni bis September unermüdlich. Die gelben Blüten haben etwas Ähnlichkeit mit kleinen Löwenmäulchenblüten. Die Pflanze wächst sogar bis ins Wasser hinein.
Sehr hübsch sind auch die rotblühende Form
M. cupreus 'Roter Kaiser'
und die gelb-rot gefleckte Form
M. × tigrinus 'Grandiflorus'
Beide sind jedoch etwas schwieriger zu kultivieren und nicht so winterhart.

9 **Ranunculus acris 'Florepleno'** Goldranunkel
Diese Gartenform des normalen Hahnenfuß hat hübsche gefüllte Blüten und eignet sich hervorragend für ein Pflanzung am Teichrand. Sie wird 50 cm hoch und blüht fast den ganzen Sommer hindurch.

10 **Rheum palmatum** Zierrhabarber
Eine großblättrige, dekorative Staude, die mit dem eßbaren Rhabarber verwandt ist. Die Blätter sind groß, tiefgeschlitzt und kräftig dunkelgrün mit roten Adern durchzogen. Rosarote Blüten erheben sich auf kräftigen Stengeln bis zu 2 m Höhe. Der Zierrhabarber braucht einen feuchten, gut gedüngten, tiefgründigen Boden.

Salix Weide
Die meisten Vertreter dieser Gattung werden viel zu groß, als daß man sie im kleinen Garten verwenden könnte. Zwei Arten sind für eine Pflanzung an Teichen oder Bächen geeignet.
S. purpurea **'Nana',** die Kugelweide, die einen Durchmesser von 1,5 m und eine Höhe von 1 m erreicht, wächst fast kugelig und hat sehr feines, zierliches, silbergraues Laub an rotbraunen Zweigen.
S. repens argentea ist ein polsterbildender Zwergstrauch von 30 bis 100 cm Höhe. Die niederliegenden Zweige treiben immer wieder neue Wurzeln. Auffallend ist die beiderseits silbrige Behaarung der kleinen, rundlichen Blätter. Diese Art wächst

auch auf trockenen, sandigen Standorten.

11 **Sorbaria aitchisonii** Fiederspiere
Dieser raschwachsende Strauch wird ungefähr 3 m groß. Er hat sehr dekorative, bis zu 30 cm lange, gefiederte Blätter. Im Juli erscheinen weiße, lange Blütenrispen, die in wirkungsvollem Kontrast zu dem Laub stehen. Der Strauch sollte feucht stehen, in Sonne oder Halbschatten.

12 **Symphoricarpus albus laevigatus** Schneebeere
Ein sommergrüner Strauch mit kleinen ovalen Blättern. Er wächst breitaufrecht und kann 2 m hoch und auch breit werden. Rötlichweiße Blütenähren entwickeln sich von Juni bis September, dann die weißen Beeren, die auch unter dem Namen 'Knallerbsen' bekannt sind.

13 **Trollius × hybridus** Trollblume
Diese winterharte Staude hat mehrfach geteilte Blätter, die Hahnenfußblättern ähnlich sehen, und sehr hübsche kugelige gelbe oder orangefarbene Blüten. Sie gehört zu unseren schönsten Frühlingsblühern.

14 **Vaccinium corymbosum** Heidelbeerstrauch
Dieser sommergrüne Strauch braucht einen unbedingt kalkfreien, humosen Boden. Bei ausreichender Feuchtigkeit zeigt er dann seine rosaroten Blüten, aus denen sich im Herbst eßbare Heidelbeeren entwickeln. Er wird etwa 1,5 m hoch.

9   13   12   7   11   6   8   14   10

Pflanzen für exponierte Flächen

Acer campestre Feldahorn
Kaum ein Ahorn ist so widerstandsfähig wie dieser Strauch, der für manch einen kleinen Garten zu groß werden mag. Aber durch Schnitt läßt er sich leicht in der gewünschten Größe halten. Er hat mit Korkleisten besetzte Zweige, dreigeteilte Blätter, die sich im Herbst schön gelb färben. Als Windschutz auf trockenen, heißen Standorten gut geeignet.

Amelanchier canadense Felsenbirne
Ein frosthharter, anspruchsloser Strauch, der bis 7 m hoch wird. S. S. 191, »Laubabwerfende Sträucher«.

Cornus sanguinea Hartriegel
Ein einheimischer Strauch von 2–3 m Höhe mit aufstrebenden und überhängenden Ästen; Blätter ziemlich groß, oval, Blüten weiß, Früchte schwarz. Der Strauch ist sehr anspruchslos, gedeiht in kalkarmen und kalkreichen Böden. Aufgrund seines weitverzweigten Wurzelwerkes eignet er sich zur Befestigung von Wasserläufen und Böschungen. Darüber hinaus liefert dieser Hartriegel ausgezeichnetes Futter für Bienen und Vögel.

Crataegus monogyna Weißdorn
Ein widerstandsfähiges Gehölz, dem auch Rauch und Abgase nur wenig schaden. Der Strauch wird ca. 5 m hoch, er verträgt sowohl Schatten, als auch Sonne, bevorzugt jedoch leicht lehmige Böden. Anfang Mai erfreuen uns die herrlichen weißen Blüten, die in kleinen Büscheln zusammengefaßt auf den Zweigen sitzen. Im Herbst bilden sich rote Beeren. Weißdorn verträgt Wind und Trockenheit.

1 Deutzia grazilis Deutzie
Ein robuster kleiner Strauch, 50 cm hoch, der sich als niedrige Hecke in etwas windexponierten Lagen eignet. Im Mai bis Juni blüht er reich mit langen, reinweißen Rispen.

2 Fraxinus ornus Blumenesche
Ein 8–10 m hoher Baum mit weitreichendem, verzweigten Wurzelsystem, das den Boden gut festhält. Ausgezeichnet geeignet auf trockenen, kalkhaltigen, sonnigen Standorten. Der Baum hat schön gefiederte Blätter. Von Mai bis Juni erscheinen weiße, wohlriechende Blütenrispen.

3 Genista radiata Strahlenginster
Auf trockenen, warmen, flachgründigen Kalkböden wächst dieser niedrige Strauch, der 50–80 cm hohe Polster bilden kann. Die Blüten sind gelb, zu verschieden großen Köpfchen zusammengefaßt.

4 Laburnum × watereri Goldregen
Dieser bekannte Großstrauch wird 3–5 m hoch, bleibt unten schmal und breitet sich nach oben aus. Er verträgt Wind und Abgase. Gegen zu starken Rückschnitt ist er empfindlich, oft trocknen die Äste unterhalb der Schnittstellen weiter ein. Vorsicht – alle Teile dieser Pflanze, besonders die Samen sind giftig!

Larix decidua Lärche
Dieser sommergrüne Nadelbaum wird für die meisten kleinen Gärten zu groß werden, aber man kann ihn sehr leicht schneiden, und wenn man den Mitteltrieb herausnimmt, breiten sich die Seitenäste waagerecht aus und treiben erst spät oder überhaupt nicht wieder nach oben durch. Mit einigem Geschick lassen sich aus

Lärchen sehr schöne Hecken ziehen. Diese Pflanze ist windverträglich und sehr frostthart.

Ligustrum vulgare Liguster
Eine sehr bekannte, häufig verwendete Heckenpflanze, die auch ungeschnitten ein nützlicher Strauch zur Befestigung von Böschungen und zum Aufbau von Windschutzpflanzungen ist. Sehr schattenverträglich; wird etwa 3–4 m hoch.
L. ovalifolium 'Aureum' s. S. 194, »Hecken«.
L. vulg. 'Atrovirens', s. S. 193, »Immergrüne Sträucher«.

Pinus montana Bergkiefer
Diese aus dem Gebirge stammende Form hat einen breitbuschigen Wuchs; die Äste liegen häufig auf dem Boden auf. Der Strauch wird etwa 3–5 m hoch. An Boden und Klima stellt er keine großen Ansprüche, er wächst auf sandigen und moorigen Böden, und verträgt auch stärkste Wind- und Frosteinwirkung.

Populus tremula Zitterpappel, Espe
Ein strauchartiger, sehr anpassungs- und widerstandsfähiger Baum. Die rundlichen, graugrünen Blätter zittern und rascheln beim leisesten Luftzug. Diese Pappel gedeiht noch sehr gut auf sandigen, kiesigen, dem Wind ausgesetzten Flächen. Anderseits schaden ihr auch ein nasser Standort und der Einfluß von Industrieabgasen nicht.

Rosa multiflora Wildrose
Ein bis 3 m hoch werdender Strauch mit weit überhängenden Zweigen. Die zahlreichen weißen, in Dolden zusammengefaßten Blüten erscheinen im Juni/Juli, die duften nach Honig. Die kleinen Hagebutten sind bei den Vögeln sehr beliebt. Der Strauch eignet sich zur Befestigung von Böschungen und für Windschutzhecken.

5 Spiraea × vanhouttei Spierstrauch
Ein anspruchsloser sommergrüner Strauch, wird etwa 2 m hoch, und gedeiht auch noch im Schatten. Die Blüten sitzen in großer Zahl auf den leicht überhängenden Zweigen. Blüht in der Sonne besser als im Schatten. Der Strauch ist als niedrige Windschutzhecke auch in trockenen Lagen zu verwenden.

6 Tamarix parviflora Frühlingstamariske
Bis 4 m hoher Strauch mit dünnen, überhängenden Zweigen, an denen im Mai hellrosa Blüten erscheinen; s. S. 225, »Pflanzen für den Garten an der See«.

7 Viburnum opulus Gemeiner Schneeball
Sommergrüner Strauch, bis 4 m hoch, mit flach ausgebreiteten, weißen Blütendolden. Sehr zierend sind die roten Früchte im Herbst. Ein wertvoller Strauch für Schutzpflanzungen, auch im Schatten.

7 5 4 1 2 3

Industriefeste Pflanzen

Ailanthus altissima
Götterbaum
Ein breitkroniger, schnellwachsender Baum mit großen, gesunden, gefiederten Blättern. Er gedeiht auf leichten Böden und ist sehr industriefest; s. S. 219, »Malerisch wachsende Pflanzen«.

Buddleia davidii
Sommerflieder
Breitwachsender, sommergrüner Strauch mit überhängenden Zweigen, an deren Enden die violetten Blütenrispen hängen; s. S. 191, »Laubabwerfende Sträucher«.

Calluna vulgaris Herbstheide
Niedrige, immergrüne Sträucher für magere, nährstoffarme Böden; s. S. 204, »Bodendeckende Pflanzen«.

Chaenomeles speciosa
Scheinquitte
Dieser attraktive, im Frühling blühende sommergrüne Strauch eignet sich besonders zur Pflanzung in Stadtgebieten. Wird 2 m hoch, wächst aufrecht und an den kahlen Zweigen erscheinen im April scharlachrote Blüten. Blüten und Früchte sind größer, als bei der auf S. 191 beschriebenen *Ch. japonica*. Die Blät-

ter sind glänzendgrün. Der Strauch eignet sich gut für niedrige Hecken, er läßt sich auch schneiden. An den Boden stellt er keine besonderen Ansprüche.

Colutea arborescens
Blasenstrauch
Bis 3 m hoher, breitwachsender, robuster Strauch mit gefiederten, hellgrünen Blättern. Die gelben Schmetterlingsblüten erscheinen den ganzen Sommer über. Interessant ist er wegen seiner blasig aufgetriebenen Früchte, die sich auch im Winter noch eine Zeitlang am Strauch halten. Verträgt große Trockenheit und kalkhaltige Böden.

Cotoneaster Felsenmispel
Eine Pflanzengattung mit sehr vielgestaltigen Arten, von denen einige schon besprochen wurden. Alle Pflanzen sind ausreichend industriefest.
C. bullatus ist eine locker und breit wachsende Art, die etwa 3 m hoch wird und durch ihre ziemlich große, runzlige Belaubung und wegen der zahlreichen, roten, großen Beeren auffällt.
C. horizontalis, C. franchettii, C. multiflorus, C. salicifolius floccosus s. S. 190, »Raumbildende Pflanzen«.

C. hybr. '**Pendulus**' s. S. 193, »Immergrüne Sträucher«.
C. dammeri s. S. 204, »Bodendeckende Pflanzen«.
C. × watereri '**Cornubia**' s. S. 220, »Schnellwachsende Pflanzen«.

Crataegus × carrierei, ist ein bis 7 m hoher Baum, die Zweige haben 4–6 cm lange Dornen, die glänzendgrüne Belaubung haftet sehr lange und steht in wirkungsvollem Kontrast zu den orangeroten Früchten. Der Baum bevorzugt nährstoffreiche Böden.
C. coccinea s. S. 212, »Pflanzen mit schöner Herbstfärbung«.
C. monogyna s. S. 222, »Pflanzen für exponierte Flächen«.
C. prunifolia s. S. 220, »Schnellwachsende Pflanzen«.

Elaeagnus Ölweide
E. angustifolia, die Schmalblättrige Ölweide wird bis 6 m hoch. Die Zweige sind silbrig, die Blätter weißfilzig; s. S. 225, »Pflanzen für den Garten an der See«.
E. argentea s. S. 216, »Weiß- und graulaubige Pflanzen«.

Erica Winterheide
Die Winterheide ist in allen Arten und Formen industriefest; s. S. 204, »Bodendeckende Pflanzen«.

Euonymus Pfaffenhütchen
Die besprochenen Arten sind alle industriefest.
E. fortunei vegetus s. S. 197, »Kletternde Pflanzen«.
8 *E. sacchalinensis* s. S. 190, »Raumbildende Pflanzen«.
E. radicans '**Argenteo-marginatus**' s. S. 217, »Pflanzen mit mehrfarbigen Blättern«.

Forsythia × intermedia
Forsythie
Dieser beliebte, im Frühling blühende Strauch wird ca. 2–3 m hoch. Sehr schöne Züchtungen sind 'Lynwood Gold' und 'Spectabilis'. Forsythien wachsen auch in städtischer Umgebung, in lufttrockenen, warmen Lagen recht gut.

Fraxinus ornus Blumenesche
Dieser wärmeliebende Baum ist gut dafür geeignet, in dicht bebauten Gebieten in der Stadt gepflanzt zu werden; s. S. 222, »Pflanzen für exponierte Flächen«.

Hamamelis Zaubernuß
Robuster, industriefester Vorfrühlingsblüher. An den Boden stellt er keine besonderen Ansprüche.
H. mollis s. S. 213, »Pflanzen, die auch im Winter interessant sind«.

6

9   15   12   10   14   11   16   13   8

223

Hydrangea Hortensie
Aufrechte, sommergrüne Spätsommerblüher. Hortensien bevorzugen einen gleichmäßig feuchten, nahrhaften Boden in halbschattiger Lage. **H. aspera sargentiana** ist ein etwa 2 m hoher, rauhborstiger, wenig verzweigter Strauch, der bis zu 25 cm lange, herzförmige Blätter hat. Die Randblüten der Dolden sind hellviolett. Der Strauch bringt in halbschattige Lagen auf humosen Böden eine Atmosphäre tropischer Üppigkeit.

9 **H. macrophylla** ist ein mittelgroßer Strauch, der bis 1,5 m hoch wird und auch in städtischer Umgebung gut gedeiht. Die Blätter sind oval, gezähnt, hellgrün. Die Blüten sind bis 20 cm breit und erscheinen von Juli bis September. Ihre Farbe ist abhängig vom Boden, in dem die Pflanze wächst: sie sind rosa oder rotviolett, wenn sie in kalkhaltigem Boden stehen und blau oder blauviolett, wenn sie in saurem Boden stehen. Die Art ist nicht ganz winterhart und sollte deshalb unter einem Baum-Schutzdach oder im Schutz einer Mauer gepflanzt werden. **H. petiolaris** s. S. 197, »Kletternde Pflanzen«.

Ilex Stechpalme
Diese immergrüne Pflanze ist in unseren Wäldern im atlantischen Klimabereich zu Hause. Die Stechpalmen zeichnen sich durch große Industriefestigkeit aus. **I. aquifolium** s. S. 191, »Raumbildende Pflanzen« und S. 194, »Hecken«. **I. a. 'Argenteo-marginata'** und **I. a. 'Golden King'** s. S. 217, »Pflanzen mit mehrfarbigen Blättern«.

Kalmia latifolia Lorbeerrose
Bis 2 m hoher, industriefester, immergrüner Strauch mit 5–10 cm langen Blättern. Die rosaroten Blüten erscheinen im Mai. Die Kalmie braucht sauren, humosen Boden und Halbschatten.

Laburnum Goldregen
Sommergrüner Strauch, der auch im lufttrockenen Stadtklima noch gut gedeiht. Die gelben, zu Trauben zusammengefaßten Schmetterlingsblüten erscheinen im späten Frühjahr. **L. × watereri,** s. S. 222, »Pflanzen für exponierte Flächen«.

Ligustrum Liguster
Alle besprochenen Liguster-Arten sind industriefest. **L. ovalifolium 'Aureum'** s. S. 194, »Hecken«. **L. vulgare** s. S. 222, »Pflanzen für exponierte Flächen«. **L. vulgaris 'Atrovirens'** s. S. 193, »Immergrüne Pflanzen«.
10 **L. obtusifolium regelianum** ist ein bis 2 m hoher, breitwachsender Strauch mit abstehenden, lebhaft grünen Zweigen. Blüten in dichten, weißen Rispen von Juni bis Juli. Die schwarzen Früchte haften bis Dezember. Der Strauch läßt sich als geschnittene oder ungeschnittene Hecke verwenden.

Lonicera Heckenkirsche
L. × heckrottii, L. carpinifolium und **L. periclymenum** s. S. 197, »Kletternde Pflanzen« und S. 218, »Duftende Pflanzen«. **L. tatarica,** ein aufrechtwachsender, bis 3 m hoher, früh austreibender Strauch mit weiß-rosa Blüten im Mai. Die Frucht ist kugelig, hellrot und erscheint im August. Ein schattenverträglicher Strauch. **L. pileata 'Yunnanense'** s. S. 195, »Hecken«.

Malus Zierapfel
Diese kleinen bis mittelgroßen Bäume sind alle unempfindlich gegen verschmutzte Luft; s. S. 190, »Raumbildende Pflanzen«. **M. × moerlandsii 'Profusion'** und **M. × purpureus 'Lemonei'** s. S. 215, »Rotblättrige Pflanzen«.

11 **Paeonia** Pfingstrose
Winterharte Staude mit dicken Wurzeln. Die leuchtenden weißen, roten oder rosa Blüten erscheinen im Juni; s. S. 199, »Stauden«.

Philadelphus Falscher Jasmin
Dieser sommergrüne Strauch mit den duftenden Blüten ist vollkommen industriefest. **P. 'Virginalis'** s. S. 192, »Laubabwerfende Sträucher«. **P. 'Manteau d'Hermine'** und **P. 'Belle Etoile'** s. S. 218, »Duftende Pflanzen«.

12 **Prunus avium** Vogelkirsche
Einheimischer, 12–15 m hoher Baum, der im Frühling Büschel weißer Blüten trägt. Die einfachblühende Form bringt im Herbst kleine, rote Kirschen, die gefülltblühende nicht. Die Vogelkirsche bevorzugt kalkhaltige Böden, sie gedeiht auch noch im Schatten.

13 **Pyracantha** Feuerdorn
Eine Gruppe sehr widerstandsfähiger, immergrüner Sträucher. Den weißen Blüten folgen im Herbst orangerote Beeren. **P. coccinea** s. S. 193, »Immergrüne Sträucher«.

Rhododendron
Ein großer Teil der immergrünen Sträucher und der sommergrünen sog. Azaleen ist sehr unempfindlich gegen Luftverunreinigung. **R. catawbiense 'Grandiflorum'** s. S. 191, »Raumbildende Pflanzen«. **R. luteum** s. S. 218, »Duftende Pflanzen«.

Ribes Zierjohannisbeere
Alle *Ribes*-Arten sind sommergrün, sie gedeihen auch im Schatten noch ganz gut, und sie sind gute Bienenweiden. Sie bevorzugen nährstoffreiche Böden.
14 **R. alpinum 'Schmidt'** ist eine früh austreibende Form mit kräftigem, buschigem Wuchs. Die Blüten sind grüngelbe, vielblütige Trauben.
15 **R. sanguineum 'Atrorubens'** ist eine Sorte mit tief dunkelroten Blütentrauben; sie wird etwa 2 m hoch. **R. aureum** s. S. 212, »Duftende Pflanzen«.

16 **Ulmus glabra 'Pendula'** Hängende Bergulme
Wie die anderen Ulmen, so kann man auch diese Form als industriefest bezeichnen. Mit ihren hübschen ovalen Blättern und ihrer auffälligen Wuchsform eignet sie sich gut zur Einzelstellung, möglichst in sonniger Lage. Sie wird etwa 6 m hoch.

18

20   21   19   24   25   18   23   22   17

Pflanzen für den Garten an der See

Aesculus hippocastanum
Roßkastanie

An der See, unter Einwirkung des Windes, wird die Kastanie sicher nicht so hoch, wie im Binnenland, wo sie 20 m hoch werden kann. Auch wird sie keine solch regelmäßige Krone ausbilden wie ohne den ständigen Einfluß des Windes. Aber sie entwickelt sich dennoch zu einem stattlichen Baum, dessen weiße, kerzenförmige Blüten im Mai jeden Betrachter erfreuen werden. Die flachen, starken Wurzeln tragen im übrigen dazu bei, den Boden zu befestigen.

Amelanchier
Felsenbirne

Anspruchsloser Strauch, der im Frühjahr, zusammen mit dem rötlichen Austrieb seine weiße Blüten hervorbringt.
A. canadensis s. S. 191, »Sommergrüne Sträucher«.

Amorpha fruticosa
Bastard-Indigo

Ein locker wachsender, bis 3 m hoher Strauch, der sehr lichtbedürftig ist. An den Enden der sehr feinen Zweige erscheinen von Juli bis September aufrechte, 25 cm lange violette Blütentrauben. Der Strauch verträgt große Trockenheit, arme und sogar salzhaltige Böden.

17 Caragana arborescens
Erbsenstrauch

Ein anspruchsloser sommergrüner Strauch, als Dünen- und Vogelschutzgehölz ausgezeichnet geeignet. An den laubgen, dunkelgrünen Zweigen erscheinen im Mai gelbe Schmetterlingsblüten; die Blätter sind relativ zart gefiedert. Ein frostharter Strauch, der bis 6 m hoch werden kann.

18 Castanea sativa
Edelkastanie

Ein Baum mit breitausladender Krone, der sich auch unter dauerndem Windeinfluß gut entwickelt. Die grünlichweißen, männlichen Kätzchen, die im Juni erscheinen, stehen in hübschem Kontrast zu dem dunkelgrünen, glänzenden Laub. Im Herbst trägt der Baum die bekannten, wohlschmeckenden Maronen. Der Baum bevorzugt nahrhafte Böden, verträgt aber Trockenheit ausgezeichnet. Sollte in die Sonne gepflanzt werden.

Crataegus
Verschiedene Arten der Gattung sind schon beschrieben worden. Sie sind gut geeignet für eine Pflanzung in windexponierten Lagen.
C. carrierei s. S. 223, »Industriefeste Pflanzen«.
C. coccinea s. S. 212, »Pflanzen mit schöner Herbstfärbung«.
C. monogyna s. S. 222, »Pflanzen für exponierte Flächen«.
C. prunifolia s. S. 220, »Schnellwachsende Pflanzen«.

19 Cytisus scoparius Besenginster
Die Charakterpflanze sandiger Böden entwickelt sich auch an der See recht gut. Sie wird im allgemeinen etwa 2 m hoch.

20 Elaeagnus angustifolius
Schmalblättrige Ölweide

Dieser Strauch ist besonders geeignet für salzhaltige und stark austrocknende Böden, zur Befestigung von Dünen und sandigem Ödland. Er wird etwa 6 m hoch, hat 5–8 cm lange, schmale, weißfilzige Blätter und silbrige Zweige.
E. argentea s. S. 216, „Weiß- und graulaubige Pflanzen«.

Elymus arenarius
Strandhafer

Ausdauerndes, aufrechtwachsendes Gras mit meterlangen Ausläufern. Die Blätter sind eingerollt, stechend, blaugrün. Die Blütenähren sind etwas denen des Roggen ähnlich, sie werden 1 m hoch. Der Strandhafer verträgt größte Trockenheit und wird zur Befestigung der Dünen verwendet.

Escallonia Escallonie
E. hybr. 'Donard Seedling' ist ein wintergrüner, reichblühender, 1–2 m hoher Strauch; die rosa-weißen Blüten erscheinen von Juni bis Oktober. Obwohl der Strauch in sehr kalten Wintern zurückfriert, treibt er doch immer wieder durch.

21 Fuchsia magellanica 'Gracilis'
Fuchsie

Diese widerstandsfähigste aller Fuchsien bildet sehr hübsche, frei wachsende Hecken. Die Triebe hängen leicht über; die schlanken, lebhaft roten Blüten hängen meist einzeln an langen Stielen. Sie erscheinen ab August und blühen unermüdlich bis zum Frost. Eine Pflanze, die ca. 1 m hoch wird und besonders graziös und elegant wirkt. Sie sollte im Halbschatten stehen und im Winter nicht zu viel Feuchtigkeit bekommen. Falls sie einmal zurückfriert, muß man sie bis zum Boden zurückschneiden, dann treibt sie sehr gut wieder durch. Humoser Boden sagt ihr am meisten zu.

Genista Ginster
Die meisten Ginster-Arten sind auf den mageren Wiesen an der Küste anzutreffen und sie fühlen sich deshalb auch in den Gärten an der See recht wohl. An den fast kahlen, grünen Zweigen erscheinen im Frühsommer Massen gelber Blüten.
G. tinctoria s. S. 191, »Laubabwerfende Sträucher«.
G. radiata s. S. 222, »Pflanzen für exponierte Flächen«.

22 Hebe brachysiphon
Strauchveronica

Ein selten anzutreffender, immergrüner, kleiner Strauch, der unzählige weiße Blüten hervorbringt. Ist nicht ganz winterhart.

23 Helichrysum thianshanicum
Strohblume

Eine ausdauernde Staude für sonnige, sandige, nährstoffarme Standorte. Die Blätter sind wollig behaart, die Blüten gelb; in dichten Doldentrauben erscheinen sie im Juni bis Juli. Die Staude eignet sich zur Gruppen- oder Flächenpflanzung.

24 Hippophae rhamnoides
Sandorn

Anspruchsloser, schwach Ausläufer treibender Strauch mit silbergrauen, schmalen Blättern. Im Herbst erscheinen orangerote eßbare Beeren. Der windfeste Strauch verträgt auch Salz und ist wegen seines weitreichenden Wurzelsystems zur Dünenbefestigung geeignet; s. S. 216, »Weiß- und graulaubige Pflanzen«.

Laburnum Goldregen
Dieser bekannte, gelbblühende Zierstrauch verträgt die besonderen Bedingungen an der See ausgezeichnet; s. S. 222, »Pflanzen für exponierte Flächen«.

Lycium halimifolium
Bocksdorn

Ein 2–3 m hoch werdender Strauch mit überhängenden, hellgrauen, leicht bedornten Zweigen. Die Blätter sind schmal, die Blüten purpurlila, von Mai bis Oktober. Der Strauch breitet sich sehr stark durch Wurzelbrut aus; da er sandige, trockene Böden liebt, ist er gut zur Dünen- und Sandbefestigung geeignet.

Pinus Kiefer
Einige Arten dieser immergrünen Bäume sind für die Gestaltung eines Gartens an der See unentbehrlich.
P. montana ist eine Kiefer, die sich buschig verzweigt und deshalb als Windschutzpflanze sehr geeignet ist. Sie stellt an den Boden keine Ansprüche, ist nur empfindlich gegen Schatten; s. S. 222, »Pflanzen für exponierte Flächen«.
P. nigra 'Austriaca', die Österreichische Schwarzkiefer, mag für kleine Gärten normalerweise zu groß werden, aber unter dem dauernden Einfluß des Windes wird sie in ihrem Wachstum gehemmt, so daß man sie in bestimmten Situationen sicher verwenden kann. Sie hat schwarzgrüne, 8–10 cm lange Nadeln.
P. silvestris, die in Norddeutschland waldbildende Kiefer, kann, wenn man sie in der Jugend geschickt zurückschneidet, zu sehr malerischen, locker aufgebauten Pflanzen herangezogen werden. Die graugrüne Benadelung steht in schönem Kontrast zu der rotbraunen, abblätternden Rinde.

Prunus cerasifera
Kirschpflaume

Ein bis 7 m hoher, baumartiger Strauch mit weißen Blüten im April. Die Frucht ist eßbar, mirabellenartig, 2–3 cm dick und rot-gelb. Dieser sparrig wachsende, robuste Strauch

eignet sich gut als Vogel- und Windschutzgehölz.

Salix purpurea 'Nana'. Die Kugelweide, die einen Durchmesser von 1,5 m und eine Höhe von 1 m erreicht, wächst fast kugelig und hat sehr feines, zierliches silbergraues Laub an rotbraunen Zweigen.

S. repens argentea ist ein polsterbildender Zwergstrauch von 30 bis 100 cm Höhe. Die niederliegenden Zweige treiben immer wieder neue Wurzeln. Auffallend ist die beiderseits silbrige Behaarung der kleinen, rundlichen Blätter. Diese Art wächst auch auf trockenen, sandigen Standorten.

25 Senecio bicolor Kreuzkraut
Eine sehr hübsche zweijährige Pflanze, mit außerordentlich dekorativem Blatt. Stengel und Blätter die tiefgelappten sind mit weißen Härchen bedeckt. Die gelben Blüten sind nicht besonders auffällig. Die Pflanze sollte in voller Sonne stehen. An geeigneten Standorten sät sie sich selbst wieder aus.

Syringa vulgaris
Gemeiner Flieder

Ein bis 5 m hoher, Ausläufer treibender Strauch. Er ist die Veredlungsunterlage für alle Ziersorten des bekannten Gartenflieders. Seine Blüten sind zartlila. Er ist eine gute Windschutzpflanze, verträgt jeden Schnitt.

Ulex europaeus Stechginster
Ein bis 1 m hoher, stark dorniger, immergrüner Strauch mit goldgelben Blüten im Mai. Er verträgt keinen Kalk und keine Feuchtigkeit, gedeiht jedoch auf sandigen Böden auch noch im Schatten. Nach sehr starken Wintern treibt er von unten kräftig wieder durch.

Leben im Garten

Mehr und mehr wird der Garten als Freiraum angesehen, in dem man einen beträchtlichen Teil seiner Zeit zubringt. Die Ausstattung eines Gartens spiegelt die Eigenheiten und Gewohnheiten seines Besitzers wider. Individuelles Gepräge erhält er nicht nur durch die Pflanzenauswahl, sondern auch durch die Wahl der Möbel oder sonstiger Ausstattung. Sie können aus Ihrem Garten einen Ort der Ruhe machen, einen Kinderspielplatz oder einen Ort, an dem man mit Freunden feiern kann.

Sitzplätze im Freien

Die Beliebtheit des Lebens im Garten hat dazu geführt, daß eine große Zahl von Möbeln fürs Freie angeboten werden, die Auswahl ist so vielfältig wie die für geschlossene Räume. Ihre Wahl wird sich gleichermaßen nach Zweckmäßigkeit und Art der Umgebung richten, aber Dauerhaftigkeit und Widerstandsfähigkeit sollten auch in Betracht gezogen werden.

Wenn der Sitzplatz zum Essen genutzt werden soll, muß er so dicht wie möglich am Haus liegen. Denken Sie daran, daß mehr Platz gebraucht wird, als die Möbel selbst einnehmen; es sollte genügend Raum zum Servieren bleiben, genügend Abstand zwischen Tisch und Stühlen zum bequemen Sitzen und zum Zurückstellen der Stühle.

Die Ausführung von Tisch und Stühlen sollte möglichst zur Umgebung passen, so daß sie ein anziehender Blickfang sind, auch wenn sie nicht benutzt werden. Bei den Stühlen gibt es zwei Kategorien: aufrechte Stühle zum Arbeiten und Essen und niedrige, gepolsterte zum Ausruhen und Dösen. Die letzteren zum Ausruhen sollten bequem gearbeitet sein, tief genug, um sich zum Lesen oder Sonnenbaden an einem heißen Nachmittag zurückzulehnen. Sie können eine Kopfstütze oder ein Kopfpolster haben, wenn auch dicke Polster nicht besonders günstig sind, weil sie leicht schmutzig werden und bei nassem Wetter bedeckt oder hereingeholt werden müssen. Es gibt heute verschiedene Ausführungen von Sonnenliegen, aber der traditionelle Liegestuhl hat doch noch manche Vorteile. Er ist zusammenklappbar, und die Bespannung ist einfach zu ersetzen.

Wenn Bäume im Garten stehen, ist eine Hängematte wiederum eine der einfachsten und billigsten Sitzgelegenheiten, möglicherweise auch die bequemste, wenn auch nur für junge und bewegliche Leute. Ältere Leute ziehen meist die gepolsterten Hollywood-Schaukeln vor. Im allgemeinen ist die einfarbige Ausführung einer gemusterten vorzuziehen, weil sie weniger blendet, besonders in voller Sonne.

Die Skala der Möbel zum aufrechten Sitzen reicht von schmiedeeisernen Stühlen, die oft unbequem und kaum wetterbeständig genug sind, bis zu handfesten Holzbänken, die manchmal mit dem Tisch eine Einheit bilden und selbst von Kindern nicht zerstört werden können. Wählen Sie Stil und Stärke nach Ihren Bedürfnissen aus und denken Sie daran, daß ein paar Kissen harte Sitze weich machen und zur farblichen Abwechslung beitragen. Fest eingebaute oder freistehende Bänke sind immer günstig für Familienmahlzeiten im Freien und sie sind einfach herzustellen. Eingebautes Gartenmobiliar ist nicht nur billiger und raumsparender, sondern es kann auch die Gestaltung des Gartens beeinflussen. Vielfalt kann z. B. entstehen durch die Kombination von Sitzplatz und Grillecke oder mit einer niedrigen Stützmauer, besonders an einer warmen, ruhigen Stelle mit schönem Ausblick. Jedes Stück Baumstamm und jede Steinplatte, sofern sie glatt und eben ist, kann als Bank oder Tisch genutzt werden.

Holz ist das am meisten verwendete Material für Gartenmöbel, weil es zu vielen verschiedenen Stilrichtungen paßt und weil Hartholz mit nichtrostenden Beschlägen ohne Schaden ganzjährig draußen bleiben kann. Möbel mit natürlichem Holzfinish gewinnen durch einen jährlichen Leinöl-Anstrich. Gestrichenes Holz wirkt eleganter und kultivierter, benötigt jedoch einen häufigen Neuanstrich. Holztische sind ideal für den Gebrauch im Garten; je größer sie sind, desto besser, denn ein Gartentisch in geschützter Lage wird für alles benutzt – Essensvorbereitung, Nähen, Kartenspielen, Kinderspiel oder Hausaufgaben. Ein helles Tischtuch oder einige elegante Sets verwandeln den Tisch an warmen Sommerabenden in einen attraktiven Eßplatz.

Tragbare Sitzgruppen sind für Dachgarten und Balkon eine gute Lösung. Niedrige Holzpodeste wie diese (links) können selbst gemacht werden. Durch große, lose Kissenauflagen werden sie bequemer; sie können nach Bedarf umgestellt oder aufeinandergestapelt werden. Man kann sie auch so übereinanderstellen, daß kleine Regale daraus entstehen. Die Kunststoffmöbel passen gleichermaßen in ein modernes Appartement und ins Freie.

Stahlrohrstühle mit klaren Linienführung eignen sich für einen kultivierten Sitzbereich im Freien. Zusammen mit dem schlichten Betontisch und dem Plattenbelag schaffen sie einen intimen Sitzbereich im Garten.

Der leinenbespannte Holzsessel ist eine bessere Form des traditionellen Klappliegestuhls. Seine kippbare Lehne ist zum Essen wie zum Ausruhen bequem. Der Lattentisch ist nur halbrund; er spart Platz auf einem Balkon.

Zwanglose Sitzgruppen verlangen nach schlichtem Möbeldesign aus natürlichen Materialien. Wenn diese um charakteristische Bestandteile des Gartens gruppiert werden, sehen sie noch natürlicher aus. Feststehende Möbel ersparen das Hinein- und Heraustragen; diese empfindlichen Korbsessel jedoch müssen bei schlechtem Wetter untergestellt werden. Lattentische eignen sich wegen der Wasserdurchlässigkeit besonders gut als Gartentische.

Der stabile alte Holztisch ist vielseitig benutzbar als Arbeitsfläche oder als Eßtisch. Ein gelegentliches Einwachsen wird die Tischplatte viele Jahre im Freien schützen. Rustikale Binsenstühle sind ideal für die Terrasse, sollten aber im Winter hereingeholt werden.

Diese Kombination von Tisch und Bank aus Holz ist besonders für Familien mit Kindern geeignet. Sie ist stabil gebaut und widerstandsfähig gegen rauhe Behandlung. Ganzjährig draußenstehende Holzmöbel müssen jährlich konserviert werden.

Beton ist das widerstandsfähigste Material im Freien. Seine Nüchternheit kann durch Kombination mit anderen Materialien, z. B. diesen Holzsitzen, gemildert werden.

Orientalische Rohr- und Bambusmöbel passen zu langen erholsamen Sommertagen. Sie sind in vielerlei Formen erhältlich, manche sind sehr dekorativ. Jedoch leiden sie unter schlechtem Wetter und rauher Behandlung; für Kinder sind sie nicht das Richtige.

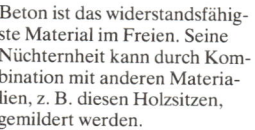

Eine feste Hängematte, befestigt zwischen zwei Bäumen, ist ein idealer Platz an einem heißen Sommernachmittag. Sie ist platzsparend, steht nicht herum und kann leicht abgenommen werden.

Sitzmöglichkeiten, die Teil der Gesamtkonzeption des Gartens sind, erweisen sich oft als gelungen. Aus Materialien gemacht, die sonst schon im Garten vorhanden sind, verschmelzen sie mit diesen.

Die schlichte und klare Linienführung machen diese Hartholzbank zu einer eleganten Ergänzung des formalen Gartens.

Stahlrohrtisch und -stühle passen zum modernen Garten. Sie sind sehr leicht und brauchen kaum Pflege.

Gepolsterte Stühle sind ideal zum Lesen und Ausruhen. Dicke Kissen sollten zum Schutz vor schlechtem Wetter abnehmbar sein.

Die niedrige Holzliege ist sehr bequem. Die Rückenlehne ist individuell verstellbar.

Klappbare Liegestühle übertreffen manche hochentwickelte Liege an Behaglichkeit und Bequemlichkeit.

Ein Holzlattentisch und dazugehörige Stühle, die darunterpassen, sind eine praktische Lösung dort, wo es an Platz fehlt.

231

Kochen unter freiem Himmel

Ein Grillabend bietet besonders gute Möglichkeiten, im Garten zu leben und mit Familie und Freunden fröhlich beisammen zu sein.

Die Auswahl des passenden Grills wird stark davon abhängen wie oft er benutz wird, von den Launen des Wetters und von dem Garten insgesamt. Ein provisorischer Grill wird ausreichen, solange etwa nur zweimal im Jahr draußen gekocht wird. Es gibt unendlich viele Ausführungen, mit automatischem Drehspieß, Fetttropfschale und elektrischer Heizung zum Anheizen der Holzkohle oder sogar zum Garen der Speisen. Diese luxuriösen und teuren Apparate brauchen allerdings viel Raum und können in einem kleinen Garten zu sehr dominieren. Nur wo die Wetterverhältnisse das Grillen ganzjährig zulassen, sind sie am Platze. Ein tragbarer Grill aus Gußeisen, bekannt als der japanische Hibachi, ein Kohlebecken mit ein oder zwei Grillflächen, oder ein runder Grill auf drei Beinen drüften passender sein.

Bei der Aufstellung eines transportablen wie auch beim Bau eines festen Grills sollten einige praktische Gesichtspunkte berücksichtigt werden: Aus Sicherheitsgründen sollte die Feuerstelle nicht unter überhängenden Bäumen stehen. Um das Essen leicht heran- und wegbringen zu können, wird der Grill zweckmäßigerweise in Küchennähe liegen. Der Grillrost sollte nach Möglichkeit größer sein als das Feuer selbst, damit das fertige Grillgut aus der größten Hitze geschoben, aber noch warm gehalten werden kann. Man sollte sich nicht zum Grill hinunterbeugen müssen – 60 cm dürfte eine passende Höhe sein.

Ein wesentlicher Gesichtspunkt bei einem festen Grillplatz ist die Harmonie mit Haus und Garten. Das Mauerwerk sollte zum Bodenbelag und den Gartenmauern passen; es sollte auch Fettspritzer und Schwärzung durch den Rauch vertragen können.

Beim Grillen denken Sie bitte auch an Ihre Nachbarn – Sie sind verpflichtet, jegliche Geruchsbelästigung so gering wie möglich zu halten.

Ausgewachsene bewegliche Grillgeräte (ganz oben) erlauben neben dem Grillen noch andere Garmethoden und eignen sich für größere Gesellschaften. Die Räder ermöglichen es, das Feuer dorthin zu fahren, wo es weniger windig ist; Vorsicht vor Flugasche!

Dieser rohe Aufbau (oben) enthält bereits alle wesentlichen Elemente eines Grills: das Feuer mit Luftzufuhr darunter, umgeben von Mauern zur Wärmehaltung, und den Grillrost darüber für das Grillgut.

Form und Mauerwerk eines eingebauten Grills sollten eine wesentliche Rolle im Gesamtkonzept des Gartens spielen.

Form und Material korrespondieren gut mit dem erhöhten Brunnen und der ebenfalls runden Umfassungsmauer.

Die anspruchsvolle Küche im Freien benötigt viel Arbeitsfläche, die aber nicht unbedingt ein funktionelles Design erfor-

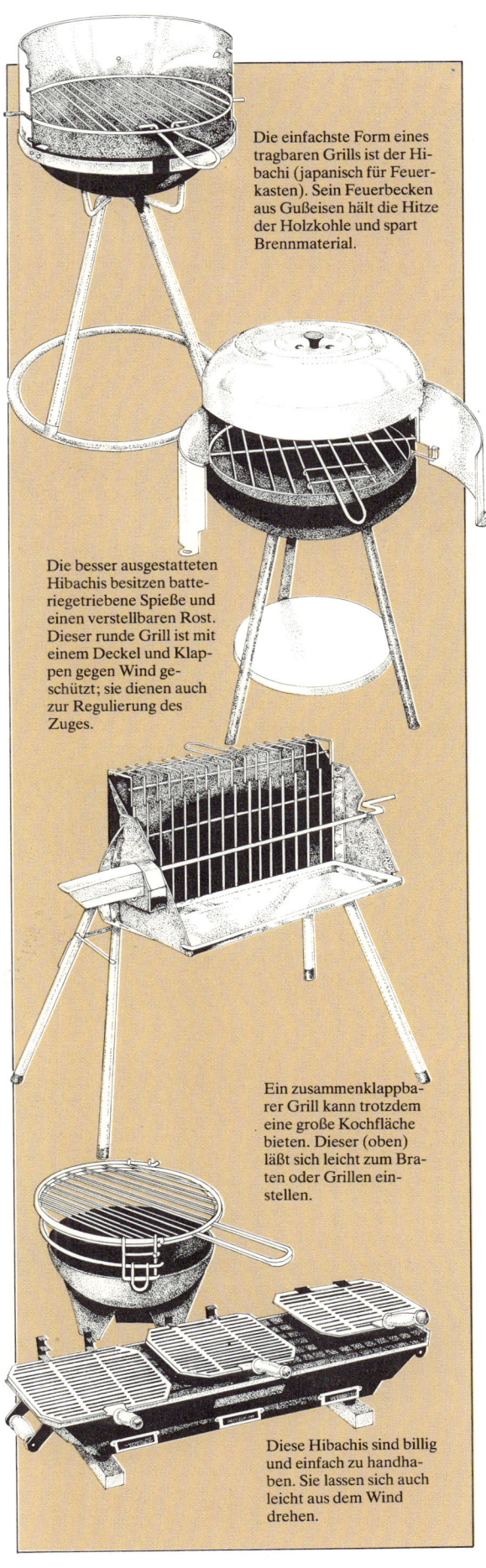

Die einfachste Form eines
tragbaren Grills ist der Hibachi (japanisch für Feuer-
kasten). Sein Feuerbecken
aus Gußeisen hält die Hitze
der Holzkohle und spart
Brennmaterial.

Die besser ausgestatteten
Hibachis besitzen batte-
riegetriebene Spieße und
einen verstellbaren Rost.
Dieser runde Grill ist mit
einem Deckel und Klap-
pen gegen Wind ge-
schützt; sie dienen auch
zur Regulierung des
Zuges.

Ein zusammenklappba-
rer Grill kann trotzdem
eine große Kochfläche
bieten. Dieser (oben)
läßt sich leicht zum Bra-
ten oder Grillen ein-
stellen.

Diese Hibachis sind billig
und einfach zu handha-
ben. Sie lassen sich auch
leicht aus dem Wind
drehen.

dert. Hier umrahmen Keramik-
platten einen eleganter Tisch-
grill, der nach dem Gebrauch
abgedeckt werden kann.

233

Licht im Garten

Die Gartenbeleuchtung kann einerseits praktischen Zielen dienen, so der sicheren Führung von Besuchern auf Wegen und Zufahrten oder zur Beleuchtung der Hausnummer, andererseits der Dekoration. Wo es nur eine schwache oder keine Straßenbeleuchtung gibt, sind mehrere niedrige indirekte Leuchten entlang der Auffahrt und den Zugangswegen zwischen Straße, Haus und Garage unbedingt notwendig, um versteckte Hindernisse und Stufen zu beleuchten. Verschiedene Lichtstärken und Standorte für die Leuchten sollten ausprobiert werden, bevor sie fest installiert werden. Zum Draußensitzen an warmen Abenden ist es angenehm, wenn der Garten beleuchtet ist. Ein besonderes Beleuchtungssystem im Freien wird notwendig, wenn die Hausbeleuchtung nicht ausreicht. Zwischen dem Überfluten des Geländes mit blendendem weißem Licht (einziger Vorteil: Abschreckung von Einbrechern) und dem Schaffen einer Art Dämmerung, welche die umgebende Dunkelheit nur noch mehr betont, ist die richtige Mitte zu finden.

Das Angebot an Beleuchtungskörpern fürs Freie ist vielfältig. Der Garten kann dadurch etwas Phantasievolles erhalten, aber man sollte sich vor grellen Mustern oder unnatürlichen Farben hüten. Blühende Bäume oder Sträucher oder kahle Äste mit Schnee oder Rauhreif können prächtig aussehen, wenn sie beleuchtet sind. In den Bäumen hängende Laternen werfen bewegte Schattenmuster, während Strahler von unten das Blattgewirr zeigen und dabei die Lichtquelle geheimnisvoll verbergen.

Das Verlegen von elektrischen Leitungen im Freien, wenn die Leitungen unter der Erde liegen müssen, ist eine Arbeit für den Fachmann. Alle Anschlußstücke und Leitungen müssen natürlich wasserdicht sein. Elektrische Beleuchtung an den Außenwänden des Hauses oder in seiner Nähe kann an die Leitungen im Haus angeschlossen werden, aber sie sollte wiederum ganz wasserdicht sein.

Die einfachste Lösung, für Parties zeitweilig eine Beleuchtung zu schaffen, ist entweder eine Lichterkette im Garten aufzuhängen oder eine Vielzahl von Kerzen (wenn vorhanden, auf einem Wasserbecken schwimmen lassen), Fackeln und Petroleumlampen aufzustellen. Jede Art von draußen aufgestellter Beleuchtung sollte natürlich gut gesichert sein, besonders, wenn Kinder in der Nähe sind.

Das Licht, das von einer versteckten Quelle aus auf eine Plastik oder auf Pflanzen fällt, kann von der Terrasse oder vom Fenster aus sehr eindrucksvoll wirken. Es ist meist effektvoller, einen starken Kontrast zwischen beleuchtetem Bereich und umgebender Dunkelheit zu schaffen, als eine allgemeine Dämmerung im ganzen Garten zu erzeugen. Hier wird eine im japanischen Stil gestaltete Ecke des Gartens durch helles Licht stark hervorgehoben.

Die Gruppe von Strahlern in dem großen Baum (oben) ist einfach anzubringen und beleuchtet das Blattgewirr. Sie wirft außerdem noch Licht nach unten und leuchtet dort auf einen Eßplatz.

Eine Beleuchtung am Zaun, an der Mauer (rechts), über der Eingangstür oder an der Garageneinfahrt ist auf dem Lande fast unentbehrlich. Sie kann in der Stadt in gewissem Ausmaß von der Straßenbeleuchtung ersetzt werden.

Form und Struktur von Gegenständen, bei Tage oft übersehen, gewinnen bei konzentrierter Beleuchtung, die die charakteristischer Eigenschaften hervorhebt. Die Pilzleuchte (links) bestrahlt den flechtenbewachsenen Findling, während die Lampe selbst so unauffällig wie möglich bleibt.

In Hausnähe sind zur Installation von Außenleuchten keine besonderen Leitungen notwendig. Bei gedämpftem Licht läßt sich die Terrasse nachts nutzen (unten).

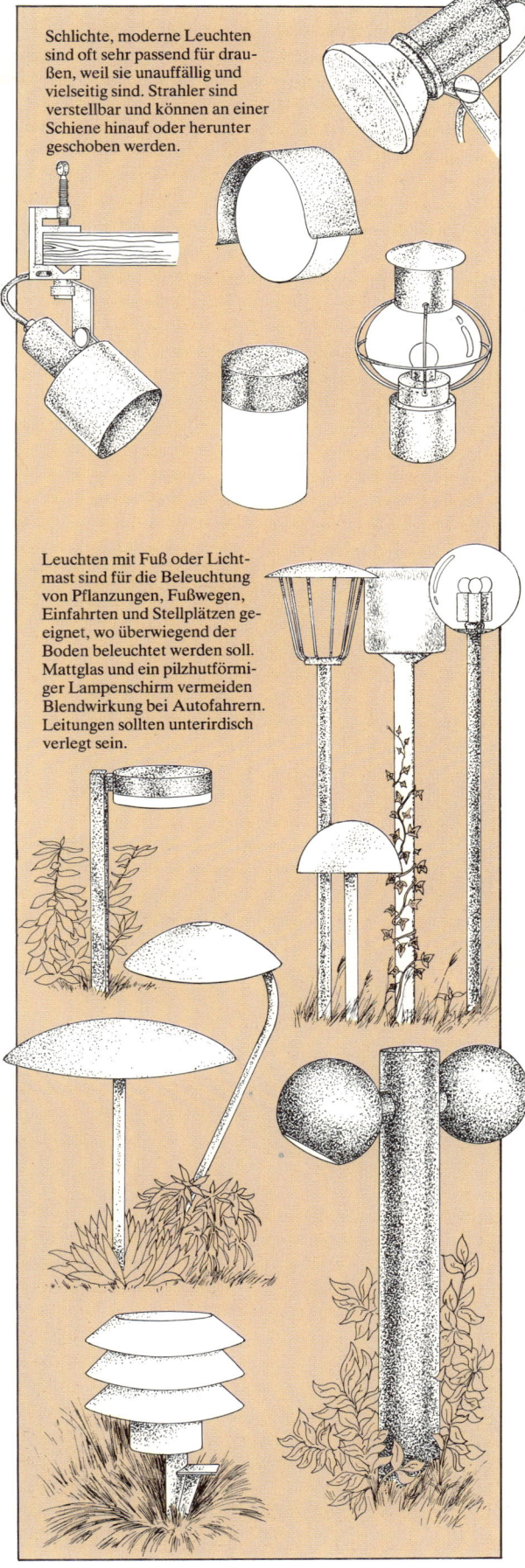

Schlichte, moderne Leuchten sind oft sehr passend für draußen, weil sie unauffällig und vielseitig sind. Strahler sind verstellbar und können an einer Schiene hinauf oder herunter geschoben werden.

Leuchten mit Fuß oder Lichtmast sind für die Beleuchtung von Pflanzungen, Fußwegen, Einfahrten und Stellplätzen geeignet, wo überwiegend der Boden beleuchtet werden soll. Mattglas und ein pilzhutförmiger Lampenschirm vermeiden Blendwirkung bei Autofahrern. Leitungen sollten unterirdisch verlegt sein.

Pflanzgefäße

Allein mit Pflanzen in Töpfen, Kübeln und Kästen läßt sich ein Garten mit wenig Mühe auf kleinem Raum gestalten. Es ist eine große Anzahl von Behältern auf dem Markt, aber es läßt sich fast jedes Gefäß verwenden, das Löcher im Boden hat und leidlich frostbeständig ist. Ein guter Abzug ist bei allen Behältern sehr wichtig, weil Staunässe jede Pflanze im Wachstum hemmt. In Holz- und Plastikgefäße können Abzugslöcher mit einem glühenden Eisen hineingebrannt werden.

Die Harmonie von Form, Größe, Verzierung des Gefäßes und der Pflanze, die darin wächst, ist sehr wichtig. Eine üppige und dekorative Pflanze braucht keineswegs einen ähnlich ausgearbeiteten Behälter, sondern ein einfaches Gefäß wird in diesem Fall vorteilhafter sein. Gefäße, die von Blättern überwuchert sind, treten kaum in Erscheinung, während andere Töpfe selbst sehr dekorativ sind und die Pflanze dagegen zurücktritt. Wenn die Pflanze aufrecht wächst, ist natürlich mehr von dem Behälter zu sehen, als wenn sie flach wächst. Im allgemeinen paßt ein kunstvoll ausgearbeitetes Pflanzgefäß oder ein im klassischen Stil gearbeiteter Behälter besser in einen streng formalen Garten, während einfache Gefäße besser zu einem modernen Garten passen.

Es gibt Behälter in vielen Stilrichtungen: antike, antik nachgebildete, klassische und rustikale, ferner betont moderne aus Holz, Stein, Terrakotta und Beton, um nur die am häufigsten vorkommenden zu nennen. Die modernen Materialien wie Eternit, Kunststoff und Kunststein haben viele Vorteile, sowohl als Nachbildung natürlicher Materialien als auch als eigenständige Baustoffe. Sie sind leichter, billiger und oft haltbarer, als die Materialien, die sie imitieren. Unglasierte Tontöpfe, die sich wachsender Beliebtheit erfreuen, obwohl sie immer teurer werden, gibt es in vielen Formen und Größen. Auch Holz wird relativ häufig verwendet, da es recht billig und bei richtiger Behandlung auch dauerhaft ist.

Eternit ist ein angemessenes Material für moderne Pflanzgefäße. Es ist besonders gut für größere Behälter geeignet, weil es leicht ist und sich auch gefüllte Gefäße noch relativ gut tragen lassen.

Ein flaches, niedriges am Boden stehendes Gefäß wird alle Aufmerksamkeit auf die in ihm wachsenden Pflanzen ziehen. Eine schlichte, moderne Schale, wie diese aus Beton eignet sich gut dafür. Pflanzen Sie farbenfrohe, überhängende Blumen hinein.

Holzgefäße oder halbierte Fässer läßt man in ländlicher Umgebung am besten roh; schwarz oder weiß gestrichen passen sie auch in einen städtischen Rahmen. Der Anstrich schützt das Holz.

Aus diesem »Petersilientopf« aus Terrakotta können viele Pflanzen aus verschiedenen Höhen heraussprießen. Eine Mischung aus Sommerblumen und Immergrünen sieht das ganze Jahr über gut aus.

236

Ungewöhnliche Behälter gibt es in großer Zahl – man muß sie nur sehen. Hier wächst ein Zierkürbis in einem alten Kohleeimer, in dessen Boden Löcher gebohrt wurden.

Dieser würfelförmige Fiberglasbehälter erinnert an die »Versailles-Kübel«, die für Ludwig XIV. aus Silber gemacht wurden. Sie passen besonders in strenge, formale Gärten.

Terrakotta-Töpfe gibt es in einer Vielfalt von alten spanischen und italienischen Formen, von sehr einfachen bis zu kunstvoll verzierten. Dieser ist ideal für eine aufrecht wachsende Pflanze.

Der Standort von Pflanzgefäßen sollte immer berücksichtigt werden. Eine Gruppe von Töpfen aus unterschiedlichen Materialien kann die Pflanzenstruktur besonders hervorheben.

Ein Troggarten muß an Ort und Stelle gepflanzt werden, weil er nahezu unbeweglich wird, wenn er mit feuchter Erde gefüllt ist. Für diese Art von

Steintrögen empfiehlt sich eine Zusammenstellung von Pflanzen verschiedener Blattformen und dazu Findlinge und Kies.

Skulpturen im Garten.

Für viele Leute ist das Aufstellen von Skulpturen im Garten eine Sache des Verteilens von nachgebildeten klassischen Statuen in dem zur Verfügung stehenden Bereich, mit wenig Rücksicht auf die Auswirkung im Gesamtkonzept. Der Betrachter wird dadurch verwirrt, und das Gegenteil von dem, was Skulpturen bewirken sollten, geschieht: der Blick schweift umher und findet keinen anziehenden Ruhepunkt. Eine Statue sollte vielmehr das Auge auf den optischen Brennpunkt des Gartens lenken oder, halb versteckt hinter Blättern, eine hübsche Überraschung sein.

Die Auswahl einer Plastik für den eigenen Garten ist, mehr noch als viele andere Dinge, eine sehr persönliche Angelegenheit; dennoch sind dabei einige wichtige, allgemeine Punkte zu beachten. Die Plastik sollte groß genug sein, um auch noch aus einiger Entfernung vor einem Hintergrund aus Blättergewirr aufzufallen. Die Atmosphäre eines Gartens kann durch Statuen beträchtlich verändert werden und nur eine einzige ist oft besser als viele, die um Beachtung wetteifern.

Manche Plastiken haben eine sehr starke Ausstrahlungskraft, für sie muß man einen besonderen Garten planen, man darf sie nicht irgendwo in einer fertigen Anlage aufstellen. Solche Plastiken können antike Statuen oder deren Nachbildungen sein, sie sollten einen Rahmen erhalten, der ihrem Stil angemessen ist. Klassische Plastiken werden oft so aufgestellt, daß sie ein Becken und die umgebende Pflanzung überblicken und diesen gestalteten Bereich beherrschen. Jede Statue sollte nur nach reiflicher Überlegung aufgestellt werden, sei es nun ein echter Henry Moore oder einfach eine selbstgeschnitzte Form aus Treibholz.

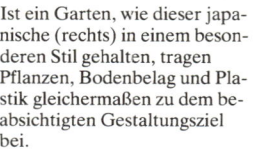

Der Kontrast von Form und Struktur, den eine einzige Plastik im Garten bietet, kann schon durch eine geschickte Gruppierung natürlicher Gegenstände wie Pflanzen und Steine (oben) erreicht werden.

Ist ein Garten, wie dieser japanische (rechts) in einem besonderen Stil gehalten, tragen Pflanzen, Bodenbelag und Plastik gleichermaßen zu dem beabsichtigten Gestaltungsziel bei.

Jede Statue, die einfühlsam aufgestellt ist, kann eine große Wirkung haben. Selbst diese Statuette, die nur im Umriß gesehen und von Blättern und Mauerwerk hübsch umrahmt wird, bildet einen Blickpunkt im Garten.

Klassische Statuen können einen Garten beherrschen, und ihre Aufstellung ist schwierig. Hier steht die Figur als Blickfang in einer Nische am Ende eines längeren, lauschigen Weges, der zwischen Hecken und unter Bögen hindurchführt.

Abstrakte Plastiken sollten kräftig und ausdrucksvoll gearbeitet sein, um sich im Freien zu behaupten. Pflanzen und Belag können ihre Wirkung im Garten steigern.

Eine kleine Statue, die am Fuße eines Baumes steht, zieht den Blick auf sich. Sie hat im Laufe der Zeit Patina angesetzt und harmoniert sehr gut mit ihrer Umgebung (unten).

Büsche und Bäume im Formschnitt können dem Garten etwas Humorvolles geben, vor allem, wenn überlebensgroße Tiere dargestellt sind. Abstrakte Muster wirken strenger und würdevoller.

Eine große Vase, die zum Bepflanzen zu hoch ist, kann auch als Plastik aufgestellt werden; hat sie den richtigen Hintergrund und ist ihrer Art entsprechen geschickt eingegrünt, kommen sie und die Pflanzen gut zur Geltung.

Wasserbecken und Teiche

Schon in vorchristlicher Zeit war Wasser ein Hauptgestaltungselement im Garten und ist es seitdem geblieben, nicht nur aus dekorativen Gründen, sondern weil das Wasser die Lufttemperatur herabsetzt und dadurch Abkühlung bringt. Wasser bringt Licht und Bewegung in den Garten, es kann von großer Lebendigkeit sein, wenn es im Hintergrund glitzert und plätschert, oder große Ruhe ausstrahlen, wenn es sich als stille Fläche präsentiert, in der sich Pflanzen und Gebäude spiegeln. Das Geräusch von plätscherndem Wasser ist beruhigend und kann den Verkehrslärm oder Geräusche aus der Nachbarschaft übertönen.

Bei entsprechender Lage kann ein Wasserbecken oder ein Springbrunnen ebenso wie eine Plastik oder ein Gebäude den Mittelpunkt eines Gartens bilden. Andererseits kann ein stiller Teich am Ende eines Gartens eine reizvolle Überraschung sein, wenn er entdeckt wird. Es gibt ein paar allgemeine fast selbstverständliche Regeln zur richtigen Lage von Wasserbecken, die aber in der Tat oft nicht beachtet werden. Wasser sollte wenigstens während eines Teils des Jahres in der Sonne liegen, um voll zur Wirkung zu kommen und den Wasserpflanzen gute Wachstumsbedingungen zu geben. Es ist unklug, ein Wasserbecken unter Bäume zu legen, deren Laub ins Wasser fällt und es verunreinigt. Springbrunnen sollten windgeschützt liegen, damit nicht die ganze Umgebung eingenäßt wird.

Architektonische Wasserbecken können auf beliebiger Höhe liegen und die Umrandung kann als Sitzmauer ausgebildet sein; falls Kinder im Garten spielen, ist diese Art besonders angebracht. Bei einer strengen Beckenform sollte auch die Einfassung klar aber lebendig sein. Eine hübsche Wirkung kann man u. U. mit Pflastersteinen erzielen. Es ist möglich, wenn auch nicht immer passend, am Rand eines strengen Beton-Wasserbeckens Pflanzen vorzusehen.

Ein natürlich wirkender Teich kann mit Hilfe von Plastikfolien relativ einfach und billig angelegt werden. Das Plastikmaterial sollte jedoch sorgfältig abgedeckt sein, am Boden vorzugsweise mit Kies, an der Böschung mit größeren Kieseln oder Findlingen, die die Folie andrücken und festhalten. Wenn Sie genügend sauerstoffproduzierende Wasserpflanzen in den Teich gepflanzt haben, wird die natürliche Entwicklung für eine harmonische Anpassung des Teiches an die Landschaft sorgen. Sumpfpflanzen am Rand des Wassers, außerhalb der Plastikfolie, brauchen sehr wenig Pflege; wenn Sie außerdem Insekten, Schnecken und Fische einsetzen, wird sich bald ein biologisches Gleichgewicht einstellen.

Ein natürlich wirkender Teich erfordert Fingerspitzengefühl. Jedes hinzugefügte dekorative Element kann die Illusion eines natürlichen Teiches zerstören. Die verschiedenen Pflanzen am leicht sumpfigen Wasserrand tragen zur Atmosphäre eines natürlichen Quellteiches bei und schaffen eine ruhige und geheimnisvolle Stimmung. Die Sumpfpflanzen und Felsbrocken um diesen kleinen Teich stehen im Kontrast zur regelmäßigen Pflasterung, die diesen Bereich mit dem übrigen Garten verbindet.

In einen modernen Garten paßt am besten ein kleines streng geformtes Wasserbecken aus entsprechenden Materialien. Der geometrische Umriß eines Betonbeckens sollte nicht durch Pflanzen am Beckenrand verdeckt werden, Wasserpflanzen in der Mitte des Beckens können jedoch recht reizvoll sein. Die Wasseroberfläche eines Wasserbeckens wird belebter durch fließendes Wasser aus einem Überlauf, das die Wasseroberfläche zum Kräuseln bringt. Auch eine Fontaine bringt Leben in ein stilles Becken, vor allem, wenn die Sonne darin spielt.

Manchmal ist eine ruhige, spiegelglatte Wasseroberfläche wünschenswert, weil durch die Spiegelung im Wasser eine besondere Wirkung erzielt werden soll. Hier korrespondieren Glastüren und Wasseroberfläche miteinander und das Spiegelbild von Stühlen und Pflanztrögen hat etwas Friedliches. Der Sitzplatz wirkt großzügiger. Der überstehende Holzbelag der Terrasse versteckt die Betonwand des Wasserbeckens und erzeugt eine reizvolle Schattenkante.

In einem größeren Becken können Trittsteine notwendig werden, um alle Gartenteile erreichen zu können. Bei einer strengen Grundform des Beckens sollten auch die Trittsteine quadratisch oder rechteckig sein und sich auf den Belag um das Becken beziehen. Diese flachen, runden Betontrittsteine lösen sich aus dem felsigen Rand des natürlich aussehenden Beckens und nehmen die Kreisform der Seerosentuffs auf, durch die sie führen.

Die Ausbildung des Beckenrandes ist besonders wichtig: je einfacher sie gehalten ist, desto besser kommt das Becken zur Wirkung. Hier entsprechen die kreisrunden Betonsteine der Form des tiefen, runden Beckens. Die außen verwendeten Kiesel liegen auch auf dem Beckenboden und bieten einen sich ständig ändernden Anblick je nach Lichteinfall oder Wasserbewegung.

241

Spielbereiche für Kinder

Kleine Kinder lassen sich kaum davon abhalten, den ganzen Garten zu benutzen. Sobald sie älter sind, kann der Garten natürlich für ein ruhigeres Leben umgestaltet werden, indem der Sandkasten zum Wasserbecken, das Klettergerüst zur Pergola wird. Bis zu diesem Zeitpunkt sind aber Nutzbarkeit und Erfindungsgabe die Hauptkriterien bei der Planung des Kinderspielbereichs.

Eine befestigte, gut entwässernde Terrasse in Hausnähe ist wichtig; sie muß nach dem Regen so schnell wie möglich abtrocknen. Wenn die befestigte Fläche nicht höher als das übrige Gelände liegt, können auch kleine Kinder dort Dreirad fahren und unter Beaufsichtigung aus dem Haus dort spielen. Daneben könnte ein vertiefter Sandkasten liegen mit einem Brett zum Sitzen und zum Sandkuchenbacken. Bei Sandkästen, die höher liegen als die umgebende Plattenfläche, wird der Sand leicht in der ganzen Umgebung verstreut. Später kann der Sandkasten in ein Planschbecken umgewandelt werden. Wenn beides, Sandkasten und Planschbecken gewünscht werden, sollten sie weit genug auseinander liegen, sonst erhält man zwei Matschbecken. Der Boden des Planschbeckens könnte aus kleinen Kieseln bestehen oder zumindest eine rauhe Oberfläche haben, damit man nicht darauf ausrutscht. An der tiefsten Stelle sollte ein Abfluß sein, damit das Wasser schnell abfließen und das Becken gereinigt werden kann.

Große Bäume im Garten sind für Kinder ein Segen, weil sie sich zum Anbringen von Schaukeln, Strickleitern, Klettergerüsten und Baumhäusern anbieten. Eine Schaukel kann ganz einfach aus einem starkem Seil gemacht werden, an dessen Ende eine Holzscheibe von einem Knoten gehalten wird, ein Baumhaus aus einer stabilen Plattform mit einem behelfsmäßigen Dach, vielleicht einer Binsenmatte. In regelmäßigen Abständen sollten diese Teile auf ihre Sicherheit geprüft werden, ob z. B. die Seile durchgescheuert sind, Latten lose sind oder rostige Nägel herausstehen. Diese Spielgeräte können natürlich fertig gekauft werden, aber die Kinder werden wohl die selbstgemachten vorziehen, weil sie sie später selber erweitern können. Spielgeräte aus Metall oder Holz sind meist teuer und manchmal so aufdringlich, daß sie den Garten beherrschen und besser hinter Büschen versteckt werden. Eine Standard-Spielausrüstung ist im Garten kaum notwendig; eine Grundausrüstung ist ausreichend, weil Kinder sie mit erstaunlichem Erfindungsgeist annehmen.

Kinder mögen immer geheimnisvolle Verstecke, diese sind jedoch selten in kleinen Gärten zu finden. Dem kleinen Kind werden jedoch Abhänge, Böschungen, Stufen und die kleinste Andeutung eines geschlossenen Raumes im Garten genügen: herunterhängende Zweige oder ein umgefallener Baumstamm können einen geheimen Spielbereich bilden.

Kinder lieben Wasserspiele, aber sie verwandeln den Garten meist in einen Morast. Hier beschränkt ein selbstgemachtes Kanalsystem den Schlamm auf den Spielbereich.

Mit Phantasie und Erfindungsgeist können aus einfachen Haushaltsgegenständen billige und vielseitige Spielgeräte werden. Dieser Sandplatz aus einem Autoreifen kann einfach weggeräumt werden, wenn das Kind größer geworden ist.

Ein einfaches, geschickt gemachtes Spielgerät kann eine ständige Bereicherung im Garten sein. Dieser abdeckbare Sandkasten kann als Sitz dienen und schützt den Sand vor Regen und Katzen.

Ein einziger starker Baum, dessen Zweige sich gut zum Klettern und zum Befestigen von Seilen eignen, wird tatkräftigen Kindern endlos viele Spielmöglichkeiten bieten. Ein Baumhaus schafft zusätzlich einen geheimen Ort, der in vielen einfallsreichen Kinderspielen vorkommt.

Spielgeräte sollten einfach sein,
aber robust genug, um die här-
teste Behandlung auszuhalten.
Sie sollten auf einem weichen,
aber widerstandsfähigen Untergrund stehen.

Auch in dem kleinsten Garten
ist noch Platz für eine Schaukel,
die an einem Ast, Balken oder
rohen Holzgerüst aufgehängt
ist. Seile und Aufhängung sollten so oft wie möglich auf ihre
Sicherheit untersucht werden.

243

Der Werkzeugschuppen

Werkzeug von guter Qualität ist eine Investition für immer, wenn es am richtigen Ort aufbewahrt und gut gepflegt und gesäubert wird. Wichtig ist ein trockener Lagerraum, je größer desto besser. Wer in der glücklichen Lage ist, einen Schuppen für den Garten zu besitzen, wird ihn zweifellos erweitern wollen, um weitere Gartengeräte zusammen mit den unvermeidlichen angebrochenen Düngertüten, Saatschalen und Blumentöpfen – typischen Kennzeichen eines aktiven Gärtners – unterzubringen.

Regale, Aufhängevorrichtung und eine Arbeitsplatte sind notwendig; alle Werkzeuge halten länger, wenn sie nicht am Boden angehäuft, sondern ordentlich aufgehängt werden. Für die Aufbewahrung von Schädlingsbekämpfungsmitteln und giftigen Lösungen sollte außerhalb der Reichweite von Kindern ein abschließbarer Schrank vorhanden sein; alle diese Chemikalien müssen sorgfältig beschildert sein, um Unfälle zu vermeiden. Ein Stromanschluß ist von großem Vorteil, wenn man im Garten oder im Schuppen elektrisch angetriebenes Werkzeug benutzen will, sei es für den Garten oder ein anderes Hobby.

Der Inhalt des Werkzeugschuppens wird zwangsläufig die speziellen Interessen des jeweiligen Gärtners wiederspiegeln. Zur Grundausrüstung gehören Geräte zum Schneiden, und zum Graben, Lockern und Wässern des Bodens. Die meisten sind in der nebenstehenden Abbildung zu sehen. Es gibt natürlich noch viele andere mehr; ob man sie braucht oder nicht, hängt vom jeweiligen Garten ab. Steht mehr Platz zur Verfügung, wird man auch größere Geräte anschaffen, z. B. einen Schubkarren. Große Rasenflächen, Obstbäume und Gemüsegärten erfordern oft eine besondere Ausrüstung – ein Bewässerungssystem mit Sprühdosen, eine Baumschere mit langem Stiel zum Schneiden der Obstbäume und eine Schere zum Schneiden der Rasenkanten. Immer mehr dieser Werkzeuge werden maschinell angetrieben; elektrische Heckenscheren und Motor-Rasenmäher sind die gebräuchlichsten. Jedoch wird in den meisten Hausgärten nicht genügend schwere Arbeit anfallen, um die Anschaffung von vielen teuren, motorgetriebenen Geräten zu rechtfertigen.

Es lohnt sich, Werkzeuge mit rostfreien Stahlteilen zu kaufen, die von hoher Qualität und gut verarbeitet sind; auch wenn sie teuer sind, so halten sie doch bei guter Behandlung sehr lange. Nach dem Gebrauch sollten die Geräte von Erde befreit, gewaschen und getrocknet werden. Die Metallteile können mit einem ölgetränkten Lappen abgewischt werden oder sogar darin eingewikkelt werden. Im Winter, wenn im Garten nicht so viel zu tun ist, sollten die Geräte gepflegt und repariert werden – Erneuern des abgebrochenen Spatengriffs, Ölen der Feder an der Rosenschere und Schleifen der Messer an der Heckenschere. An den Grabewerkzeugen können neue hölzerne Handgriffe angebracht werden, und die Schneiden sollten gelegentlich geschärft werden, so daß sie sich in hartem Boden leicht handhaben lassen.

Dieser geräumige Gartenschuppen enthält alle wesentlichen Requisiten für den begeisterten Gärtner, auch solche, die brauchbar, aber entbehrlich sind. Eine Pflanzschnur (1) für gerade Pflanzreihen, Bindfaden zum Anbinden und Etiketten (2) zum Ausschildern von Aussaaten braucht man immer. Die Gartenschere (3) sollte so groß und kräftig wie möglich sein. Eine Rückenspritze (4) ist zur Flüssigdüngung und Schädlingsbekämpfung sehr nützlich. Nach jedem Gebrauch sollte sie sorgfältig ausgewaschen werden. Lagerregale (5) für Früchte und Zwiebeln können ebenso wie das Bord für Gartengeräte leicht vom Heimwerker selbst gebaut werden. Die

Gießkanne (6) ist unerläßlich. Bambusstäbe (7) dienen als Halt für Tomaten oder als anfängliche Stütze für Kletterpflanzen. Handgabel und -spaten (8, 9) werden zum Zwiebelsetzen, Unkrautjäten und Pflanzen gebraucht. Das Zerkleinern, Auslesen und Einebnen des Bodens sowie das Furchziehen zum Säen ge-

schieht mit dem Rechen (10). Der Rasenbesen (11) belüftet die Grasnarbe und dient dem Zusammenkehren von Laub und Mähgut. Ein Pflanzholz (12) erleichtert das Pflanzen von Stecklingen und Jungpflanzen. Mit der Zughacke (13) läßt sich gut ein fester Boden auflockern, mit der holländischen Stoßhacke (14) wird Un-

kraut gejätet. Spaten (15, 16) und Grabegabel (17) braucht man zum Umgraben; vor dem Kauf sollten unterschiedliche Ausführungen erprobt werden. Zweckmäßig ist auch ein fester Reisigbesen (18). Unerläßlich ist ein Gartenschlauch (19), wegen besserer Haltbarkeit vorzugsweise aus glasfiberverstärktem Plastik. Der Rasen-

sprenger (20) spart Zeit und Arbeit. Die Heckenschere (21) sollte gut geölt und regelmäßig geschärft werden. Die Schubkarre (22) kann für Bau- und Gartenarbeit benutzt werden. Rasenmäher (23) gibt es in vielen verschiedenen Ausführungen; lassen Sie sich den für Ihre Bedürfnisse passenden empfehlen.

Bezugsquellen und Informationsstellen

Wenn Sie *Bäume, Sträucher* oder *Bodendecker* aus anerkannten Baumschulen beziehen wollen, erfragen Sie die Adresse der nächstgelegenen Baumschule beim
Bund deutscher Baumschulen
Bismarckstr. 49
208 Pinneberg

Wenn Sie *Stauden* aus anerkannten Gärtnereien beziehen wollen, erfragen Sie die Adresse der nächstgelegenen Staudengärtnerei bei der
Sondergruppe Stauden
im Zentralverband Gartenbau
Gießener Str. 47
6310 Grünberg

Wenn Sie *Samen* kaufen wollen, erfragen Sie die Adressen anerkannter Betriebe beim
Verband Deutscher Samenkaufleute und Pflanzenzüchter eV
Rheinallee 49
5300 Bonn-Bad Godesberg

Wenn Sie Fragen haben, die den *Obst- oder Gemüsebau* betreffen, wenden Sie sich bitte an den
Bundesausschuß für Obst- und Gemüsebau
Kölner Str. 142–148
5300 Bonn-Bad Godesberg

Wenn Sie Adressen von *Gartencentern* in Ihrer näheren Umgebung erfahren möchten, wenden Sie sich bitte an den
Verband Deutscher Garten-Center eV
Rheinallee 49
5300 Bonn-Bad Godesberg

Wenn Sie *allgemeine* oder auch *detaillierte Fragen* haben, wenden Sie sich bitte an den Zentralverband für Gartenbau, er wird Sie an die entsprechenden Gremien weiterverweisen. Seine Adresse lautet
Zentralverband Gartenbau
Postfach 630, Kölnerstr. 142–148
5300 Bonn-Bad Godesberg

Wenn Sie einen *Gartenarchitekten* zu Rate ziehen wollen, Dipl.-Ing. oder Ing.grad., wenden Sie sich bitte an den
Bundesverband der Diplom-Ingenieure
Gartenbau und Landespflege eV
Poppelsdorfer Allee 28
5300 Bonn
oder an den
Bund der Ingenieure des Gartenbaus
Postfach 680 288
5000 Köln 60

Wenn Sie ein *Liebhaber besonderer Pflanzen* sind und sich spezielle Informationen holen wollen, wenden Sie sich bitte an die
Arbeitsgemeinschaft Deutscher Pflanzenliebhaber-Gesellschaften
Kölner Str. 142–148
5300 Bonn-Bad Godesberg 1

Im einzelnen unterstehen ihr folgende Abteilungen:
Deutsche Dendrologische Gesellschaft eV, 61 Darmstadt
Rhododendron-Gesellschaft eV, 28 Bremen
Verein Deutscher Rosenfreunde eV, 2 Hamburg
Deutsche Dahlien- und Gladiolengesellschaft eV, 4 Düsseldorf
Deutsche Iris- und Liliengesellschaft eV, 725 Leonberg
Deutsche Orchideen-Gesellschaft eV, 2 Hamburg
Deutsche Kakteen-Gesellschaft eV, 43 Essen

Technische Erläuterungen

Ausblühungen an Mauerwerk und Beton sind weiße lockere Niederschläge auf der Oberfläche. Das aus dem Boden austretende Wasser führt lösliche Stoffe zur Steinoberfläche, sie schlagen sich dort nach der Wasserverdunstung nieder

Baustahl wird in den Beton mit eingegossen, um ihm Zug- und Druckfestigkeit zu verleihen. Es gibt Matten und Stäbe, die nach statischen Berechnungen gebogen und eingebracht werden müssen

Bruchsteine sind bruchrauhe Steine in unterschiedlichen Schichtstärken und Einbindetiefen; sie müssen auf der Baustelle zugehauen werden

Dehnungsfugen sind in Betonbauwerken alle 7–12 m erforderlich, da der Beton unter wechselnden Temperatureinflüssen sein Volumen ändert und andernfalls reißen würde. Die Fugen werden mit Spezialkitt ausgefüllt

Einbindetiefe nennt man beim Mauerbau das Hineingreifen der einzelnen Steine in die Mauer

Hammerrechte Steine sind zugeschlagene Natursteine mit einer rechteckigen Ansichtsfläche. Die Steine sind länger als hoch (lagerhaft), die Stoßflächen senkrecht

Holzverbindungen sind sehr unterschiedlich: Balken können gerade, schräg oder versetzt gestoßen werden, Pfetten kann man verlängern durch gerade oder schräge Überblattung, Kanthölzer können aufgelegt, aufgekämmt oder überblattet werden. Pfosten und Pfette werden verzapft

Imprägnieren sollte man alle Hölzer, um sie gegen Insekten- oder Pilzschäden zu schützen. Entsprechende Mittel sind im Holzschutzmittel-Verzeichnis angegeben. Imprägnierungsarbeiten nur nach dem Holzzuschnitt vornehmen. Folgende Verfahren sind verbreitet: Steichen, Kurztauchen (5 Min), Tauchen (30 Min), Trogtränkung (mehrere Tage lang), Kesseldruckverfahren

Kantensteine dienen zur seitlichen Befestigung von Platten- und Pflasterbelägen. Es gibt Betonkantensteine mit gerader, halbrunder und runder Oberkante und Natursteinkantensteine, die in ihrer Ausbildung sehr unterschiedlich sein können

Kiestragschicht dient zur Stabilisierung des Untergrundes, auf dem ein Weg gebaut werden soll. Sie besteht aus Kies-Sand-Gemischen im Korngrößenbereich 0–32 mm

Längsgefälle von Wegen dient der raschen Entwässerung. Es sollte nicht größer als 10% sein, möglichst nicht kleiner als 3%

Mauerkopf oder oberer Mauerabschluß dient zur Abdichtung der Mauer gegen Niederschlagswasser. Es sind größere Steine oder Platten mit geringer Stoßfugenzahl. Das seitliche Gefälle sollte 0,5% betragen

Ortbeton ist ein Beton, der als Frischbeton in die Schalung an seinem endgültigen Standort eingebracht wird und dort erhärtet

Quergefälle ist je nach Wegebelag verschieden zu wählen, bei Kieswegen 3–4% bei Plattenwegen 1–2%

Schachtabdeckungen werden für viele Bereiche gefertigt, sie müssen verschiedenen Prüflasten standhalten. Auch »unsichtbare« Schachtabdeckungen deren Deckel als Rahmen ausgebildet ist, in den man den jeweiligen Belag einpassen kann, sind im Handel. Für den Garten sind Hofablaufe mit den verschiedensten Abdeckungen erhältlich

Schrittmaß, die Schrittlänge in der Ebene (63 cm) verringert sich mit zunehmender Steigung. Zur Berechnung von Treppen gilt die Schrittmaßformel: doppelte Stufenhöhe + Auftrittstiefe = 63 cm

Sichtbeton ist ein Beton, dessen Oberfläche unverkleidet bleibt, er kann unterschiedliche Oberflächenbearbeitung erhalten: schalungsrauher Beton zeigt nur die Struktur der Schalung, Waschbeton wird nach dem Ausschalen in der Oberfläche ausgewaschen und Beton mit Schlagbearbeitung, wird nach dem Erhärten einer Bearbeitung unterzogen

Treppenwange nennt man die erhöhte seitliche Treppenbegrenzung, sie kann zugleich Stützmauer für das seitlich anschließende Gelände sein

Verband ist die Art des Verlegens von Platten oder Ziegeln, die eine glatte, feste Oberfläche des Belages erreichen und zugleich dekorativen Wert haben soll. Es gibt den polygonalen Verband, Rechteckverbände oder Diagonalverbände

Verdichten des Bodens bedeutet, den nach einer Baumaßnahme wieder eingebrachten Boden auf die erforderliche Lagerungsdichte bringen (walzen, stampfen, rütteln)

Wichtige Begriffe

Ätzkalk oder gebrannter Kalk ist auf etwa 1200° erhitzter Kalkstein, er wird unter Einwirkung der Luft zu kohlemsaurem Kalk

Alkalische Böden sind Böden mit einem relativ hohen Kalkgehalt, der pH-Wert liegt über 6,5

Art, Gruppe von Pflanzen, die miteinander wieder elterngleiche Pflanzen hervorbringen

Assimilation, Stoffwechsel der Pflanzen; unter Einwirkung des Lichtes werden aus der Kohlensäure der Luft und den gelösten Bodensalzen Stärke, Zucker und Eiweiß gebildet. Dabei wird Sauerstoff frei

Bestäubung, in den meisten Blüten sind männliche und weibliche Organe enthalten. Bei fast allen Pflanzen übernehmen es Wind oder Insekten, den männlichen Pollen auf die weibliche Narbe zu bringen

Bodengare bezeichnet einen Zustand des Bodens, wenn dieser locker, gut durchlüftet und warm ist. Sie ist abhängig vom guten Gedeihen der Mikroorganismen im Boden

Bodenmüdigkeit ist eine bisher noch nicht ganz geklärte Erscheinung, die sich darin äußert, daß an Stellen, an denen jahrelang die gleiche Art angepflanzt wurde, diese allmählich in ihrem Wachstum nachläßt. Besonders bei Obst bekannt, aber auch bei Stauden (Rittersporn, Helenium, Phlox, Astern), die nach 5–6 Jahren gewisse Abbauerscheinungen zeigen

Bodenprofil, es zeigt den schichtweisen Aufbau des Bodens. Anhand eines Loches mit senkrechten Wänden sind die einzelnen Bodenhorizonte übereinander zu erkennen, die zusammen betrachtet, das Bodenprofil ergeben

Busch, abgesehen davon, daß man bei mehrtriebigen Gehölzen von Büschen spricht, bezeichnet dieser Begriff im Obstbau einen Baum mit einem Stamm, der nur 40–60 cm hoch ist

Dolde ist eine Blütenform, bei der gestielte Einzelblüten von einem Punkt aus wachsen

Dornen sind blattlose Zweige, die mit dem Holzteil der Pflanze verbunden sind (Weißdorn, Schlehe)

Einjährige Pflanzen werden bei uns entweder direkt nach den Eisheiligen ins Freie gesät oder im Gewächshaus vorkultiviert. Sie können nur während der Sommermonate wachsen und blühen, im Winter erfrieren sie

Familie ist eine Gruppe von Pflanzen, die verwandte Arten umfaßt

Frühbeete sind mit Glasfenstern abgedeckte Kästen, in denen Frühgemüse herangezogen werden kann

Gattung, eine Gruppe von Pflanzen, die sehr nahe verwandte Pflanzen umfaßt

Gefiedert, eine Form der zusammengesetzten Blätter, wenn die einzelnen Blätter wieder in Blättchen zerlegt sind

Gehölz, eine Pflanze, deren oberirdische Sproßteile verholzen und in jedem Jahr wieder neu austreiben

Grenzstreitigkeiten, die Stellung von Bäumen, Zäunen, Mauern u. a. auf oder in der Nähe der Grenzen ist durch das Nachbarschaftsrecht in den einzelnen Bundesländern geregelt

Gründüngung ist eine Form organischer Düngung, die sich die stickstoffsammelnde Eigenschaft mancher Pflanzen zunutze macht. Lupinen, Erbsen oder Weißklee speichern den Luftstickstoff in ihren Wurzeln und führen ihn den Folgekulturen wieder zu

Halbimmergrün nennt man die Laubgehölze, die ihre grünen Blätter erst gegen Ende des Winters verlieren oder sie, in milden Wintern, gar nicht abwerfen

Halbstamm ist eine Obstbaumform, die eine Stammhöhe von 100 bis 150 cm hat. Er ist heutzutage bei Kirschen und Pflaumen üblich

Hecke ist eine dichte, meist durch Schnitt in einer bestimmten Form gehaltene Pflanzung. Die Pflanzen stehen in einer Reihe in etwa 20–30 cm Abstand

und müssen ein- bis zweimal im Jahr geschnitten werden, damit die Pflanzung dicht und grün bleibt

Hochstamm ist eine für den Hausgarten heute ungebräuchliche Form der Obstbäume, die eine Stammhöhe von 180 bis 200 cm haben

Horstbildend nennt man Gräser, die an einer Stelle stehen bleiben und dort immer größere Pflanzen bilden, sie verbreiten sich nicht durch Ausläufer

Humus ist die braune oder schwarze oberste Erschicht, die durch die Zersetzung pflanzlicher oder tierischer Stoffe entstanden ist. Sein Hauptbestandteil ist Kohlenstoff

Hybride ist eine Kreuzung aus zwei verschiedenen Eltern der gleichen Familie

Immergrün nennen wir Pflanzen, die unter unseren klimatischen Bedingungen ihre grünen Laubblätter auch im Winter behalten

Kalk wird durch zermahlen von Kalkgestein gewonnen. Seine Wirkung im Boden führt zu ausgewogener Humusbildung; in den Pflanzen übt er eine wichtige Funktion beim Nährstofftransport und bei der Stärke- und Zuckerbildung aus

Kompostsilo ist ein luftdurchlässiger Kasten (bis 1,20 m hoch), aus Holz oder Metall, in dem die Kompostbereitung auf kleinstem Raum erfolgen kann

Koniferen oder Nadelhölzer nennt man Bäume und Sträucher mit meist nadel- oder schuppenförmigen, immergrünen Blättern (Kiefer, Wacholder, Lebensbaum u. a.)

Kübelpflanzen sind kräftig wachsende Sommerblumen oder dekorative Pflanzen aus dem tropischen oder mediterranen Bereich, die bei uns im Winter ins Haus genommen werden müssen. Sie werden meist in großen Blumentöpfen (Kübeln) gehalten und können jahrelang darin wachsen (Oleander, Datura, Agapanthus u. a.)

Lauberde entsteht aus dem im Herbst anfallenden Laub, vor al-

lem Buchenlaub ist besonders wertvoll. Die Zugabe von Pferdemist steigert die Qualität der Lauberde

Lehm ist eine Mischung aus Sand und Ton; seine verschiedenartige Zusammensetzung erschwert ein genaues Ansprechen

Löß ist aus staubartigen Sand-, Kalk- und Tonteilchen zusammengewehter, sehr fruchtbarer Boden

Luftwurzeln bilden sich an oberirdischen Pflanzenteilen und können verschiedene Funktionen übernehmen (Stützen beim Mais, Haften beim Efeu)

Mineraldünger sind die anorganischen Düngesalze, die allgemein im Handel sind: Stickstoff (N), Phosphor (P), Kali (K) und auch Spurenelemente sind in ihnen in unterschiedlichen Anteilen enthalten

Mulchen ist das Abdecken des Bodens mit organischem Material, meistens unter Gehölzen zur Erzeugung einer besseren Bodenstruktur und zum Unterdrücken des Unkrautwuchses angewendet. Als Mulch-Material kann man Rasenmähgut, Laub, Stroh u. ä. verwenden

Neutrale Bodenreaktion liegt vor, wenn der pH-Wert bei etwa 6,5 liegt, die meisten Pflanzen wachsen dann gut

Obstbaumschnitt dient der Entwicklung und Erhaltung einer gut durchlichteten, tragfähigen Krone. Man unterscheidet den Pflanzschnitt, den Erziehungsschnitt, den Erhaltungsschnitt und den Verjüngungsschnitt

Organische Dünger sind alle tierischen Abfälle (Mist, Horn- und Knochenmehl u. ä.), sowie alle pflanzlichen Abfallstoffe, beide müssen erst zu Humus aufbereitet werden, ehe sie als Düngemittel verwendet werden können

Pollen oder Blütenstaub ist das männliche Organ der Blütenpflanzen, er befruchtet die weibliche Narbe

Polyantharosen ist die Gruppe der immerwieder blühenden Rosen, deren Blüten in großen Doldenrispen zusammengefaßt sind

Rabatte ist ein Beet, das meistens einer Gehölzpflanzung vorgelagert ist, auf dem eine abwechslungsreiche, häufig farbenfrohe Pflanzung angeordnet ist

Rhizom ist ein unterirdischer Sproß, keine Wurzel, da an ihm Blättchen und Knospen ausgebildet sind, aus denen sich die oberirdischen Sprosse entwickkeln (Iris)

Rispe ist ein verzweigter Blütenstand

Säen, die Hauptregel zur Aussaat lautet: so dick wie das Saatkorn ist, so hoch soll es mit Erde bedeckt sein

Saurer Boden hat einen pH-Wert unter 6,5, die meisten Sandböden und die Moorböden gehören dazu

Sommerblumen oder Einjahrsblumen machen ihre gesamte Entwicklung in einer Vegetationsperiode durch; sie werden im Frühjahr ausgesät, blühen während des Sommers, bringen Samen und erfrieren bei uns mit Einbruch des Winters

Spalierobst wird auf besondere Weise an geschützten Wänden oder auch als freie Hecke gezogen. Es bedarf einer besonders intensiven Pflege, damit es gute Erträge liefert

Stacheln sind zurückgebildete Blätter, sie sitzen im Gegensatz zu den Dornen nur auf der Rinde oder Außenhaut der Pflanze (Rose)

Stauden sind krautige Pflanzen, deren oberirdische Teile im Herbst absterben, während die unterirdischen Sproßanlagen die Nährstoffe speichern und im nächsten Frühjahr wieder austreiben

Torf ist entstanden aus unter Luftabschluß vermoderten Pflanzenteilen. Er wird als Ballen von 0,17 und 0,21 cm³ unter der Bezeichnung Düngetorf gehandelt. Er dient der Verbesserung der Bodenstruktur

Torfmischdünger ist eine Mischung aus Düngetorf und Pflanzennährstoffen

Volldünger nennt man die Mineraldünger, die die drei Hauptnährstoffe N, P, K enthalten, zusätzlich können auch noch Spurenelemente dabei sein

Wildstauden breiten sich am geeigneten Standort ohne viel Pflege selbst aus, sie verwildern

Zweijahrsblumen sind Gewächse, deren Entwicklung sich über 2 Jahre erstreckt, im ersten wachsen sie heran, im zweiten blühen sie

Sachregister

Die fett gedruckten Ziffern verweisen auf Abbildungen

Deutsche Pflanzennamen

251

252

Botanische Pflanzennamen

Bildnachweis

o = oben, u = unten, r = rechts, l = links, m = Mitte

Leben mit Pflanzen und Blüten

MARGOT SCHUBERT
ROB HERWIG

Wohnen mit Blumen

Der große farbige
Ratgeber –
über 1000 Zimmerpflanzen

Dieses Zimmerpflanzenbuch begeistert jeden anspruchsvollen Blumenfreund und bietet mit seiner internationalen Pflanzenauswahl eine willkommene Erweiterung des einheimischen Sortiments. Vom »Wohnen mit Blumen« über das »Gewußt wie« bis zum großen »Zimmerpflanzen-ABC« ist diese Ausgabe ein ideales Geschenk für jeden Blumenfreund.

14., durchges. Auflage, 367 Seiten, 340 Farbfotos, 90 Zeichnungen

ROB HERWIG

350 Zimmerpflanzen in Farbe

In klarer Zuordnung von Text und Bild wird hier ein großes Pflanzensortiment für jeden Zimmergärtner und Pflanzenfreund vorgestellt. Die Auswahl reicht von bekannten, für jeden Anfänger geeigneten Arten bis zu anspruchsvollen Gewächsen, für deren erfolgreiche Pflege man schon einige Erfahrungen braucht. Die Vorstellung der Pflanzen erfolgt alphabetisch nach botanischen Namen.

4. Auflage, 190 Seiten, 350 Farbfotos

MARGOT SCHUBERT

Mehr Blumenfreude durch Hydrokultur

Dieses Schubert-Buch über erdelose Pflanzenpflege interessiert alle, die sich prächtig gedeihende und reich blühende Zimmerpflanzen ohne viel Arbeit wünschen. Die Autorin informiert umfassend über die Vielseitigkeit der modernen Systeme.

8., durchges. Auflage, 230 Seiten, 30 Farbfotos, 139 Zeichnungen

BLV Verlagsgesellschaft München